基层治理基本知识

主　编　王格芳　郭振宗
副主编　郭太龙　于　棋

山东大学出版社
SHANDONG UNIVERSITY PRESS
·济南·

图书在版编目(CIP)数据

基层治理基本知识/王格芳,郭振宗主编.—济南:山东大学出版社,2022.11

山东省委党校(山东行政学院)基本知识培训系列教材/徐闻主编

ISBN 978-7-5607-7691-0

Ⅰ.①基… Ⅱ.①王… ②郭… Ⅲ.①地方政府—行政管理—中国—干部培训—教材 Ⅳ.①D625

中国版本图书馆 CIP 数据核字(2022)第 248156 号

责任编辑 刘 彤
封面设计 牛 钧 王秋忆

基层治理基本知识
JICENG ZHILI JIBEN ZHISHI

出版发行 山东大学出版社
社 址 山东省济南市山大南路 20 号
邮政编码 250100
发行热线 (0531)88363008
经 销 新华书店
印 刷 山东和平商务有限公司
规 格 720 毫米×1000 毫米 1/16
28.25 印张 315 千字
版 次 2022 年 11 月第 1 版
印 次 2022 年 11 月第 1 次印刷
定 价 68.00 元

序

基层治理是国家治理的基石。习近平总书记指出:“一个国家治理体系和治理能力的现代化水平很大程度上体现在基层。基础不牢,地动山摇。”[①]随着我国进入中国特色社会主义新时代,夯实基层治理根基,提高基层治理效能,既是基层治理创新的重要目标,也是不断增强人民群众获得感、幸福感、安全感的必然要求。在我国改革开放不断向纵深推进的背景下,基层治理已然成为深化体制机制改革、激发深层改革活力的重点领域,并由此受到了学术界的广泛关注。从这个意义上来讲,当下基层治理正在理论与实践深刻互动的进程中不断走向深化。

作为政策聚焦点和研究热点,基层治理既在实践探索中有了卓有成效的进展,又在理论层面不断得到总结和提炼,从而呈现出创新迭代的发展样态。当前基层治理的不断创新,源自双重动力:国家的顶层设计明确了党建引领、以人民为中心、共建共治共享等基层治理发展方向;活跃的地方治理实践让基层治理现代化的具体探索异彩

① 《社会治理　活力彰显》,《人民日报》2020 年 11 月 30 日。

纷呈。因此，学习和把握基层治理的政策意义和实践价值，需要从国家宏观政策导向和地方具体实践两个维度加以理解。

在宏观指导上，一系列政策文件出台带来了基层治理的新遵循。作为一个发展中大国，我国不同区域之间的发展水平、资源禀赋、文化习俗等存在显著差异，如何在国家战略中实现均衡、协调、高质量的发展，需要更具前瞻性的顶层设计。党和国家高度重视基层治理现代化，出台了一系列重量级政策文件，从社区治理、基层党建、公众参与等方面作出了顶层设计。例如，2017 年 6 月，《中共中央国务院关于加强和完善城乡社区治理的意见》明确提出要实现党领导下的政府治理和社会调节、居民自治良性互动，全面提升城乡社区治理法治化、科学化、精细化水平和组织化程度，促进城乡社区治理体系和治理能力现代化。2021 年 4 月，《中共中央国务院关于加强基层治理体系和治理能力现代化建设的意见》进一步谋划了基层治理现代化的任务书、路线图和时间表。这些政策文件的出台，正不断筑牢新时代基层治理制度体系的根基。

在实践推进中，地方探索极大开拓和丰富了基层治理的新思路、新局面。面对当下基层治理所呈现出的背景复杂化、目标综合化、主体多元化、手段智慧化等阶段特征，各地在实践中聚焦基层党组织建设、社会组织培育等基层治理时代课题，依托“五治融合”“五社联动”等诸多创新举措，有力夯实了基层治理的实际效能，进一步优化了基层治理的整体格局。地方实践以其丰富多彩的创新经验和灵活多样的探索方式，成为推进国家治理体系和治理能力现代化的重要支撑。尤其是在基层治理中涌现的优秀案例和地方样板，既体现着基层治理成效的显著提高，也是国家治理能力整体提升的有力见证。

当下基层治理的政策设计和实践探索，为党校等教学科研机构更好地履行教研、咨询等多重使命，提供了极为丰富的教学素材和宝贵的研究契机。围绕基层治理开展系统研究，并将研究成果转化为干部必备知识和培训教材内容，对于集成基层治理理论和实践认知体系、提高干部理论水平和实践能力都具有重要意义。也正因如此，由中共山东省委党校（山东行政学院）王格芳教授主编的这本《基层治理基本知识》教材，适逢其时。

此教材深研政策文件，立志高远。在深入研读习近平总书记关于基层治理重要论述及中央有关文件精神基础上，着眼国家大局和战略需要，秉持系统思维和多元视角，立足实践现状和发展趋势，对基层治理基本理论和实践进行系统研究。全书共有十五章内容，可以概括为四个板块：第一板块为基层治理概论，是全书的统领；第二板块为基层治理的政治引领和根本遵循，包括习近平总书记关于基层治理的重要论述、党对基层治理的全面领导；第三板块为基层治理多维分论，涵盖基层治理体系、能力、方式、公共服务体系建设、队伍建设、考核评价以及中国基层治理的历史变迁；第四板块为实践展开与案例剖析，从县域、乡镇（街道）、城市社区、乡村村（社）四个层面分别总结和剖析了基层治理实践及典型案例，同时对国外基层治理经验借鉴进行了归纳研究。整体框架设计和研究内容，立足于中国之治的宏大图景，着眼并实现了政治维度、历史维度、理论维度、实践维度等的有机结合与深度互动，梳理了政策要求与理论体系，分析了实践现状与问题短板，探讨了未来走向与对策措施，系统回答了当代中国“为何推进基层治理现代化”“基层治理内容指向如何”“基层治理现代化何以实现”等核心问题。

概括而言，本教材具有以下鲜明特点：

一是认真把握和贯彻了党中央的政策要求。推进国家治理现代化，是实现中华民族伟大复兴、建成社会主义现代化强国的重大历史任务。作为国家治理的基石，基层治理不仅是落实中央顶层设计的实践场域，更是承载传承历史治理经验、探索现代治理路径的前沿载体，对国家治理现代化的根基和成色具有决定性影响和意义。本教材专设一章，对习近平总书记关于基层治理重要论述的主要内容、精神实质和指导意义进行了系统梳理和深入研究，并在其他各章论述中坚持以习近平总书记有关重要论述以及党和国家有关文件精神为指导，较好实现了国家政策导向与学术研究之间的相互印证、相得益彰。

二是总结和提炼了基层治理的科学内涵与规律。基层治理是一个涉及多维多面、经纬万端的系统性、复杂性问题。既涉及一系列理论问题，又是一个个丰富生动的实践问题；既关乎国家治理顶层设计如何在基层落地，又面临着基层如何进行治理探索和创新；既需要学习和借鉴国外基层治理的先进经验，总结基层治理的一般规律，又需要立足具体实际走中国特色基层治理现代化道路。本教材着眼于提高领导干部基层治理理论水平和实践能力的现实需要，坚持历史思维、系统思维、辩证思维，对基层治理基本理论和实践进行了深入研究，全面阐述基层治理基本理论知识，立体呈现基层治理最新实践，系统总结基层治理实践经验，力图科学揭示出基层治理理论和实践发展趋势，研究成果全面、客观。

三是结合鲜活案例，对不同层面的治理问题展开多角度分析。基层治理涉及一系列理论和实践问题，覆盖领域广泛，涵盖内容丰富，把如此浩瀚纷繁的基层治理理论和实践内容转化为适合领导干部阅读的知识读本，殊为不易。本教材以鲜活案例作为内容呈现重点，在研究和编写中抓住关键和重点、突出主线和逻辑、强调通识和可读，聚焦习近平总书记关于基层治理重要论述和中央有关文件精神，党对基层治理全面领导以及基层治理重要领域、关键环节、重点内容和典型案例，以有限的章节和篇幅全面呈现出基层治理基本理论知识和最新实践进展。

2022年10月16日，习近平总书记在党的二十大报告中提出“以中国式现代化全面推进中华民族伟大复兴”。作为国家治理现代化的基石，精彩且极富活力的基层治理实践，如同一座亟待挖掘的富矿，其间道理，更待持续关注。希望与包括中共山东省委党校（山东行政学院）等在内的诸位学界同仁一道，继续深入开展基层治理理论与实践研究，并取得更好研究成果，为讲好、讲透中国之治下基层治理故事作出更大贡献。

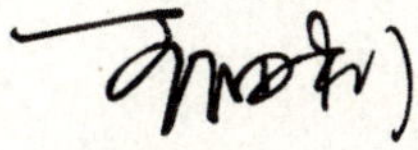

山东大学教授、博士生导师

民政部社区治理专家委员会委员

2022年10月

目录

第一章　基层治理概论

习近平总书记指出："基层强则国家强，基层安则天下安，必须抓好基层治理现代化这项基础性工作。"①基层治理自古以来就是我国经济社会发展的"压舱石""稳定器"，高度重视并不断推进基层治理创新，保持基层社会的秩序和活力，是实现社会长期稳定的重要因素之一。随着中国特色社会主义进入新时代，国家治理特别是社会治理重心不断下移，基层治理成为国家治理体系和治理能力现代化的基础性工程。推进这项基础性工程，需要首先对基层治理的内涵、特点以及推进基层治理现代化的时代背景与意义等进行梳理，以便在习近平新时代中国特色社会主义思想指引下，更好地完善基层治理体系、提升基层治理能力。

① 《十三届全国人大五次会议〈政府工作报告〉辅导读本》，人民出版社、中国言实出版社2022年版，第324页。

第一节　基层治理的内涵及特点

基层是我国社会构成的基本细胞，是人民群众安居乐业的港湾，是国家大厦长治久安的基石。2020 年 9 月 17 日，习近平总书记在长沙主持召开的基层代表座谈会上强调，基础不牢，地动山摇。只有把基层党组织建设好、把基层政权巩固好，中国特色社会主义的根基才能稳固。何为基层？何谓治理？理解好基层治理是做好基层工作的基本要求。

一、基层治理的内涵

（一）基层

在汉语词解中，基层是指各种组织中最基本的直接联系群众的部分。在公共政策语境中，基层既包含地域的概念，又是一个国家治理层级的概念。对于国家行政区划的制度设计而言，目前我国实行五级政府管理，在乡镇（街道）以下是村（社区）基层群众性自治组织。从基层治理现代化和国家管理层级视角看，2021 年印发的《中共中央国务院关于加强基层治理体系和治理能力现代化建设的意见》（简称《意见》）是新时代国家对基层治理体系和治理能力现代化建设的科学谋划和总体部署，是推进新时代基层治理现代化建设的纲领性文件。《意见》明确提出："基层治理是国家治理的基石，统筹推进乡镇（街道）和城乡社区治理，是实现国家治理体系和治理能力现代化的基础工程。"[①]由此，"基层"的内涵与边界得到了明确的界定，"基层"主要是指乡镇（街道）和城乡社区。

① 《中共中央国务院关于加强基层治理体系和治理能力现代化建设的意见》，《人民日报》2021 年 7 月 12 日。

(二)治理

《说文解字》:"治,水出东莱曲城阳丘山,南入海。从水、台声。"[①]"理"的意思是"治玉也,从玉声",引申为治理。治理的本意是按照河流的走向进行疏导,修筑堤坝,治理河流。在政策语境中,治理的概念兴起于20世纪末,按照联合国全球治理委员会的界定,治理是指各种公共机构、私人机构和公民个人处理其共同事务的方式总和,是调和社会利益、协调社会行动、化解社会矛盾的持续过程。2014年3月5日下午,习近平总书记在参加十二届全国人大二次会议上海代表团审议时强调:"治理和管理一字之差,体现的是系统治理、依法治理、源头治理、综合施策。"[②]这一论断体现了治理的多方参与、互动协商、利益调适、系统持续等特征。

(三)基层治理

通过对"基层""治理"这两个概念的分析,结合中国实际的政策语境,基层治理可以理解为在党组织的统一领导下,充分发挥多元主体的协同作用,针对城乡基层发展中的各种问题,保障改善民生,加强社会建设,化解社会矛盾,促进社会公平,推动发展治理互动、活力秩序共生,实现城乡居民美好生活的过程。[③] 由此可见,基层治理强调以党的领导为核心,以基层社会为场景,以美好生活为目标,以组织建设为基础,以能力提升为抓手,以体制机制创新为关键,以实现"四化"[④]为保障。

---

① 《说文解字》,陈昌治刻本,中华书局1963年版,第442页。

② 《习近平关于社会主义社会建设论述摘编》,中央文献出版社2017年版,第127页。

③ 参见姜晓萍:《加强基层治理体系和治理能力现代化建设》,《光明日报》2021年8月17日。

④ "四化"是指基层治理的社会化、法治化、专业化、智能化。

二、基层治理的特点

（一）基层治理主体的多元性

治理主体，是指通过管理、协商、合作或自治等方式，在处理社会公共事务或提供公共服务过程中的组织和个人，包括政府、社会组织、社区成员等。进入新时代，随着基层治理工作的不断推进，治理主体更加多元化。基层治理主体包括基层党组织、政府、市场组织、社会组织为代表的社会力量以及人民群众。基层治理需要在强有力的党组织领导下，充分发挥有为政府和有效市场的作用，尤其是在社会场域着重引导社会组织参与，强调政府的支持与引导而不是包办代替，尊重人民群众基层治理主体地位。

（二）基层治理目标的多维性

《意见》中明确强调："力争用5年左右时间，建立起党组织统一领导、政府依法履责、各类组织积极协同、群众广泛参与，自治、法治、德治相结合的基层治理体系，健全常态化管理和应急管理动态衔接的基层治理机制，构建网格化管理、精细化服务、信息化支撑、开放共享的基层管理服务平台；党建引领基层治理机制全面完善，基层政权坚强有力，基层群众自治充满活力，基层公共服务精准高效，党的执政基础更加坚实，基层治理体系和治理能力现代化水平明显提高。在此基础上力争再用10年时间，基本实现基层治理体系和治理能力现代化，中国特色基层治理制度优势充分展现。"[①]这一目标体现了鲜明的为民导向，既包含治理体制机制的建设，也包括具体的实践路径，体现了明显的多维特性。

---

① 《中共中央国务院关于加强基层治理体系和治理能力现代化建设的意见》，《人民日报》2021年7月12日。

（三）基层治理方式的多样性

治理方式决定着治理目标的实现，多层面、多维度治理方式的创新，能够推动治理体制机制的发展，形成基层治理强大合力。从基层治理实践探索来看，党领导下的自治、德治、法治“三治”融合的治理方式是重要抓手，同时信息技术手段的发展，智慧治理成为当前基层治理工具现代化的重要途径。治理方式的科学化、多样性正推动基层治理由行政性、单一性、硬性、粗放式管理向多元、柔性、精细化转变。

（四）基层治理事项的综合性

“上面千条线，下面一根针。”“基层是个筐，啥都往里装。”这两句话体现了基层治理的特点。基层政府虽然规模较小，但在其职责范围内要处理的经济社会发展各项事务，涉及群众生活各个方面。基层治理既要落实好国家的大政方针，又要及时回应群众诉求。处于抓落实末梢和回应诉求前沿的基层，成为各项工作汇聚的平台。工作的综合性要求基层工作人员不断提高行政执行能力、为民服务能力、议事协商能力、应急管理能力、平安建设能力等综合能力。

（五）基层治理状态的压力性

习近平总书记强调：“党的工作最坚实的力量支撑在基层，经济社会发展和民生最突出的矛盾和问题也在基层。”[①]一方面，基层治理的压力来自体制机制。在“压力型体制”[②]下，当前基层存在“层层加码的任务下传机制”、“责任下卸”机制以及双重考核监督机制。无论是落实上级部署还是更好服务群众，抑或完成考核任

---

① 《习近平关于全面从严治党论述摘编》，中央文献出版社 2016 年版，第 138 页。

② “压力型体制”指的是各级地方党政组织为了实现经济赶超和其他目标，采取任务数量化分解和高度物质化奖惩相结合的一套管理手段和方式。

务，这些要求最终都压在了基层干部身上，“五加二，白加黑”成为基层干部工作的写照。另一方面，面临百年未有之大变局，不确定性成为社会的常态，社会的“变”既带来了基层的活力，也带来了各种矛盾和挑战。基层流动人口管理难、安全防控难、服务供给难、突发事件多等现实无形中导致了基层治理的较大压力。

(六)基层治理的创新性

国家和社会的发展始终在不断的创新之中，创新孕育和赋予了推动社会进步的巨大力量。基层政府是直面社会生产生活的第一线，最能够发现和发掘社会创新的萌芽和趋势，因而也是创新最活跃的层级。改革开放以来，关于政府创新，有两个基本的发现：一是绝大多数的创新都来自基层，二是凡是地方创新搞得好的，这个区域的治理水平和经济社会发展水平就高，人民生活就幸福。例如浙江、广东、山东等地，长期以来都是创新最活跃的地方。[①] 这启示我们，从国家发展和人民幸福生活的需要出发，基层政府和干部要能够不断解放思想，大胆创新，用改革创新来解决工作中面临的各种问题。

第二节　推进国家基层治理现代化的时代背景与意义

习近平总书记强调：“时代是出卷人，我们是答卷人，人民是阅卷人。”[②]改革开放四十多年来，伴随着工业化、城镇化、信息化的快速发展，我国经济结构、社会结构、组织方式、需求结构等都发生了

① 参见何哲：《基层治理的复杂性和干部面临的现实难题》，《国家治理》2020 年第 40 期。

② 《习近平关于“不忘初心、牢记使命”论述摘编》，党建读物出版社、中央文献出版社 2019 年版，第 37 页。

巨大变化，中国现代化目标经历了市场经济建设、和谐社会建设和政党建设为主导的三个阶段[①]，并驱动社会治理历经分权机制、合同机制向引领机制的转变。如何适应社会变化、国家治理目标的转变，完善基层治理体系、提升基层治理能力，成为我们面临的时代课题。

一、推进国家基层治理现代化的时代背景

近现代以来，中国一直处于转型发展之中。尤其改革开放以来，随着我国经济结构的深刻变革，转型发展的速度在不断加快，社会形态由农业社会向工业社会转型，从一种相对封闭、未开放的状态向现代、公平、开放、自由、城市的社会转型。社会生活各方面发生的深刻广泛变化，给基层治理带来了新挑战与新机遇。

（一）市场化改革不断深化，利益格局深刻调整

改革开放以来，我国经济发展十分迅速，综合国力不断增强，人民生活水平大幅提高，为社会主义现代化强国建设打下了坚实基础。不过也应该看到，在经济不断发展的同时，城乡之间、群体之间利益在分化，社会利益格局在调整，呈现出以下特点：

1.利益主体多元化。改革开放以前，计划经济条件下，强调集体利益至上，个人利益服从国家利益。当个人利益和国家利益发生冲突时，个人要服从集体，主导精神为集体主义，社会利益关系相对单一。与之相适应，在社会管理体制上，国家通过自上而下的单向度的行政控制可以实现对社会公共事务的管理。改革开放后，情况发生变化，不同群体的利益同时得到了尊重，当个人利益与集体利益不一致时，个人有了一定的选择空间。除此之外，先富

① 参见何艳玲、王铮：《当代中国社会治理变迁逻辑分析》，《国家现代化建设研究》第1卷第1期，2022年3月。

带后富的政策，多种经济成分、多种分配方式并存，使得人们收入来源多样化，利益主体的分化变得明显。

2.利益差距在一定时间内变大。改革开放四十多年来，中国经济取得了举世瞩目的成就，社会财富不断增加，人民生活水平全方位提升，绝对贫困得到历史性解决，公共服务全方位普及普惠，社会保障网全方位织密织牢。然而，经济发展的同时，城乡间、群体间收入差距仍旧较大。从 2017～2021 年城乡居民人均可支配收入来看，城乡居民收入比已降至 2.56∶1 左右，收入差距呈现出逐年缩小的趋势（见表 1-1），这是一种良好的势头，但总体上与共同富裕的要求还有距离。

表 1-1　城乡居民收入情况（2017～2021 年）

年份	城镇居民人均可支配收入/元	农村居民人均可支配收/元	城乡居民收入差距/倍
2017	36 396	13 432	2.71
2018	39 251	14 617	2.69
2019	42 359	16 021	2.64
2020	43 834	17 131	2.56
2021	47 412	18 931	2.50

数据来源：《中华人民共和国 2017～2021 年国民经济和社会发展统计公报》。

（二）社会结构变迁

社会结构指一个国家或地区占有一定资源和机会的社会成员的组织方式和关系状态，主要包括人口结构、家庭结构、就业与职业结构、城乡结构、社会的组织结构、阶层结构等诸多方面。公正、合理、开放是现代社会结构的基本特征。新中国成立以来，随着乡土中国向城市中国的演进，社会结构经历了巨大变化。社会结构的变迁必然要求基层治理不断创新，以此来适应与匹配社会发展的需要。

1.人口结构的变化

(1)人口老龄化不断加快。计划生育政策实施以来，中国在较短的时间内完成了人口转变的过程，实现了由高出生率、高死亡率和低自然增长率到低出生率、低死亡率和低自然增长率的转变。与之伴随的是人口年龄结构的变化，老年人口比例迅速提高，人口老龄化程度不断加深。以第七次全国人口普查数据为例，全国人口中，0～14 岁人口为 253 383 938 人，占 17.95%；15～59 岁人口为 894 376 020 人，占 63.35%；60 岁及以上人口为 264 018 766 人，占 18.70%，其中 65 岁及以上人口为 190 635 280 人，占 13.50%。与 2010 年第六次全国人口普查相比，0～14 岁人口的比重上升 1.35 个百分点，15～59 岁人口的比重下降 6.79 个百分点，60 岁及以上人口的比重上升 5.44 个百分点，65 岁及以上人口的比重上升 4.63 个百分点，人口老龄化程度进一步加深。

(2)人口性别比攀升。20 世纪 80 年代前，人口性别比总体保持平衡。从 20 世纪 80 年代后期开始，出生人口性别比(男性对女性的比例)出现变大趋势。从第七次全国人口普查数据来看，男性人口为 723 339 956 人，占 51.24%；女性人口为 688 438 768 人，占 48.76%。总人口性别比(以女性为 100，男性对女性的比例)为 105.07，与 2010 年第六次全国人口普查基本持平。根据这一数据预测，未来一段时间可婚男孩将过剩，超过 3 000 万人。

(3)人口文化素质显著提高。在中国人口结构的变化中，特别值得一提的是中国人口文化素质提高得非常快。20 世纪 90 年代，总人口中高中文化程度的占 8%，大专以上只有 1.4%。根据第七次全国人口普查数据，与 2010 年第六次全国人口普查相比，每

10 万人中拥有大学文化程度的由 8 930 人上升为 15 467 人，拥有高中文化程度的由 14 032 人上升为 15 088 人，拥有初中文化程度的由 38 788 人下降为 34 507 人，拥有小学文化程度的由 26 779 人下降为 24 767 人。15 岁及以上人口的平均受教育年限由 9.08 年提高至 9.91 年。全国人口中，文盲人口（15 岁及以上不识字的人）为 37 750 200 人，与 2010 年第六次全国人口普查相比，文盲人口减少 16 906 373 人，文盲率由 4.08%下降为 2.67%，下降 1.41 个百分点。这些数据强力地说明了我国全面普及九年义务教育和大力发展高等教育所取得的可喜成就，显示了我国人口素质不断提高，这为基层治理现代化之路带来了新的机遇与挑战。

2.城乡结构的变化

(1)城市化快速推进。1978 年，我国城市化率只有 17.92%。从 20 世纪 90 年代开始，我国城市化速度不断加快，2011 年我国城市化率首次突破 50%。截至 2021 年底，我国城市化率已达到 64.72%，中国社会已经进入城市中国。城市化是一个国家经济发展水平的重要表现，也是一个国家发展的必由之路。随着城市的发展，城市安全问题、城市公共服务问题、城市环境治理问题、流动人口管理等，都成为城市基层治理需要直接面对的挑战。

(2)乡村治理基础发生变化。党的十八大以来，在实施新型城镇化战略、打赢脱贫攻坚战和全面实施乡村振兴战略的推动下，我国乡村治理的基础发生了巨大变化。一方面，村庄开放性不断加强。我国幅员辽阔，不同地区村庄形态和禀赋各有差异。但在小农经济时代，一个村庄内部的居民生产生活方式具有高度的同质性，村民与外界交往较少，信息闭塞，思想观念相对保守。随着城镇化水平的提高，在户籍制度改革及行政力量、市场力量的介入带动土地流转、土地整理及土地功能变化的情形下，村庄的开放性越来越强，上过学、掌握了科学文化知识的青年一代不再愿意像其父辈那样回到村庄生活。村庄开放性不断加强带来两个不同的结果，一是增强了村庄与外部的联系，二是引发村庄内部结构变化，村民之间异质性增加、同质性减少，乡村内部的血缘、地缘、业缘联系弱化了。另一方面，村庄人口出现变化。村庄由封闭走向开放的一个结果是农村人口大量外流，特别是青壮年劳动力外出务工、经商办企业，绝大多数村庄常住人口主要是60岁以上的老年人。曾经所谓的“386199”①人口结构也发生了很大变化，夫妻一起或全家外出务工经商已经成为普遍现象，青少年出村入市求学读书成为常态，还有一些家长特别是年轻的妈妈们陪孩子在外读书，种种情况都使得村庄里年轻人大量减少。留在村里的40岁以下的青壮年，主要是照顾生病的父母亲、身体不太好或在外找工作有困难的人。全国各地农村家庭户平均人口在4人以下，说明多子女家庭越来越少。这预示着乡村人口空心化和老龄化在一段时间内不仅难以改变，而且很可能会进一步加剧，同时，农民精神文化需求日益突显，权利意识不断增强，对乡村发展和基层治理提出了新要求。

（三）组织方式由单一到多元

新中国成立以来，社会组织方式经历了“组织化—去组织化—再组织化”的变化。改革开放后，随着经济体制改革的不断深入，越来越多的人从原单位走出来，成为“社会人”，基层社会管理中，街居变得更为重要，单位反而退居次席。2000年左右，社区的概念逐渐流行起来，社区逐渐承接过去单位和政府部分功能。进入21世纪，社区建设更加规范化、法治化，社会人逐步被组织到了社

① “38”指妇女，“61”指儿童，“99”指老人。

区里。尤其是新冠肺炎疫情发生以来，社区在组织人、宣传知识、提供服务等方面发挥了不可替代的作用，社区成为疫情防控的坚强堡垒。除了传统的社会组织方式，基金会、社会团体和社会服务机构等社会组织也逐步兴起和发展，社会组织是除了政治组织、经济组织之外的一种组织形式，具有非营利性、非政治性、志愿性和公益性等特点。1978 年，我国登记注册的社会团体不足 5 000 家，近些年社会组织发展较为快速，到 2021 年底，全国社会组织总量为 90.9 万家。除此之外，在城乡基层社区还有较多未注册的“草根”社会组织，它们主要活跃在文化娱乐、兴趣爱好、体育健康等领域，例如广场舞协会、球迷协会、养生协会等。如何有序引导社会组织持续健康发展，使其在反映群众诉求、提供服务、规范行为等方面发挥更重要的作用，特别是如何规范和发展直接面向社区提供服务的社区服务类社会组织、社区社会组织，为社区居民参与公共事务和公益事业提供组织化载体，成为基层治理领域必须研究的课题。

信息技术和移动互联网的发展给人们带来与之相适应的新的社会组织方式和形式，QQ 群、微信群等是典型的网络社会的组织方式，具有灵活便捷、互动性强、隐身等特点。互联网技术发展带来的组织“乘数效应”在卡车司机群体中得以体现。根据清华大学课题组调查报告，中国卡车司机的组织化发展分为三个阶段：第一阶段计划经济时期，卡车司机属于国企或集团企业员工，是“单位人”，属于“他组织”。改革开放以后，随着国有企业改革，一部分离开“单位”，物流运输业的快速发展，大量年轻劳动力被吸纳到卡车司机行业，这一阶段大部分卡车司机属于没有正式单位，没有组织化的过程。但是在劳动过程中存在救援、信息互通、讨债、议价和认同四种需求，卡车司机群体进入了“抱团取暖”，再组织化阶段。

微信群在卡车司机的“再组织”中起到了重要作用，它将分离的原子化的卡车司机组织起来，形成一种“虚拟团结”，并形成了多样化的卡车司机组织。例如，基于地域性社会关系，河南司机建立了“中国龙”微信群，东北司机建立了“东北虎”微信群。基于互通货物、运费等商业信息建立的“卡友地带”，具有公益性质的“传化安心驿站”。这些微信群的建立，使卡车司机重新进入组织，在一定规则的规范下，组织运转良好，满足了卡友们的需求。诸如网络直播、快递外卖、网约车等新兴行业，已然无法通过传统方式实现组织化，网络技术的发展为他们提供了再组织化的可能。

社会的再组织既需要“自组织”也需要“他组织”。党的十八大以来，党组织在各类组织中基本实现全覆盖，充分发挥政治引领力和政治保障力。党建引领下的各类组织在保持独立性、自我运转的同时，确保自身沿着正确的政治方向前进。再组织化是实现现代化的重要手段，面对现代化的诸多挑战和风险，社会再组织化的任务远未完成，仍须不断探索与创新。

（四）信息技术日新月异

基于互联网、物联网、云计算的新一代信息技术正深刻地改变我们所处世界的面貌，现实社会和虚拟社会的边界越来越模糊，这对人们的经济行为、生活方式和思维模式都产生了重大影响。截至 2021 年底，我国互联网上网人数已经超过 10.32 亿人，互联网普及率为 73.0%，其中农村地区互联网普及率为 57.6%。2021 年，移动互联网用户接入流量达 2 216 亿 GB，比 2020 年增长 33.9%。居民意见发布和诉求表达方式不断丰富，“人人都有麦克风，个个都是发言人”的时代已经来临。这为引导和聚合民意、推进基层治理带来了更大的难度和挑战。信息化条件下催生的新业态、新职业、新生产生活方式使就业结构和职业结构出现新特点，社会关系更加丰富。如何用信息技术来打破信息壁垒，实现信息共享，更好地为居民提供便捷高效的服务，是基层治理领域需要持续破解的难题。

二、推进基层治理现代化的意义

“基层强则国家强，基层安则天下安。”基层治理之于国家治理有基础作用。推进基层治理体系和治理能力现代化建设，对国家治理体系和治理能力现代化具有根基性意义。

（一）基层治理现代化建设有利于党和国家大政方针的贯彻落实

基层连接着千家万户，关系到人民群众美好生活的实现，关系党和群众的血肉联系及党的执政基础。基层治理具有桥梁纽带的特点，既能“接天线”，落实党和国家大政方针，又能“接地气”，回应人民群众对美好生活的新诉求。基层是党和国家的各项方针政策落地开花结果的载体。但是，目前基层治理存在基层治理服务人口不足，基本公共服务供给不均衡，基层工作队伍素质参差不齐，基层干部工作压力大、能力不足、能力不强等问题，这导致党和国家各项方针政策在落实到基层时还存在一些堵点、漏点。基于此，要在加强党的全面领导、乡镇（街道）政权能力建设、基层群众自治等方面持续发力，推进基层德治和法治建设，加强基层智慧治理能力建设，提高基层贯彻落实党和国家大政方针的能力。

（二）基层治理现代化建设有利于维护群众切身利益

“履不必同，期于适足；治不必同，期于利民。”[①]现代化这一概念包含着实现现代社会的过程，是现代社会的动态过程。[②]基层治理现代化的实现是一个动态的过程，这一过程是在坚持以人民为

---

① 魏源：《默觚下·治篇五》。

② 参见张康之：《国家治理现代化的中国概念》，《党政研究》2021年第5期。

中心，不断满足人民群众对美好生活的需要中实现的。习近平总书记指出："我们党干革命、搞建设、抓改革，都是为了让人民过上幸福生活。"[①]推进基层治理现代化必须坚持为了人民、依靠人民、惠及人民，尊重人民群众的主体地位。基层治理中无论是落实上级政策还是制定本级政策，都要立足"更好解决群众操心事烦心事揪心事"。例如，济南市 12345 市民热线在 2022 年 7 月 22～29 日，共受理各类诉求 27.68 万件，其中市民诉求主要集中在疫情防控、交通秩序、物业管理、医疗保险、住房公积金、养老保险、教育管理等领域。由此可见，人民群众主要关心的更多集中于与日常生活息息相关的领域，这就要求基层治理中加快城乡社区服务体系建设，提供更加精细化、差异化、品质化、智慧化、舒心化的服务，着力解决基层群众最关心的事项，提高他们的获得感、幸福感、安全感。

（三）基层治理现代化建设有利于创造和谐稳定的发展环境

新中国成立以来，党领导人民创造了世所罕见的经济快速发展奇迹和社会长期稳定奇迹。但随着国内外发展环境的复杂变化和疫情防控的影响，当今社会风险性和不确定性不断增强。新形势下，我国社会矛盾呈现出来源多元化、内容复杂化、地域基层化、形态网络化的新特征。诸多社会矛盾以不同的形态出现在基层社会，反映出"民生保障存在短板、社会治理还有弱项"，影响着基层社会的和谐稳定。推进基层治理体系和治理能力现代化，是应对矛盾和挑战的重要方式。要充分发挥基层治理中的自治、法治、德治的作用，以自治增活力，以德治扬正气，以法治保秩序，完善群众线上线下参与渠道，坚持源头治理，用好"枫桥经验"，建立完善依法维权和矛盾化解工作机制，建立政法机关一体化办案系统，把人

① 《习近平关于社会主义社会建设论述摘编》，中央文献出版社 2017 年版，第 19 页。

民调解队伍建设好，为基层提高化解矛盾纠纷能力提供人才，进而营造更好的社会环境。

第三节　走中国特色基层治理道路

中国特色的基层治理道路就是要实现治理主体从一元到多元发展，治理方式由单一化向多样化推进，最终建立党全面领导、政府负责、社会力量积极配合协同、广大群众积极参与，自治、法治、德治相结合的现代化基层治理体系，培育起与中国特色社会主义现代化强国相适应的现代治理能力。

一、坚持党的全面领导是前提

中国共产党领导是中国特色社会主义最本质的特征，是中国特色社会主义制度的最大优势，党是最高政治领导力量。加强党对基层治理的领导，是“坚持党对一切工作领导”这一基本方略在基层治理中的具体体现。这既是《中国共产党章程》的规定，也是《中国共产党支部工作条例(试行)》(2018年)的要求。各地要结合实际，积极探索党领导基层治理的有效载体和有效方法，扩大基层党组织覆盖面，创新党组织设置方式，改进党组织工作方法，把党的领导贯穿基层治理创新各方面、全过程，通过政治引领、组织引领、能力引领、机制引领，把党的领导融入基层治理，构筑好基层治理“桥头堡”，打通基层治理“最后一公里”，把党的领导和我国社会主义制度的政治优势转化为基层治理的强大效能。

二、坚持以人民为中心是根本价值取向

理念是行动的先导。习近平总书记在党的十九大报告中指

出:“人民是历史的创造者,是决定党和国家前途命运的根本力量。”[①]党的根基在人民,血脉在人民,回顾建党百年的历史,无论是在革命、建设、改革时期,还是在新时代,人民群众始终是历史的创造者,人民群众的主体地位、人民群众作为力量的源泉始终贯彻在各个时期。基层治理直面人民群众,要始终坚持人民群众的主体地位,努力做好与人民群众日常生活息息相关的吃穿住用行、生老病死养等基本民生保障,要分阶段、分层次解决好人民群众的发展需求、权利需求、公平需求等更高层次的需求,在实现共同富裕的过程中,体现公平正义,构建人人有责、人人尽责、人人享有的基层治理共同体。

三、完善基层治理体制机制是关键

推进基层治理体系和治理能力现代化体制机制建设是保障。近年来,不少地方在积极探索乡镇(街道)管理体制改革。其中,上海和北京的改革比较具有代表性。上海市在2014市委1号课题调研成果的基础上出台了《中共上海市委上海市人民政府关于进一步创新社会治理加强基层建设的意见》,形成了“1+6”系列文件。《上海市街道办事处条例》第五条规定:街道办事处以辖区内的公共服务、公共管理、公共安全为工作重点。街道采取“6+2”的设置,分别设置党政办、社区党建、社区管理、社区服务、社区平安、社区自治以及两个增设的机构,实现了对街道管理体制的改革创新。北京按照“赋权、下沉、增效”的原则,深化街道体制改革,同时运用“街乡吹哨、部门报到”“接诉即办”“主动治理”等方式破解基层治理难题。在机制建设方面,坚持补短板、堵漏洞、强弱项,发展

① 习近平:《决胜全面建成小康社会 夺取新时代中国特色社会主义伟大胜利——在中国共产党第十九次全国代表大会上的报告》,《人民日报》2017年10月28日。

和完善协商民主机制，培育社会包容性；建立合作互助机制，培育社会信任；建立社会规则机制，培育公共价值，以此推动基层治理迈向更高质量。

四、打造共建共治共享的基层治理格局是目标

习近平总书记在党的十九大报告中提出："打造共建共治共享的社会治理格局。加强社会治理制度建设，完善党委领导、政府负责、社会协同、公众参与、法治保障的社会治理体制，提高社会治理社会化、法治化、智能化、专业化水平。"[①]党的十九届四中、五中全会进一步强调建设人人有责、人人尽责、人人享有的社会治理共同体。社会治理具有两层内涵，即社会治理体制和具体社会事务治理。其中，具体社会事务治理主要指基层社会治理，社会治理概念约等于基层治理概念。基层治理追求的方向是打造共建共治共享的基层治理格局。"共建"指共同参与社会建设，在事关民生的社会事业、社会福利等多个领域的制度构建，在党的领导下构建政府、市场、社会更好发挥合力的体制机制，激发多方参与的能力和活力。"共治"指共同参与基层治理，参与权是人民群众的重要权利和需求，随着经济社会的发展，人民群众的权利意识和参与意识不断增强，党和政府要为群众参与创造条件与平台，拓展参与渠道。"共享"指共享治理成果。习近平总书记强调，我们追求的发展是造福人民的发展，我们追求的富裕是全体人民共同富裕。无论是经济建设还是社会建设最终的目标和归宿都是让人民群众切实体会到实实在在的发展成果，共同享有发展成果。

---

① 习近平：《决胜全面建成小康社会　夺取新时代中国特色社会主义伟大胜利——在中国共产党第十九次全国代表大会上的报告》，《人民日报》2017 年 10 月 28 日。

五、"三治"结合是有效途径

"三治"指自治、法治、德治三种形式，加上智慧治理，上述四个要素的合理应用和科学结合，是推进基层治理体系和治理能力现代化的有效途径。

推进基层治理体系现代化需要健全基层群众自治制度。第一，加强村(居)民委员会规范化建设。"坚持党组织领导基层群众性自治组织的制度，建立基层群众性自治组织法人备案制度，加强集体资产管理。规范撤销村民委员会改设社区居民委员会的条件和程序，合理确定村(社区)规模，不盲目求大。发挥村(居)民委员会下设的人民调解、治安保卫、公共卫生等委员会作用，村民委员会应设妇女和儿童工作等委员会，社区居民委员会可增设环境和物业管理等委员会，并做好相关工作。完善村(居)民委员会成员履职承诺和述职制度。"[①]第二，健全村(居)民自治机制。"强化党组织领导把关作用，规范村(居)民委员会换届选举，全面落实村(社区)'两委'班子成员资格联审机制，坚决防止政治上的两面人，受过刑事处罚、存在'村霸'和涉黑涉恶及涉及宗族恶势力等问题人员，非法宗教与邪教的组织者、实施者、参与者等进入村(社区)'两委'班子。在基层公共事务和公益事业中广泛实行群众自我管理、自我服务、自我教育、自我监督，拓宽群众反映意见和建议的渠道。聚焦群众关心的民生实事和重要事项，定期开展民主协商。完善党务、村(居)务、财务公开制度，及时公开权力事项，接受群众监督。强化基层纪检监察组织与村(居)务监督委员会的沟通协

① 《中共中央国务院关于加强基层治理体系和治理能力现代化建设的意见》，《人民日报》2021年7月12日。

作、有效衔接,形成监督合力。”[①]第三,增强村(社区)组织动员能力。“健全村(社区)‘两委’班子成员联系群众机制,经常性开展入户走访。加强群防群治、联防联治机制建设,完善应急预案。在应急状态下,由村(社区)‘两委’统筹调配本区域各类资源和力量,组织开展应急工作。改进网格化管理服务,依托村(社区)统一划分综合网格,明确网格管理服务事项。”[②]第四,优化村(社区)服务格局。“推进城乡社区综合服务设施建设,依托其开展就业、养老、医疗、托幼等服务,加强对困难群体和特殊人群关爱照护,做好传染病、慢性病防控等工作。加强综合服务、兜底服务能力建设。完善支持社区服务业发展政策,采取项目示范等方式,实施政府购买社区服务,鼓励社区服务机构与市场主体、社会力量合作。开展‘新时代新社区新生活’服务质量提升活动,推进社区服务标准化。”[③]

法治与德治都是基层非常重要的治理方式。法律是对人的行为底线的规定,法治就是利用正式法律制度惩治社会成员的越轨行为,是一种对人的行为的刚性约束。[④] 要强化依法行政和司法公正,开展普法教育,增强基层干部群众知法、懂法、守法的氛围。理念决定行为,人的行为价值取向体现了其基本道德素养,用基本的德行规范人的行为是德治应有之义,德治是一种隐含的、柔性的规范,基层治理中德治是基础。要加强社会主义核心价值观教育,加

---

① 《中共中央国务院关于加强基层治理体系和治理能力现代化建设的意见》,《人民日报》2021 年 7 月 12 日。

② 《中共中央国务院关于加强基层治理体系和治理能力现代化建设的意见》,《人民日报》2021 年 7 月 12 日。

③ 《中共中央国务院关于加强基层治理体系和治理能力现代化建设的意见》,《人民日报》2021 年 7 月 12 日。

④ 参见向春玲:《推进基层治理体系治理能力治理方式现代化》,《学习时报》2021 年 9 月 1 日。

强家庭家教家风建设,开展志愿服务建设等,发挥德治春风化雨,滋润人心的作用。

此外,推进基层治理现代化急需加强基层智慧治理能力建设。第一,强化财政支持,吸纳社会资本,调动公益力量,为基层治理智能化打好硬件基础。第二,强化制度建设,破除制度障碍,促进相关数据资源的整合,共建全国基层治理数据库,实现基层治理数据资源共享。第三,在思想层面,适应信息化时代发展的要求,加大宣传力度,让数字化思维走进基层干部群众心里,提高使用现代化信息技术、大数据分析能力。

六、把保障和改善民生作为优先方向

城乡社区服务体系建设事关基本民生,与社区基层治理高度相关,是基层治理体系和治理能力提升的重中之重。党的十八大以来,伴随着城乡社区治理体系和治理能力建设的深入开展,城乡社区在服务体系、服务能力和水平等方面有了长足进步,老百姓在享受便捷服务中增强了对社区的向心力和认同感。新发展阶段,城乡社区建设的着力点应放在:一是着力发展就业和社会保障。以城乡社区相关服务设施为依托,为退役军人、高校毕业生、失业人口、就业困难人口、残疾人等重点群体开展服务。二是着力推进基层医疗卫生事业发展。给予老年人、慢性病患者、残疾人、儿童、孕妇等更多关怀,开展医疗服务。三是发展城乡社区服务,加快建设社区日间照料机构,推动养老服务覆盖居家老人,健全社区未成年人保护与服务体系。四是推动社区文体服务发展。建立社区综合性文化服务中心,开展社会文化活动,推动公共体育设施建设与开放。五是发展城乡社区法律、安全服务。依托社区综治中心,做好社区安全,加强应急避难场所建设,提升基层减灾能力。

参考文献

[1]《习近平谈治国理政》第3卷，外文出版社2020年版。

[2]《习近平谈治国理政》第4卷，外文出版社2022年版。

[3]《习近平关于社会主义社会建设论述摘编》，中央文献出版社2017年版。

[4]《中共中央国务院关于加强基层治理体系和治理能力现代化建设的意见》，《人民日报》2021年7月12日。

[5]吴忠民：《中国现代化论》，商务印书馆2019年版。

[6]龚维斌：《大国基石：推进基层治理现代化》，国家行政管理出版社2022年版。

[7]吕德文：《治大国若烹小鲜：基层治理与世道人心》，中国人民大学出版社2021年版。

[8]姜晓萍、衡霞、田昭：《中国城市社会治理》，中国人民大学出版社2021年版。

[9]魏礼群：《中国社会治理通论》，北京师范大学出版社2019年版。

[10]唐奕：《基层治理之路》，中央编译出版社2019年版。

[11]张静：《基层政权：乡村制度诸问题》，社科文献出版社2018年修订版。

第二章　习近平总书记关于基层治理的重要论述

基层治理是实现国家治理体系和治理能力现代化的基石。加强和创新基层治理，事关党的执政根基、国家长治久安和人民幸福安康，是推进国家治理体系和治理能力现代化的题中应有之义。党的十八大以来，以习近平同志为核心的党中央高度重视基层治理的顶层设计、谋划部署和推进落实，不断推动基层治理体系和格局的加快重塑，实现了基层治理水平和效能的持续提升。习近平总书记为新时代基层治理谋篇布局、掌舵定向，提出了一系列新思想新理念新战略，具有极强的政治性、思想性、实践性和指导性，体现了深刻的历史洞察力、重要的理论引领力、强大的实践指导力，为夯实国家治理根基，完善国家治理体制，提升国家治理水平，推进新时代基层治理体系和治理能力现代化，提供了重要的思想指引和根本的行动遵循。

第一节　习近平总书记关于基层治理重要论述的主要内容

习近平总书记关于基层治理的重要论述，意涵丰富、体系严密、逻辑贯通，主要包括基层治理的重大意义、领导核心、体系格局、社区治理、方式方法、家庭家教家风、队伍建设等方面，既有对我国基层治理宏观战略的谋划、发展方向的擘画，也涉及具体的制度设计和实践要求，为在坚持党的领导下构建和完善新时代我国基层治理的体系、机制、格局，走好有中国特色的基层治理道路，提出了总纲领，明确了总定位，确立了总航标。

一、基础不牢　地动山摇

（一）基层治理是国家治理的基石

一个国家治理体系和治理能力的现代化水平很大程度上体现在基层。基础不牢，地动山摇，只有不断夯实基层社会治理这个根基，才能真正实现社会主义现代化强国的目标。在贵州省贵阳市观山湖区金元社区考察调研时，习近平总书记特别强调："基层强则国家强，基层安则天下安，必须抓好基层治理现代化这项基础性工作。"①"基层就是基础。基层组织是党的全部工作和战斗力的基础。"②基层治理在国家治理中的基础性、先导性地位由此可见一斑。

① 《十三届全国人大五次会议〈政府工作报告〉辅导读本》，人民出版社、中国言实出版社2022年版，第324页。

② 习近平：《之江新语》，浙江人民出版社2013年版，第111页。

（二）基层治理是社会稳定的基础

习近平总书记指出："构建和谐社会，重心在基层。基层就是社会的细胞，是构建和谐社会的基础。"①特别是在大量"单位人"转变成"社会人"的背景下，"基层的地位就更加凸显出来，处在了前沿位置，成为维护社会和谐稳定的第一线平台"②，"社会是否和谐稳定也要通过基层来观察"③，"基层既是产生利益冲突和社会矛盾的'源头'，也是协调利益关系和疏导社会矛盾的'茬口'"④。换言之，推进基层治理的过程，就是稳控和化解社会矛盾，维护和保障社会稳定的过程。

（三）基层治理是工作落实的基点

习近平总书记对基层治理的关注和研究，伴随他从政的各个阶段。早在主政浙江时，习近平就全面、系统、深入地思考基层治理对工作部署、落实的重大意义，其间他在《浙江日报》"之江新语"专栏，发表了多篇相关文章，专门提到"基层处于承上启下的节点、各种矛盾的焦点和工作落实的重点"⑤。2020年9月，在与来自社会各界的基层代表座谈时，习近平谈道："大家都处在改革发展和生产一线，参与经济社会生活最直接，同群众联系最经常，对党的路线方针政策落地见效感知最真切，提出的意见和建议能够更加贴近基层实际、反映群众心声。"⑥并结合当前和今后一个时期基层的重点工作，特别指出："'十四五'时期，要在加强基层基础工作、

---

① 习近平：《之江新语》，浙江人民出版社2013年版，第239页。
② 习近平：《之江新语》，浙江人民出版社2013年版，第239页。
③ 习近平：《之江新语》，浙江人民出版社2013年版，第239页。
④ 习近平：《之江新语》，浙江人民出版社2013年版，第239页。
⑤ 习近平：《之江新语》，浙江人民出版社2013年版，第110页。
⑥ 《习近平谈治国理政》第4卷，外文出版社2022年版，第58页。

提高基层治理能力上下更大功夫。”[①]对未来基层治理的走向和重点进行了谋划部署。

二、把加强基层党的建设作为贯穿基层治理的一条红线

党的力量来自组织，基层党组织是党的肌体的重要组成和推进落实的“神经末梢”。习近平总书记将加强基层党组织建设作为推进基层治理的“牛鼻子”和基础工程，围绕如何更好地坚持和突出党建引领，明确基层党组织地位，加强组织建设，发挥示范作用等方面，作出一系列重要论述。

（一）明确基层党组织的地位和角色

习近平总书记深刻指出：“只有把基层党组织建设强、把基层政权巩固好，中国特色社会主义的根基才能稳固。”[②]“基层党组织是贯彻落实党中央决策部署的‘最后一公里’，不能出现‘断头路’。”[③]“党的基层组织是确保党的路线方针政策和决策部署贯彻落实的基础。”[④]“落地才能生根，根深才能叶茂。加强党的基层组织建设，关键是从严抓好落实。”[⑤]他以形象比喻指明基层组织的极端重要性，“‘麻绳最容易从细处断。’各族群众对党和政府最直观的感受来自身边的党员、干部，来自常打交道的基层组织和基层政权”[⑥]，生动阐释了基层党组织在基层治理中的组织、动员、领导的角色以及先导性、基础性地位。

---

① 《习近平谈治国理政》第4卷，外文出版社2022年版，第60页。
② 《习近平谈治国理政》第4卷，外文出版社2022年版，第60页。
③ 《习近平谈治国理政》第4卷，外文出版社2022年版，第504页。
④ 《习近平谈治国理政》第3卷，外文出版社2020年版，第51页。
⑤ 习近平：《在全国组织工作会议上的讲话》，人民出版社2018年版，第13页。
⑥ 《习近平关于社会主义政治建设论述摘编》，中央文献出版社2017年版，第161页。

(二)阐明党建引领基层治理的方法和原则

党建引领基层治理是基本的政治原则和行动遵循,习近平多次强调:“要把加强基层党的建设、巩固党的执政基础作为贯穿社会治理和基层建设的一条红线,增强基层组织在群众中的影响力和号召力。”[①]“要加强基层组织和基层政权建设,多做深入细致的群众工作。”[②]“基层党组织就要在贯彻落实中发挥领导作用。要强化政治引领,发挥党的群众工作优势和党员先锋模范作用,引领基层各类组织自觉贯彻党的主张,确保基层治理正确方向。”[③]

(三)强调加强基层党组织建设和作用发挥

基层党组织的建设和作用发挥,事关党的执政根基,决定基层治理成效,直接关联人民群众的获得感、幸福满和满意度。习近平总书记指出:“只有基层党组织坚强有力,党员发挥应有作用,党的根基才能牢固,党才能有战斗力。”[④]“做好基层基础工作十分重要,只要每个基层党组织和每个共产党员都有强烈的宗旨意识和责任意识,都能发挥战斗堡垒作用、先锋模范作用,我们党就会很有力量,我们国家就会很有力量,我们人民就会很有力量,党的执政基础就能坚如磐石。”[⑤]为此,在加强基层党组织建设上,习近平指出:“要坚持大抓基层的鲜明导向,持续整顿软弱涣散基层党组织,有效实现党的组织和党的工作全覆盖,抓紧补齐基层党组织领导基层治理的各种短板,把各领域基层党组织建设成为实现党的领导

---

① 《习近平新时代中国特色社会主义思想学习论丛》第二辑,中央文献出版社 2020 年版,第 11 页。

② 《习近平谈治国理政》,外文出版社 2014 年版,第 203 页。

③ 习近平:《在全国组织工作会议上的讲话》,人民出版社 2018 年版,第 14 页。

④ 《习近平谈治国理政》第 2 卷,外文出版社 2017 年版,第 173 页。

⑤ 《习近平总书记在河北、兰考两地调研指导党的群众路线教育实践活动报道集》,人民出版社 2014 年版,第 2～3 页。

的坚强战斗堡垒。”[①]“把基层党组织建设成为宣传党的主张、贯彻党的决定、领导基层治理、团结动员群众、推动改革发展的坚强战斗堡垒。”[②]“要加强和改进党对农村基层工作的全面领导，提高农村基层组织建设质量，为乡村全面振兴提供坚强政治和组织保证”[③]，并特别提醒基层党组织作为贯彻落实的最后一公里，谨防挂空挡的空转，保持政策执行和落实的效率。

三、健全党组织领导的自治法治德治相结合的城乡基层治理体系

习近平总书记指出：“要深入推进社区治理创新，构建富有活力和效率的新型基层社会治理体系。”[④]这一重要论述深刻揭示了基层是一个生命体的本质，突出了基层治理体系建设的重点是搭好基层治理的主体和骨架。基层治理体系建设本身是发展与治理、活力与秩序双向互动的一项系统性工程，是在党的全面领导下，政府负责、社会协同、群众参与、技术保障的有机结合体。

（一）构建党领导下多元协同的基层治理体系

基层治理是管理方式的根本变革，是从简单的控制、主导，转向合作与伙伴关系[⑤]，也是行政权力与社会权利的交融点。早在2006年，习近平在浙江工作时就提出各类组织要积极协同，“不仅要加强党政组织在社会管理和服务中的职能作用，还要发挥好各类社会组织的积极作用；不仅要发挥好人民政协组织以及工会、共

① 《习近平谈治国理政》第4卷，外文出版社2022年版，第504页。

② 《习近平新时代中国特色社会主义思想学习纲要》，学习出版社、人民出版社2019年版，第231页。

③ 习近平：《在基层代表座谈会上的讲话》，人民出版社2020年版，第7页。

④ 《习近平谈治国理政》第3卷，外文出版社2020年版，第353页。

⑤ 参见陈家刚：《基层治理》，中央编译出版社2015年版，第4页。

青团、妇联等人民团体的桥梁和纽带作用，还要注重发挥其他社团、行业组织和社会中介等民间组织的有益作用”①。基层社区蕴藏着风险治理的强能力，能充分发挥网格员、社区志愿者、社区企业、社会组织的主动性和灵活性，为此在加强新时代社区治理体系建设上，习近平强调：“要坚持眼睛向下、面向基层，改革和改进机关机构设置、管理模式、运行机制，坚持力量配备、服务资源向基层倾斜。要积极联系和引导相关社会组织。”②“发挥社会组织作用，实现政府治理和社会调节、居民自治良性互动。”③

（二）完善自治德治法治相结合的基层治理体系

党的十九届五中全会指出：“健全党组织领导的自治、法治、德治相结合的城乡基层治理体系。”④自治、法治、德治相结合是推进基层治理的主要路径，也是加强和创新新时代基层治理的重要手段，自治为基、法治固本、德治教化，三者协同配合、相互补促，在基层治理的具体实践中，实现自治创造力、法治保障力和德治润泽力的相得益彰。

第一，群众自治是基层治理的首要关键。自治是基层治理的根基，也是最能体现基层治理特点的治理方式。自治作为“三治”之首，体现出基层治理的首要和关键在于有效发动、组织基层民众广泛参与，自治是基层民众由自下而上通过协商民主和自我组织，实现自我管理的方式，其中居民作为社区的主体，依法组织居民参与社区自治，是构建基层社会治理新格局的应有之义。习近平指出：“要完善基层群众自治机制，调动城乡群众、企事业单位、社会

① 习近平：《加强基层基础工作　夯实社会和谐之基》，《求是》2006 年第 21 期。

② 《习近平谈治国理政》第 2 卷，外文出版社 2017 年版，第 309 页。

③ 《习近平谈治国理政》第 3 卷，外文出版社 2020 年版，第 38～39 页。

④ 《中共中央关于制定国民经济和社会发展第十四个五年规划和二〇三五年远景目标的建议》，人民出版社 2020 年版，第 36 页。

组织自主自治的积极性，打造人人有责、人人尽责的社会治理共同体。”①“既要发挥基层党组织的领导作用，也要发挥居民自治功能，把社区居民积极性、主动性调动起来，做到人人参与、人人负责、人人奉献、人人共享。”②

第二，奉行法治是治国理政的基本方式。法治是国家治理体系和治理能力的重要依托，习近平总书记指出：“在法治轨道上推进国家治理体系和治理能力现代化。”③“要更加注重发挥法治在国家治理和社会管理中的重要作用。”④基层治理的法治化直接关联国家治理的现代化，也影响着社会主义法治国家的建设。《中共中央国务院关于加强基层治理体系和治理能力现代化建设的意见》也强调“推进基层治理法治建设”，体现了法治在基层治理中的规范、引领、推动和保障作用。

第三，施行德治是传统文化的核心内容。强调人们对公序良俗和道德准则的恪守与践行，对人的行为有重要规范作用，德治也是推进基层治理的一项基础性工程。其中，中华优秀传统文化蕴含着丰富的德治资源和施政智慧。孔子曰：“为政以德，譬如北辰，居其所而众星拱之。”“道之以德，齐之以礼，有耻且格。”⑤孟子说：“善教得民心。”⑥这些中华传统文化中的精髓为施行德治提供了价值依循。习近平总书记指出：“在几千年的历史演进中，中华民族创造了灿烂的古代文明，形成了关于国家制度和国家治理的丰富思想，包括大道之行、天下为公的大同理想，六合同风、四海一家的

---

① 《习近平谈治国理政》第 3 卷，外文出版社 2020 年版，第 353 页。

② 《把城乡社区基础筑牢》，《人民日报》2022 年 6 月 30 日。

③ 《习近平谈治国理政》第 4 卷，外文出版社 2022 年版，第 287 页。

④ 《习近平谈治国理政》，外文出版社 2014 年版，第 138 页。

⑤ 《论语·为政》。

⑥ 《尽心上》，《孟子集注》卷十三。

大一统传统，德主刑辅、以德化人的德治主张，民贵君轻、政在养民的民本思想，等贵贱均贫富、损有余补不足的平等观念，法不阿贵、绳不挠曲的正义追求，孝悌忠信、礼义廉耻的道德操守，任人唯贤、选贤与能的用人标准，周虽旧邦、其命维新的改革精神，亲仁善邻、协和万邦的外交之道，以和为贵、好战必亡的和平理念，等等。这些思想中的精华是中华优秀传统文化的重要组成部分，也是中华民族精神的重要内容。”①

第四，“三治”并举是基层治理的重要手段。自治、法治和德治是推进基层治理基本方式，助力国家治理体系和治理能力现代化的重要手段，在“要坚持依法治国和以德治国相结合，把法治建设和道德建设紧密结合起来，把他律和自律紧密结合起来，做到法治和德治相辅相成、相互促进”②的基础上，习近平总书记关注的目光投射在基层治理，特别是乡村治理领域，他多次强调要建立健全党组织领导的自治、法治、德治相结合的基层治理体系，指出“建立健全党委领导、政府负责、社会协同、公众参与、法治保障的现代乡村社会治理体制，健全自治、法治、德治相结合的乡村治理体系”③，“我国农耕文明源远流长、博大精深，是中华优秀传统文化的根，要在实行自治和法治的同时，注重发挥好德治的作用，推动礼仪之邦、优秀传统文化和法治社会建设相辅相成”④。这些体现了习近平对我国历史经验的深刻总结，以及对治国理政规律的精准把握。

（三）大力推进基层民主协商　实现全过程人民民主

基层治理是为实现公共利益最大化的最基层权力运作过程，

① 《习近平谈治国理政》第3卷，外文出版社2020年版，第119～120页。

② 《习近平谈治国理政》，外文出版社2014年版，第145～146页。

③ 《中央农村工作会议在北京举行　习近平作重要讲话》，《农村经营管理》2018年第1期。

④ 《习近平在中共中央政治局第八次集体学习时强调　把乡村振兴战略作为新时代“三农”工作总抓手　促进农业全面升级农村全面进步农民全面发展》，《农村经营管理》2018年第10期。

就其本质来说，基层治理的核心就是基层民主。[①] 基层民主协商是优化基层治理，找到群众意愿和要求最大公约数的有效路径，也是落实全过程人民民主的重要举措。习近平总书记指出："尊重人民主体地位，保证人民当家作主，是我们党的一贯主张。我们要毫不动摇走中国特色社会主义政治发展道路，长期坚持、全面贯彻、不断发展人民代表大会制度、中国共产党领导的多党合作和政治协商制度、民族区域自治制度、基层群众自治制度，发展社会主义协商民主，巩固和发展最广泛的爱国统一战线，扩大人民群众有序政治参与，保证人民广泛参加国家治理和社会治理，形成生动活泼、安定团结的政治局面。"[②]"要坚持和完善基层群众自治制度，发展基层民主，保障人民依法直接行使民主权利，切实防止出现人民形式上有权、实际上无权的现象。"[③]"要完善基层组织联系群众制度，加强议事协商，做好上情下达、下情上传工作，保证人民依法管理好自己的事务。"[④]同时，专门强调："涉及人民群众利益的大量决策和工作，主要发生在基层。要按照协商于民、协商为民的要求，大力发展基层协商民主，重点在基层群众中开展协商。"[⑤]"涉及基层群众利益的事情，要在基层群众中广泛商量。"[⑥]深刻揭示了"有事好商量，众人的事情由众人商量"这一人民民主的真谛。

四、构建共建共治共享的城乡基层治理格局

城乡社区是基层治理的基本单元，是各项政策的承接主体，也

---

① 参见陈家刚：《基层治理》，中央编译出版社 2015 年版，第 2 页。
② 《习近平谈治国理政》第 2 卷，外文出版社 2017 年版，第 40～41 页。
③ 《习近平谈治国理政》第 2 卷，外文出版社 2017 年版，第 290 页。
④ 《习近平谈治国理政》第 2 卷，外文出版社 2017 年版，第 297 页。
⑤ 《习近平谈治国理政》第 2 卷，外文出版社 2017 年版，第 297 页。
⑥ 《习近平谈治国理政》第 2 卷，外文出版社 2017 年版，第 293 页。

是政策执行落实的落脚点。城乡社区治理事关党和国家大政方针的贯彻落实,事关人民群众切身利益,事关城乡基层的和谐稳定。打造共建共治共享的城乡基层治理格局,是我国社会主义本质的具体体现,是尊重人民群众首创精神和主体地位的生动彰显,也是建设人人有责、人人尽责、人人享有的基层治理共同体的关键举措。

(一)城乡基层治理格局的主要内容

"共建共治共享"反映了基层治理的内在逻辑,体现了基层治理活动中主体、路径、目标三个层次的有机统一,集中回答了基层治理依靠谁、为了谁的根本问题。习近平总书记指出:"要善于把党的领导和我国社会主义制度优势转化为社会治理效能,完善党委领导、政府负责、社会协同、公众参与、法治保障的社会治理体制,打造共建共治共享的社会治理格局。"[①]"要夯实社会治理基层基础,推动社会治理重心下移,构建党组织领导的共建共治共享的城乡基层治理格局。"[②]"要把党的惠民政策宣传好,把社区居民和单位组织好,打造共建共治共享的社区治理格局。"[③]这些精辟论断正是立足于基层是社会治理的基础和支撑的现实,深刻指明了推进基层治理的价值基点和底层逻辑,明确了构建基层党组织、基层政府、社会组织、社区企业、居民群众差序化协同的基层治理"同心圆"的实践路径。在具体工作中,借助"党委领导、政府负责、社会协同、公众参与"的多元组织协调,"民主协商、法治保障、科技支撑"的治理手段融合,使党的领导全面延伸到社区和人群中,实现政府治理和社会调节、居民自治的良性互动,治理方式的相得益

① 《习近平谈治国理政》第3卷,外文出版社2020年版,第353页。

② 习近平:《在湖北省考察新冠肺炎疫情防控工作时的讲话》,《中国工运》2020年第5期。

③ 《新时代社区思想政治工作创新案例选编》,人民出版社2019年版,第248页。

彰，这不仅是打通改革的堵点痛点、发展的瓶颈难点，解决群众急难愁盼问题的固本之策，也是加强和创新基层社会治理的长远之计。

（二）城乡基层治理格局的理念思路

“共建共治共享”在理念思路上有别于传统管理的一元主体、包打天下，其精髓要义在于强调多元主体的充分协商与协同合作，汇聚形成治理合力，更加注重治理过程中的动态调整、实时反馈和全时受控，这也是治理现代化的应然状态和应有之义。习近平总书记指出：“治理和管理一字之差，体现的是系统治理、依法治理、源头治理、综合施策。”[①]这一重要论断成为推进基层治理的基本纲领和行动原则。结合常态化疫情防控中基层治理体系暴露出的短板和弱项，习近平特别强调要着力完善城市治理体系和城乡基层治理体系，树立“全周期管理”意识。[②] 强调在城乡治理中，要突出全要素管控、分层次治理、跨区域协同、全流程监督。

（三）城乡基层治理格局的价值准则

“共建共治共享”最重要的价值导向、最深层的力量源泉都是人民群众，这是马克思主义唯物史观的内在要求，是执行党的群众路线的具体体现，也是对坚持一切为了人民、一切依靠人民的基层治理价值准则的生动践行，旨在更加充分地发挥人民群众主观能动性和主体创造性，为此，习近平强调：“中国共产党的一切执政活动，中华人民共和国的一切治理活动，都要尊重人民主体地位，尊重人民首创精神，拜人民为师，把政治智慧的增长、治国理政本领的增强深深扎根于人民的创造性实践之中，使各方面提出的真知

① 《习近平关于社会主义社会建设论述摘编》，中央文献出版社 2017 年版，第 127 页。

② 参见习近平：《在湖北省考察新冠肺炎疫情防控工作时的讲话》，《中国工运》2020 年第 5 期。

灼见都能运用于治国理政。”[①]贯彻以人民为中心的价值理念是习近平总书记基层治理重要论述的价值内核，在不同场合以不同方式，他都反复强调这一根本的价值准则：“共产党人必须牢记，为民造福是最大政绩。我们谋划推进工作，一定要坚持全心全意为人民服务的根本宗旨，坚持以人民为中心的发展思想，坚持发展为了人民、发展依靠人民、发展成果由人民共享，把好事实事做到群众心坎上。”[②]谈及创新社会治理的价值准则和行动导向时，习近平总书记强调：“创新社会治理，要以最广大人民根本利益为根本坐标，从人民群众最关心最直接最现实的利益问题入手。”[③]在构建共建共治共享的基层治理格局中，“人民性”是首要准则和鲜明特征，充分展现了习近平总书记人民至上的执政理念和深厚的为民情怀，体现了城乡基层治理的发展逻辑和价值指向。

五、社会治理的重心必须落到城乡社区

“推进国家治理体系和治理能力现代化，社区治理只能加强、不能削弱。”[④]城乡社区是基层治理的重点场域，既是基层治理涉及的基本单元，也是在推进基层治理现代化进程中必须打通的枢纽节点。城乡社区日常面临和处置的问题，与人民群众的利益和生活感受密切相关，像疫情防控、垃圾分类、车辆停放、养老照护、医疗保障、矛盾化解等方面，既是民生重点事项，也是基层治理的关

---

① 《习近平谈治国理政》第 2 卷，外文出版社 2017 年版，第 296 页。

② 《习近平在中央党校（国家行政学院）中青年干部培训班开班式上发表重要讲话强调 筑牢理想信念根基树立践踏行正确政绩观 在新时代新征程上留下无悔的奋斗足迹》，《人民日报》2022 年 3 月 2 日。

③ 《习近平关于社会主义社会建设论述摘编》，中央文献出版社 2017 年版，第 129 页。

④ 《习近平在吉林考察时强调 坚持新发展理念深入实施东北振兴战略 加快推动新时代吉林全面振兴全方位振兴》，《人民日报》2020 年 7 月 25 日。

键环节。换言之，城乡社区的治理效能直接体现国家治理的能力，也是反映人民群众获得感、幸福感和满意度的重要指标。习近平总书记对城乡社区的治理情况十分牵挂，多次强调党中央高度重视社区工作，始终把更好服务人民群众作为改革创新基层治理的根本落脚点。每到地方考察调研，他总要看看农村、城市社区，仔细询问社区工作人员有关社保、医疗、养老、矛盾调解、居(村)民自治的情况，了解人民群众生活得如何。这反映了习近平总书记对人民群众冷暖喜乐和急难愁盼的高度牵挂。

(一)城乡社区治理的重要意义

习近平总书记从宏观上深刻把握和阐明城乡社区治理的重要意义，在 2022 年新年贺词中，他提到："大国之大，也有大国之重。千头万绪的事，说到底是千家万户的事。"[①]城乡社区就是这些事的汇集地。2022 年 7 月 13 日，在视察乌鲁木齐天山区固原社区时，习近平总书记指出："上面千条线、下面一根针，沉到基层，一定要接地气，紧贴各族居民所思所想所盼。"[②]2018 年 4 月，在湖北考察时，他强调："社区是基层基础。只有基础牢固，国家大厦才能稳固。共产党是为人民服务的政党，为民的事没有小事，要把群众大大小小的事办好。"[③]

(二)城乡社区治理的内在逻辑

习近平总书记精准把握城乡社区治理的发展逻辑，深刻洞悉社区治理的内在规律，围绕社区治理的组织建设、发展定位、体系格局、策略方法，先后作出一系列重要论述。

---

① 《习近平谈治国理政》第 4 卷，外文出版社 2022 年版，第 65 页。

② 《"我一直关心新疆的建设发展"——记习近平总书记在新疆考察》，《人民日报》2022 年 7 月 17 日。

③ 《习近平在湖北考察时强调　坚持新发展理论打好"三大攻坚战"　奋力谱写新时代湖北发展新篇章》，《人民日报》2018 年 4 月 29 日。

一是社区治理的发展定位和工作格局。关于社区的角色定位，习近平总书记强调："社区虽小，但连着千家万户，做好社区工作十分重要。"[①]社区是党和政府联系、服务居民群众的"最后一公里"。

二是党组织和党员在社区治理中的作用。加强党组织建设，发挥好党员的先锋示范作用，是社区治理的重点工作，对此习近平指出："一个社区要搞好，一定要有非常强的党组织领导的基层组织，把社区各方面服务搞周到，把群众自治性的事情组织好。"[②]"社区的党组织和党员干部天天同居民群众打交道，要多想想如何让群众生活和办事更方便一些，如何让群众表达诉求的渠道更畅通一些，如何让群众感觉更平安、更幸福一些，真正使千家万户切身感受到党和政府的温暖。"[③]

三是社区治理的工作重点和方法策略。社区治理蕴含着大学问，把握住重点，运用好策略，是提升社区治理质效的题中应有之义。习近平总书记强调："社区工作要时时处处贯彻党的宗旨，让党的旗帜在社区群众心目中高高飘扬，让社区广大党员在服务群众中充分发挥作用、展示良好形象。"[④]"社区工作是一门学问，要积极探索创新，通过多种形式延伸管理链条，提高服务水平，让千家万户切身感到党和政府的温暖。"[⑤]"要推动社会治理重心向基层下移，把人力、物力、财力更多投向基层社区，为基层社区社会治理创

① 《习近平关于社会主义社会建设论述摘编》，中央文献出版社 2017 年版，第 128 页。

② 《高天厚土铺展大美画卷——习近平总书记考察青海纪实》，《人民日报》2021 年 6 月 11 日。

③ 《习近平关于全面建成小康社会论述摘编》，中央文献出版社 2016 年版，第 146 页。

④ 《新时代社区思想政治工作创新案例选编》，人民出版社 2019 年版，第 25 页。

⑤ 民政部编写组：《新时代党的群众路线的生动实践：优秀社区工作法 100 例》，人民出版社 2020 年版，第 500 页。

造条件，增强城乡社区自治和服务功能。”[①]

（三）城乡社区治理的实践路径

新时代城乡社区治理的关键是构建城乡社区服务体系，重点是加强城乡社区服务管理，使上级投放的政策、资源在城乡社区接得住，用得好，能落地，见效快。

城乡社区是基层治理的基本单元，乡镇治理、村级治理与城市街居治理是构成我国基层治理的三个重要组成部分[②]。习近平总书记指出：“加强社区治理体系建设，推动社会治理重心向基层下移。”[③]“强化社区为民、便民、安民功能，做到居民有需求、社区有服务，让社区成为居民最放心、最安心的港湾。”[④]这些重要论述阐明了我国城乡治理体系的建构目标和价值追求。

基层治理是与人民群众的生活感知和幸福感受最密切的治理活动，重在抓好服务和管理。习近平总书记强调：“要推动更多法治力量向引导和疏导端用力，完善预防性法律制度，坚持和发展新时代‘枫桥经验’，完善社会矛盾纠纷多元预防调处化解综合机制，更加重视基层基础工作，充分发挥共建共治共享在基层的作用，推进市域社会治理现代化，促进社会和谐稳定。”[⑤]“推动管理重心下移，推动服务和管理力量向基层倾斜，实现从管理向治理转变，激发基层活力。”[⑥]“提高预防化解社会矛盾水平，要从完善政策、健全

---

① 曲明哲：《中国特色社会主义制度的本质及逻辑体系研究》，人民出版社 2021 年版，第 238 页。

② 参见陈家刚：《基层治理》，中央编译出版社 2015 年版，第 6 页。

③ 《习近平谈治国理政》第 3 卷，外文出版社 2020 年版，第 38 页。

④ 周珊珊：《让社区成为居民最放心最安心的港湾》，《人民日报》2022 年 3 月 3 日。

⑤ 习近平：《坚定不移走中国特色社会主义法治道路，为全面建设社会主义现代化国家提供有力法治保障》，《求是》2021 年第 5 期。

⑥ 《当好改革开放的排头兵——习近平上海足迹》，人民出版社、上海人民出版社 2022 年版，第 190 页。

体系、落实责任、创新机制等方面入手，及时反映和协调农民各方面利益诉求，处理好政府和群众利益关系，从源头上预防减少社会矛盾，做好矛盾纠纷源头化解和突发事件应急处置工作，做到发现在早、防范在先、处置在小，防止碰头叠加、蔓延升级。”①

六、把“枫桥经验”坚持好发展好

经济社会发展转型过程中面临的问题与挑战，集中堆叠在基层、反映在基层，有赖于科学合理地运用基层治理方式来化解矛盾、弥合分歧、解决冲突，以更好地保障基层的稳定和善治。“枫桥经验”作为在基层孕育发端，由人民群众自主创造，并在实践中被反复证明的典型模式，是基层治理实践创新的生动范例，它集中体现了党的群众路线、做群众工作的方法，法治思维、法治方式等一系列重大命题，特别是在党的十八大以来，新时代的“枫桥经验”结合新的实践，不断丰富扩展其精神内涵和适用范围。

（一）“枫桥经验”的价值意义

习近平指出：“各级党委和政府要充分认识‘枫桥经验’的重大意义，发扬优良作风，适应时代要求，创新群众工作方法，善于运用法治思维和法治方式解决涉及群众切身利益的矛盾和问题，把‘枫桥经验’坚持好、发展好，把党的群众路线坚持好、贯彻好。”②在党的坚强领导下，我国创造了经济持续健康发展和社会大局持续稳定的两大奇迹，世所罕见、功绩卓著，这反映了以“枫桥经验”为重要内容的中国特色社会主义治理体系的独特优势，也证明了“枫桥

① 《习近平关于防范风险挑战、应对突发事件论述摘编》，中央文献出版社 2020 年版，第 83 页。

② 《习近平关于党的群众路线教育实践活动论述摘编》，党建读物出版社、中央文献出版社 2014 年版，第 72 页。

经验”是党领导人民所创造的一整套行之有效的社会治理方案，成为党和国家制定政策和推进工作的重要参考。新时代的“枫桥经验”已先后被写入2019、2020年中央“一号文件”、《政府工作报告》、党的十九届四中全会《决定》、五中全会《建议》、六中全会《决议》以及《中国共产党农村基层组织工作条例》等重大政策文件中，表明“枫桥经验”已经从“一镇之计”上升为“一国之策”，成为中国特色基层治理模式的重要典型，对于推进基层治理体系和治理能力现代化，具有很强的指导和推动作用。

（二）“枫桥经验”的时代内涵

着眼中国特色社会主义新时代社会主要矛盾的新变化，立足基层治理面临的新问题、新挑战、新动向，贯穿“以人民为中心”的发展思想，习近平总书记深刻阐明了“枫桥经验”的精髓要义，那就是将坚持和发展好“枫桥经验”与坚持和贯彻好群众路线紧密结合起来，并进一步创新发展了“枫桥经验”的时代内涵，形成了以“矛盾不上交，平安不出事，服务不缺位”为主要内容的新时代“枫桥经验”。这一新的时代内涵，体现了矛盾化解、服务保障、平安建设“三位一体”的科学统筹，突出了基层治理的主体力量、动力机制、价值逻辑都来自人民、扎根人民、服务人民，实现了过程导向、目标导向与结果导向的有机统一。各级各地在习近平总书记重要指示的指引下，丰富和创新“枫桥经验”的实践模式，以构建共建共治共享的基层治理共同体为目标指引，坚持自上而下与自下而上相结合，推动了新时代“枫桥经验”从乡村治理走向城市治理，从局部治理走向全局治理，从基层治理走向市域治理，在经济社会发展的多个领域、多个行业，形成了各具特色、版本多样的“枫桥经验”，助力“枫桥经验”由一地向全国、一域向多域的扩展延伸。

（三）新时代如何坚持和发展好“枫桥经验”

“枫桥经验”的生命力在于它对实践的巨大指导作用和适用价值，新时代坚持和发展好“枫桥经验”，关键在于与基层治理实践的紧密结合。“要学习和推广‘枫桥经验’，做到‘小事不出村，大事不出镇，矛盾不上交’。”[①]“要推进社会治理现代化，坚持和发展‘枫桥经验’，健全平安建设社会协同机制，从源头上提升维护社会稳定能力和水平。”[②]在具体工作方法上，习近平总书记要求坚持打防结合、整体防控，专群结合、群防群治，为深化践行“枫桥经验”提供了根本遵循。

七、要注重发挥家庭家教家风在基层社会治理中的重要作用

家庭是社会的基本细胞，是人民群众的情感依归。家国情怀是中华民族自古以来尊奉的传统，注重家庭、家风、家教是中华优秀传统文化的鲜明标志。家庭是基层治理的最小单位，家教和家风是家庭建设的重要组成，涵养良好家教，培育淳正家风，是从家庭角度，解决为国家和社会培养什么样的人的重大问题，对于促进基层社会的和谐稳定，保障基层治理活动的顺利推进，具有基础性、持久性、长远性的重大意义。

（一）家庭家风家教的价值意涵

家庭文明则社会文明，加强家庭文明建设对于提升社会文明水平，展现国家文明形象具有重要意义。围绕加强家庭文明建设，习近平总书记有一段专门论述：“中华民族历来重视家庭。正所谓

---

① 《习近平关于防范风险挑战、应对突发事件论述摘编》，中央文献出版社 2020 年版，第 83 页。

② 《习近平关于防范风险挑战、应对突发事件论述摘编》，中央文献出版社 2020 年版，第 95 页。

'天下之本在家'。尊老爱幼、妻贤夫安,母慈子孝、兄友弟恭,耕读传家、勤俭持家,知书达礼、遵纪守法,家和万事兴等中华民族传统家庭美德,铭记在中国人的心灵中,融入中国人的血脉中,是支撑中华民族生生不息、薪火相传的重要精神力量,是家庭文明建设的宝贵精神财富。"①"历史和现实告诉我们,家庭的前途命运同国家和民族的前途命运紧密相连。我们要认识到,千家万户都好,国家才能好,民族才能好。"②并从多个层面系统阐述了加强家庭、家风、家教建设的重要意义:"家庭是社会的细胞。家庭和睦则社会安定,家庭幸福则社会祥和,家庭文明则社会文明。"③"无论时代如何变化,无论经济社会如何发展,对一个社会来说,家庭的生活依托都不可替代,家庭的社会功能都不可替代,家庭的文明作用都不可替代。无论过去、现在还是将来,绝大多数人都生活在家庭之中。我们要重视家庭文明建设,努力使千千万万个家庭成为国家发展、民族进步、社会和谐的重要基点,成为人们梦想启航的地方。"④

良好的家风家教是传家之宝,习近平总书记强调:"家庭是孩子的第一个课堂,父母是孩子的第一个老师。"⑤在此方面,习近平总书记强调家长应该担负起教育后代的责任,并以孟母三迁、岳母刺字、画荻教子的故事,以及自己小时候看《岳飞传》的真实经历,深刻阐述了接受良好家教对做人气节培育的极端重要性。

关于家风建设,习近平总书记指出:"家风是社会风气的重要组成部分。家庭不只是人们身体的住处,更是人们心灵的归宿。家风好,就能家道兴盛、和顺美满;家风差,难免殃及子孙、贻害社

① 《习近平谈治国理政》第2卷,外文出版社2017年版,第353页。
② 《习近平谈治国理政》第2卷,外文出版社2017年版,第354页。
③ 《习近平谈治国理政》第2卷,外文出版社2017年版,第353~354页。
④ 《习近平谈治国理政》第2卷,外文出版社2017年版,第353页。
⑤ 《习近平谈治国理政》,外文出版社2014年版,第184页。

会，正所谓‘积善之家，必有余庆；积不善之家，必有余殃’。”[①]并借用诸葛亮的诫子格言、朱子家训，老一辈革命家的优良家风，以及革命烈士留给子女的遗言，反复强调培育弘扬良好家风的重大意义，对领导干部的行为示范作出专门要求：“领导干部的家风不是个人小事、家庭私事，而是领导干部作风的重要表现。”[②]指出：“特别是各级领导干部要带头抓好家风。《礼记·大学》中说：‘所谓治国必先齐其家者，其家不可教而能教人者，无之。’领导干部的家风，不仅关系自己的家庭，而且关系党风政风。”[③]为发挥好领导干部在家风建设的示范表率作用，近年来，各级党组织持续加大对领导班子和领导干部家风建设的检查评估反馈，不断强化其刚性约束作用。

（二）家庭家风家教的建设路径

在加强家庭建设，形成良好家教，培育纯正家风方面，习近平总书记身先士卒、以上率下，他对自己、对家人的要求都非常严格，在担任领导干部后，每到一处工作，都会告诫亲朋好友：“不能在我工作的地方从事任何商业活动，不能打我的旗号办任何事，否则别怪我六亲不认。”[④]并进一步提出了非常具体的要求：“广大家庭都要把爱家和爱国统一起来，把实现家庭梦融入民族梦之中，心往一处想，劲往一处使，用我们 4 亿多家庭、13 亿多人民的智慧和热情汇聚起实现‘两个一百年’奋斗目标、实现中华民族伟大复兴中国梦的磅礴力量。”[⑤]“广大家庭都要重言传、重身教，教知识、育品德，

---

① 《习近平谈治国理政》第 2 卷，外文出版社 2017 年版，第 355 页。

② 《全面从严治党十讲》(图解版)，人民出版社 2016 年版，第 105 页。

③ 《习近平谈治国理政》第 2 卷，外文出版社 2017 年版，第 356 页。

④ 《习近平谈治国理政》，外文出版社 2014 年版，第 445 页。

⑤ 《习近平谈治国理政》第 2 卷，外文出版社 2017 年版，第 354 页。

身体力行、耳濡目染，帮助孩子扣好人生的第一粒扣子，迈好人生的第一个台阶。要在家庭中培育和践行社会主义核心价值观，引导家庭成员特别是下一代热爱党、热爱祖国、热爱人民、热爱中华民族。”①“广大家庭都要弘扬优良家风，以千千万万家庭的好家风支撑起全社会的好风气。”②并对党员领导干部率先垂范，管好自己和家人，涵养新时代共产党人的良好家风，提出具体要求：“各级领导干部特别是高级干部要继承和弘扬中华优秀传统文化，继承和弘扬革命前辈的红色家风，向焦裕禄、谷文昌、杨善洲等同志学习，做家风建设的表率，把修身、齐家落到实处。”③

八、推进基层治理关键是提高基层干部的素质能力

基层治理队伍是投身和服务基层治理的专门力量。从基本构成上看，主要包括基层干部队伍和专业人才队伍。这支队伍的政治素养、党性觉悟和履职能力，事关党的执政基础、党群干群关系和基层治理质效。

（一）全面加强基层干部队伍建设

习近平总书记格外重视基层治理队伍的建设，特别强调：“基层干部是党和国家干部队伍的基础。广大基层干部是做好基层工作的骨干力量。”④围绕基层干部的重要性，尤其是干部队伍建设的重大意义、重点难点及方法路径，发表了一系列重要论述。

一是基层干部的能力事关党的执政能力。“提高党的执政能力，关键在于提高包括基层干部在内的各级干部的能力，广大基层

① 《习近平谈治国理政》第2卷，外文出版社2017年版，第355页。

② 《习近平谈治国理政》第2卷，外文出版社2017年版，第355～356页。

③ 《习近平谈治国理政》第2卷，外文出版社2017年版，第356页。

④ 习近平：《之江新语》，浙江人民出版社2013年版，第111页。

干部的工作能力如何，对加强党的执政能力建设具有基础性作用。”[①]“基层干部离群众最近，群众看我们党，首先看基层干部。”[②]习近平深入系统分析基层干部队伍的境遇，一针见血提出基层干部面临的困难，明确指出“关心基层干部，最关键的不是给基层多少钱、多少人，最关键的是支持基层干部化解矛盾、解决问题，帮助基层干部分担责任、共渡难关”[③]。2018 年，习近平总书记参加全国两会重庆代表团审议，在听取基层干部发言之后，说，“我们需要千千万万像老马同志这样的基层干部，发挥共产党员模范带头作用”[④]，为基层干部抓好落实明确了方向。

二是基层干部的培养选拔需要系统谋划。时任浙江省委书记的习近平就聚焦基层工作实际，连续撰写了《工作倾斜基层》《执政重在基层》《更加地关爱基层》等短论文章，提出“要把基层干部队伍选拔好、培养好、建设好，让基层干部更好地做工作”[⑤]，并从组织培养和个人努力两个层面，对基层干部的成长成才进行了全面谋划。就组织而言，习近平指出：“各级党委、政府要把基层干部队伍建设作为党的执政能力建设的一大着力点，真正重视、真情关怀、真心爱护广大基层干部。”[⑥]“各级党委、政府都要关心支持和指导帮助基层干部。对基层干部工作中、生活上出现的困难，要设身处地地加以理解，满腔热情地给予支持，扎实有效地进行帮助，特别要敢于为基层干部担责任，关注基层干部的身心健康。”[⑦]“要在基

---

① 习近平：《之江新语》，浙江人民出版社 2013 年版，第 111 页。
② 习近平：《之江新语》，浙江人民出版社 2013 年版，第 90 页。
③ 习近平：《之江新语》，浙江人民出版社 2013 年版，第 112 页。
④ 《奋进在新时代的浩荡春风里》，《人民日报》2018 年 3 月 17 日。
⑤ 习近平：《之江新语》，浙江人民出版社 2013 年版，第 110 页。
⑥ 习近平：《之江新语》，浙江人民出版社 2013 年版，第 90 页。
⑦ 习近平：《之江新语》，浙江人民出版社 2013 年版，第 112 页。

层干部的培训、培养上加大力度,各级干部的培训、培养要向基层倾斜,在提拔干部时要重视干部的基层经历和经验。”[①]“既给基层下达‘过河’的任务,又切实指导帮助其解决‘桥’和‘船’的问题,并尽可能地在人力、物力、财力上向基层作适当倾斜,为基层开展工作创造必要的条件。”[②]就干部自身而言,习近平强调:“艰难困苦、玉汝于成,刀要在石上磨、人要在事上练,不经风雨、不见世面是难以成大器的。”[③]基层干部“不能滋长‘骄’‘娇’两气。要承受得住压力,看到压力可以转化为动力”[④],“要不断增强提高自身综合素质的紧迫感,不断增强自己的使命感和责任感”[⑤],“进一步转变职能、转变作风、转变方法,努力做群众信赖的贴心人、带头人”[⑥]。

(二)重点提升专业人才履职本领

专业化队伍是对基层干部队伍的有效补充,他们最熟悉基层情况,最贴近基层群众,最了解利益诉求,是基层干部与群众之间的连接和纽带,发挥好这支队伍的能动性、积极性和创造性,对于提升基层治理质效大有益处。对此,习近平专门指出:“深入拓展区域化党建,建立一支素质优良的专业化社区工作者队伍。”[⑦]“做好抓基层打基础工作,夯实党执政的组织基础,关键是要建设一支高素质基层党组织带头人队伍。”“各级都要重视基层、关心基层、支持基层,加强带头人队伍建设。”[⑧]一系列重要论述阐明了社区专

① 习近平:《之江新语》,浙江人民出版社2013年版,第110页。

② 习近平:《之江新语》,浙江人民出版社2013年版,第110页。

③ 《习近平谈治国理政》第4卷,外文出版社2022年版,第525页。

④ 习近平:《之江新语》,浙江人民出版社2013年版,第112页。

⑤ 习近平:《之江新语》,浙江人民出版社2013年版,第112页。

⑥ 习近平:《之江新语》,浙江人民出版社2013年版,第112页。

⑦ 人民日报社评论部:《“四个全面”学习读本》,人民出版社2015年版,第93页。

⑧ 《习近平在全国组织工作会议上强调 建设一支宏大高素质干部队伍 确保党始终成为坚强领导核心》,《人民日报》2013年6月30日。

业化队伍建设的聚焦点和着力点，为打造一支政治觉悟高、工作作风实、专业素养好、服务能力强、群众真心满意的城乡社区治理专业化队伍，提供了标准，指明了方向。

第二节 习近平总书记关于基层治理重要论述的精神实质

习近平总书记对基层治理的重要论述，贯穿他从政实践的全过程，融入于他治国理政的各方面，集中体现了他对基层治理的时代意涵、发展规律、运行模式、策略方法等一系列重大问题的深入洞察、深邃思考和系统把握，具有强烈的问题意识、科学的理论体系、扎实的实践基础和深厚的为民情怀，内蕴着鲜明的政治性、人民性、时代性、科学性，是主观与客观、理论与实践、知与行的有机统一，充分反映了我国基层治理的内在规律、发展脉络、价值逻辑和实践指向。该重要论述的精神实质主要包括加强党的领导、坚持人民至上、重视机制创新、鼓励基层探索等方面。

一、加强党的领导是本质核心

办好中国的事情，关键在党。加强党对基层治理的全面领导，将基层党组织的政治优势、组织优势转化为治理效能，在具体实践中表现为党建引领基层治理，这是推进新时代基层治理现代化的根本保证和领导核心，也是我国基层治理“政治性”的集中体现。

（一）最根本的是加强党对基层治理的全面领导

通过党的建设和自我革命，增强党拒腐防变的能力，保持党的先进性和战斗力，充分发挥党总揽全局协调各方的领导核心作用。坚持强基固本、大抓基层，不断推进基层党建的理论创新和实践创新，这是我们党百年奋斗的光荣传统和宝贵经验。在基层治理中，党的领导核心作用重点体现在：突出“加强”和“改善”，牢牢把握党领导社会治理的主动权；突出“牵头”和“抓总”，牢牢把握党领导基层治理的关键环节；突出“制度”和“规范”，牢牢把握党对社会治理的领导权。[①] 从而确保党的坚强领导能够完整贯穿、全面渗透到基层治理的各个环节和各个方面。

（二）最关键的是发挥基层党组织战斗堡垒和党员先锋模范作用

基层党组织是贯彻落实党中央决策部署的“最后一公里”，绝不能出现“肠梗阻”“断头路”，为此习近平总书记确立了大抓基层、大抓基础的鲜明导向，要求“持续整顿软弱涣散基层党组织，有效实现党的组织和党的工作全覆盖，抓紧补齐基层党组织领导基层治理的各种短板，把各领域基层党组织建设成为实现党的领导的坚强战斗堡垒”[②]。近年来，从“街乡吹哨、部门报到”“党建引领·红色引擎”“红色物业”等一系列鲜活的基层治理实践，到疫情防控中基层党组织团结带领群众构筑起“外防输入、内防反弹”的坚固防线，再到扎实开展党史学习教育，基层党组织的战斗堡垒作用和党员先锋模范作用得到了充分发挥，党组织的领导力、战斗力、组织力、向心力不断增强。实践一再证明，只有把加强党的领导贯穿基层治理的全过程和各方面，才能把基层党组织的政治优势、组织优势持续转化为治理效能，确保新时代基层治理现代化建设行稳致远。

（三）最紧要的是提高党领导基层治理的能力

推进基层治理体系和治理能力现代化，关键在于完善党的执

① 参见魏礼群：《实现从社会管理到社会治理的新飞跃——习近平总书记关于社会治理重要论述》，《北京日报》2019 年 3 月 18 日。

② 《习近平谈治国理政》第 4 卷，外文出版社 2022 年版，第 504 页。

政方式，提升党的执政水平，厚植党的执政根基，巩固党的执政地位。党的基层组织扎根基层、服务基层，与人民群众的联系最密切、接触最频繁，具有参与基层治理的天然优势，这就需要将党的执政能力建设和先进性建设作为推动基层治理的改革和创新的有力保障，同时又以组织和领导基层治理的具体实践，满足和回应人民群众的现实需求，作为对持续提升党执政能力的倒逼机制，使党始终站在时代前沿，永葆蓬勃朝气和旺盛活力。

二、坚持人民至上是价值基点

“江山就是人民、人民就是江山，打江山、守江山，守的是人民的心。”[①]坚持以人民为中心，是习近平总书记基层治理重要论述的根本政治立场和重大价值判断，一以贯之体现了以习近平总书记为核心的党中央坚持全心全意为人民服务的根本宗旨，始终保持同人民群众的血肉联系和鱼水深情，始终与人民同呼吸、共命运，其中透射出的强烈的公仆意识，深厚的对民情感，真挚的为民情怀，是习近平“人民至上、民生为本”执政理念的生动诠释。

（一）以服务人民为根本宗旨

“民之所忧，我必念之；民之所盼，我必行之。”[②]“我将无我，不负人民。”[③]“我的执政理念，概括起来说就是：为人民服务，担当起该担当的责任。”[④]这些朴实而深情的话语，深刻反映了习近平总书记为民服务的执政理念，让人民生活幸福既是习近平总书记反复强调的“国之大者”，也是他夙夜在公的责任担当。在庆祝中国共

① 《习近平谈治国理政》第 4 卷，外文出版社 2022 年版，第 9 页。

② 《习近平谈治国理政》第 4 卷，外文出版社 2022 年版，第 65 页。

③ 《习近平关于“不忘初心、牢记使命”论述摘编》，中央文献出版社、党建读物出版社 2019 年版，第 17 页。

④ 《习近平谈治国理政》，外文出版社 2014 年版，第 101 页。

产党成立95周年大会上，习近平总书记强调："全党同志要把人民放在心中最高位置，坚持全心全意为人民服务的根本宗旨，实现好、维护好、发展好最广大人民根本利益。"[①]在浙江安吉考察期间，习近平总书记精准揭示了矛盾处理的本质，指出必须把坚持为人民服务作为解决矛盾的根本宗旨。基层治理说到底就是做人的工作，面向人民群众开展各类治理和服务活动，这就要求各级领导干部在想问题、作决策、抓落实的各个环节，都要把人民放在心中最高的位置，一切工作的出发点和落脚点都要聚焦解决群众急难愁盼的现实问题，切实维护人民权益，增进人民福祉，让人民群众对美好生活的向往更多变为现实。

(二)以造福人民为行动旨归

基层治理事关人民群众的安危冷暖，也是群众共同参与、共同奉献、共同享有的生动实践。一言以蔽之，推进基层治理就是解决人民群众在教育、医疗、养老、社保、就业等方面最关心的问题。习近平总书记明确指出："要坚持发展为了人民、发展成果由人民共享，努力在推动高质量发展过程中办好各项民生事业、补齐民生领域短板。要更加聚焦人民群众普遍关心关注的民生问题，采取更有针对性的措施，一件一件抓落实，一年接着一年干，让人民群众获得感、幸福感、安全感更加充实、更有保障、更可持续。"[②]2016年，在全国两会的现场，习近平总书记用20分钟向一名村党委书记详细了解当地发展情况——"牛羊育肥期几个月?""村党委有多少人?""种什么庄稼?""水产养殖怎么发展?"总书记的眼光触及基层治理的每个角落，深知"中国共产党执政的唯一选择就是为人民群

① 《习近平谈治国理政》第2卷，外文出版社2017年版，第40页。
② 《习近平谈治国理政》第4卷，外文出版社2022年版，第60页。

众做好事，为人民群众幸福生活拼搏、奉献、服务”[1]的道理。只有不断增进人民福祉，真正让人民安居乐业、生活幸福，中国共产党的执政基础才能永远稳固，中华民族伟大复兴中国梦的实现才有坚实依托。

（三）以群众路线为根本方法

贯彻执行群众路线，扎实做好群众工作，是推进基层治理的根本方法。习近平总书记总书记强调：“要深入研究和准确把握新形势下群众工作的特点和规律，改进群众工作方法，提高群众工作水平。”[2]“创新群众工作方法，善于运用法治思维和法治方式解决涉及群众切身利益的矛盾和问题。”[3]群众路线是党的生命线和根本工作路线，习近平总书记指出：“贯彻党的群众路线，首先要对群众有感情，真正把自己当作群众的一员、把群众的事当作自己的事。”[4]习近平总书记系统阐释了做好群众工作与推进社会治理的关系，指出：“社会管理主要是对人的服务和管理，说到底是做群众的工作。一切社会管理部门都是为群众服务的部门，一切社会管理工作都是为群众谋利益的工作，一切社会管理过程都是做群众工作的过程。从这个意义上说，群众工作是社会管理的基础性、经

---

① 《习近平谈治国理政》第4卷，外文出版社2022年版，第67页。

② 《习近平在中央党校（国家行政学院）中青年干部培训班开班式上发表重要讲话强调 筑牢理想信念根基树立践行正确政绩观 在新时代新征程上留下无悔的奋斗足迹》，《人民日报》2022年3月2日。

③ 《“法治兴则国兴，法治强则国强”——“十个明确”彰显马克思主义中国化新飞跃述评之六》，《人民日报》2022年2月19日。

④ 《习近平在中央党校（国家行政学院）中青年干部培训班开班式上发表重要讲话强调 筑牢理想信念根基树立践行正确政绩观 在新时代新征程上留下无悔的奋斗足迹》，《人民日报》2022年3月2日。

常性、根本性工作。”①这段论述全面阐述了做好群众工作与推进基层治理的密切联系，只有扎实做好群众工作，才能真正了解群众所思所想，解决群众急难愁盼，提升基层治理的实效性；同时，着眼于基层治理要坚持群众需求的导向，习近平总书记强调：“如何在实践中坚持以人为本的理念，加强对不同群体、不同身份、不同职业人群的服务与管理，坚持以情感人，以理服人，以诚待人，扎实做好疏民气、解民忧、通民情和安民心等方面的工作，把他们的认识统一好，把他们的利益维护好，把他们的力量引导好，把他们的积极性发挥好，使他们积极参与到和谐社会建设中来，是各级党委、政府必须着力解决好的重大问题。”②从而真正赢得人民群众的认可与肯定。

（四）以人民满意为评判标准

时代是出卷人，我们是答卷人，人民是阅卷人。为人民谋幸福，为民族谋复兴，是中国共产党始终抱持的初心使命，也是一代代共产党人接力奋斗的目标。习近平总书记旗帜鲜明地指出：“要把人民拥护不拥护、赞成不赞成、高兴不高兴、答应不答应作为衡量一切工作得失的根本标准。”③反复强调：“检验我们一切工作的成效，最终都要看人民是否真正得到了实惠，人民生活是否真正得到了改善。”④“我们要坚持‘以百姓心为心’，倾听人民心声，汲取人民智慧，始终把实现好、维护好、发展好最广大人民根本利益作为一切工作的出发点和落脚点，让发展成果更多更公平惠及全体人

① 《习近平在省部级主要领导干部专题研讨班结业式上强调　群众工作是社会管理基础性经常性根本性工作》，《人民日报》2011 年 2 月 24 日。

② 习近平：《加强基层基础工作　夯实社会和谐之基》，《求是》2006 年第 21 期。

③ 《领导干部要讲政德》，人民出版社 2018 年版，第 43 页。

④ 《习近平总书记系列重要讲话读本》，学习出版社、人民出版社 2014 年版，第 109 页。

民。”[①]新时代加强和创新基层治理，就要随时随地接受人民的监督和评判，始终以人民满意不满意、高兴不高兴作为最重要的衡量标准、最根本的价值依归。

三、创新体制机制是内驱动力

党的十八大以来，习近平总书记牢牢抓住体制机制改革创新这个“牛鼻子”，为基层治理的现实问题精准把脉，为基层治理的长远发展掌舵定向，在顶层设计上着力破除体制梗阻、机制不畅的发展瓶颈，以推进体制机制创新为抓手，以创新基层治理体系、完善基层治理机制、改进基层治理方法为牵引，有效解决了条块分割、力量分散、权责分离的痼疾，有力保障了党建引领基层治理向纵深推进，达到了“一棋落，满盘活”的良好效果，为基层治理注入了蓬勃发展的不竭动力。

（一）创新基层治理体系

基层治理是治理体系要素的汇集域。习近平总书记指出：“要深入推进社区治理创新，构建富有活力和效率的新型基层社会治理体系。”[②]这一重要论述为建立党组织统一领导、政府依法履责、各类组织积极协同、群众广泛参与，自治、法治、德治相结合的基层治理体系提供了根本遵循。在这一体系建设中，党组织的坚强统一领导是核心，进一步突显了把加强党的领导和党的建设摆在首位的重要性。通过强化党的政治领导力、思想引领力、群众组织力、社会号召力，实现对政府机构、社会组织、民间力量等资源的统筹与整合，确保党的领导贯穿基层治理、引领基层治理、保障基层

① 《习近平关于社会主义社会建设论述摘编》，中央文献出版社 2017 年版，第 9 页。

② 《习近平谈治国理政》第 3 卷，外文出版社 2020 年版，第 353 页。

治理，为创建有中国特色的基层治理模式，提供强有力的机制保障和体系支撑。

（二）完善基层治理机制

习近平总书记指出："加强城乡社区建设，强化网格化管理和服务，完善社会矛盾纠纷多元预防调处化解综合机制，切实把矛盾化解在基层，维护好社会稳定。"[①]中办国办联合发布的《中共中央国务院关于加强基层治理体系和治理能力现代化建设的意见》提出："健全常态化管理和应急管理动态衔接的基层治理机制，构建网格化管理、精细化服务、信息化支撑、开放共享的基层管理服务平台。"[②]突显了我国基层治理机制建设的方向是坚持平战转换、系统集成、多方协同、动态调整，重点是建立健全党和政府主导的维护群众权益机制、社会利益协调机制、预防和化解社会矛盾机制、社会风险评估机制、突发事件监测预警机制，以持续提高基层治理的社会化、法治化、智能化、专业化水平，这也是当前和今后一段时期我国基层治理机制建设和完善的重要立足点。

（三）改进基层治理方式

治理的要义，最核心的体现在系统治理、依法治理、源头治理、综合施策。治理现代化是根本性变革、革命性重塑、制度化重组，意味着要彻底摒弃传统管理思维下的压制、威慑、弹压等单向度、自上而下的行为模式，推进治理从理念到方式实现革命性重塑和根本性变革。坚持系统治理，体现为基层治理不再是由政府包打天下，而是社会组织、人民群众与政府的通力协作、密切配合、责任共担，从政府包揽向多元主体的协同治理转变；坚持依法治理，体

---

① 习近平：《在基层代表座谈会上的讲话》，人民出版社 2020 年版，第 8 页。

② 《中共中央国务院关于加强基层治理体系和治理能力现代化建设的意见》，《人民日报》2021 年 7 月 12 日。

现为从管控规制、威慑压服向制度规范、法治保障的转变；坚持综合治理，体现为从单一手段向多措并举、综合运用转变；坚持源头治理，体现为关口前移、防范前置，提升见微知著、防患未然的意识和能力，做到防范在早、处置在小，将矛盾防之于未萌，风险防患于未然。

四、鼓励基层探索是重要方法

基层实践是对习近平总书记重要指示的具体落实和外化表现，是顶层设计与地方实际相结合的关键节点，也是对政策成效的具体检验。习近平总书记先后担任过五任书记（村党支部书记、县委书记、市委书记、省委书记、中共中央总书记），是从最基层成长起来的杰出领导者，他深知基层实践探索的重要性，十分注重鼓励和倡导各地在基层治理中因地制宜、突出特色，有条件的先行先试、总结经验、以点带面、逐步推广，对于经过实践验证的好经验、好做法，他予以大力褒奖肯定，要求发挥好典型示范效应。2018 年 11 月 14 日，中央全面深化改革委员会第五次会议审议通过了《“街乡吹哨、部门报到”——北京市推进党建引领基层治理体制机制创新的探索》。推动社会治理重心向基层下移、把基层党组织建设成为领导基层治理的坚强战斗堡垒，是党的十九大提出的重要任务。“北京市委以‘街乡吹哨、部门报到’改革为抓手，积极探索党建引领基层治理体制机制创新，聚焦办好群众家门口事，打通‘最后一公里’，形成行之有效的做法。各地区要高度重视基层党组织建设，走好新时代群众路线，树立到基层一线解决问题的导向，解决好群众身边的问题。”①在基层治理实效的关键瓶颈和基层最关心

① 《习近平主持召开中央全面深化改革委员会第五次会议强调　深刻总结改革开放伟大成就宝贵经验　不断把新时代改革开放继续向前推进》，《人民日报》2018 年 11 月 15 日。

的职权物方面，习近平总书记明标定向，指出："要深入调研治理体制问题，深化拓展网格化管理，尽可能把资源、服务、管理放到基层，使基层有职有权有物，更好为群众提供精准有效的服务和管理。"[①]近年来，各地认真领会精神、立足实际，大力推进基层治理实践创新，有的强化党群服务，搭建共享治理平台；有的强化组织建设，实现治理精准定位；有的推进"五社联动"，汇聚基层治理的社区力量；有的积极引导和传播正能量，实现区域化带动；有的围绕基层群众诉求，提升基层党组织快速反应能力，构建起了横向到边、纵向到底的基层治理体系格局，形成了涵盖风险防控、矛盾化解、利益表达的工作模式。实践证明，只有重基层、夯基础，才能为国家治理打牢塔基、蓄积力量，有效提升基层治理能力，只有集众智、汇众力，才能将以人民为中心的发展理念真正落实落细落到位，让人民群众全程参与基层治理，更加充分、普惠地共享基层治理的成果。

第三节　习近平总书记关于基层治理重要论述的指导意义

基层是党的执政之基、力量之源，基层治理处于国家治理与社会治理结合部的重要位置，是推进国家治理现代化的重要环节。习近平总书记从历史与现实相贯通、理论与实践相融通、中央与地方相连通的宏阔视角，秉持马克思主义的立场、观点、方法，运用辩证唯物主义和历史唯物主义世界观、方法论，以科学的态度、真理的精神、担当的意识、为民的情怀，聚焦我国基层治理面临的现实

① 《习近平关于社会主义社会建设论述摘编》，中央文献出版社 2017 年版，第 127 页。

制约、机制瓶颈、痛点堵点，从推进国家治理体系和治理能力现代化，实现国家长治久安、社会和谐稳定、人民共同富裕的大局出发，高瞻远瞩、审时度势，提出了一系列富有创见的重大思想、重大观点、重大论断，为推动我国基层治理的质量动力变革和体制机制创新，作出了原创性贡献，取得了标志性成果，实现了突破性进展。

一、提出了科学的行动指南，指引了中国特色基层治理的前进方向

习近平总书记关于基层治理的重要论述具有极其鲜明的实践导向，蕴含着一整套完整管用的实践路径，为推进中国特色基层治理的纵深式演化和跨越式发展，指明了必由之路。立足我国基层治理现实，着眼未来长远发展，他清晰擘画了“党建引领基层治理，人民群众共建共治共享”的实践图景，科学谋划了“党的领导、政府负责、社会协同、群众参与、科技支撑”的体制机制，直接推动了《中共中央国务院关于加强基层治理体系和治理能力现代化建设的意见》《关于深化城市基层党建引领基层治理的若干措施(试行)》等一系列事关基层治理性质、方向和长远发展的重要制度规范，构筑起了基层治理的“四梁八柱”，推动了基层治理进入内涵式、创新型、高质量发展的快车道。

在习近平总书记关于基层治理重要指示的指引下，国家层面的顶层设计日益完善健全，给地方的实践探索提供了清晰明确的指引。各地注重发挥基层创造活力，尊重群众首创精神，火热展开基层治理的探索创新。近年来，围绕网格化治理、矛盾纠纷一体调解、多元主体良性互动、基层民主协商、深化“诉源治理”“智慧治理”，涌现出不少形式新、内容实、效果佳、群众欢迎的好模式。其中既有对新时代“枫桥经验”的传承发扬，有效实现了问题排查、矛

盾管控、风险化解一体推进、集成运作的机制创新，也有以群众需求和问题导向为牵引，探索形成的“街乡吹哨、部门报到”“接诉即办”工作模式，通过小切口解决大问题的机制，实现了群众诉求与部门回应的实时联动、快速响应，打通了服务基层的“最后一公里”。有的地方建设“最多跑一次”的基层社会矛盾纠纷调处平台，统筹矛盾纠纷调处机制与权利救济机制协同发力。有的以社区党委为支点，扎实开展“双报到”工作，推进党员履职与社区需求的双向对接，实现资源共享、共驻共建，提升服务社区精准度；还有的向居民提供居家养老、心理咨询、外来务工子女教育等专业化服务，拓宽了社区服务的范畴。在基层民主协商方面，四川成都创设村(居)议事会，山东济南组建“妇女网格花组织”“邻里守望安全服务队”等群众性社团组织，为群众议事协商、民情上达建构了规范平台，有力保障了基层治理各主体的有序政治参与。这些基层治理的地方实践，正是对习近平总书记基层治理重要论述和指示要求的具体落实，必须倍加珍惜、长期坚持、久久为功，不断推动新时代我国基层治理开辟新局面、迈上新台阶、实现新跨越。

二、提供了坚实的机制保障，推促了新时代基层治理的改革创新

习近平总书记强调：“要加强和创新基层社会治理，使每个社会细胞都健康活跃，将矛盾纠纷化解在基层，将和谐稳定创建在基层。”[①]基层治理是国家治理体系的重要组成和神经中枢，基层不仅有空间表征上的层级，也有时间序列的变迁，更有共同体意义上的深刻关系。当前，基层治理的广度、深度和幅度不断拓展，机遇与

① 《习近平谈治国理政》第4卷，外文出版社2022年版，第338页。

挑战交织并存，基层组织功能超载、基层服务供给粗放、基层协同治理乏力、基层干部本领不强等发展瓶颈日益突出，推动基层治理体制创新势在必行。另外，基层社会作为灵动生命体和系统聚合体的统一，在基层治理的体制设计上要有更大的冗余度、更强的包容性和更多的回旋余地，要统筹抓好发展与安全、活力与秩序、法治与德治、常态化管理与应急管理等多方面的关系。正是基于基层在国家治理、经济社会发展和群众切身感受上的极端重要性和特殊性，习近平总书记将基层作为“十四五”时期的一项重点工作，专门进行部署，为基层治理体制的改革创新明确了重点和方向，中央层面相继出台了多项政策规定，各地结合实际分解任务，形成了细化落实的路线图和时间表。

广大人民群众既是基层治理的参与者、建设者，也是推动基层治理体制创新的主体力量。习近平总书记对基层干部反复强调，要做好基层工作一定要接地气，了解老百姓的所思所想所盼，根据大家的需求来做我们的工作。这一重要论断为基层治理体制创新确立了价值基点。近年来，在完善党全面领导基层治理的制度建设方面，构建起了党委领导、党政统筹、纵向到底、横向到边的街乡管理体制；建立起了项目清单和双向认领机制，推进了“街乡吹哨、部门报到”、在职党员双报到、党建联盟指导员等制度落地，搭建了区域化的党建平台；在机制建设上，探索党建引领下的社区提案工作机制、社区社会组织孵化机制、社区居民自治机制，保障群众依法参与基层治理的权利；坚持民生导向，努力做到民生需求“接诉即办、未诉先办”，通过基层治理机制的集成运作，在很多地方实现了将风险防范在基层第一线，矛盾化解在社会微单元，共识达成在社会最末梢的基层善治。

三、昭示了强烈的文化自信，汲取了中华优秀传统文化的宝贵精华

优秀传统文化是一个国家、一个民族传承和发展的根本，中华优秀传统文化是丰厚的历史遗产，是创新基层治理最深厚的力量根基。“中华优秀传统文化是中华文明的智慧结晶和精华所在，是中华民族的根和魂，是我们在世界文化激荡中站稳脚跟的根基。”① 习近平总书记一语道出了中华优秀传统文化是中华民族的自信之源。

习近平非常重视传统文化与基层治理的结合，善于挖掘传统文化的时代精华，在其相关论述中，常常引经据典、以古论今，通过古为今用、革故鼎新，赋予了传统文化以新的时代内涵和实践要求，特别是以中华优秀传统文化为根基和灵魂，强调：“培育和弘扬核心价值观，有效整合社会意识，是社会系统得以正常运转、社会秩序得以有效维护的重要途径，也是国家治理体系和治理能力的重要方面。”②广泛凝聚起人民群众的思想共识、情感认同和行动自觉。与此同时，习近平总书记还从中华民族“家天下”、孝贤文化、累世而居的文化习俗中，强调家庭建设的重要性，重视良好家风家教的倡树培育。由此可见，习近平总书记对优秀传统文化的重视，实质上是对基层治理文化价值维度的重大发现和全新发展，突显了优秀传统文化和核心价值观对中国特色基层治理的精神滋养和定向导航作用。在新的历史条件下，对中华优秀传统文化进行创造性转化和创新性发展，实现与基层治理实践的结合融合和“化学

① 《习近平在中共中央政治局第三十九次集体学习时强调　把中国文明历史研究引向深入　推动增强历史自觉坚定文化自信》，《人民日报》2022 年 5 月 29 日。

② 《习近平谈治国理政》，外文出版社 2014 年版，第 162 页。

反应”，必将转化为推进基层治理体系和治理能力现代化最为持久深厚的力量，为形成有中国特色的基层治理模式注入鲜明的文化色彩。

四、明确了根本的思想遵循，汇聚了中华民族伟大复兴的磅礴力量

习近平总书记的重要论述，体现了他对基层治理发展规律、内在机理和实践路径的深刻认识与深邃思考，系统回答了“新时代中国特色基层治理要举什么旗、走什么路”这一根本政治命题，深刻阐明了“我们要推进的是怎样的基层治理，如何实现中国式基层治理体系和治理能力现代化”等重大时代课题，进一步丰富和发展了习近平新时代中国特色社会主义思想，为坚持和巩固中国特色基层治理制度，持续推进国家治理现代化提供了根本的思想遵循和科学指南，起到了统一思想、凝聚共识、举旗定向的作用。

习近平总书记立足我国国情，植根中国大地，回应时代关切，落脚基层实践，围绕新时代我国基层治理的形势任务、重点难点、发展方向、动力机制、路径对策，创造性提出了一系列新观点、新理念、新论断，生动昭示了中国共产党人为人民谋幸福、为民族谋幸福的初心使命，充分彰显了以习近平同志为主要代表的当代中国共产党人坚定的政治立场、政治方向、政治道路、政治原则，全面展现了我国基层治理在党的坚强领导下，走有中国特色的发展道路的光明前景，有力展示了中国特色社会主义的蓬勃生机，中国特色社会主义制度的显著优势，中国特色基层治理的鲜明特色，这不仅是一种有力的政治宣示、力量昭示和形象展示，也有利于全党上下进一步增强“四个意识”、坚定“四个自信”、做到“两个维护”，广泛凝聚起全体中华儿女的思想认识、情感认同和行动自觉，极大增强

做中国人的志气、底气、骨气，团结、动员、鼓舞和激励全体人民自觉投身基层治理的火热实践，为实现“两个一百年”的奋斗目标和中华民族伟大复兴的中国梦，汇聚起万众一心、势不可挡的磅礴伟力。

参考文献

[1]《习近平谈治国理政》，外文出版社 2014 年版。

[2]《习近平谈治国理政》第 2 卷，外文出版社 2017 年版。

[3]《习近平谈治国理政》第 3 卷，外文出版社 2020 年版。

[4]《习近平谈治国理政》第 4 卷，外文出版社 2022 年版。

[5]《习近平在省部级主要领导干部“学习习近平总书记重要讲话精神　迎接党的二十大”专题研讨班上的讲话强调　高举中国特色社会主义伟大旗帜　奋力谱写全面建设社会主义现代化国家崭新篇章》，《人民日报》2022 年 7 月 27 日。

[6]习近平：《在庆祝中国共产党成立 100 周年大会上的讲话》，《求是》2021 年第 14 期。

[7]《习近平在中央党校(国家行政学院)中青年干部培训班开班式上发表重要讲话强调　筑牢理想信念根基树立践行正确政绩观　在新时代新征程上留下无悔的奋斗足迹》，《人民日报》2022 年 3 月 2 日。

[8]习近平：《中国共产党领导是中国特色社会主义最本质的特征》，《求是》2020 年第 14 期。

[9]陈家刚：《基层治理》，中央编译出版社 2015 年版。

[10]《习近平在基层代表座谈会上强调　把加强顶层设计和坚持问计于民统一起来　推动“十四五”规划编制符合人民所思所盼》，《人民日报》2020 年 9 月 20 日。

第三章 党对基层治理的全面领导

党政军民学，东西南北中，党是领导一切的。作为国家治理的重要组成部分，基层治理同样也必须置于党的全面领导之下。党的全面领导是推进党和人民事业成功的一条重要历史经验。《中共中央关于党的百年奋斗重大成就和历史经验的决议》阐明了中国共产党百年奋斗的历史经验，第一条重要历史经验就是“坚持党的领导”，并提出要“把党的领导落实到党和国家事业各领域各方面各环节”。[①] 历史经验昭示我们，加强和创新社会治理，必须坚持党对基层治理工作的领导，必须把党的领导落实到基层治理各方面各环节。

第一节 党对基层治理全面领导的科学内涵

对基层治理来说，党的全面领导既体现在政治和思想的引领上，也体现在党组织和党的工作的全覆盖上，体现在党组织和党员

① 《中共中央关于党的百年奋斗重大成就和历史经验的决议》，人民出版社 2021 年版，第 65 页。

在各个方面发挥先锋模范作用上。不同于以往那种“包办一切”的领导，党的全面领导是一种全新的领导体制和领导方式，这种“全面领导”，是以党委总揽全局、协调各方为运行机制的领导，是以党的自我革命来保证正确方向的领导。

一、党全面领导基层治理是政治与现实需求

（一）“党领导一切”政治原则的具体落实

党对基层治理的全面领导是“党领导一切”政治原则在基层治理中的具体体现。党必须全面领导基层治理，党能够全面领导基层治理。一方面，“党政军民学，东西南北中”，理所当然包括基层。基层是整个社会的深厚基础和重要支撑，基层治理同时是提升社会治理有效性的基础，“党领导一切”要求党必须全面领导基层治理。另一方面，当今中国，党是最高政治领导力量，对各方面各领域各环节具有强大的领导力和社会号召力。主要体现为：一是党中央的集中统一领导，党中央对社会各领域的政治思想引领和重大事务的决策部署；二是各级党组织和党员干部对党中央决策的执行能力，特别是对基层党组织的领导能力。截至 2021 年底，全国党员总数超过 9 600 万，党的基层组织接近 500 万个，党能够全面领导基层治理。实践证明，只有把党的领导落实到基层工作各方面，把党的基层组织作用发挥好，才能从根本上实现“党领导一切”的政治原则。

（二）推进国家治理现代化的必然要求

万丈高楼平地起。基层治理是国家治理的基石，没有基层治理的现代化，就没有国家治理现代化。事在四方，根在基层。基层治理是国家治理的基础构件，基层治理何去何从，是国家治理必须回答的基本问题，关系到广大人民群众的切身利益，也关系到社会

的和谐稳定。基层直接面对最广大人民群众，直接面对最实际具体的社会问题，直接面对最复杂尖锐的矛盾，因此基层治理的任务也最繁重，如果没有党对基层治理的全面领导，这些矛盾和问题就无法得以有效解决，也就无从达成国家治理现代化。

（三）社会治理重心下移的客观需求

在当前社会治理领域，包括村庄、社区在内的基层仍然是社会治理的薄弱环节，一定程度上成为整个社会发展的瓶颈，亟须在国家治理层面推动社会治理重心下移、加大对基层的人力物力财力投入、发挥社会治理多主体作用等方面作出有效的制度性安排。特别是进入新时代，我国社会主要矛盾发生了全局性、历史性、根本性变化，基层的矛盾和问题由过去的邻里纠纷等小矛盾演变成环境卫生、治安稳定、生活服务等大问题，基层已成为各种利益诉求的汇聚点。有些基层党组织没能发挥应有作用，各项工作离广大群众的期待还有很大差距；有些基层党员干部能力不强，难以担当基层社会治理的重任。要想有效解决这些现实问题，就必须发挥基层党组织的带动作用，坚持党建引领，不断扩大和延伸党组织的辐射面，把党的政治优势、理论优势、组织优势，特别是密切联系群众的优势，转化为基层社会治理的强大力量。

二、党全面领导基层治理是遵循治理规律基础上的创新型治理

（一）党领导下的社会多主体共同参与治理

广大人民群众是社会治理的主体，而党是领导人民进行社会治理的核心力量。党领导人民共同治理社会，既遵循了社会治理的规律，又契合了中国的实际，同时体现了新时代我国国家治理的特色。一是党全面领导基层治理，既突出了党对基层治理的统一领导，又高度重视群众的积极参与，社会治理是党领导之下的治

理。二是党全面领导基层治理,但这种全面领导不是对各种社会事务亲力亲为,而是让广大人民群众全方位参与,通过党建引领、社会化共建、社区化共治,激发基层社会各阶层的治理活力和潜能,是"掌舵"而不是"划桨"。三是党全面领导基层治理,是在坚持人民当家作主的基础上,实现群众的事情由党和人民协商办理,通过建立快速响应体制机制,及时回应民众关切,是基层治理的根本价值取向。总之,党的全面领导,根本目的是维护最广大人民群众的根本利益,坚持以人民群众的满意度为出发点和落脚点,由群众最终评判基层治理的成效。

(二)党总揽全局、协调各方的治理

实现党全面领导基层治理,根本途径是在党组织统一领导下社会各主体通过各级党组织共同参与基层治理。基层治理涉及党组织、政府部门、社会组织、(村)社区居民等多元主体,各主体发挥各自不同作用。党组织发挥总揽全局、统一部署、协调各方的领导核心作用,政府部门依法对基层社会公共事务进行管理和规范,社会组织发挥领域内服务和管理的辅助作用,(村)社区居民发挥有序参与社会服务和治理的作用。在各主体的关系上,党的领导是核心,其他主体依法依规参与基层治理活动,拥有相应的权利并承担相应的责任与义务。党组织利用独特的政治和组织优势,把基层治理多主体的功能和活动统一起来,通过配置各种治理资源,构建起党委、政府、村居、社会组织、公民"五位一体"的基层治理体系。

(三)基层党组织发挥重要作用的治理

基层治理的重点在乡镇(街道)、村(社区)。在整个城乡治理结构中,乡镇(街道)、村(社区)基层党组织处在国家治理的第一线,党中央制定的路线、方针和政策最终都要由基层组织来落实,各项工作都要依靠乡镇(街道)、村(社区)党组织来推进,群众中存在的问题与困难也要依靠乡镇(街道)、村(社区)给予解决。基层治理中出现的许多突出问题,瓶颈往往就在乡镇(街道)或村(社区)。推动社会治理重心下移,打通社会治理“最后一公里”,重点和难点在乡镇(街道)、村(社区),攻坚克难也在乡镇(街道)、村(社区)。基层党组织的政治功能是其基本功能,发挥基层党组织的政治功能是坚持党对基层治理全面领导的必然要求。基层党组织应在把握政治方向、坚持政治原则等方面发挥作用。发挥基层党组织的政治功能,必须进一步健全基层党组织,形成上下连通、执行有力的组织体系,必须把基层党组织建设成为宣传党基层治理主张、贯彻基层治理决定、领导基层治理、团结基层群众、推动基层发展的坚强战斗堡垒。

(四)以体制机制改革为重点的治理

基层治理创新的关键是改革完善现有基层体制机制。应积极推进乡镇(街道)和城乡村(社区)管理体制机制改革工作,高质量实现基层职能、资源的融合与优化,推动乡镇(街道)机构职责和业务的整合。深挖基层治理中存在的深层次问题,坚持问题导向的逻辑思路,着力解决乡镇(街道)管理中存在的条块分割、有责无权、看得见管不了等治理难题,将体制机制改革引向深入。应将更多社会资源、管理权限下放到基层,把本应属于乡镇(街道)、村(社区)的权力还给乡镇(街道)、村(社区),保证乡镇(街道)、村(社区)的事情乡镇(街道)、村(社区)办,确保基层工作有权干、有人干、干得好。体制机制改革要集中优势资源,积蓄发展动力,吸引人才,壮大基层党组织战斗力。按照精简、统一、高效的原则,持续完善乡镇(街道)党政机构设置和运行机制,科学划分管理网格,释放捆绑在基层身上的“枷锁”,进一步为基层治理赋权、加码、增效,为基层治理注入生机活力。

三、党全面领导基层治理要以党的建设为根本保证

（一）基层党组织建设是关键

基层党组织是党领导基层治理的基础，基层党组织坚强有力，党制定的各项方针政策才能上通下达。基层党组织建设得好，党组织领导力必定强；基层党组织涣散，党组织领导力必定弱。应着重围绕基层党组织带头人培养、党员教育管理、加强班子建设等方面加强基层组织建设。一是选好配强组织带头人。对于一个党支部来说，党支部书记是党支部建设的"第一责任人"，要强化党支部书记的政治思想教育，严抓日常学习，提高政治站位和政治素养。二是对党员严格管理。切实把那些综合素质好、经得起考验并作出工作实绩的人员发展成中共党员，切实把党员组织起来，落实好组织生活会制度，增强组织生活的严肃性。三是加强班子建设。充分发挥党组织领导班子的旗帜作用，加强党员干部的思想教育，提高领导干部的素质，增强政治意识和责任意识。

（二）组织建设必须紧紧围绕基层治理

通过加强基层党组织建设，统筹推进乡镇（街道）和城乡村（社区）治理。首先，党建引领基层治理。必须树立党建统领基层治理的理念，在基层治理实践中通过强化党的建设进一步引领基层治理实践。应切实树立大党建理念，发挥党组织政治资源优势，把政治资源融入基层治理之中，形成自上而下、由点到面、强劲有力的基层治理党建网络。其次，党组织融入基层治理。应立足把支部建在社区，建在基层重大活动、重点项目、重要工程的一线，实现党组织对基层工作纵向到底、横向到边的全方位覆盖。从基层治理工作的实际出发，切实扭转一些地方基层党组织虚化、弱化、边缘

化现象。再次，切实提高党员干部的政治素养和办事能力。要进一步加强党员干部队伍建设，破解本领不足和本领恐慌问题，提高党员干部解决基层治理难题的本领，确保基层党组织切实担负起全面领导基层治理的责任，确保基层治理正确的政治方向。

第二节 加强党对基层治理全面领导的重要意义

坚持和加强党对基层治理的全面领导，其目的与意义在于，以习近平新时代中国特色社会主义思想为指导，坚持以人民为中心的基层治理价值取向，以增进人民福祉为基层治理的出发点和落脚点，进一步加强基层党组织建设，以增强基层党组织的政治功能和组织能力建设为关键，以加强基层政权建设和健全群众自治制度为重点，以深化改革创新和加强制度、能力方面的建设为抓手，建立健全基层治理体制机制，推动政府治理同社会调节、居民自治良性互动，提高基层治理社会化、法治化、智能化、专业化水平。

一、坚持以习近平新时代中国特色社会主义思想为指导

习近平总书记关于基层治理的一系列新理念新思想新战略，为基层治理指明了方向，为深化党建引领基层治理提供了根本遵循。坚持党对基层治理的全面领导，就是要贯彻落实习近平总书记关于基层治理的新理念新思想新战略，把党中央关于基层治理的各项决策部署落到实处，着力发挥各级党组织的政治引领作用，强化基层治理的理论武装，增强基层党组织的政治功能和组织能力，确保基层治理的正确方向。坚持党对基层治理的全面领导，才能发挥党组织的政治优势和引领作用；统筹发挥各类社会组织的综治能动作用、法治保障作用、德治教化作用、自治强基作用、智治

支撑作用的系统性效用，才能从整体上提高基层治理综治水平，进一步促进社会和谐稳定，为推动全社会高质量发展、为百姓营造高质量生活打下坚实基础。

二、营造基层治理新格局

基层治理是基础性工作，是国家治理的基石。只有坚持党的全面领导和基层治理同向发力、协同推进的战略布局，才能从根本上解决基层治理中的突出矛盾和问题，把党的领导切实融入基层治理实践的全过程、各方面；才能提高党员干部的战略站位，从更高的视角思考和解决基层治理中存在的问题，提高政治判断力、领悟力和执行力，在夯实基层基础性工作、加强基层干部队伍建设、培育新型人才上下大功夫，努力构建基层治理新格局；才能摒弃过去“头痛医头、脚痛医脚”的基层治理方式，实现从源头到末梢的全流程、全要素、全方位、全周期治理，提高基层治理的全局性、整体性、协调性和有效性；才能实现共建共治共享，建设人人有责、人人尽责、人人享有的基层治理共同体。

三、坚持以人民为中心的治理导向

树高千尺，植根大地；江河万里，回溯其源。对广大群众来说，围绕社区的生活和工作环境，是他们安居乐业、安身立命之根本。基层党组织处在服务人民群众生产生活的第一线，基层党建水平的高低，直接影响服务人民群众的质量，影响一个地方经济社会发展水平和人民群众的满意度。加强党对基层治理的全面领导，才能切实从保障和改善民生的政治高度深化对基层治理的认识，把增进人民福祉贯穿基层治理的全过程。加强党对基层治理的全面领导，目的就是以强化基层党组织建设为抓手，筑牢党在基层的执政基础，切实把基层党组织和党员干部的作用发挥好，把基层党组织的政治功能和优势切实发挥出来。只有加强党的全面领导，才能更好回应群众关切，积极推进为民办实事的新实践，确保人民群众的获得感、幸福感、安全感与日俱增。

四、打造多主体参与、多手段结合的综合治理体系

只有构建综合治理体系，才能做好基层治理。只有加强党的全面领导，才能切实发挥综合性治理、能动性治理的作用，实现上下结合、统分结合、左右联动、组群联动，提升基层资源整合、力量融合、功能聚合的功能与水平，提高基层治理实践的系统性、协同性、高效性；才能切实发挥法治对基层治理的规范作用，推进基层治理相关领域立法，规范基层执法行为，推进文明执法和公正高效司法，同时使法治宣传教育作用得以强化；才能彰显德治教化在治理中的重要作用，弘扬中国特色社会主义新时代新风，大力发展公益慈善事业，实现基层治理的善治；才能切实发挥好群众自治强基作用，进一步完善基层群众自治制度，充分发挥好社会组织的重要作用，充分激发社会自治的活力；才能切实发挥好智慧型治理在基层治理中的支撑作用，大力推进智慧型治理基础设施建设，把基层智能治理应用引向更高水平，进一步强化信息安全保障措施和制度，实现智慧型、精细型基层治理。

五、全面提高基层治理能力

中国特色社会主义最本质特征是中国共产党领导，党是国家各项事业的领导核心，这是我国政治制度的最大优势。国家治理的能力和水平，很大程度上也体现在基层。提高基层治理效能，关键是加强党的全面领导。正如习近平总书记 2021 年 6 月在青海

考察时所指出:“社区治理得好不好,关键在基层党组织、在广大党员,要把基层党组织这个战斗堡垒建得更强,发挥社区党员、干部先锋模范作用,健全基层党组织领导的基层群众自治机制,把社区工作做到位做到家,在办好一件件老百姓操心事、烦心事中提升群众获得感、幸福感、安全感。”①

现代化并不只意味着高楼林立和交通通达,更体现为各种社会服务的便捷与完备。身处现代社会,百姓日常生活是否舒心,外出办事是否顺心,是否有幸福感,关键在于基层治理的“最后一公里”问题解决得好坏。为此,必须加强党对基层治理的全面领导,提升各级组织和人员基层治理的能力与水平,提高公共服务和公共产品供给的针对性和及时性,多为群众办实事、办好事。

加强党对基层治理的全面领导,确保党始终总揽全局、协调各方,基层治理就有了根本保证。加强党的全面领导,基层治理各项工作才能行稳致远,才能实现党的人民立场在基层落地生根。人民性是马克思主义最鲜明的特点,是马克思主义政党区别于其他政党的显著标志,人民性在政党实践中的具体体现,就是要把实现好、维护好、发展好最广大人民群众的根本利益作为一切工作的出发点和落脚点。加强党的全面领导,基层治理才能实现以民为本、以人为本,把为民服务宗旨落到实处,使乡镇(街道)、村(社区)的工作紧紧围绕为民、便民、安民而展开,把村(社区)服务组织和便民服务中心建设好、维护好,实现群众有要求、社区有服务,让乡镇(街道)、村(社区)成为老百姓小家庭之上的“大家庭”,使党员干部成为他们最放心、最安心、最贴心的“家长”。

执行力是检验基层党组织抓落实本领的重要标准。习近平总

---

① 《习近平在青海考察时强调　坚持以人民为中心深化改革开放　深入推进青藏高原生态保护和高质量发展》,《人民日报》2021年6月10日。

书记2016年3月7日在参加十二届全国人大四次会议黑龙江代表团审议时指出:“干部干部,干是当头的,既要想干愿干积极干,又要能干会干善于干,其中积极性又是首要的。”[①]提升基层治理的执行力,要求基层党组织以“抓铁有痕、踏石留印”的决心、求真务实的态度、一丝不苟的精神、持之以恒的恒心和一抓到底的决心,切实担负起基层党组织的责任;要通过党建引领,整合各类资源,完善共建共治共享的基层社会治理制度,最大限度地调动广大干部群众和各类社会组织的积极性、主动性、创造性。

执行力的关键是基层干部的能力和素质。基层干部的能力水平直接关系到党的路线、方针、政策能否得以贯彻落实,关系到党同人民群众的血肉联系。要发挥党在基层的人才工作优势,不断提升基层干部的能力水平。基层干部能力水平主要表现在:一是不断学习的能力。当今信息社会,各种新知识、新理念、新观念层出不穷,新问题每时每刻都在涌现,对基层干部的理论素养、执政能力和知识储备提出了更高要求。基层干部应把学习作为一种责任、一种健康的生活方式,不断提高解决基层实际问题的本领。二是创新发展的能力。基层干部要善于总结经验,把握规律,要对基层工作中不断涌现的新发展、新变化、新情况、新问题拿出切实有效的解决办法,要深入群众、深入实际、善于总结。三是以身作则的能力。基层干部要清清白白做人,干干净净做事,严以律己,耐得住寂寞、顶得住诱惑、经得起考验,廉洁从政,依法行政。村(社区)是社会治理的“最后一公里”,是联系服务群众的“神经末梢”,村(社区)书记在推动力量下沉、资源下移、补齐社区治理的短板弱项方面发挥着重要作用,应将其纳入基层村(社区)人才素质提升

① 《习近平关于全面建成小康社会论述摘编》,中央文献出版社2016年版,第209页。

工程给予高度重视和加强。

第三节　提升党对基层治理的全面领导力

提升党对基层治理的全面领导力，要以习近平新时代中国特色社会主义思想为指导，积极探索新形势下党建引领基层治理的有效途径，为营造共建共治共享社会治理格局提供坚强组织保证。要把基层治理同基层党建紧密结合起来，从组织的政治功能和组织力两个层面，进一步强化基层党组织建设，强化乡镇（街道）、村（社区）党组织对基层各类社会组织和基层治理的领导，共同构建基层治理新格局。

一、提高党领导基层治理的引领力

（一）强化党组织抓基层治理的主体责任

党对基层治理的全面领导是具体的，而不是抽象的。基层社会的政治、经济、文化、社会、生态等建设领域都要由党统揽全局，把握方向，确保基层治理各项工作在党的宗旨、理念、政策指引下推进。但现实工作中，基层党组织建设还存在一些薄弱环节，有的领域党组织覆盖不全面，基层工作推进不力、纪律松散、效能低下、保障不足，个别基层党组织出现弱化虚化边缘化现象，出现履行主体责任不到位等问题。为此，必须强化党组织抓基层治理的主体责任。

1.把握基层治理的政治方向

方向引领起着主导性、决定性、根本性作用。基层党组织必须把习近平新时代中国特色社会主义思想作为基层治理的指南，把党的各项方针政策切实贯彻落实到工作中，确保不跑偏、不打折扣。基层治理必须深入贯彻以人民为中心的思想，坚持“人民群众当家作主”的基本制度，坚持治理为了人民，治理依靠人民。基层党组织和广大党员干部，应结合党史学习教育，引导基层各类社会组织和广大群众在历史、中外的鲜明对照中，深刻领悟党的领导和中国特色社会主义制度的显著优势，发自内心地坚定“四个自信”，矢志不渝跟党走。

2.凝聚基层治理的组织力量

我们党不断取得成功的一条宝贵经验，就是基层党组织强大的组织力。基层党组织必须把基层治理的责任牢牢抓在手上，把基层各种资源要素组织好，依靠党组织把基层各方力量集中起来，动员广大人民群众的力量，万众一心，在党组织的带领下共建共治共享，齐心协力抓好基层治理。要进一步推进党组织向基层各领域的有效覆盖，把基层党组织打造成坚强有力、统一指挥的领导核心，让基层社会有效运转起来，把侵害群众利益的问题及时化解在基层，让社会矛盾及时解决在基层，夯实党的群众基础，使党组织深深扎根群众之中。

3.建立基层治理的长效机制

要把党的领导体现到基层治理的方方面面，必须靠科学有效的体制机制，这是落实党的全面领导的关键所在。只有把党组织引领各类组织制度化，依靠制度固化下来，党建引领才能持久。应坚持自治、法治、德治相结合，以基层善治为目标，发挥好自治强基、法治保障、德治教化的综治作用。应健全党建联席会议制度，组建街道“大工委”、城市社区“大党委”，建立“基层吹哨、部门报到”机制。进一步健全基层治理重大事项、重大问题由党组织研究讨论后按程序决定机制；建立党组织领导下的社会力量参与机制，民事民议、民事民办、民事民管，调动和发挥群众积极性、创造性。

此外，基层治理也要不断适应信息时代要求，与时俱进，利用信息技术的最新成果搭建共建共治、互联互动的综合治理平台。

4.提高基层治理的效能

应发挥基层党组织的领导力、组织力、服务力、创新力，不断提高基层治理的效能。基层党组织应发挥引领作用，提高运用法治思维推进基层治理的能力，确保基层治理的前进方向和动能；提升基层党组织的组织力，广泛开展基层民主协商，提高村（居）民自治能力，发挥基层治理凝聚合力作用；提升基层党组织的服务力，发挥中国共产党群众工作的独特优势，走群众路线，推行新时代“枫桥经验”，将基层各类矛盾化解在基层；提升基层党组织的创新力，开拓性开展工作。

（二）发挥党组织在基层治理中的枢纽作用

1.推进乡镇（街道）管理体制改革

围绕明确责任、下放权力、扩充功能、提高效率，积极推进乡镇（街道）管理体制改革。要明确乡镇（街道）履行党建工作、统筹区域发展、提供公共服务等职能，把工作重点聚焦到党建工作和群众普遍关心的公共服务、卫生、安全、管理上来。“市、县级党委和政府要规范乡镇（街道）、村（社区）权责事项，并为权责事项以外委托工作提供相应支持。未经党委和政府统一部署，各职能部门不得将自身权责事项派交乡镇（街道）、村（社区）承担。”[①]省、市、县（市、区）等各级地方组织应坚持城乡治理统一谋划、整体部署、共同推进，探索新形势下党建引领基层治理的有效路径。一是推动党员干部下沉基层。基层工作千头万绪，“上面千条线，下面一根针”，应鼓励上级机关干部到乡镇（街道）挂职或任职，推动党员干部下

① 《中共中央国务院关于加强基层治理体系和治理能力现代化建设的意见》，《人民日报》2021年7月12日。

沉常态化，将机构职能、编制、人员和经费向乡镇(街道)倾斜。二是加强社区队伍建设。探索实行城市社区党组织书记享受事业岗位待遇。要建设好社区工作者队伍，设置能有效调动社区工作者积极性的岗位等级序列。打造好社区志愿者队伍。街道社区服务工作涉及方方面面，应切实发挥好社会志愿者这支队伍的重要作用，使广大志愿者在社区治理中有更大作为，为改进并完善基层服务创新途径。

2.强化乡镇(街道)党委“龙头”作用

乡镇(街道)党委是基层治理的“一线作战部”，在基层治理中起到“龙头”的作用。首先，班子要强。乡镇(街道)领导班子建设是关键，选优配强乡镇(街道)党委书记是关键中的关键。要提高领导班子成员的担当本领，确保领导班子成员廉政奉公，对基层工作做到规范决策、干净干事。其次，工作要统一。建立乡镇(街道)党委统一指挥和统筹协调的工作机制，围绕综治工作、市场监管、综合执法、便民服务，对乡镇(街道)资源和工作统一管理、统一考核、统一使用。

3.发挥党支部战斗堡垒作用

支部强不强，村庄(社区)两个样，一名党员就是一面旗帜，一个党支部就是一座战斗堡垒。应切实发挥村(社区)党支部在基层治理中的重要作用。一是进一步延伸党组织。应结合新形势下村(社区)工作的特点，在种植基地、物资供应、产品经销等上下游产业链建立党支部，把党建工作融入产业链，产业延伸到哪里，党组织就覆盖到哪里。二是优化头雁队伍。村(社区)党组织书记是村(社区)的带头人，应确保德才兼备，通过组织推荐、张榜招贤、登门求贤等形式，进一步完善村(社区)党组织书记选拔任用、教育培训、考核监督等机制，使党支部引领作用切实得以发挥。三是壮大农村集体经济。只有农村集体经济壮大了，村级党组织才有组织建设抓手和资金支撑，才能改善村容村貌，拓宽增收渠道，增加就业机会，才能吸引本地人才回乡创业。

（三）健全党全面领导基层治理的制度保障

以党建引领，健全“党委—村（社区）党支部—网格党小组—党员联系户”的组织体系，完善绩效考评、业务培训等制度，强化干部队伍组织力、战斗力，健全完善相应配套制度，打造标杆党支部，真抓实干，全面提升基层治理能力水平。

1.完善基层党组织制度

围绕开创抓党建促基层治理能力提升新局面，继续推行村（社区）党组织书记、村（居）委会主任“一肩挑”和“两委”成员交叉任职，重点解决好“人”的问题。完善村级班子联席会议制度，抓好村（社区）“两委”干部、驻村（社区）干部、党员、村大学生等队伍。探索村（社区）党组织重要事权清单制度。进一步完善乡镇（街道）领导干部驻村（社区）联系群众制度，健全村（社区）党组织惠民政策的机制。

2.健全基层组织体系

积极推进村级组织融合，打破“就村抓村”路径依赖，促进农村区域党建资源共建共融共享。通过在镇党委和自然村党组织之间设立“新村党委”，重构基层组织的布局、结构和运行模式，全面构建起“镇党委—新村党委—网格党支部—党员中心户”的组织结构，聚焦新兴领域和基层治理中的薄弱环节，重点在党组织发展较为薄弱的自然村、产业合作社、新开小区、商务楼宇、互联网企业中进一步延伸党组织，使党的组织覆盖基层全社会。

3.优化“头雁”设置

推行村（社区）党组织书记县（区）党委备案管理和村（社区）

“两委”成员县级联审制度，适当提高村（社区）党组织书记待遇，畅通干好有前途、退后有保障的长效机制，使他们感到苦中有甜，付出有价值。对于一些经济相对落后的县（市、区），省里应拿出专项补贴资金予以支持。村（社区）“两委”班子也应保持一定的稳定性，班子几年就换的村（社区）基本无好村（社区）。要积极培养本土人才，做好党员人才回乡计划，鼓励外出能人返乡创业，鼓励大学生村官扎根基层，为乡村治理提供人才保障。既要“筑巢引凤”引进外来人才，也要“筑巢生凤”孵化本土人才。坚决撤换政治和能力上不能胜任工作的党组织书记，并注重从外来人才中选拔优秀党员来担任。

4.实施党员先锋工程

坚持以党建为引领，高处着眼，小处着手，切实发挥广大党员在基层治理中的先锋模范作用。以村（社区）党群服务中心为核心，将村（社区）进一步划分党建网格，依托党建网格组建“支委＋群众代表＋志愿者”党员先锋队，支委认领党员先锋岗，岗位定格、定人、定责，制定党员积分管理办法，把参加党员先锋队的工作情况作为党员积分和民主评议党员的重要内容。对党员严格管理、严格要求，进一步健全党员承诺、认领“微心愿”等制度，通过“明主体”落实党员责任，通过“列清单”落实村（社区）工作，确保网格内党员群众工作全覆盖。同时，营造浓厚氛围，强化正向激励，激励创优争先，在各类评先评优中向工作突出的党员倾斜，在干部选用上优先向上级推荐。

二、提高党领导基层治理的组织力

1929 年 4 月，毛泽东同志在《红军第四军前委给中央的信》中，首次提出党的组织力概念，并在 1938 年撰写的《论持久战》中把政治组织力作为决定抗日战争胜利的重要因素加以分析。在中国革命、建设和改革的各个历史时期，我们党和国家始终高度重视并着力加强组织力建设，使党形成了集中力量办大事的政治优势，取得了举世瞩目的伟大成就。

（一）高度重视新时代基层党组织组织力建设

党的力量来自各级党组织，基层党组织的组织力如何，关系党对基层治理的全面领导能否落实，关系党在基层的全部工作能否完成。基层党组织是党在社会基层的工作基础，是党最坚实的力量支撑和战斗堡垒。提升基层党组织的组织力，是实现新时代党奋斗目标的迫切要求。基层党组织广泛地分布在社会基层中，是党团结动员全国各族人民的基础力量，只有提升基层党组织的组织力，才能更好地组织和动员广大人民群众，推进党所肩负的新时代中国特色社会主义伟大事业。提升基层党组织的组织力，也是坚持党领导地位的内在需要。坚持党的领导地位，加强党的长期执政能力建设，离不开基层党组织组织力的提升。

市场经济的发展，改变了过去计划经济时期的资源配置方式，也改变了社会组织的模式，越来越多的人离开过去传统的单位，而成为“社会人”，这给党组织的凝聚力和工作的有效开展带来了挑战，同时引发了种种社会问题，导致一些“社会人”组织观念薄弱，甚至个别地方或领域组织涣散。这就迫切需要以提升组织力为重点，把基层党组织建设成为宣传党的主张、贯彻党的决定、领导基层治理、团结动员群众、推动改革发展的坚强战斗堡垒。

（二）全面提升基层党组织组织力

基层党组织的组织力是组织的凝聚力和向心力，通过基层党组织先把党员组织起来，再把群众组织起来，夯实党在基层的执政根基。加强基层党组织组织力建设，要围绕组织的政治领导力、组织覆盖力、群众凝聚力、社会号召力、自我革新力进行全面提升，关键是取得实效。

1.提升政治领导力

政治领导力是确保党的领导的首要力量，基层党组织要突出政治功能，发挥政治优势，提高对基层社会各领域的政治领导力。一是要把握正确的政治方向。政治方向事关党的前途命运和事业兴衰成败，基层党组织要在基层治理实践中提高政治能力，对党忠诚，为党分忧，加强对基层工作的统一领导，确保政治方向不偏离。二是要提高政治担当能力。从完成党组织的政治使命出发，提高政治敏锐性，保持政治定力，廓清党组织与其他组织关系，加强对各类社会组织的政治引领，切实增强政治担当，防范政治风险。三是要严守党的政治纪律。加强纪律性，革命无不胜。党员干部要保持对政治纪律、政治规矩的敬畏心，任何情形下不逾越纪律红线和道德底线，做到心胸坦荡、公道正派、慎独慎微，在群众中树立起良好的政治威信与政治形象，提高基层党组织的凝聚力和号召力。四是要加强政治淬炼。正确对待党的监督、评价与管理，加强自我修养，增强服务意识，实现自我修养与组织监管相统一。立足实际，注重在基层治理工作中加强政治淬炼，充分调动人民群众积极性、创造性，自觉改造主观世界，把党的基层组织建成党在基层的战斗堡垒。

2.扩大组织覆盖面

党的基层组织是党的“神经末梢”，党的组织应该实现基层全覆盖，不能留有空白和死角。哪里有党员，党的组织就应覆盖到哪里，党员的管理监督就应跟进到哪里。推进党组织进一步向基层扩展延伸，健全基层党组织工作和制度体系，推动党建治理资源向基层下沉，从组织层面为基层治理提供坚强保证。应立足各地实际，根据党员从业结构、流动情况、社情民意等，按照地域相近、行业相近、方便管理等原则扩大党组织覆盖面。一是要弥补城市中的空白点。随着经济社会的发展，新兴经济组织和社会组织正迅速增长，新兴组织中的党员也逐步增多，党组织在这些组织中还存在覆盖“空白点”。比如，在非公有制企业、外资企业、社会团体、农民工群体、居民聚居点、产品生产线中，在商务楼宇、商业街区等区域，还存在党员无组织的现象，应打破单位界限，整合区域资源，进一步扩大党组织的覆盖面。要优化区域资源配置，搭建区域化党建平台，培育扶持公益性、服务性、互助性社会组织，善于把各类基层社会群体凝聚在党组织周围，让基层社会组织焕发新的活力。二是要补齐乡村中的短板。随着农村经济社会的发展，农民群体发生了较大变化，应扩大党的组织在空心村、农民合作社、农产品产业链等的覆盖面，夯实党在农村的执政基础。

3.增强群众凝聚力

党组织对群众的凝聚力是有效动员和组织群众的前提，也是确保党全面领导基层治理的内在要求。提升基层党组织的组织力，尤其要重视提高党对群众的凝聚力。推动党建工作向基层下沉，使党组织深度融入群众之中，党员与群众拧成一股绳，构筑起基层治理的强大根基。一是要认真倾听民声。融洽的党群关系的前提是加强与群众沟通，要了解人民群众所思所想，关注民生，始终与人民群众心连心，把人民群众当亲人，与群众同甘苦共患难，真正做到执政为民。二是要问计于民、问政于民。要把人民群众当先生，俯下身子虚心向人民群众学习，尊重群众的首创精神，善于汇集群众智慧解决基层治理难题，把党的各项正确主张转变成群众的自觉行动。三是真正做到为民解忧。全心全意服务群众，把解决群众生活中的实际问题和困难作为工作重点，积极回应群众关切，把人民群众的心事当成政策制定的大事，把一家一户解决不了的难事当作工作中的头等大事，一心为了群众，把基层治理的评判权交给群众，坚持党的宗旨不动摇。

4.提升社会号召力

把党的主张转变成群众的自觉行动，就要增强党组织对社会的号召力。一是要实现群众利益。马克思早就指出，人们为之奋斗的一切都同他们的利益有关。要加强党组织与人民群众的血肉联系，关注人民群众的利益诉求，满足人民群众的根本利益，帮助群众在思想上解疑、生活上解困、工作上解难、精神上解压。有效调动社会力量、整合社会资源，使基层治理的每项政策、每个行动更多惠及广大群众。二是要发挥理论宣传的作用。要实现党的科学理论的大众化，提高人民群众对党的方针政策的认同感，凝聚人民群众的共识，激发群众能动性。要善于用新兴媒介宣传教育群众，传播主流价值，对群众的思想和行为进行有力引导。三是要发挥榜样带动的力量。榜样带动是社会号召的有力抓手，应挖掘和培养基层治理中的旗帜标杆，发挥榜样模范在人民群众中的示范作用，营造榜样带动效应，鼓舞各界人才投身基层治理伟大实践，做到人尽其才、才尽其用。

5.增强自我革新能力

批评与自我批评是中国共产党的优良传统和作风，从严管党治党，勇于自我革命，是中国共产党最鲜明的品格。一是要严格党员管理。要有敢于刀刃向内的勇气与胆识，矛盾面前不躲闪，推动党组织自我提高、自我净化、自我革新。每位党员都要强化党员意识，牢记自己是一名共产党员，始终把党和人民的利益放在第一位。二是严格党内组织生活。把党的组织生活作为锻炼党性和提高思想认识的“熔炉”，作为查找和解决基层治理问题的平台。三是整顿软弱涣散党组织。党组织建设不是一时一事，应坚决持续地抓，各级组织要落实党员管理责任，拓展党员管理渠道，对不合格党员及时进行处置。四是要创新组织活动方式。应立足工作创新和制度创新，激发党组织新的生机活力，鼓励基层党组织在组织活动载体、方式、机制等方面的创新，尊重党员民主权利，营造组织内敢于说真话、说实话、说心里话的宽松环境，激发广大党员干部的组织荣誉感和归属感。

参考文献

[1]孙洪敏、周蓬:《加强基层行政能力建设是完善基层治理的重要途径》,《学习与探索》2022 年第 6 期。

[2]岳奎、张鹏启:《新时代党建引领农村基层治理路径探析》,《行政论坛》2022 年第 3 期。

[3]陈秀红:《从“治理共同体”到“生活共同体”:党建引领基层治理的社会整合功能实现逻辑》,《北京行政学院学报》2022 年第 3 期。

[4]马丽:《党的领导与基层治理:嵌入机制及其发展》,《当代世界与社会主义》2020 年第 1 期。

第四章　基层治理体系

进入新时代，从“基层管理体制”到“基层治理体系”范式的转换，体现出治理理念、体制机制、方式方法的重大变化。努力调动一切积极因素为社会主义事业服务是党领导人民建设社会主义事业的一项根本原则，中国特色社会主义基层治理更是如此，“体系”较之“体制”内涵更为丰富，强调充分调动基层治理各方面的积极性。《中共中央国务院关于加强基层治理体系和治理能力现代化建设的意见》提出：“力争用 5 年左右时间，建立起党组织统一领导、政府依法履责、各类组织积极协同、群众广泛参与，自治、法治、德治相结合的基层治理体系。”[①]这为新时代推进基层治理体系现代化提供了重要指导。

① 《中共中央国务院关于加强基层治理体系和治理能力现代化建设的意见》，《人民日报》2021 年 7 月 12 日。

第一节　基层治理体系及其构成

基层治理是国家治理的基石，基层治理体系是国家治理体系的基础工程。体系，顾名思义，是指一些有内在关联的事物相互结合而构成的一个有特定功能的整体。大体系由若干子体系相互联系有机构成，基层治理体系是一个宏大网络系统。有学者指出，现代基层治理体系是一个由组织体系、制度体系、运行体系、评价体系和保障体系构成的网络，包含了国家、市场、社会乃至个人等多元主体。[①]

《中共中央关于党的百年奋斗重大成就和历史经验的决议》以"十个明确"对习近平新时代中国特色社会主义思想的核心内容进行了系统概括，其中之一就是"明确全面深化改革总目标是完善和发展中国特色社会主义制度、推进国家治理体系和治理能力现代化"[②]。习近平总书记明确指出："国家治理体系和治理能力是一个国家的制度和制度执行能力的集中体现，两者相辅相成。"[③]"我国国家治理体系和治理能力是中国特色社会主义制度及其执行能力的集中体现。"[④]由此可知，制度是基层治理的核心和关键，制度的不断完善、成熟与定型，是治理体系现代化水平不断提高的重要标志。

---

① 参见谢志强：《社会治理研究》，人民出版社2019年版，第341页。

② 《〈中共中央关于党的百年奋斗重大成就和历史经验的决议〉辅导读本》，人民出版社2021年版，第235页。

③ 《完善和发展中国特色社会主义制度　推进国家治理体系和治理能力现代化》，《人民日报》2014年2月18日。

④ 《中共中央关于坚持和完善中国特色社会主义制度　推进国家治理体系和治理能力现代化若干重大问题的决定》，《人民日报》2019年11月6日。

基层治理体系可以理解为关于治理主体、治理内容、治理方式的制度集成，着力解决基层治理什么，谁来治理，如何治理的基本问题。尤其要明确哪些可以纳入基层治理主体的范畴，各自发挥何种功能，如何实现基层治理共同体的最佳治理效能。推进基层治理体系现代化就是坚持和发展中国特色社会主义，坚定走中国特色基层治理之路的道路自信，不断完善关于基层治理方方面面的制度体系，推动中国特色社会主义基层治理水平不断跃升。

从总体上看，新时代我国基层治理体系包括党全面领导基层治理制度、基层政权管理体制、基层群众自治制度、社会各方参与基层治理的制度、基层公共产品与服务供给体系、基层治理资源保障体系、基层治理评价与监督体系、基层法治体系、基层德治体系等内容。

一、基层治理体系之党全面领导基层治理制度

党全面领导基层治理制度是我国基层治理体系最显著的特征，也是我国基层治理体系最大优势所在。党全面领导基层治理制度即将党的领导贯穿基层治理全过程、各方面的制度体系，以党建引领基层治理，凝人心、聚民力，扬优势、补短板，不断开拓中国特色社会治理新道路。党全面领导基层治理制度重点要充分发挥党的基层组织作用。根据《中国共产党章程》，党的基层组织是指党在企业、农村、机关、学校、医院、科研院所、街道社区、社会组织、人民解放军连队和其他基层单位设立的党的基层委员会、总支部委员会、支部委员会等。在基层治理体系中，从组织主体角度看，党的基层组织主要指乡镇（街道）、村（社区）党组织。

二、基层治理体系之简约高效的基层政权管理体制

基层政权管理体制是国家政权体系的基础组成。国家管理社会、服务民众的职能主要通过基层政权来实现。基层政权是党和政府联系人民群众的桥梁与纽带，与人民群众联系最直接、最密切、最广泛。党的十九届三中全会通过的《中共中央关于深化党和国家机构改革的决定》明确提出构建简约高效的基层管理体制这一重大治理体系改革命题。在基层治理体系中，基层政权组织主要是指基层政府，即乡镇政府（街道办事处）。在农村指的是乡、民族乡、镇，在城市主要指街道办事处。2022 年 3 月，最新颁布实施的《中华人民共和国地方各级人民代表大会和地方各级人民政府组织法》进一步完善了地方政府职权，进一步明确了基层政府建设原则要求。

三、基层治理体系之基层群众自治制度

基层群众自治制度是中国特色社会主义政治制度体系的重要组成，是基层治理体系的最基本形式。基层群众自治是在党的领导下人民群众直接管理农村、社区公共事务和公益事业的民主制度。群众自治主要内容为人民群众根据自身情况进行自我管理、自我服务、自我教育、自我监督，主要表现形式为居民委员会和村民委员会。从法律地位上看，新颁布的《中华人民共和国民法典》将基层群众性自治组织规定为“特别法人”。在我国，居民委员会和村民委员会的公法人属性十分明显。截至 2021 年底，全国基层群众性自治组织共计 60.6 万个，其中村委会 49.0 万个，村委会成

员 208.9 万人;居委会 11.7 万个,居委会成员 65.7 万人。[①]

四、基层治理体系之社会各方参与基层治理的制度体系

基层治理体系是人人参与、人人尽责、人人共享的基层治理共同体,基层治理离不开社会组织等社会各方的积极参与。以社会团体、基金会和社会服务机构为主体组成的社会组织,是我国基层治理体系的重要力量,是公共组织的重要组成。近年来党和国家高度重视社会组织的发展,多次提出将社会组织纳入社会治理创新的范畴,以更好发挥其独特作用。在基层治理体系中,社会参与基层治理主要是“发挥群团组织和社会组织在社会治理中的作用,畅通和规范市场主体、新社会阶层、社会工作者和志愿者等参与社会治理的途径”[②]。

五、基层治理体系之基层公共产品与服务供给体系

民生无小事,枝叶总关情。基层公共产品和公共服务直接关乎民生,连接民心。基层公共产品与服务供给体系是以满足村(居)民生活需求、提高人民生活幸福感为目标,提供系列为民、便民、安民、惠民的产品与服务。新时代,基层公共产品与服务供给体系包括基本公共服务、普惠性非基本公共服务等内容,聚焦“一老一小”覆盖居民育幼、养老、就业、医疗、文体服务保障等具体内容。

---

① 参见民政部:《2021 年民政事业发展统计公报》,https://images3.mca.gov.cn/www2017/file/202208/2021mzsyfztjgb.pdf。

② 《中共中央关于制定国民经济和社会发展第十四个五年规划和二〇三五年远景目标的建议》,人民出版社 2020 年版,第 36 页。

六、基层治理体系之基层治理资源保障体系

基层治理资源保障是基层治理工作的前提条件，基层治理资源保障体系即为了推动治理中心下移，保障基层治理有人有权有物的制度体系，实现基层事情基层办、基层权力给基层、基层事情有人办、基层事情有条件办。习近平总书记在浙江担任省委书记时就强调，上级“既给基层下达‘过河’的任务，又切实指导帮助其解决‘桥’和‘船’的问题，并尽可能地在人力、物力、财力上向基层作适当倾斜，为基层开展工作创造必要的条件”①。

七、基层治理体系之基层治理评价与监督体系

基层治理评价与监督体系是基层治理体系的重要组成部分。基层治理评价体系是指运用一定的评价方法、评价量化指标及评价标准，对基层政权等各治理主体的业绩进行客观评价，绩效评价是基层治理的“指挥棒”。基层治理监督体系是保障基层治理公权力规范有序的“紧箍咒”，重点对治理主体履职、权力运行规范、责任落实情况进行监督监察。

八、基层治理体系之“德法合治”体系

法治体系是由法律规范体系、法治实施体系、法治监督体系、法治保障体系和党内法规体系等相互依存、相互促进而构成的有机统一体。习近平总书记强调：“加快完善法律、行政法规、地方性法规体系，完善包括市民公约、乡规民约、行业规章、团体章程在内的社会规范体系，为全面推进依法治国提供基本遵循。”②

---

① 习近平：《之江新语》，浙江人民出版社 2007 年版，第 110 页。

② 《习近平谈治国理政》第 2 卷，外文出版社 2017 年版，第 119 页。

“德法合治”是中华民族优秀传统文化，尤其在基层治理中，依靠伦理道德进行治理有深厚的文化根基。我国基层治理体系中的德治体系，突出强调以社会主义核心价值观为统领，以社会公德、家庭美德、个人品德建设工程为依托，发挥道德的正向引导作用，以文化人，成风化俗。

总之，基层治理体系是一个动态开放的庞大系统，各组成部分互相依赖，相互促进。推进基层治理体系现代化，要健全完善体系，更要突出不同体系的功能优化，实现系统集成、协同高效，使治理体系更加成熟、更加定型。

第二节 基层治理体系现代化的功能定位

治理体系功能定位要与具体实际紧密结合，历史任务与现实需求共同决定新时代基层治理体系的功能定位。习近平总书记一直强调：“一个国家选择什么样的国家制度和国家治理体系，是由这个国家的历史文化、社会性质、经济发展水平决定的。”[①]随着中国特色社会主义进入新时代，我国发展处于新的历史方位、新的发展阶段，面临新的社会主要矛盾，人民群众对完善与发展基层治理体系的愿望更加迫切。

新时代基层治理体系突出坚持以人民为中心，突出人民主体地位。基层治理体系是以人民为中心的国家治理体系，基层治理体系要反映人民群众最根本利益，实现人民群众利益的最大化。坚持以人民为中心的基层治理体系的出发点和落脚点就是努力增进人民福祉。基层治理应着力维护群众权利，保障改善民生，化解

① 《习近平谈治国理政》第3卷，外文出版社2020年版，第119页。

社会矛盾，推动社会和谐有序充满活力。

新时代基层治理体系突出系统集成、协同高效。基层治理体系从形式上是一个系统完备、科学规范、运行有效的制度体系，各子系统之间相互衔接、有机融合，共同构成一个整体。

一、党全面领导基层治理制度的功能定位

基层治理体系现代化是中国共产党领导的中国特色社会主义基层治理体系现代化，坚持党的全面领导是基层治理体系现代化的根本保证。基层治理体系现代化的关键是加强党的全面领导，发挥党总揽全局、协调各方的领导核心作用。基层党组织是党在社会基层组织中的战斗堡垒。“战斗堡垒”的功能定位突出强调基层党组织所具有的政治引领、组织凝聚、先锋模范带动等全面领导功能。

（一）党的全面领导是基层治理体系现代化的关键

办好中国的事情关键在党，坚持和加强党的全面领导是习近平新时代中国特色社会主义思想的重要内容。“基层党组织是党执政大厦的地基，地基固则大厦坚，地基松则大厦倾。”[①]党的十九届六中全会通过的《中共中央关于党的百年奋斗重大成就和历史经验的决议》总结中国共产党百年奋斗的历史经验，第一条就是“坚持党的领导”，强调“充分发挥党的领导政治优势，把党的领导落实到党和国家事业各领域各方面各环节”[②]，这昭示我们，推进基层治理体系和治理能力现代化，关键是要发挥党的全面领导功能。

① 《十九大以来重要文献选编》(上)，中央文献出版社 2019 年版，第 561 页。

② 《中共中央关于党的百年奋斗重大成就和历史经验的决议》，人民出版社 2021 年版，第 65 页。

（二）党的政治引领功能是基层治理体系现代化的保证

党的政治引领具有先导性、决定性、根本性作用。习近平总书记强调："要强化政治引领，发挥党的群众工作优势和党员先锋模范作用，引领基层各类组织自觉贯彻党的主张，确保基层治理正确方向。"[①]党的政治引领，一方面，能保证基层治理的航船行稳致远；另一方面，能确保党的人民立场在基层落地生根。

（三）党的组织凝聚功能是基层治理体系现代化的基础

党的组织力是基层党组织赖以生存的基础。习近平总书记指出："党的基层组织是确保党的路线方针政策和决策部署贯彻落实的基础。要以提升组织力为重点，突出政治功能，把企业、农村、机关、学校、科研院所、街道社区、社会组织等基层党组织建设成为宣传党的主张、贯彻党的决定、领导基层治理、团结动员群众、推动改革发展的坚强战斗堡垒。"[②]

（四）党员先锋模范作用是基层治理体系现代化的支撑

基层治理关键在人。习近平总书记指出："社区治理得好不好，关键在基层党组织、在广大党员，要把基层党组织这个战斗堡垒建得更强，发挥社区党员、干部先锋模范作用，健全基层党组织领导的基层群众自治机制，把社区工作做到位做到家，在办好一件件老百姓操心事、烦心事中提升群众获得感、幸福感、安全感。"[③]

总之，党的基层组织是各类基层组织的领导核心，基层党组织和党员在基层治理中具有战斗堡垒和先锋模范作用，党组织的政治优势、组织优势能够使其产生强大的基层党建引领力，引领基层

---

① 习近平：《在全国组织工作会议上的讲话》，人民出版社 2018 年版，第 14 页。

② 习近平：《决胜全面建成小康社会 夺取新时代中国特色社会主义伟大胜利——在中国共产党第十九次全国代表大会上的报告》，《人民日报》2017 年 10 月 28 日。

③ 《习近平在青海考察时强调 坚持以人民为中心深化改革开放 深入推进青藏高原生态保护和高质量发展》，《人民日报》2021 年 6 月 10 日。

治理行稳致远。

二、简约高效的基层政权管理体制的功能定位

在基层治理体系中，党的领导制度是核心和关键，基层政权管理体制是重点，负责具体执行，承担具体责任，落实各项体制机制。

（一）基层政权是贯彻落实的“前沿阵地”

基层政权体制更加突出执行能力，即如何落实制度。贯彻执行是基层政权的首要职责，新时代基层政权要成为党和国家决策的高效执行者。从我国政府过程角度看，中国共产党是最重要的意见综合者、政策制定者，政府机关是最主要的决策执行者。《中华人民共和国宪法》规定，我国行政体制实行自上而下的统一领导，基层政府各工作部门受人民政府统一领导，并且依照法律或者行政法规的规定受上级人民政府主管部门的业务指导或者领导。新时代构建简约高效的基层政权管理体制，首要使命就是落实好党委和人大及上级政府决策部署，做高效的制度执行者。在基层治理体系中，由基层政权组织为主体构成的基层政权管理体制是连接“千条线”的“一根针”。

（二）基层政权是社会管理和公共服务的责任主体

当前公共组织呈现出多样化的形态，尽管行政机关不是唯一公共管理主体，但却是最重要的公共组织。政府作为元治理主体，通过制定规范、夯实基础、构建平台、协调引导等直接或间接的方式，实现科层、网络、市场等方面的协同。从组织形态来看，行政组织是超大型公共组织，拥有合法强制力，依赖财政支撑发挥作用，具有其他公共组织无可比拟的优势。高效、廉洁、负责等价值取向既是行政机关自身建设的目标，更是人民对政府的最基本要求。对基层政权来说，其职责体系主要是基层社会管理和公共服务，建

设人民满意的服务型政府。

（三）基层政权是全过程人民民主的生动践行者

民主是社会主义的使命，全过程人民民主理念是新时代民主政治建设的根本要求和总指导，基层政权管理体制要将保障人民民主放在重要位置。全过程人民民主突出强调“全”：全过程人民民主是全体人民的民主，而非某些利益集团的民主；全过程人民民主是全流程人民民主，国家权力运行从决策到执行再到监督，人民全链条参与，全流程参与；全过程人民民主是全方位的民主，贯穿国家治理各个方面，贯通政治建设、经济建设、文化建设、社会建设、生态文明建设等一切领域。基层民主是全过程人民民主的基础性工程，基层政权建设理应担负起这一重要时代使命。

三、基层群众自治制度的功能定位

中国人口多、地域广，基层治理差异大，基层群众自治是实现基层治理的基本形式。

（一）基层群众自治是基层治理体系现代化的基础

村（社区）是基层治理体系的基本单元。村（社区）是党和政府联系人民群众、服务人民群众的“最后一公里”，也是人民群众感知党和政府温度的“最先一公里”。习近平总书记十分重视社区工作，多次到社区考察调研、指导工作。习近平总书记多次强调：“社区虽小，但连着千家万户，做好社区工作十分重要。”①“社会治理的重心必须落到城乡社区。”②

（二）基层群众自治是基层治理实现“五社联动”的重要平台

以社区作为治理的基本单元和重要平台已成为基层治理的共

① 《习近平关于社会主义社会建设论述摘编》，中央文献出版社 2017 年版，第 128 页。

② 《习近平关于全面深化改革论述摘编》，中央文献出版社 2014 年版，第 101 页。

识，村（居）民更清楚自身需求、问题症结与对策实效。但社区作为一种地域范围，更多的是一种“场域”而非“行为主体”。创新社区与社会组织、社会工作者、社区志愿者、社会慈善资源“五社联动”机制，应充分发挥社区党组织和社区居委会的平台作用。

（三）基层群众自治制度是基层直接民主的重要形式

基层群众自治制度是我国社会主义民主政治的四大支柱之一。基层群众自治是伴随着新中国发展历程而生长起来的一种最广泛、最直接、最有效的民主实践。[①] 群众自治制度突显居民在基层治理中的主体地位，有效保障人民群众的民主权利。通过群众自治，推行基层直接民主，落实民主选举、民主协商、民主决策、民主管理、民主监督，进而提升人民群众的民主素养和民主管理能力。

四、社会各方参与基层治理的制度的功能定位

在基层治理体系现代化建设中，如何组织动员社会力量，是基层实践中需要关注和研究的重要问题。社会各方参与基层治理的制度建设不可或缺。

（一）群团组织和社会组织是推动社会建设的重要力量

群团组织在政治资源、群众基础、组织网络、品牌打造、人才集聚等方面具有的独特优势。群团组织和社会组织是基层治理充满活力的重要载体。近年来，群团组织和社会组织参与基层治理的作用越来越突出，搭建和参与的平台、渠道越来越多，特别是一些公益类和社区服务类社会组织在基层治理中发挥着重要作用。

① 参见陈一新：《“五治”是推进国家治理现代化的基本方式》，《求是》2020 年第 3 期。

(二)充分发挥社会组织等在提供公共服务方面的自身优势

尽管社会组织在我国的发展起步较晚,但社会组织的产生并不是政府实现职能转变和优化治理体系的被迫选择或权宜之计,而是经济社会发展的必然趋势。社会组织有其不可替代的自身优势:首先是组织体制与活动方式有很强的弹性和灵活性,再次是自身运行成本较低以及对社区居民的需求有较高的敏感度,能够适时地提供居民需要的服务。

(三)构建“人人有责,人人尽责,人人享有”的基层治理共同体

人民群众是历史的创造者,是社会主义事业建设的根本力量。推进基层治理体系现代化本质上是要走群众路线,做群众工作。基层治理为了人民群众,基层治理更要依靠人民群众,只有调动起群众积极性,基层治理才能成本最低、动力最足、效果最佳。基层治理共同体要求更多主体加入,更多方式参与,更多方面获得。

五、基层公共产品与服务供给体系的功能定位

保障和改善民生是基层治理的出发点和落脚点,是基层治理的最重要内容。

(一)既要服务国家重大战略又要聚焦群众期待

民有所呼,政有所应。基层公共产品与服务供给体系既要服务国家重大战略,又要聚焦群众期待。服务国家重大战略,即紧紧围绕就业优先、乡村振兴、新型城镇化等国家重大战略补短板,提质量。聚焦群众期待,即紧紧围绕让发展成果更多更公平惠及全体人民,大力推动基本公共服务资源下沉,优先发展社区养老、托育等服务,大力发展社区生活性服务业,解决群众急难愁盼的突出问题。

(二)着力构建公共服务供给新格局

现代化基层治理体系需要构建公共服务供给新格局。具体来说,就是将党的领导贯穿城乡社区服务体系建设的全过程各方面,强化政府对基本公共服务供给的兜底责任,放管结合,支持社会力量参与公共服务,充分调动社会组织、社会工作者、社区志愿者和社会慈善资源等社会力量。形成党建引领,政府与社会协同发力、共建共享的公共服务供给新格局。

(三)尽力而为、量力而行,与经济社会发展水平相适应

功能定位要与实际相符。基层公共产品与服务供给体系应与经济社会发展水平相适应,与当地财政收入等客观条件相匹配。福利具有不可逆性,盲目吊高群众胃口,不仅不可持续,甚至适得其反。基层公共产品与服务供给体系既要重视回应群众呼声,努力统筹各渠道资源,又要合理引导社会预期,不吊高胃口,不过度承诺。

六、基层治理资源保障体系的功能定位

基层治理资源保障体系是基层治理体系建设的前提和先决条件,没有配套资源的保障,基层治理体系建设便无从谈起。

(一)治理资源下沉是治理重心下移的重要保障

任何治理活动都离不开一定的条件,解决群众急难愁盼问题需要必要的人、财、物、政策等治理资源作为匹配,否则只能“巧妇难为无米之炊”。当前基层治理悬浮化问题突显基层治理资源下沉的紧迫性。

(二)重视治理资源统筹整合

治理资源有限,更应“精打细算”,做好优化配置。基层治理面临条块分割、治理资源分散等问题,更应强化资源整合,避免资源

无序投放，造成治理资源浪费。总之，应统筹利用现有治理资源，真正做到治理资源高效利用。

（三）重视内生资源挖掘

基层治理既要靠自上而下的推动，更要激发社会自身的内生动力机制。充分挖掘和培育社区内生资源，发挥多元力量共同推动城乡社区治理。

七、基层治理评价与监督体系的功能定位

基层治理评价与监督体系对基层治理主体的行为具有强烈的激励与约束功能。

（一）发挥好绩效评价的“指挥棒”作用

绩效评价体系是基层治理工作的“指挥棒”“风向标”“助推器”，应完善绩效评价体系，把责任和压力层层传导到基层。

（二）聚焦基层减负，持续解决形式主义突出问题

自2019年中共中央办公厅印发《关于解决形式主义突出问题为基层减负的通知》，并将2019年作为“基层减负年”以来，督查检查考核过多过频过度留痕的问题一直备受关注，成为基层减负的重要场域。

（三）聚焦基层权力规范运行与腐败整治

规范村（社区）小微权力运行是夯实基层治理根基的关键。随着治理资源下沉，基层权力看似“微”但并不“小”，“小微权力”滥用影响巨大，直接影响党和政府在人民群众中的形象和公信力。

八、基层“德法合治”体系的功能定位

法治与德治不可分离、不可偏废，基层治理需要法律和道德协同发力。

(一)基层法治体系是全面依法治国的“神经末梢”

科学立法、严格执法、公正司法、全民守法是法治体系建设的基本要求。在基层法治体系中,要坚持以人民为中心,优先补充完善基层治理急需、满足人民日益增长的美好生活需要的必备的法律制度。聚焦行政执法体制改革,开展执法规范化建设,提升执法质效。围绕公正司法这一底线公平目标,深化司法体制改革。

(二)提升全社会法治思维与素养

现代社会推进“德法合治”一个重要目的是提升全社会法治素养。对政府而言,明确政府的权力边界就是法律法规,法无授权不可为,坚持依法行政。对社会而言,通过开展丰富多样的普法宣传,加大全民普法力度,引导全体公民做社会主义法治的忠实崇尚者、自觉遵守者、坚定捍卫者,养成办事依法、遇事找法、解决问题靠法的良好习惯。

(三)发挥德治教化作用

我国自古以来就有法治和德治相结合的传统文化基因,德治体系建设是体现传统文化精髓的重要标志。在推进法治建设的同时,应重视发挥道德教化作用,发挥其内生动力作用,深化社会主义道德建设,推动全民崇德向善向上,把基层治理现代化建立在较高的道德水平之上。

第三节　提高基层治理体系现代化水平

新中国成立以来,特别是改革开放以来,我国已经形成了比较系统、相对稳定的基层治理体系,并取得了举世瞩目的社会长期稳定奇迹。但随着时代发展和社会结构变迁,基层治理体系与实现基层治理体系和治理能力现代化的要求还不完全适应,需要进一步健全完善。

推进基层治理体系现代化，首先必须坚持中国特色社会主义基层治理道路。基层治理体系建设必须放到国家治理体系的“大盘”中统筹考虑。习近平总书记强调：“必须完整理解和把握全面深化改革的总目标，这是两句话组成的一个整体，即完善和发展中国特色社会主义制度、推进国家治理体系和治理能力现代化。”[①]推进国家治理体系现代化的方向始终是坚持中国特色社会主义道路，推进中国式治理现代化，首先是党领导的中国特色社会主义治理之路，这是基层治理体系建设的根本问题。提高基层治理体系现代化水平，应秉持系统观念，坚持问题导向、目标导向、结果导向相结合，持续发力，久久为功。

一、完善党全面领导基层治理制度，提升党基层领导力

提升基层治理体系现代化，需坚持党的全面领导这条主线，发挥其统领全局协调各方作用。习近平总书记在 2018 年 7 月的全国组织工作会议上指出：“党的领导落实到基层还有不少‘中梗阻’。”[②]比如，一些农村基层党组织领导核心作用发挥不好，在城市社区，有的基层党组织轴心地位和统筹协调功能不够强等。党建引领基层治理体系建设的基本原则是，以提升组织力为重点，突出政治领导功能、思想宣传功能、社会动员功能，切实把坚持和加强党的全面领导落实到基层。

（一）完善基层党的组织覆盖和工作覆盖，夯实党的组织基础

只有党的组织有效嵌入各类社会基层组织，只有党的工作有

---

① 《完善和发展中国特色社会主义制度　推进国家治理体系和治理能力现代化》，《人民日报》2014 年 2 月 18 日。

② 《十九大以来重要文献选编》（上），中央文献出版社 2019 年版，第 561 页。

效覆盖社会各类群体，党对基层治理的全面领导才有坚实的根基。为此，应着力创新党组织设置方式，尽一切可能消除党建“空白点”。按照只要有党员、有群众的地方，就应有党的组织、党的活动、党的旗帜的原则，完善和加强社会组织党的建设，推动社会组织党建和业务深度融合。

（二）突出发挥基层党组织的政治功能，充分发挥党建引领作用

基层党组织不是一个“基层俱乐部”，而是中国共产党夯实基层执政基础的“战斗堡垒”。党建引领基层治理，其首要任务是落实政治引领。多种形式宣传党的思想主张，夯实基层意识形态之魂；全方位担起领导基层治理之责，全面贯彻党的政策决定；以坚强的组织力团结、动员群众，让党的旗帜在基层高高飘扬。

（三）加强党的全面领导体现在“全周期管理”

全周期管理思想可以在城乡治理的不同侧面得到应用：在权力运行上，有决策、实施、监督的周期；在工作推进上，有部署、贯彻、验收的周期；在项目运作上，有风险评估、运行监测、总结评价的周期等。党的全面领导应覆盖各个方面，各个关键和重要环节。

二、构建简约高效管理体制，加强基层政权治理能力

从总体上看，当前治理重心下移与政府服务资源上浮之间的结构性矛盾较为突出，基层政权治理职能定位与基层治理实效存在偏差。新时代推进基层治理体系现代化，应着力构建简约高效的基层管理体制，全面提升政府执行力。

（一）统筹优化设置镇街机构，实行扁平化管理

按照优化协同高效的原则，聚焦简约、为民、高效，统一设置乡镇（街道）便民服务中心，实行“马上办、网上办、就近办、一次办”。进一步整合基层审批执法服务力量，打造“一枚公章”管审批，“一

支队伍”管执法。积极推进派驻机构属地化管理,并在乡镇(街道)机构限额内与其他机构进行整合,强化基层政权对上级派驻机构的统筹。以社会治理“一张网”建设为重点,构建统一的镇街社会管理服务中心和一岗多责、一专多能的职业化网格员管理队伍,健全城乡社区网格化综合治理体系。

(二)优化完善基层政府职责体系

基层政府作为行政系统的基础组成部分,区别于中央与地方政府,其职责体系有其特殊性。从各级政府分工角度看,应逐步淡化街道的经济发展职能,增强基层社会管理和公共服务功能。比如,社会管理方面,应重点加强基层应急管理职责体系,提升风险研判、预警、应对能力。持续强化平安建设,完善基层社会治安防控体系,坚持和发展“枫桥经验”,将矛盾化解在基层。同时,针对“属地管理”滥用难题,通过制定清晰明确的县乡权责关系的权力清单、责任清单、负面清单,规范理顺县乡权责关系。不断完善“乡呼县应、上下联动”等工作机制,有效解决乡镇“看得见管不着”、职能部门“管得着看不见”的问题。

(三)全面提升基层政府执行力

“上面千条线,下面一根针”的体制决定了基层政府要将高效执行作为首要使命。执行力是基层政府的生命所在。根据系统组织理论,全面提升基层政府执行力,应该从目标、人员、资源、流程、制度、结构及文化等角度,进行全要素、全链条提升。从目标管理角度看,应该提升上级决策的科学化民主化水平,以保障目标的清晰性、科学性及可操作性。从公共部门人力资源开发与管理的角度看,应通过加强培训、建设学习型组织等手段,提升工作人员的素质和专业化水平。从组织文化角度看,应营造实干导向的工作氛围,激励工作人员担当作为。

三、健全充满活力的基层群众自治制度，发挥人民主体作用

自治是基层治理的基本形式。基层群众自治强调基层群众根据自身实际实行自我管理、自我服务、自我教育、自我监督，注重充分发挥人民主体作用。推进基层治理体系现代化，需要在党组织领导下不断健全充满活力的基层群众自治制度。

（一）把党的领导贯穿基层群众自治全过程、各方面

加强党建引领，建强基层党组织这个战斗堡垒，以党建激发村（社区）内在活力、整合各方力量。选优配强村（社区）“两委”班子，村（社区）“两委”班子是落实基层群众自治的中坚力量。尤其要选优配强村（社区）党组织书记，充分发挥其“头雁”作用。拓宽视野，严把标准，进一步优化村（社区）党组织书记队伍结构，健全选拔、培育、管理等制度规范。

（二）大力推进基层直接民主制度化、规范化、程序化

基层群众自治制度是基层直接民主的重要形式，肩负着提升人民群众的民主意识和民主能力的历史使命。健全基层群众自治制度首先要保障和落实村（居）民民主选举。其次，应健全议事协商决策制度和机制，全面建立党组织领导、村（居）民委员会主导的城乡社区协商制度，弘扬有事好商量的民主真谛，进一步丰富协商议题，拓宽议事主体，完善协商议事规则，规范议案执行等。最后，要健全村务公开、民主评议、问责制度和机制。

（三）平衡“行政”与“自治”之间的结构性紧张

一般来说，国家力量与乡土社会自治力量是此消彼长的关系，推进基层治理体系现代化，应厘清政府与村（社区）及社会组织间的职责边界，应持续为村（社区）“减负”与“授权”。通俗来说，就是不能将村（社区）作为基层政权组织的“腿儿”，把政权组织职责范

围内的事项甩予其落实。比如，针对一度盛行的“社区万能章”“社区成为证明大本营”等现象，应依法明确基层群众性自治组织出具证明事项。2022年8月，中共中央办公厅、国务院办公厅专门印发实施了《关于规范村级组织工作事务、机制牌子和证明事项的意见》。

四、完善社会各方参与基层治理的制度，积极引导社会力量参与基层治理

建设人人参与、人人尽责、人人共享的基层治理共同体，离不开社会组织等社会各方力量的积极参与。完善社会各方参与基层治理的制度，既要培育发展又要规范监督。

（一）完善群团组织参与基层治理的方式和路径

建立健全“大群团”工作机制，更好履行群团组织组织、宣传、凝聚、服务群众的职责。

（二）完善中国特色社会组织管理体制

首先，应完善党的组织和党的工作在社会组织的有效覆盖，比如，支持党组织健全的社会组织优先承接政府转移职能和有关服务项目。其次，围绕“努力走出一条具有中国特色的社会组织发展之路”这一重大命题，着力构建党建引领、统一登记、各司其职、协调配合、分级负责、依法监管的中国特色社会组织管理体制。

（三）大力培育和发展社区社会组织

从理论上看，政府支持、社区社会资本、组织合法性、党建引领、关键行动者能力及社会资源等因素都会对社区社会组织的发展起到重要作用。从布局上看，现阶段应重点加快发展生活服务类、公益慈善类和居民互助类社区社会组织，重点培育为特定困难群体服务的社区社会组织，鼓励支持有条件的社区社会组织吸纳

社会工作专业人才，加快农村社区社会组织发展。从实践来看，随着民政部《培育发展社区社会组织专项行动方案（2021～2023年）》的政策推动，各地纷纷探索培育发展壮大社区社会组织的路径。从成效上看，“政府扶持、社会参与、专业运行、项目合作”的机制得到普遍认可。

（四）健全“五社联动”合作机制

鼓励支持社会各方参与基层治理，应建立健全社区与社会组织、社会工作者、社区志愿者、社会慈善资源的联动机制。首先，要加强群众性自治组织规范化建设，规范基层自治组织的组织架构、规章制度、阵地建设、职责事项、队伍建设、工作保障，以发挥其在“五社联动”中的主导作用。其次，要完善政府购买服务机制，积极培育发展社区社会组织，健全基层社会工作服务体系，提升社区志愿服务能力，完善社区慈善服务供给机制。

五、大力推进城乡社区服务体系建设，增进民生福祉

坚持以标准化、精准化、精细化、智慧化为导向，在服务内容、服务主体、服务方式、服务机制上不断丰富创新。

（一）突出解决群众急难愁盼问题

围绕为民、便民、安民、惠民的服务宗旨，统筹城乡建设，一体推进基本公共服务项目，优先发展社区就业、养老、托育、医疗等服务，着力解决“一老一小”等群众急难愁盼的问题。

（二）扩宽公共服务供给主体

强化政府在基本公共服务供给中的主体地位和兜底责任，创新体制机制，完善平台载体，充分调动社会组织、社会工作者、社区志愿者和社会公益慈善资源等社会力量，着力构建多方参与公共服务供给的格局。

（三）丰富服务方式

着力推动公共服务、市场服务、自我服务协同发展。在发挥政府兜底责任的基础上，鼓励发挥市场主体作用，引导村（居）民广泛参与村（社区）服务。创新服务方式，加强数字技术应用力度，丰富便民服务智慧化应用场景，有效实现供需匹配、服务精准对接。

（四）创新服务机制

完善服务城乡统筹、上下协同、即时响应、政府购买公共服务等机制。统筹城乡基本公共服务，推进基本公共服务均等化。推广"街乡吹哨、部门报到""接诉即办"等基层创新机制。完善群众满意度调查评估制度，推广公共服务"好差评"评价激励制度。

六、健全基层治理资源保障体系，助推治理重心下移

围绕放权赋能、补齐人力物力财力等治理资源短板，真正实现治理重心下移。

（一）持续向基层放权赋能

深化放管服改革，按照应放尽放的原则，赋权赋能。依法赋予乡镇（街道）综合管理权、统筹协调权和应急处置权，强化其对涉及本区域重大决策、重大规划、重大项目的参与权和建议权。

（二）完善与其事权相匹配的财权

长远来看，应赋予基层以制度化的财权，使之具备履行公共服务职能所必需的财力。当前看来，县级政府应健全完善乡镇（街道）基本财力保障机制，加大对乡镇（街道）的转移支付力度，切实承担对乡镇（街道）基本支出的"兜底"责任。

（三）创新基层编制资源管理使用机制

一直以来，"工作多，任务重，人手少"是基层治理面临的痛点。在编制刚性约束的大背景下，基层政府以人事代理、劳务派遣、用

人单位自行聘用等方式雇用了大量编外人员。破解基层“人少”的编制难题,应坚持统筹使用编制资源、实现动态平衡的原则。具体来说,首先,自上而下调剂使用编制,盘活县级机关存量编制资源,探索减县补乡机制,破解乡镇“没人办事,没编养人”的难题。其次,研究制定乡镇行政和事业人员同工同酬的办法,并对交通补贴、带薪年假、职务与职级并行制度等落实情况进行细化安排。治理“编外人员”问题,要不断完善编外人员管理制度,增加制度供给,在准入、培训、管理、考核等方面完善细则。

七、完善基层治理评价与监督体系,保障基层治理行稳致远

完善评价体系,奖优罚劣,以评促改;织密基层权力监督体系,为基层权力正确规范运行保驾护航。

(一)完善基层绩效考核体系

优化基层绩效考核指标体系,明确群众满意的考核导向,建立以解决实际问题、村(居)民满意为导向的村(社区)组织考核评价机制,根除形式主义顽疾。同时,重视创新考核工具,运用人工智能、大数据等提升基层考核评价的科学性和系统性。

(二)完善与基层治理相匹配的监督机制

权力不论大小,只要不受制约和监督,都可能被滥用,小微权力亦是如此。基层监督体系应围绕党统一领导、全面覆盖、权威高效的总体目标展开,实现对小微权力的深度管控。不断健全乡镇、村级监督力量,增强市、县、乡、村四级联动监督的协调性,做好各种监督机制的贯通衔接。构建村(居)民自主监督、纪委监委专责监督相结合的基层监督格局。比如,全面实行村纪检委员兼任村务监督委员会主任,构建村级“党群一体监督”模式,着力解决村务监督委员会、村级纪检委员履职虚化问题。继续加大科技投入,持

续优化民生领域大数据监督平台智慧监督功能。

(三)大力惩治基层群众身边的腐败

群众身边的腐败对党和政府公信力的损害更为严重,应坚持以零容忍的决心,以增强制度刚性约束力、监督威慑力为原则,全力整治。强化政治监督,推动巡察向基层延伸。一体推进不敢腐、不能腐、不想腐的体制机制。突出抓好“惩”,严肃查处损害群众利益的违规违纪违法行为;更加注重“治”和“防”,细化权力运行制度规则,从根源上净化和改善农村基层政治生态。

八、健全自治、法治、德治相结合的基层治理体系

(一)着力提升基层政府法治化水平

依法治理是最可靠、最稳定的治理。在习近平法治思想体系中,法治政府建设占据特殊位置。习近平总书记将法治政府从法治国家中抽取出来,提出法治国家、法治政府、法治社会一体建设,突显了建设法治政府的重要性。行政机关是实施法律法规的重要主体。在实践中,基层社会治理的很多问题与执法不严、执法不规范有很大关系。影响党群关系、干群关系的重要因素也往往集中于“粗暴执法”“委托暴力执法”等不良执法行为。

(二)不断提升基层治理法治化水平

法律是成文的道德,道德是内心的法律,基层治理体系建设应注重法治、德治有机结合。在基层法治体系建设中,政府依法行政是根本,全面推进基层社会法治建设是重点。在进一步完善基层治理立法、规范基层执法外,应进一步完善司法为民便民利民的举措,加强乡村法治宣传教育,完善乡村公共法律服务,健全基层矛盾纠纷化解和平安建设机制。

(三)大力推进德治建设,发挥德治教化作用

发挥德治涵养共同价值观、维系社会认同、促进社会教化作用,是推动基层治理现代化的强大内生动力。从总体上看,基层德治体系建设要以社会主义核心价值观为统领,充分挖掘利用中华民族优秀传统基层治理文化,打造具有中国特色、彰显时代精神的德治体系。具体来看,应用好村规民约和居民公约,实现德治与自治有机结合。在内容上突出德治元素,坚持问题导向,规范日常行为,维护公序良俗,保障群众权益,引导移风易俗。在制定程序上广泛协商,增强共识。在落实机制上,因地制宜,突出切实管用。

参考文献

[1]《中共中央关于制定国民经济和社会发展第十四个五年规划和二〇三五年远景目标的建议》,人民出版社 2020 年版。

[2]《习近平关于社会主义社会建设论述摘编》,中央文献出版社 2017 年版。

[3]《十九大以来重要文献选编》(中),中央文献出版社 2021 年版。

[4]《中共中央关于党的百年奋斗重大成就和历史经验的决议》,人民出版社 2021 年版。

[5]《十九大以来重要文献选编》(上),中央文献出版社 2019 年版。

[6]龚维斌:《“十四五”时期推进基层治理现代化研究》,《中国特色社会主义研究》2021 年第 4 期。

[7]习近平:《坚持和完善中国特色社会主义制度　推进国家治理体系和治理能力现代化》,《求是》2020 年第 1 期。

[8]陈一新:《“五治”是推进国家治理现代化的基本方式》,《求是》2020 年第 3 期。

[9]《中共中央国务院关于加强基层治理体系和治理能力现代化建设的意见》,《人民日报》2021 年 7 月 12 日。

第五章　基层治理能力

党的十八大以来，我国积极适应国家治理面临的新形势新任务新要求，通过了一系列重大制度安排，进行了一系列体制机制改革创新，不断提高治国理政水平，推进国家治理体系和治理能力现代化。习近平总书记深刻指出："一个国家治理体系和治理能力的现代化水平很大程度上体现在基层。"[①]基层治理是国家治理的基石，关乎社会和谐稳定，也是国家治理体系与治理能力现代化的重要衡量标志。基层治理的关键主体力量是基层干部，基层干部具备哪些治理能力，很大程度上决定了基层治理的成效。提高基层治理成效关键在于提高基层干部的治理能力，这既是新时代基层干部队伍建设的重要任务，也是推动基层治理现代化的关键所在。因此，需要准确把握基层治理能力的内涵与构成，透视基层治理能力现代化的现实要求，明晰提高基层治理能力的路径与方法。

---

① 《社区治理重在党建引领(治理者说)》,《人民日报》2021 年 1 月 4 日。

第一节 基层治理能力及其构成

2021年1月28日，中共中央政治局会议审议通过的《关于加强基层治理体系和治理能力现代化建设的意见》(以下简称《意见》)对基层政权治理能力作出总体部署，强调要增强乡镇(街道)行政执行、为民服务、议事协商、应急管理、平安建设五大能力，形成协同推进基层治理现代化建设的整体合力。基层治理能力包含的范畴很广、内容很多，不能泛泛而谈，要突出其核心能力和指向。

一、基层治理能力的科学内涵

基层治理能力除了从宏观把握其概念外，还要从微观层面加以理解，有必要关注基层政府的职能。基层既能体现自己的意志或目标，也能体现出管理国家事务和社会公共事务的能量和力量，基层治理的主要任务表现为公共服务、公共管理和公共安全。[①]

基层治理能力是基于治理主体、体制、制度、手段等各种要素集成形成的治理效能水平的综合体现。具体来说，基层治理能力是基层的政府、单位、组织、居民、家庭、营利组织、非营利组织等多元治理主体，在法规、政策、市场原则、公共利益和社区认同基础之上，实现基层的组织动员、协调合作、管理服务、提供公共产品、满足基层需求、优化基层秩序、提高基层运转效率的能力。

基层治理能力在面向不同层级和主体时，其具体含义也不同。例如：乡镇政府治理能力、农村基层政府能力、基层政府治理能力等基层政府相关能力，以及城市社区治理能力、社区自治能力、社

---

① 参见向春玲：《推进基层治理体系治理能力治理方式现代化》，《学习时报》2021年9月1日。

区自组织能力等社区相关能力，都是基层治理能力的重要指向。

二、基层治理能力的构成

基层治理能力范畴很广、内容很多，需要理出支撑基层治理质量与基层治理现代化的核心能力，予以重点关注。综合习近平总书记对各级党员领导干部提出的能力要求、对基层治理提出的重要指示，综合既有研究的共识，综合《意见》中提出的政权治理能力，我们认为新时代基层党员领导干部至少包括六种能力——政治引领能力、为民服务能力、组织动员能力、改革创新能力、应急处突能力、依法治理能力，这六项是基层治理的核心能力。

（一）政治引领能力

党的十九大报告指出："要以提升组织力为重点，突出政治功能，把企业、农村、机关、学校、科研院所、街道社区、社会组织等基层党组织建设成为宣传党的主张、贯彻党的决定、领导基层治理、团结动员群众、推动改革发展的坚强战斗堡垒。"[①]"旗帜鲜明讲政治"是我们党作为马克思主义政党的根本要求，是共产党人最鲜明的本质特征，这就要求基层干部自觉从大局看问题，善于从政治上谋划、部署和推动工作。新时代，必须把坚持党的全面领导贯穿治理体系和治理能力现代化的全过程，不断增强党的政治领导力、思想引领力、群众组织力、社会号召力，不断增强干部队伍适应和推动党和国家事业发展的能力。我国广大基层地区直接面向群众，处在群众工作的第一线，是党的群众基础的重要依托。

基层政治引领能力，是指基层治理要强化政治引领功能，发挥战斗堡垒作用，积极跟进党的重大理论创新，自觉遵守党的路线、

① 习近平：《决胜全面建成小康社会　夺取新时代中国特色社会主义伟大胜利——在中国共产党第十九次全国代表大会上的报告》，《人民日报》2017年10月28日。

方针、政策，将其作为基层治理的行动指南，以中国特色社会主义政治体系为行动纲领，推进基层治理现代化。基层政府、基层党员领导干部作为基层治理的引导与落实主体，应将党的创新理论与路线方针政策、国家法律法规等贯彻到基层治理的全过程。

（二）为民服务能力

习近平总书记多次强调："好干部要做到信念坚定、为民服务、勤政务实、敢于担当、清正廉洁。"[①]自中国共产党成立以来，全心全意为人民服务是党始终坚持的根本宗旨，中国共产党也由此受到了广大人民群众的拥护与信任。党的十八大以来，以习近平同志为核心的党中央将"坚持以人民为中心"确立为新时代坚持和发展中国特色社会主义的基本方略，把为最广大人民谋幸福作为最大的初心与一切工作的根本出发点和落脚点。党在任何时候都把群众利益放在第一位，面临世界百年未有之大变局，面临世纪疫情与全球经济低迷，党中央始终坚持把人民群众的生命安全和身体健康放在第一位，并且坚持人民至上、生命至上。

基层为民服务能力，是指坚持以人民为中心理念，明确基层职能定位，丰富公共服务内容，发挥技术优势，进一步整合基层治理力量，切实做到居民有诉求、组织有回应，服务有保障、群众有感受。乡镇（街道）、村（社区）在基层为民服务体系中处于核心地位，是基层为民服务的供给主体，要通过对公共资源的分配，将其转化成对基层群众的服务能力，提供公共教育服务、劳动就业服务、社会保险服务、基本社会服务、医疗卫生服务、公共文化体育服务等，满足人民群众对美好生活的需要。

① 《习近平在全国组织工作会议上强调　建设一支宏大高素质干部队伍　确保党始终成为坚强领导核心》，《人民日报》2013 年 6 月 30 日。

（三）组织动员能力

2013 年，习近平总书记在山东考察时强调："各级领导干部要着眼于领导好全面深化改革这场攻坚战，加强学习和实践，努力提高思想政治能力、动员组织能力、驾驭复杂矛盾能力，做到信心坚定、行动坚决，科学推进、勇于担当。"[①]习近平总书记在 2020 年全国抗击新冠肺炎疫情表彰大会上鲜明指出："我国社会主义制度具有非凡的组织动员能力、统筹协调能力、贯彻执行能力，能够充分发挥集中力量办大事、办难事、办急事的独特优势，这次抗疫斗争有力彰显了我国国家制度和国家治理体系的优越性。"[②]在同基层代表的座谈会上，他再次强调："要把广大基层群众组织起来、动员起来、凝聚起来，充分激发人民群众的积极性、主动性、创造性。"[③]中国共产党具有组织动员群众的优良传统和丰富经验，在新民主主义革命时期，党组织动员群众进行土地革命，参与对敌侵略斗争；在改革开放和社会主义现代化建设时期，党组织群众进行抗震救灾，组织群众举办盛世奥运；在新时代，党组织动员群众打赢脱贫攻坚战，全面建成小康社会，组织群众取得了抗击新冠肺炎疫情的一个又一个成功。

基层组织动员能力，是指基层党员领导干部领导组织、贯彻执行、管理协调、资源整合、提供服务和联系群众的能力。实践证明，基层的组织动员能力越强，其号召力与影响力越高，群众与基层组织之间的信任程度越高，基层的行动力就越强，基层应对复杂局面、解决急难险重任务的能力就越强。

---

① 《习近平在山东考察时强调　认真贯彻党的十八届三中全会精神　汇聚起全面深化改革的强大正能量》，《人民日报》2013 年 11 月 29 日。

② 习近平：《在全国抗击新冠肺炎疫情表彰大会上的讲话》，《人民日报》2020 年 9 月 9 日。

③ 《习近平谈治国理政》第 4 卷，外文出版社 2022 年版，第 61 页。

（四）改革创新能力

2015年6月，习近平总书记在贵州调研时强调："要关心和爱护广大基层干部，为他们创造良好工作和成长条件，保障他们的合理待遇，帮助他们深入改进作风，提高发展经济能力、改革创新能力、依法办事能力、化解矛盾能力、带领群众能力，引导他们扎根基层、爱岗敬业、争创一流。"[①]党和政府的各项政策法令和工作部署都要在基层得到贯彻落实，都要靠乡镇（街道）和城乡社区基层单位去执行。但是，基层事务种类繁多，错综复杂，每个地方的实际情况不同、特点不同，如果只是单纯地机械地执行上级各项命令，是无法解决基层社会错综复杂的矛盾的，无法有效完成上级交代的各项目标任务的，上级下放的各类资源也难以落实到乡镇（街道），再好的政策也无法获得有效贯彻执行。这就要求基层治理的核心行动者——基层干部，要充分发挥主观能动性，增强改革创新能力。

基层改革创新能力，是指基层人员要善于谋划工作，善于创造性地落实上级确定的各项路线、方针、政策，提出针对新问题的新思路、新方法，创造性地完成上级组织交办的各项目标任务，创造性地解决面临的实际问题。基层改革创新能力是基层贯彻落实各项行政指令的基本能力，是保证基层政府履行职能、实现国家意志的重要措施，直接关系国家政策能否准确落实到人民群众的利益点上。

（五）应急处突能力

习近平总书记在2020年秋季学期中央党校（国家行政学院）中青年干部培训班发表重要讲话，明确指出干部特别是年轻干部

---

① 《习近平在贵州调研时强调　看清形势适应趋势发挥优势　善于运用辩证思维谋划发展》，《人民日报》2015年6月19日。

要提高“七种能力”,“应急处突能力”就是其中之一。2022 年 6 月,习近平总书记在武汉考察时强调:“在应对疫情的斗争中,无论是应急状态防控还是常态化防控,社区都发挥了十分重要的作用。”① 要提高社区的应急反应能力和管理服务水平。作为社会治理的基本单元,基层是应对突发性公共安全问题与公共危机事件的主要载体。面对自然灾害、公共卫生、生产安全等各种突发事件,基层党员领导干部要提高应急处突能力,避免各类政治风险和公共性风险的产生。这既是一项紧迫任务,又是一项长期任务。

基层应急处突能力,是指基层治理主体面对风险挑战,表现出的预警识别力、综合研判力、危机决策力、信息沟通力、资源配置力、协同控制力等应急处突素质和能力。基层党员领导干部的应急处突能力是有效应对世界百年未有之大局,保障中国特色社会主义事业行稳致远的必然要求,是基层党员干部的专业能力和基本的技术能力,是新时代我国党员领导干部能力建设的必修课。

（六）依法治理能力

习近平总书记多次强调,坚持全面依法治国,是中国特色社会主义国家制度和国家治理体系的显著优势。2016 年 10 月,习近平总书记在全国社会治安综合治理创新工作会议上作出重要指示,要求:“提高社会治理社会化、法治化、智能化、专业化水平,提高预测预警预防各类风险能力。”②2020 年 2 月,习近平总书记在中央全面依法治国委员会第三次会议上再次强调:“各级党组织和党员、干部要强化依法治国、依法执政观念,提高运用法治思维和法治方

① 《习近平在湖北武汉考察时强调　把科技的命脉牢牢掌握在自己手中　不断提升我国发展独立性自主性安全性》,《人民日报》2022 年 6 月 30 日。

② 《习近平就加强和创新社会治理作出重要指示强调　完善中国特色社会主义社会治理体系　努力建设更高水平的平安中国》,《人民日报》2016 年 10 月 13 日。

式深化改革、推动发展、化解矛盾、维护稳定、应对风险的能力。"[①]依法治理是治理能力的核心要素，它要求在法律允许范围内不断增强基层行政机关的依法治理能力。

基层依法治理能力，是指基层政府科学合理地配置行政权，保证权力规范运行，依法治理基层事务的能力。基层工作人员在法律允许的范围内行动，做到知法、尊法、守法、执法，提高依法行政、依法决策、依法执行的能力。在千头万绪的基层工作中，基层党员领导干部的法治素养决定了基层政府依法治理水平的高低，也在一定程度上决定着基层治理体系和治理能力的现代化。

三、基层治理能力的内在逻辑关系

基层治理内容繁多、复杂性强，涉及社会发展、民生建设、生态治理、文化建设等诸多重要方面，对促改革、惠民生、防风险、保稳定发挥着基础性作用。政治引领能力、为民服务能力、组织动员能力、改革创新能力、应急处突能力、依法治理能力，这六项是基层治理的核心能力。这六项能力不是孤立的，而是相互联系的有机整体，共同构筑了基层治理的整体合力，是助推新时代基层治理体系和治理能力现代化的重要支撑。

（一）政治引领能力是根本遵循

政治引领能力是党的生命力所在，也是党的凝聚力、战斗力和创造力的集中体现，是党领导国家和整合社会的基础能力。基层党组织是党的领导在基层的重要"触角"，政治属性无疑是基层党组织的根本属性。因此，把党的全面领导贯彻落实到基层治理中，

① 习近平：《推进全面依法治国，发挥法治在国家治理体系和治理能力现代化中的积极作用》，《求是》2020 年第 22 期。

把党和国家的正确路线、政策法规、战略规划等传导到基层，把党的政治引领能力充分发挥出来，保障基层治理始终沿着正确方向健康发展，切实把党的政治优势和组织优势转化为治理优势，是提升党组织政治引领能力的应有之义。

（二）为民服务能力是目标重点

为民服务能力是体现中国共产党以人民为中心的执政理念和筑牢基层政权民心基础的关键能力。要改善民生条件和增进民生福祉，解决民生领域发展不平衡不充分的问题和人民群众急难愁盼问题，满足人民群众对美好生活的向往。提升为民服务能力是党和政府孜孜不倦的追求。

（三）组织动员能力是坚实基础

党组织是领导核心，要动员市场主体、社会组织、公众个人等多元主体共同参与基层事务治理，将各类治理力量凝聚到基层治理中，把党组织的主张转换为各类治理主体的目标，将各类治理主体的自发行动转化为集体行动，使各类治理主体始终牢牢团结在党组织周围，凝聚共识，形成合力，从而提升基层治理能力。

（四）改革创新能力是关键动力

基层经济社会的健康快速发展有赖于基层党员领导干部的改革创新能力，基层政府和党员干部要通过转变观念、深化改革、创新服务，破除体制机制障碍，进一步释放制度和改革红利，追求基层的便民快捷、高效连接、公平正义、科学发展的治理成效，这是建设创新型政府的内在要求。

（五）应急处突能力是“必修课”

基层应急管理能力是防范化解重大安全风险、及时应对处置各类灾害事故、保护群众生命财产安全的重要依托。基层党员干部要增强风险意识，妥善应对各类突发情况和事件，保障基层社会的安全和有序运转，强调基层危机防范处置、社会力量整合、风险有效化解的快速反应和有效动员，这是建设回应型政府的内在要求。

（六）依法治理能力是运行保障

推进基层治理现代化，必须依靠法治思维和法治手段提高基层治理的规范化、法治化水平。基层政府和党员干部要按法定职责和程序实施行政管理，将行政权控制在合理合法的范围之内，这也是建设法治政府的内在要求。

第二节 基层治理能力现代化的现实要求

当前，世界百年未有之大变局加速演进，世界之变、时代之变、历史之变的特征更加明显。我国经济社会发展面临新机遇、新任务、新要求与新环境，需要应对的风险和挑战、需要解决的矛盾和问题比以往更加错综复杂，对基层治理能力提出了更高要求和更多期盼。基层治理能力现代化是保证我国基层政权稳固的重点任务，是增强基层防范、应对和化解各种风险挑战的重要策略，对于完善基层治理模式、解决发展不平衡不充分问题具有重要意义。

一、以党组织建设为根本，提高政治引领能力现代化

伴随着经济社会的结构性转型，基层治理面临的形势更加复杂，治理主体日趋多元，治理方式日益丰富，基层社会不仅存在纷繁复杂的事务性问题，也面临着一定的方向性问题。事务性问题纷繁复杂，需要党组织整体谋划、科学布局，协调统筹治理力量，选取合适的治理工具，切实站在人民群众角度推动问题解决。方向性问题是政治性的，随着互联网等新媒介的发展，社会思潮日益多

元，甚至有错误社会思潮夹在主流思想舆论中，方向性问题关乎基层治理的道路选择和成败，需要党组织切实发挥起对基层治理的政治引领能力。

在基层治理实践中，不同程度地存在党建工作与业务工作脱离的"两张皮"现象，基层党建工作的政治引领作用并没有得到切实的发挥，特别是在乡镇（街道）部分党员领导干部年龄偏大、缺乏优秀年轻党员领导干部的客观条件下，部分地方的基层政治引领工作把精力用在了应付上级党组织和部门对党建工作的检查上，而没有在自身党组织建设、党组织引领力建设上下功夫，出现基层党组织软弱化、虚化、边缘化等问题，导致基层政治引领作用不明显、效能不突出。

党组织对基层治理的政治引领能力集中体现在方向引领方面，就是要引领基层治理主体始终坚持党的全面领导，始终坚持以人民为中心，始终坚持在中国特色社会主义方向下行动，保障基层治理始终沿着正确方向健康发展。因此，必须坚持把强化基层党组织政治引领能力放在首位，以《中国共产党支部工作条例（试行）》为遵循，全面提升党支部组织力，强化党支部政治功能，充分发挥党支部战斗堡垒作用，切实把党的政治优势和组织优势转化为治理优势，提高政治引领能力现代化。

二、以服务人民为中心，增强为民服务能力现代化

习近平总书记强调："要坚决杜绝形形色色的形式主义官僚主义。"[①]持续为基层松绑减负，让干部有更多时间和精力抓落实。乡镇（街道）是党在基层连接群众的桥梁和纽带，是将宏观政策落实

① 《力戒形式主义官僚主义，为决胜全面建成小康社会提供坚强作风保证——学习〈习近平关于力戒形式主义官僚主义重要论述选编〉》，《人民日报》2020 年 6 月 3 日。

到基层、服务人民群众的重要载体，基层干部与群众接触最直接，打交道最多。如果基层政府和基层干部为民服务意识和能力不足，就会出现政策执行不到位、为民服务成效不显著、群众满意度不高等问题，甚至危及党执政的群众基础。因此，必要切实提高乡镇（街道）以及基层干部的为民服务能力。

为民服务能力的现代化，需要着力破解人民群众急难愁盼问题，着力满足人民群众对美好生活的向往。要围绕全面推进乡村振兴、巩固拓展脱贫攻坚成果、推动全体人民共同富裕等重大战略和任务，着力做好基层产业发展、人居环境建设，着力保障留守儿童、留守妇女、鳏寡孤独老人的关爱服务等工作，着力守住不发生规模性返贫的底线，使广大人民群众切实感受到社会主义制度的优越性。公共服务的能力和水平，是基层治理能力的重要体现。然而，基层政府的公共服务供给能力和资源配置能力与当地经济发展水平密切相关，部分地区资源配置碎片化问题突出，相关民生资金的使用效能不足，缺乏有效监督。

为民服务能力的现代化，需要完善和优化基层服务方式。市、县级政府要统筹考虑如何将服务和管理事项有效下放的问题，一方面，要将直接面向群众的服务事项更多下放给乡镇（街道），给予其更多的自主权；另一方面，要考虑乡镇（街道）的实际承接能力，真正让基层能够接得住、接得好。进一步优化政务服务流程，全面推进一窗式受理、一站式办理，加快推行市域通办，逐步推行跨区域办理。

三、以多元共治为手段，锻造组织动员能力现代化

组织动员多元社会主体参与是基层治理现代化的重要依托，同时也是解决我国基层复杂多元问题的现实要求。在基层治理

中，通过议事协调，让基层民众自己解决自己的问题、自己决策关乎自身利益的重大事项，是化解基层社会矛盾、平衡社会利益的重要支撑。根据中共中央、国务院印发的《关于加强和完善城乡社区治理的意见》，凡涉及城乡社区公共利益的重大决策事项、关乎居民群众切身利益的实际困难问题和矛盾纠纷，原则上由社区党组织、基层群众性自治组织牵头，组织居民群众协商解决。这为解决居民纠纷提供了科学的方式和导向。

但是，现实实践中自治弱化依旧是基层面临的普遍问题。基层治理为多元化的利益诉求创造理性表达、对话沟通的机会，为凝聚基层共识、化解矛盾冲突构建便捷的运作机制，为党和政府汇集各种资源、作出科学决策提供证据充分、信息完备的方案选择，激发多元主体参与基层治理的效能，都是需要重点关注和锻造的基层治理能力，也是基层治理能力现代化的重要指向。

特别在应急动员中，建立高度统一的领导和协调机制，高效集中地调配社会资源，是处置重大突发事件的关键所在，亟须增强组织动员能力的现代化。基层治理就是要坚持用习近平新时代中国特色社会主义思想武装头脑、指导实践、推动工作，切实增强“四个意识”、坚定“四个自信”、做到“两个维护”，从大局出发考虑问题，坚决贯彻执行党中央决策部署。强化统一指挥，统一意志，统一行动，形成整体合力，确保应急动员依法依规、整体推进，最大限度地进行社会动员、调动社会资源。

四、以难点重点为方向，聚焦改革创新能力现代化

治理能力现代化实质上是一个与时俱进、改革创新的过程，没有改革创新，就谈不上治理的现代化。基层治理本质上也是具有内在规律的，关键是能否认识规律、尊重规律并有效运用规律。相

比其他领域的治理，基层事务更具有基础性和复杂性，尤其在乡镇（街道）和城乡社区工作中，基层行政主体会遇到各种问题和矛盾。面对社会治理出现的新情况新问题，一些干部新办法不会用，老办法不够用，思想政治素质、科学文化素质和工作本领跟不上新形势、新变化，这就要求我们要进一步解放思想，拿出敢闯敢试的干劲，突破思想观念的禁区，突破各种利益的藩篱，积极探索加强和创新基层治理的新路子。

中共中央、国务院下发《关于加强基层治理体系和治理能力现代化建设的意见》，将“推进基层治理创新”作为重要举措。新时代，我国城乡基层治理创新实践层出不穷，大有星火燎原之势。例如，在抗击新冠肺炎疫情的阻击战中，“党建引领”“防疫色卡”“志愿卡哨”“网格化治理”等基层治理创新发挥了重要的作用，基层成为抗击疫情的重要前沿堡垒。只有大胆冲破陈旧观念的障碍，在思想上先人一步，在创新上高人一筹，在重点领域改革上快人一招，才能在推进治理体系和治理能力现代化上真正树标杆、求突破。

然而，在蔚然成风的基层创新实践中，也滋生出了失范性、破坏性、隐匿性和过程性的“伪创新”，部分基层党员干部对创新趋之若鹜，陷入对创新“数量”“声誉”的竞争中，体现为追求“名词标新”而忽视实质行动、追求经验移植而忽视回应群众需求、追求局部亮点而忽视全局科学统筹、追求政绩邀功而忽视持续发展等形式表征，结果是偏离创新价值导向，带来创新误导和资源浪费，导致政府公信力下降，公共利益受损。

在推进国家治理体系与治理能力现代化进程中，仅仅依靠基层干部上传下达和按部就班的工作方式，既无法适应基层治理需求，也难以实现基层治理目标。因此，基层治理要聚焦改革创新能力的现代化，要积极发挥主体能动性，紧密结合本地实际，深入调查事件来龙去脉，深度了解各方面利益诉求，着眼于破解长期存在的深层次矛盾、历史遗留问题。同时，创新不是“唯上”的创新，也不是形式上的创新，更不是字面意义上的创新，是从人民最关心、最直接、最现实的利益问题入手，对棘手问题的解决，是以提升群众的获得感、幸福感和满意度为根本目的的实实在在的创新。

五、以应对风险为目标，淬炼应急处突能力现代化

我国是世界上自然灾害发生最为频繁的国家之一，灾害种类多，覆盖范围广，发生频率高，造成损失重，这是客观存在的基本国情。同时，我国稳增长、调结构、促改革的任务艰巨繁重，改善民生只有起点没有终点，经济社会发展中的结构性利益矛盾突显，事故隐患、安全风险等多发频发，影响公共安全的因素日益增多。要以有效化解风险为目标，提高基层治理应急处突能力现代化。

没有意识到风险是最大的风险。基层干部必须时刻保持敏锐性，要有感知风险的能力，及时发现各种风险苗头，对职责范围内各类风险有清晰认识。习近平总书记明确指出：“领导干部要有草摇叶响知鹿过、松风一起知虎来、一叶易色而知天下秋的见微知著能力，对潜在的风险有科学预判，知道风险在哪里，表现形式是什么，发展趋势会怎样，该斗争的就要斗争。”[①]对各种风险挑战，要做到心中有数、分类施策、精准拆弹，做好随时应对各种风险挑战的准备。

突发事件发生往往伴随着汹涌的舆情，一些党员领导干部因舆情理念滞后，回应不及时、不到位甚至逆舆情而行，导致舆情回

① 《习近平谈治国理政》第3卷，外文出版社2020年版，第226～227页。

应失效、舆情发展失控，严重损害党和政府的公信力。新媒体时代，对基层组织和党员干部的舆情回应能力提出了新要求，迫切需要研究网络传播规律、强化舆情素养、提升网络舆情应急处突能力。

六、以法治理念为导引，提升依法治理能力现代化

法律是治国之重器，法治是国家治理体系和治理能力的重要依托。党的十八届四中全会通过了《中共中央关于全面推进依法治国若干重大问题的决定》，全面推进依法治国是关系党执政兴国、关系人民幸福安康、关系党和国家长治久安的重大战略问题，是解放和增强社会活力、促进社会公平正义、维护社会和谐稳定、确保党和国家长治久安的根本要求，是完善和发展中国特色社会主义制度、推进国家治理体系和治理能力现代化的重要方面。党中央高度重视依法治国，强调落实依法治国基本方略，全面推进科学立法、严格执法、公正司法、全民守法。依法治国、依法执政是治理体系建设的重要内容，是治理能力现代化的重要标志。

新冠肺炎疫情发生以来，一些地方发生了“简单任性”的底线管理，依赖拥有的数字权力任性“赋红码”，严重伤害了来之不易的群众对数字治理的信任。“要么不管，要么管死”的人治痕迹明显，治理中的不确定性、随意性较强，严重侵害了依法治理在我国积累的群众基础。习近平总书记反复强调要在法治轨道上统筹推进各项防控工作，全面提高依法防控依法治理能力，维护社会大局稳定。

依法治理能力现代化就是把建立和完善行政程序作为提高基层行政执行力的重要内容，将执法的每一环节、实施步骤程序化。基层组织和党员干部要牢固树立程序意识，让“法无授权不可为、

法定职责必须为”“有权不可任性”的理念和要求内化于心、外化于行，严格按程序办事。即使在疫情防控等特殊时期也始终坚持依法办事，严格执行疫情防控和应急处置的各项法律法规，依法实施疫情防控及应急处理措施，提高管理效率，加大服务力度，努力在防控好疫情的同时保持居民生活安定有序。

第三节　提高基层治理能力现代化水平

国家治理能力现代化的重要一环是基层治理能力的现代化。推进基层治理能力现代化建设，成为当前和今后一段时期的重要任务。2020 年 9 月 17 日，习近平总书记在基层代表座谈会上强调：“‘十四五’时期，要在加强基层基础工作、提高基层治理能力上下更大功夫。”[①]《意见》也明确指出：“提高基层治理社会化、法治化、智能化、专业化水平。”以此为目标和依据，基层干部队伍建设亟须从推动理念创新、提高政治能力、改进工作作风、增强能力本领、强化风险意识、运用科技手段等方面入手，提高基层治理能力和现代化水平。

一、推动基层干部理念创新

我们党坚持“以人民为中心”的发展思想，实现人民群众对美好生活的向往，提升人民群众的获得感、幸福感和安全感，是广大基层党员干部矢志不渝为之奋斗的目标。必须深刻认识到，治理重心在基层，治理重点在服务，治理就是协商与服务。基层干部要进一步树立和强化治理理念，营造多元主体共建、共治、共享的基

① 《习近平谈治国理政》第 4 卷，外文出版社 2022 年版，第 60 页。

层治理氛围和环境。

(一)要强化人民本位理念

基层政府在经济社会发展与管理的各项活动中,必须始终贯彻“人民本位”理念和原则,始终致力于追求人民利益的最大化,始终在基层治理过程中保障和实现人民意志,努力使各项公共政策和重大决策符合人民所需。要瞄准群众的烦心事、操心事和揪心事,把服务做好做优,进一步提升基层治理效能。“人民至上”的价值理念,是多元主体共同参与基层治理的前提条件和基础,也是基层治理取得成效的追求和导向。

(二)要强化依法治理理念

治理法治化要求在各种情境、各个环境都必须贯彻依法治理理念,在常态化治理情境中,基层政府和党员干部要坚持和遵守依法治理理念。即使在应对新冠肺炎疫情等危机情境中,基层干部也要遵循依法行政、合理行政的法治原则,在法律法规允许的框架内行使行政权、法治权,不能肆意妄为,不能随意采取超过法治限度的措施。

(三)要强化治理边界理念

面临当前的时代背景、社会需求和发展实际,政府需要清晰认识政府所能的限度,主动认识和厘定治理边界,做好有为政府、有效市场和有活力的社会之间的协调,要致力于解决市场失灵、社会失灵的问题,做好职责边界之内的事情。要创新方式方法,引导树立基层治理中主体多元、平等参与、协商互动的理念,组织和促成协商议事、协商办事。

二、提高基层干部政治能力

提升治理能力现代化建设水平,必须始终保持政治定力,运用好底线思维，在事关全局、事关原则、事关方向的重大问题上，一定要旗帜鲜明、立场坚定，要牢牢掌握意识形态工作的领导权和主导权。基层干部要不断提高政治判断力、政治领悟力与政治执行力，使之与基层治理的新要求相匹配。

不断提升政治判断力，准确把握基层政权建设的政治方向，善于从政治上分析问题、看待问题，才能做到“不畏浮云遮望眼”。在基层治理的细节中，涉及弱势群体、遗留问题、底层群体、待遇不公、涉官涉警等问题，特别要增强政治判断力，及时感知一些苗头性、敏感性问题，避免由此引发大的舆情事件，避免给西方敌对势力搅局的机会，维护意识形态安全和政治安全。

不断提升政治领悟力，准确理解基层政权建设的政策内涵。党的十八大以来，党中央、国务院就基层治理体系和治理能力现代化建设作出了一系列重大安排部署，为新时代加强基层政权建设指明了方向，提供了遵循。基层干部要深刻领会这些重大决策部署的核心要义、精神实质和任务要求，才能始终做到“乱云飞渡仍从容”。

不断提升政治执行力，准确贯彻基层政权建设的决策部署。城乡基层治理是各种政策落地见效的“最后一公里”，必须对标对表党中央精神和部署要求开展基层政权建设工作，不折不扣抓好党中央决策部署在基层的贯彻落实，坚决防止各种象征性执行、选择性执行、低水平执行，真正把基层工作做到位做到家，在解决老百姓的急、难、愁、盼中提升群众获得感、幸福感、安全感。

三、改进基层干部工作作风

基层干部要切实转变工作作风，真正做到思想上尊重群众，感情上贴近群众，行动上深入群众。要经常性地深入群众中去，面对面地接触群众，认真了解群众所思、所想、所盼，时刻注意倾听群众呼声，关心群众疾苦，反映群众意愿。

基层干部要密切联系群众。“求木之长者，必固其根本；欲流之远者，必浚其泉源。”基层干部必须增强“政权意识”，践行党的群众路线，不断改进工作作风，为基层政权强基固本。习近平总书记要求干部要“多交几个能说心里话的基层朋友”，就是要基层干部密切联系群众，多听听群众的声音，了解群众的实际困难，关心群众的呼声。基层干部只有保持“百姓心态”，深入一线了解民情，处在一线解决问题，才不会脱离实际，才不会染上“官僚主义”的病症。

基层干部要时刻尊重群众。习近平总书记指出：“在人民面前，我们永远是小学生，必须自觉拜人民为师，向能者求教，向智者问策；必须充分尊重人民所表达的意愿、所创造的经验、所拥有的权利、所发挥的作用。”基层干部只有从心底里尊重群众、感情上贴近群众，才能得到群众的认同和支持。要充分发挥好政务新媒体的作用，注重搜集民众反馈和民意民情，拿出真态度、制定硬措施、辅以真感情，切实解决群众反映的突出问题，增进群众对党和政府的认同度与信赖感。只有在城乡基层治理工作中始终牢记和时刻遵循“满足群众需要和自愿原则”，真正把事关群众民生福祉的事情办实、办好，才不会染上“形式主义”的病症。

基层干部要真正依靠群众。基层治理不仅要有政府和基层干部投入，更要广大人民群众的积极参与。基层干部要善于激发群众参与基层治理的积极性、主动性、创造性。制定政策和重大决策要“从群众中来”，在关乎群众切身利益和基层发展的事项上，利用好议事协商机制，组织和开展好听证会、座谈会、协商会等活动，多方面、多层次听取群众意见。执行政策和贯彻落实要“到群众中去”，通过宣传、解释、示范，把党的方针政策给群众讲清楚，组织发动群众为基层治理献计献策和贡献力量，构建共建共治共享的治理格局，真正把群众的智慧和力量凝聚起来，助推基层治理的现代化。

四、增强基层干部能力本领

基层干部需要不断加强业务能力建设，以“履职尽责”为主要目的，增强基层干部的能力本领。习近平总书记要求各级干部要增强“八项本领”、提高“七种能力”，基层干部要尤其要注重提升政治引领能力、为民服务能力、组织动员能力、改革创新能力、应急处突能力和依法治理能力。

要加强应急处突专业知识的学习和储备，分析我国经济社会发展面临的内外部环境，认知突发事件发生发展的内在规律，掌握处置突发事件的原则、方法与策略，提高分析问题、解决问题的能力，增强整合资源和协调各方的能力，确保在突发事件面前不慌，及时、妥当地控制住恶化局面。同时，基层干部还需补齐应急处突的心理知识短板，面对突发事件时要始终能够保持清醒头脑，保持建设性的积极心态，能够对利益相关者和广大人民群众进行思想教育和心理疏导。此外，基层干部在新媒体时代下也要善于在应对突发事件的过程中与各类媒体打交道，信任媒体、沟通媒体，并且利用媒体发挥正向舆论引导、事件信息发布、深度调查、解疑释惑等作用。

要加强法治素养的学习与提升。要加强对习近平法治思想的系统学习，加大对宪法法律、行政法规和各项涉及国计民生的法规性文件等的学习力度，自觉维护宪法法律权威，提升法治意识和法治工作能力，不断丰富适用于基层治理的法治“工具箱”。同时，推动基层形成知法、懂法、用法的良好法治氛围，自觉用法治思维分析问题，带头用法治方式解决困难。还要做好社会法治素养的培训和宣传，结合群众的身边事，充分动员和利用社会各类宣讲力量，在基层进行普法宣传。

五、强化基层干部风险意识

基层干部要强化风险意识。当前和今后一个时期是我国各类矛盾风险的突发期和易发期，各种可以预见和难以预见的风险因素明显增多，要求基层党员干部始终坚持系统治理、综合治理、源头治理理念，始终坚持事前预防、事发应对、事中处置和善后管理的闭环处置流程，加快构建党委领导、政府主导、社会参与、科技支撑的应急管理工作格局。

基层干部要强化风险处置的责任意识。要充分认识突发事件发生时，首先应该保护的就是人民群众生命财产安全，维护经济社会正常发展秩序。在遇到突发事件时，基层干部要能够做到守土有责、守土尽责、挺身而出。不仅要敢于处置风险冲突，还要善于处置风险冲突。善于统筹发展与安全，正确看待发展速度与发展安全之间的关系，正确处理好经济和社会、当前和长远、局部和全局之间的关系，既不能为了发展不要安全，也不能为了安全阻滞发展，找到发展和安全的平衡点，推动高质量发展和高水平安全间的良性互动。善于统筹传统安全与非传统安全，把握二者相互交织、相互融合、相互影响的特性，实现传统安全与非传统安全的一体防治。

基层干部要善于统筹风险防范与应急管理。必须深刻认识基层工作面临的新形势、新变化，遵循预防为主、化解风险的方针，推动应急管理关口前移，重点解决影响公共安全的源头性、根本性、基础性问题，将风险扼杀在萌芽状态。健全安全风险监测预警体系，提高综合监测和预警水平。健全重要决策社会稳定风险评估机制，建立健全重要公共政策舆情风险评估机制，有效预防和化解社会各类风险。切实做好监测预警、预防控制、应急演练等风险防范的充分准备。同时，利用系统思维制定应急方案，加强各级应急管理体制机制建设，建立应急管理的组织协调体系，提升指挥调度、应急救治、物资保障等应急管理能力。

六、运用现代信息与科技手段

习近平总书记强调："要运用大数据提升国家治理现代化水平。"推进基层治理要充分发挥好以大数据为代表的数字技术的支撑作用。《意见》中明确提出，要将乡镇（街道）、村（社区）纳入信息化建设规划，统筹推进智慧城市、智慧社区基础设施、系统平台和应用终端建设。同时，要实施"互联网＋基层治理"行动，完善乡镇（街道）、村（社区）地理信息等基础数据，共建全国基层治理数据库，推动基层治理数据资源共享。

基层干部既要具有运用现代信息与科技手段的意识，也要有能够因地制宜应用技术手段的能力。具体而言，基层干部要提升数字素养，正确认识当前以互联网为代表的新一代信息技术对经济社会发展带来的重要影响，正确认识数据要素作为生产要素的重要地位，不断提高适应、协调和引领数字化发展水平的能力。其一，基层干部要学会运用网络走群众路线，人民群众上网，党员干部也要上网，通过网络了解社情民意，增进与群众的交流互动，占领网络阵地，引导宣传正能量。其二，基层干部要能够运用基层数字平台进行信息和数据采集，利用上级反馈和共享的数据，或本级整理收集的数据，实现对本区域内数据的全面掌握，确保能够更加准确地把握基层各方面情况。其三，基层干部要能够运用数字技术收集和响应基层群众需求，推动基层治理效能的评估，让数据多跑路，让群众少跑腿，提高基层治理的精准化、精细化水平。其四，基层干部要懂得大数据、学会运用大数据，利用基层各数字化应用积累的大数据进行分析研判，发现挖掘基层治理的痛点难点，寻找优化治理的突破口，提前谋划、主动服务，利用科技支撑真正实现"未诉先办"、未雨绸缪。

参考文献

[1]向春玲、胡万玉、傅佳薇:《推进新时代基层治理现代化——〈关于加强基层治理体系和治理能力现代化建设的意见〉贯彻落实之要》,《党课参考》2021 年第 16 期。

[2]孙洪敏、周蓬:《加强基层行政能力建设是完善基层治理的重要途径》,《学习与探索》2022 年第 6 期。

[3]袁方成、袁青、宋江帆:《国家整合与社会融合:城乡基层治理发展趋势与对策》,《国家行政学院学报》2013 年第 3 期。

[4]江国华、罗栋梁:《乡镇政府治理职能完善与治理能力现代化转型》,《江西社会科学》2021 年第 7 期。

[5]曹海军、刘少博:《新时代"党建＋城市社区治理创新":趋势、形态与动力》,《社会科学》2020 年第 3 期。

[6]邱志强、金世斌、于水:《地方政府治理能力结构与提升路径》,《发展研究》2015 年第 6 期。

[7]范逢春:《基层政权治理能力建设对干部提出新要求》,《人民论坛》2022 年第 5 期。

第六章　基层治理方式

基层治理方式是指基层治理过程中所采取的手段，它可以分为法律、行政、经济、道德、教育及协商等多种方式。《中共中央国务院关于加强基层治理体系和治理能力现代化建设的意见》提出，要加强自治、法治、德治相结合和智慧治理能力建设，推进基层治理方式现代化。因此，研究基层治理方式至关重要。

第一节　自治、法治、德治相结合

党的十九届四中全会决定明确提出："健全党组织领导的自治、法治、德治相结合的城乡基层治理体系。"①作为基层治理的重要方式，自治、法治、德治在治理效能方面各自起着不可替代的作用，打造共建共治共享的基层治理新格局，就必须将自治、法治、德治进行有效结合，从而将更多资源、智慧、力量汇集在一起，提高整体治理效能。"三治结合"重在基层，因此，要将治理重心、力量、资

① 《中共中央关于坚持和完善中国特色社会主义制度　推进国家治理体系和治理能力现代化若干重大问题的决定》，《人民日报》2019年11月6日。

源、保障向基层倾斜,加强系统化、综合化、源头化治理,切实保护人民的合法权益,并实现我国治理体系和治理能力的现代化。

一、自治、法治、德治相结合的意义

(一)有利于推进国家治理能力现代化

2021 年,《中共中央国务院关于加强基层治理体系和治理能力现代化建设的意见》指出:"力争用 5 年左右时间,建立起党组织统一领导、政府依法履责、各类组织积极协同、群众广泛参与,自治、法治、德治相结合的基层治理体系……在此基础上力争再用 10 年时间,基本实现基层治理体系和治理能力现代化,中国特色基层治理制度优势充分展现。"[①] 自治、法治、德治相结合是我国基层治理的重要方式,充分发挥三者之间的协同作用,是建立系统、全面、综合性的基层治理体系的基础。这不仅符合我国治理体系的基本要求,还可以弥补国家治理在基层治理中的不足,对于推进我国国家治理体系和治理能力现代化具有重要意义。

(二)有利于推动社会转型

在整体发展方面,中国正处于社会转型阶段。经过实践检验,自治、法治、德治相结合是一种行之有效的治理模式,当今社会不断发展变化,面对城乡发展的不平衡,"三治结合"可以发挥催化剂作用,不仅可以为乡村注入社会资本和社会力量,在加快城乡一体化发展、缩小城乡差距中发挥重要作用,还可以培养公民的现代化意识和法治精神,提高基层自治能力,在提高基层治理水平的同时,推动社会转型。

---

① 《中共中央国务院关于加强基层治理体系和治理能力现代化建设的意见》,《人民日报》2021 年 7 月 12 日。

（三）有利于满足人民群众对美好生活的需要

党的十九大报告指出："中国特色社会主义进入新时代，我国社会主要矛盾已经转化为人民日益增长的美好生活需要和不平衡不充分的发展之间的矛盾。"[①]新时代，在基层治理方面人民群众更加注重社会事务的参与、自身合法权益的保障以及精神世界的满足。而自治、法治、德治在基层治理中具有各自不可替代的作用，三者有机结合可以提高基层的治理效能，这在一定程度上满足了人民群众的多元化需求。具体来看，自治是保障人民群众在基层治理中的参与权，真正做到人民群众当家作主，在涉及基层重大事务时可以做到民主选举、民主决策、民主管理和民主监督；法治是通过建立以法治为基础的基层治理机制，保障人民群众的合法权益；德治则是发挥传统文化在基层治理中的教化作用，突出人民群众的主体地位，使传统文化在基层治理中发挥积极作用，在精神和心理上真正满足人民群众的需求。因此，构建"三治结合"的基层治理体系有利于满足人民群众对美好生活的向往。

二、自治、法治、德治相结合的内在逻辑

对"三治结合"概念的理解首先应从中央文件的表述展开。"三治结合"的概念是在 2013 年浙江省桐乡市开展的乡村治理实践中被首次提出，历经 4 年的实践检验，得到中央的认可。2017 年 6 月，《中共中央国务院关于加强和完善城乡社区治理的意见》提出："充分发挥自治章程、村规民约、居民公约在城乡社区治理中的积极作用，弘扬公序良俗，促进法治、德治、自治有机融合。"[②]党的

① 习近平：《决胜全面建成小康社会　夺取新时代中国特色社会主义伟大胜利——在中国共产党第十九次全国代表大上的报告》，《人民日报》2017 年 10 月 28 日。

② 《中共中央国务院关于加强和完善城乡社区治理的意见》，《人民日报》2017 年 6 月 13 日。

十九大报告强调:“加强农村基层基础工作,健全自治、法治、德治相结合的乡村治理体系。”[①]从此之后,在体系、体制、机制的表述中,“三治”的顺序均为自治、法治、德治。也由此开始,“三治结合”真正从乡村实践上升到治理理论,中央也将其视为乡村治理的基本方略。从理论上讲,自治、法治、德治都有自己的功能价值,这三者的结合并不是简单相加,而是系统、元素、环境、结构、功能等元素的重新融合,是更具深度的整合,体现了系统性和普遍性特征。因此,深入探究其“合”的内在逻辑是理解“三治结合”的应有之义。

(一)自治是“三治结合”治理体系的主体和核心

自治即自我治理,是人与人之间沟通关系规范化和制度化的过程。作为社会系统的一种制度安排,它本质上是物质生产活动在人际关系中客观定义的表达和集中。自治的核心是人,人是自治的主体和客体,而自治体现了人的主体性,是构建社会有机系统的集中体现与实践,以此实现自我规范、自我约束、自我调适。“同普通有机体相比,社会有机体的巨大优越性就在于这种自组织、自调节过程在一定程度上是被意识到的,是以某种自觉的形式进行的。”[②]人类社会这一有机系统也正因有了这种自觉性才不断发展壮大,从这个角度来看,自治是一种最佳管理。而基层自治作为一项基本制度,是法治和德治都必须遵循的基本准则。坚持自治制度,强调自治的价值,不断完善自治制度,也是法治和德治的基本要求。同时,在自治制度的制定、执行、运营的过程中,不仅可以培育人民群众的法治思维,还可以增强自身的道德修养。因此,“三治结合”中自治是核心和主体,缺少了自治,法治和德治就会失去方向。

---

① 习近平:《决胜全面建成小康社会 夺取新时代中国特色社会主义伟大胜利——在中国共产党第十九次全国代表大会上的报告》,《人民日报》2017 年 10 月 28 日。

② 杨耕:《马克思主义哲学基础理论研究》,北京师范大学出版社 2013 年版,第 261 页。

(二)法治是"三治结合"治理体系的基本方略和重要保障

法治是规则之治,实现乡村治理法治化有助于现代化外部规则的构建。表现为法律条文和文本的有形规则是乡村治理的'硬治理',乡村治理中的法治主要是一种法的精神和群众自识,它不一定表现为普遍意义上的成文法。[①] 在基层治理中,法治和德治互为补充,法治化是以法律为准则对任何违法行为进行约束。通过对自治权的明确规定,可以约束治理主体的行为,使其在规则内运行,以此带动现代化外部规则体系的形成。[②] 法治不仅是基层治理的底线,也是群众自治的根本准则。法治不仅可以通过法律手段来约束不良行为、弥补德治在基层治理中的不足,还可以满足基层人民群众在法治方面的内在需求,以调整利益平衡,从而提高治理效能。

(三)德治是"三治结合"治理体系的价值基础和道德支撑

德治是指在组织中运用道德规范,并按照一定的规则、程序对组织中的人和物进行管理约束的过程。人性之善是德治的基本前提,并以此来鼓励他人的利他行为。在基层治理中,德治就是基于优秀的传统文化、现代意识形态和当地的规章制度,发挥道德教育的作用,以此塑造公共意识,保持邻里间的互助,形成良好氛围和习惯。德治作为一种"软约束",是在日常生活中所形成的自觉,其外在表现为自律。在社会转型的新时期,德治在继承和发展农业文明的同时,也丰富了城乡文化内涵和表达方式,充分展现了时代特点,在发挥模范引领作用的同时,也在引导人民群众崇德修身,

① 参见黄君录、何云庵:《新时代乡村治理体系建构的逻辑、模式与路径——基于自治、法治、德治相结合的视角》,《江海学刊》2019 年第 4 期。

② 参见侯宏伟、马培衢:《"自治、法治、德治"三治融合体系下治理主体嵌入型共治机制的构建》,《华南师范大学学报》(社会科学版)2018 年第 6 期。

不管在培育地方优秀传统道德方面,还是在培育社会主义核心价值观方面,都创造出了新的社会道德标准。在基层治理过程中,德治与基层自治组织相结合,在发挥德治内在约束的基础上,不仅为自治和法治赢得情感支持和社会认同,而且能够将道德规范内化为人们的行为意识,发挥不可或缺的作用。

综上,要实现“三治结合”关键是要厘清其中的内在逻辑,明确各自的功能和作用,如此才能在实践中发挥出应有的作用。[①](见图 6-1)

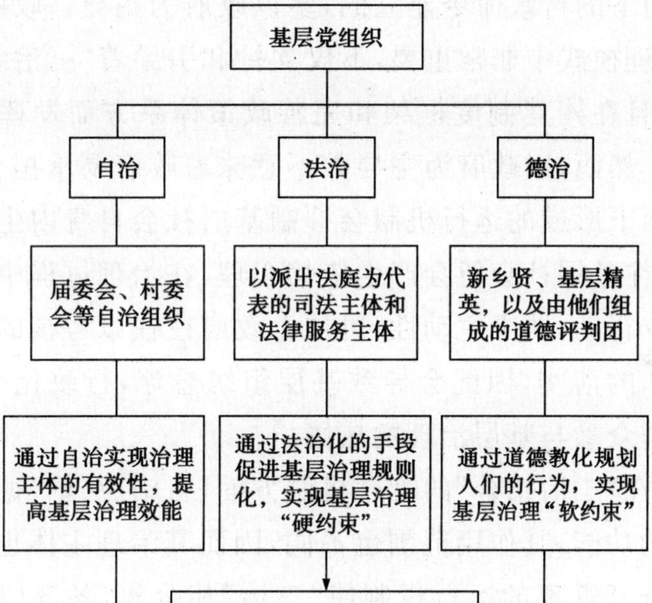

图 6-1 “三治结合”的治理机制

① 参见李博:《“一体两翼式”治理下的“三治”融合——以秦巴山区汉阴县 T 村为例》,《西北农林科技大学学报》(社会科学版)2020 年第 1 期。

三、自治、法治、德治相结合存在的问题

(一)"三治结合"的治理机制尚未建立

自治、法治、德治相结合并不是简单相加,而是要区分好各自的作用范围,厘清各自的职责,在发挥各自功能作用的基础上实现优势互补,而当前的"三治结合"只是将"三治"捆绑在一起,缺乏对"合"的整合和创新,缺少相应的治理机制。

首先,在"三治结合"的运行机制方面,目前的治理模式更多的是由自上而下的行政命令建立的,多以政府为主导。政府在"三治结合"的治理模式中非常重要,不仅支持和引导着"三治结合"模式的建立,而且在构建制度框架和完善政策体系方面发挥着不可替代的作用。然而,以政府为主导并不意味着政府要承担全部责任,这种自上而下形成的运行机制会抑制基层社会自身内生动力的产生,长此以往基层社会便会产生依赖心理,在治理过程中习惯于等待上级指令行动,缺少主动性,再加上政府往往以考核的方式来推动基层工作的落实,因此会导致基层组织悬浮,行政化色彩浓厚,难以激励群众参与基层治理的热情。①

其次,在"三治结合"的管理机制方面,自治、法治、德治各自履行着不同的功能,其作用范围也不同,因而其治理主体也不同。这种各部门分开管理的运行机制使"三治"相分离,各部门也都根据自身利益制定政策,出现多头管理、各自为政现象。由于彼此间缺乏必要的沟通和协调机制,这种碎片化的治理方式不仅难以形成治理合力,还会造成资源浪费,使"三治结合"的管理成本较高、效率低下。

---

① 参见李亚冬:《新时代"三治结合"乡村治理体系研究回顾与期待》,《学术交流》2018 年第 12 期。

最后，在“三治结合”的协同衔接机制方面，从理论上来看，自治、法治、德治是相辅相成、互为补充的，但在实践过程中，自治、法治、德治之间是相互分离、独立进行治理的，彼此间缺乏有效衔接，处于单向连接状态。这种相互割裂的状态不仅难以形成合力，还有可能影响自身的治理效能，甚至会出现彼此对立的现象。因此，“三治结合”必须建立有效的协同衔接机制。

（二）治理行为易受路径依赖制约

在基层治理中，自治、法治、德治长期以来以各自不同的存在方式和作用方式运行，在“三治结合”的新治理模式下，治理主体一时间难以进行整合，还是习惯于传统的分离式运行模式，与新的治理要求不相适应。

首先，基层群众自治基础薄弱。长期以来形成的自上而下进行决策的治理惯性导致基层治理只依靠上级决策，容易忽视基层群众的真实需求。基层群众虽为治理主体，但在众多因素的制约下，对于基层治理事务缺乏参与意识，对于自治也持怀疑态度，认为参与和协商产生实质性作用的可能性不大，政府仍然掌握着最终的决定权，因而其参与热情和积极性不高。而同为参与者的政府，自身也缺乏公民平等参与治理事务的意识，自以为普通民众缺乏专业素养，不具备参与基层治理的能力，也难以对公共事务进行协商和决策①，基层自治制度未落到实处。

其次，法治精神缺失。一方面，基层干部自身法治思维缺失，基层干部往往习惯于依靠行政力量或经济补偿来解决社会问题，法治意识和依法治理的能力较差；另一方面，由于基层法治建设的不完善，人民群众虽对法律抱有敬畏之心，但长期法治意识的缺

① 参见尹利民、程萝倩：《参与式预算实践中的协商民主要素嵌入及其逻辑——基于西湖区“幸福微实事”的实证研究》，《南昌大学学报》（人文社会科学版）2020 年第 1 期。

失，使其感到法律与自己相隔甚远，在解决问题时依然习惯于通过基层自治组织或其他方式来解决。此外，由于基层中出现的案件或纠纷往往规模较小，若通过司法程序解决，则流程复杂且成本较高，因此地方政府往往成为解决基层社会冲突的首选。

最后，德治影响衰落。长期以来，在稳定社会秩序和调解基层社会矛盾方面，公序良俗和礼仪规范发挥着重要作用，一般不需要国家和政府采取行政化措施加以干预。而近年来，在市场经济快速发展的同时，现代化进程也不断加快，传统的基层治理模式已不适应时代的发展而逐渐被瓦解，与此同时一些优秀传统文化和优良做法也四分五裂。目前，由于忽视了道德在基层治理中的重要作用，很多问题难以解决。因此，加强道德建设，完善基层治理体系非常重要。

（三）"三治"的形式在场与实质结合的缺位

长期以来，经过实践检验，自治、法治、德治作为传统基层治理方式已得到认可，而"三治结合"的创新之处就在于将三者有机融合为一个整体，做到既让三者优势相结合，又能够弥补各自的不足，实现优势互补，从而实现"乘数效应"。[①] 近年来，全国各地积极进行创新实践，就实践结果来看，大多数地区只强调"三治"而忽视"结合"。为提高治理效能，各地采取的办法是分类治理提升，但"三治"的有机融合未得到充分展现，这使得"三治结合"的聚集效应和整体效能难以发挥。"三治结合"不仅要注重"三治"如何"合"的内在逻辑性，更要关注"三治"怎样"融"的有效性。[②] 对于"三治"

① 参见郁建兴、任杰：《中国基层社会治理中的自治、法治与德治》，《学术月刊》2018 年第 12 期。

② 参见张文显、徐勇、何显明等：《推进自治法治德治融合建设，创新基层社会治理》，《治理研究》2018 年第 6 期。

的主体来说，如何做好有机协同、功能互补、运行机制稳定有效，是创新实践中需要解决的紧迫问题。从目前各地的创新实践可以看出，各地普遍缺乏系统化的机制设计和创新载体的运用，也未对“三治结合”的组合方式进行综合研究，而只是单独进行优化和升级，并未真正实现有效融合，这与“三治结合”的基本含义相矛盾，也必然达不到治理的效果。此外，由于过度借鉴典型经验的做法，各地的创新实践也日渐趋同，存在同质化现象，脱离了当地的实际状况，只是一味寻找“形式上的相似之处”，这种重形式、轻实际的做法与“三治结合”的初衷背道而驰，不仅不会提高地区的治理效力，而且还有降低治理效能的风险。

四、自治、法治、德治相结合的实施路径

（一）建立“三治结合”的系统治理机制

首先，为破解“三治结合”中存在的行政化难题，目前学界提出“加强法治”的办法，主张依法行政、严格执法，通过建立村级权力清单、明确权责划分来限制“微权力”干预村民自治。[①] 此外，在基层，基层党组织发挥着主导作用，可以将自治、法治、德治都纳入党组织建设中去，并以党的路线、方针、政策来开展工作，使“三治结合”发挥出最大效力。

其次，在协同运行机制方面，要建立共同目标，以目标为导向进行治理。《中共中央国务院关于加强基层治理体系和治理能力现代化建设的意见》指出：“坚持以人民为中心，以增进人民福祉为

---

① 参见王木森：《构建乡村有效治理体系的成功实践——对宁海实施村级小微权力清单“36条”的解读》，《宁波经济》（三江论坛）2018年第8期。

出发点和落脚点……建立健全基层治理体制机制。”①由此可以看出基层治理的目标是满足人民群众的需求，而建立以人民为中心的目标协同机制是“三治结合”的关键。一方面，要以目标为导向，在基层治理实践中总结经验和不足，找出实际与目标间的差距，深入理解自治、法治、德治相结合的内在逻辑和内在机理，使自治、法治、德治相结合的治理模式与治理目标相契合。另一方面，要让治理民主化贯穿基层治理的全过程，坚持依法行政，保证治理程序的公平正义，推动自治、法治、德治三者形成合力，朝着共同的目标协同努力。

最后，要建立功能互补机制。作为基层治理的重要方式，自治、法治、德治各具特点，只有彼此间相互融合、优势互补，才能找准基层治理的着力点。具体来看，一要激发自治在基层治理过程中的内在动力，使其充分发挥自主权，为法治和德治提供主体支柱；二要加强基层法治建设，让法治贯穿基层治理的全过程，为自治和德治的有效运作提供强力保障；三要推进基层道德建设，发挥优秀传统文化的教化作用，为自治和法治的运行提供价值遵循。总之，要始终“坚持自治为基、法治为本、德治为先，健全和创新村党组织领导的充满活力的村民自治机制，强化法律权威地位，以德治滋养法治、涵养自治，让德治贯穿基层治理全过程”②。

（二）完善“三治结合”的制度建设体系架构

自治、法治、德治作为基层治理的重要方式，长期以来已经形成各自的治理路径，因此在治理过程中容易产生路径依赖。要想打破这种依赖，突破传统治理惯性，需要重新建立一种新的制度机

① 《中共中央国务院关于加强基层治理体系和治理能力现代化建设的意见》，《人民日报》2021年7月12日。

② 《乡村振兴战略规划（2018～2022年）》，人民出版社2018年版，第70～71页。

制，规范各治理主体的治理行为，构建和完善“三治结合”的基层治理体系。

1.完善基层自治制度

基层自治组织是基层自治的主体。为保障“三治结合”治理实践的顺利推行，各地围绕基层群众自治和公共服务而设立了各种组织。为使各组织更好地服务于基层自治组织，提高自治能力，可以在基层建立“一个领导核心，两个服务体系”的“三治结合”治理结构。其中，“一个领导中心”指的是基层党组织，基层党组织作为“三治结合”治理模式的领导核心，要发挥党建引领作用，以党的路线、方针、政策来推进“三治结合”的深度融合，全面推动基层治理往高水平方向发展；“两个服务体系”是以村(居)委会为核心的自治性服务体系以及以其他组织为核心形成的公共性服务体系，其中村(居)委会是最主要的基层群众性自治组织，其作用是保障人民群众的参与权，代表基层群众来管理基层公共事务，是政府与基层群众沟通的桥梁；而其他组织则是为基层自治组织服务，发挥各自的优势，为基层治理建言献策，更好满足人民群众的各项需求。

2.完善法治治理制度

法治作为基层治理的重要保障，在防范风险、化解矛盾、维护稳定、促进和谐、保障公平、维护群众合法权益方面发挥着巨大作用，要让法治建设落到实处，让人民群众切实感受到法治就在身边。一方面，要完善法律服务体系，加强法律援助，积极回应人民群众的法治需求；另一方面，要加强基层干部的法治培训，提高基层干部的法治意识，引导其运用法治思维和法治手段来处理基层公共事务。同时，通过网格化管理让法治理念融入基层社会治理实践，加强各部门间的交流合作和信息共享，将基层法治资源集中化，共建良好的法治环境。

3.完善德治治理制度

一方面，道德能引导人们树立正确的价值观。在基层治理中应充分发挥道德的教化作用，将新时代的价值要求与优秀传统文化相结合，构建新时代的道德规范。另一方面，道德能引导人们自觉遵守法律规范，增强法治观念。在基层治理中应将法治和道德力量相结合，以此树立良好的行为规范和道德风尚。此外，基层社会具有深厚的道德文化底蕴，要深入挖掘并激发道德的内生动力，让道德在潜移默化中推动基层治理提质增效。

(三)明确“三治结合”的组合方式与结构性配比

实现“三治”之间有效组合及深度融合不是要强硬地将“三治”结合起来，而是要结合现实状况与治理资源来制定最佳的组合方式和结构性配比，以实现最优治理。其一，因地区而异。自治、法治、德治各有侧重，将其进行自由组合会得到多种不同的结果，不同的地区、不同的基层社会应该因地制宜选择合适的治理组合，不要一味地照搬经典案例的做法。生搬硬套不仅违背了“三治结合”的治理初衷，而且也不能切实提高治理效能。要根据不同地区、不同基层社会现有的自治、法治、德治的条件来选择治理组合，这样才能提高本地区的治理水平。其二，因事而异。基层治理的事务纷繁复杂，将自治、法治、德治相结合，并不是要在每件事情中都同等程度地运用“三治”去解决，而是要科学确定“三治”的权重，根据事情的情况灵活选择调整“三治”的主次。比如，在以暴力手段为主的打击黑恶势力的情况中，为保护人民群众的生命安全和快速恢复基层秩序，要采取以强制性法治为主的手段；在赌博、吸毒、传销事件中，为规劝参与人员及时改掉坏习惯回归家庭、社会的正常生活，则要采取以德治为主，以法治和自治为辅的手段。综上，设置“三治结合”的最佳结构性配比才是实现精细化治理的关键所在。①

第二节 多元化主体良性互动与协商治理

《中共中央国务院关于加强基层治理体系和治理能力现代化建设的意见》提出:“以加强基层党组织建设、增强基层党组织政治功能和组织力为关键,以加强基层政权建设和健全基层群众自治制度为重点,以改革创新和制度建设、能力建设为抓手,建立健全基层治理体制机制,推动政府治理同社会调节、居民自治良性互动。”②基层治理是一个复杂的系统,在新形势下进行基层治理创新,仅靠基层政府的力量是远远不够的,需要政府、社会、市场等多元主体共同参与才可实现。因此,研究多元化主体间的良性互动和协商治理是实现基层治理创新的关键。

一、基层治理的多元化主体

《中共中央国务院关于加强基层治理体系和治理能力现代化建设的意见》主要目标中提出:“力争用 5 年左右时间,建立起党组织统一领导、政府依法履责、各类组织积极协同、群众广泛参与,自治、法治、德治相结合的基层治理体系。”③根据党中央的部署和规划,基层治理主要包括四类主体:基层党组织,基层政府,社会力

① 参见唐皇凤、汪燕:《新时代自治、法治、德治相结合的乡村治理模式:生成逻辑与优化路径》,《河南社会科学》2020 年第 6 期。

② 《中共中央国务院关于加强基层治理体系和治理能力现代化建设的意见》,《人民日报》2021 年 7 月 12 日。

③ 《中共中央国务院关于加强基层治理体系和治理能力现代化建设的意见》,《人民日报》2021 年 7 月 12 日。

量，基层自治组织。这四类主体不仅是基层治理的核心，也是实现“三治结合”的关键。

（一）基层党组织

党的十九大报告指出，要“坚持党对一切工作的领导”，并把它作为新时代坚持和发展中国特色社会主义基本方略的第一条，强调“党政军民学，东西南北中，党是领导一切的”。在基层治理中，党的路线、方针、政策的顺利实施离不开基层党组织的领导。作为基层治理的核心，基层党组织要积极发挥党建引领作用。一方面，将基层党组织在政治、思想、组织、作风、纪律建设方面的领导方式运用到基层治理中去，改善基层治理工作方式，把党的制度优势、组织优势转化为基层治理效能，从而提高基层治理能力和水平。另一方面，基层党组织通过组织、动员群众，凝聚起各方力量，把广大人民群众聚集在党组织周围，加强彼此间的协作能力，发挥着组织引领作用。

（二）基层政府

基层政府是基层治理的重要主体，在基层治理中发挥着保障性作用。基层政府既是组织者、引导者，也是执法者、建设者，能为基层治理提供政策、财力和建设方面的支持。首先，基层政府应以“为民服务”为宗旨，在防范风险、治理检测、化解矛盾纠纷、保障群众利益、维护基层社会秩序方面做好服务，为基层治理提供基础保障。其次，基层政府通过加强自身建设，推进依法治理。基层政府要明确划分与其他治理主体间的关系，厘清与其他治理主体间的工作和职责范围，在做好自身工作的同时，为基层自治组织、社会力量等提供支持服务，并且要深入群众内部，真正了解群众所思、所想、所需，充分发挥好服务群众的作用。

（三）社会力量

《中共中央关于制定国民经济和社会发展第十四个五年规划和二〇三五年远景目标的建议》中提出："发挥群团组织和社会组织在社会治理中的作用，畅通和规范市场主体、新社会阶层、社会工作者和志愿者等参与社会治理的途径。"[①]由此可见，以社会组织、企事业单位为主的社会力量也是基层治理的重要组成部分。基层社会组织包括社区基金会、行业商会、行业协会、群团组织、社会组织、公益慈善组织、志愿者服务组织和社会服务机构等具有公益性特征的组织，在基层治理中能够起到稳定器和缓冲带的作用[②]，在防范基层社会风险、化解矛盾纠纷、维护公共安全方面能够发挥重要作用，是基层治理的重要主体之一。

（四）基层自治组织

村委会、社区居委会是基层治理体系中的关键组成部分。在基层，村委会、社区居委会处于承上启下的重要位置，具有聚合协调、平衡整合的职能。首先，聚合多元治理主体，协调组织间的关系。推进基层治理，需要动员各行动主体的参与和引进公共服务机构，多元主体的协同联动是基层治理的重要特征。在基层治理场域中，村委会、社区居委会作为链接多元主体的枢纽和中介，要聚合多元主体共同参与基层建设，并协调组织间的功能和互动关系，形成良好的治理秩序和生态，由此成为联结国家与个人及组织间的纽带。其次，村委会、社区居委会处于基层治理的平衡点，是国家政策向下传递的输送站，将惠及民生的社会基本保障落到实处，有效提升"最后一公里"的可及性；同时，也在一定程度上引导

---

① 《中共中央关于制定国民经济和社会发展第十四个五年规划和二〇三五年远景目标的建议》，人民出版社 2020 年版，第 36 页。

② 参见黄浩明：《建立自治法治德治的基层社会治理模式》，《行政管理改革》2018 年第 3 期。

村(居)民走向更为广阔的公共性舞台,激活组织化的可持续内生力量。

综上,在新的基层治理格局中,基层治理主体多元化①,党委领导是根本,政府负责是关键,社会协同是依托,基层自治组织是基础。② 各治理主体在基层治理中都发挥着不可替代的重要作用,形成基层治理的合作共同体。(见图 6-2)

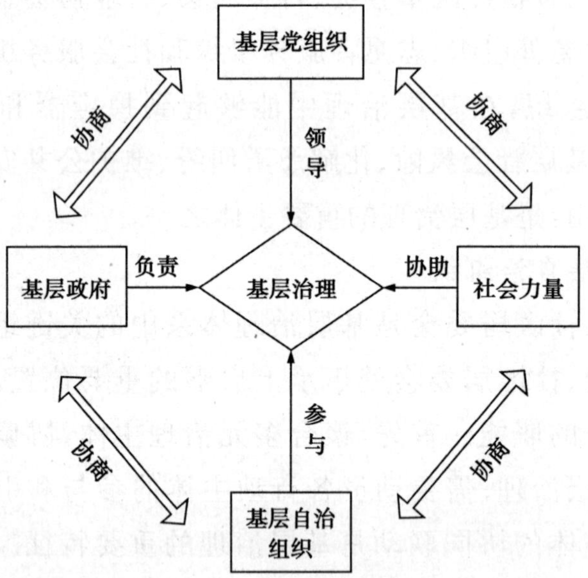

图 6-2 基层治理多元化主体

二、多元化主体良性互动与协商治理存在的困境

(一)多元化主体参与积极性不高

我国基层治理长期以来形成的政府依赖导致各主体的参与积极性不高。我国社会力量和公众自身参与意识不强,也导致了两

① 参见黄浩明:《建立自治法治德治的基层社会治理模式》,《行政管理改革》2018 年第 3 期。

② 参见魏礼群:《积极推进社会治理体制创新》,《行政管理改革》2014 年第 8 期。

者在基层社会的治理缺位。比如,在城市基层社会,社会组织、民间组织等处于边缘地带,在治理过程中并不受重视;在农村,社会组织缺乏专业性,参与治理的能力较弱,再加上各种因素的制约,很难发挥出自身作用,严重影响其政治参与度。此外,长期以来,基层自治组织的主体作用并没有得到有效发挥,在实践过程中,村委会、社区居委会承担着过多上级下派的行政任务,成为地方政府实施基层行政管理工作的末梢。过度的行政化取向,限制了基层治理的动力和活力,不利于村委会、社区居委会治理能力和水平的提升。基层政府将群众自治组织当作其下级组织,对群众自治组织采取行政化的自上而下的命令式管理,既违背了自治的理念,又降低了群众的参与意愿。

(二)多元化主体间权责交叉,协同治理不足

多元化主体由于自身性质不同,运作方式也不同。在治理过程中,各主体习惯按自身方式进行,容易出现权责交叉、职能重复、多头治理的现象。这种多元主体间协作水平较低的现象易造成资源的内耗,不仅降低了治理效率,而且影响了政府的威信。一方面,现行的基层管理体制存在部门间职能重复、权责不清,管理和执法衔接不畅,缺少监管协调机制等问题,管理部门之间协调与整合力度不够①;另一方面,由于基层治理带有较强的公共性质,实际合作时政府、企业、社会组织之间的治理理念和治理目标可能存在较大差异,彼此间缺乏信任,共享意识不强。② 此外,各治理主体自身素质和水平相对不高,如城市基层治理主体的成员一般以兼职

① 参见罗海元、王伟:《完善新时代城市管理机构职能与管理体制研究——基于我国八省市三级城市管理实践考察》,《中国行政管理》2019 年第 8 期。

② 参见赵冬、陈志超:《城市协同治理的社会组织:结构、机理与增效》,《上海行政学院学报》2021 年第 2 期。

者居多，专职人员较少，专业化水平较低；在农村，各治理主体文化程度较低，缺乏协同意识，在实际治理过程中多从自身角度出发考虑问题，忽视了各主体间的协调合作。

（三）“协作式”治理平台建设不完善

我国现有的基层治理虽存在多元化主体，但各主体从自身利益出发进行治理，协同合作能力较差、各自为政，难以形成合力。同时，各主体之间缺乏利益调节的第三方机构，导致关系紧张甚至发生冲突的情况时有出现。基层治理实现“协作式”治理意味着治理主体之间需要有效的沟通。由于不同的治理主体有自身的目标和价值取向，因此，平等有效的沟通是构建互动网络的基础。许多社区虽然建立了信息平台，但是平台更新不及时、信息录入不完全，难以找到完全准确的信息，平台使用效率极低，平台“名存实亡”。同时，各个主体之间的信息缺乏共享机制，各主体从自身掌握的信息出发参与社区治理。由于信息壁垒的存在，再加上各主体本身的利益不同，这就很难达到最佳协作状态。[①]

三、多元化主体良性互动与协商治理路径

（一）发挥基层党组织的核心领导作用，提高各参与主体的积极性

基层治理是复杂的系统工程，必须运用系统思维，联系起来分析、统筹起来谋划，找准党建引领基层治理的着力点，充分发挥党总揽全局、协调各方的作用，最大限度凝聚党建引领基层治理的工作合力。[②] 首先，要将基层党组织嵌入各治理主体之中，鼓励、动员

① 参见苗卜士、吴盈莹：《城市社区多元主体“协作式”治理创新路径研究》，《中国集体经济》2020 年第 7 期。

② 参见杨伟东：《不断提升党建引领基层治理能力》，《人民日报》2021 年 10 月 21 日。

人民群众参与基层治理，充分调动人民群众参与基层治理的热情；其次，基层党组织通过吸纳致富、带富能力强的社会组织中的精英骨干成为基层党组织成员，提高社会组织积极参与基层治理的自觉性，并保证其遵循统一的治理目标和治理原则，摆脱强人治理和能人治理的困境和乱象。依托基层党组织的核心领导地位，采取“嵌入”和“吸纳”的方式不仅能凝聚党员向心力，而且能带动多元主体积极参与基层治理，形成多元主体间良性互动的动力机制，最终实现基层党组织建设与基层治理的融合。[①] 此外，要为基层减负，减轻村委会、社区居委会在应对行政性任务方面的压力，以恢复村委会、社区居委会的自治职能。同时，基层政府应该转变职能，把属于基层群众自治范围内的权利归还给群众，让基层群众充分享有自治权，激发基层自治组织的参与热情。

（二）建构“协作式”治理结构网络，提高协作效率

良好的基层治理网络关系结构，是实现主体功能有效整合、治理资源优化配置、治理行动协同联动的关键。“协作式”治理网络的构建需要明确各治理主体在协作网络中所处的位置，才能明确各主体的权责边界，使协同更加高效。目前，“协作式”治理网络的主体为党组织、政府、居民、社会组织等。具体来看，首先，以党建为引领需要最大程度地纳入党员参与活动。很多党员在八小时工作以外很少参与社区活动，要吸纳这一部分群体参与，这也是促进居民参与的渠道之一。其次，政府负责需要把握好政府的干预限度。要实现从全能型政府向服务型政府转变，政府为社区提供必要的资源。再次，居民参与是社区“协作式”治理的关键，居民参与进来才能形成完整的“协作式”治理网络。最后，要给予社会组织

① 参见曹艳乔、刘新民：《基层党组织引领乡村治理多元主体良性互动：影响因素与应对策略》，《青岛农业大学学报》(社会科学版)2021年第4期。

参与的空间，为社会组织活动提供足够的资金与场地支持，也要提高社会组织的专业水平，最终形成集专业性、协调性、高效性于一体的社区“协作式”治理网络。同时，要着力提高各参与主体自身能力素质，培养各参与主体间的协作意识，提高协作效率。

（三）搭建多元主体联动融合平台

基层党组织要推动搭建灵活多样、系统有效、融合有序的互动平台。搭建互动平台既为资源的共享、整合及利用提供途径，也为基层治理多元主体提供交流、协商、合作及相互监督的渠道。具体的平台搭建方法多种多样，可搭建基层党组织引领下多元主体互动的制度性平台，如基层治理议事协商机制，实现精英话语权和普通村民话语权的平衡，协调各主体间的利益；也可利用互联网和其他数字手段搭建基层治理多元主体间的互动平台，为基层治理多元主体提供话语表达、信息共享、相互协商、相互监督的空间。在实践操作中，基层党组织要结合当地基层社会的特点，采取适当的方式，搭建多元主体互动的平台，在统一的价值理念引导下，使目标、程序、秩序协调一致，从而提高基层治理的效能和现代化水平。

第三节　基层治理智慧化

随着智慧社会的到来，基层结构扁平化和破碎化导致行政能力应对乏力，基层空间双重性和共振性导致社会风险大幅升高，基层生活流动性和智慧化导致治理机制超载运行等问题日渐突显。[①]为此，各地积极探索技术赋能基层治理，促进基层治理智慧化。2021 年，《中共中央国务院关于加强基层治理体系和治理能力现代

① 参见马长山：《智慧社会的基层网格治理法治化》，《清华法学》2019 年第 3 期。

化建设的意见》中指出，要“加强基层智慧治理能力建设”[1]。加强基层智慧治理能力建设，是推进国家治理体系和治理能力现代化的客观要求，是推进新时代基层治理体系和治理能力现代化的根本途径。

一、基层治理智慧化的含义

随着时代的不断发展，基层治理方式也在不断创新，现如今随着数字化时代的来临，科技在改变人们生活方式的同时，也使基层治理面临新的机遇。科技赋能让基层治理更加智慧，基层治理智慧化由此应运而生。基层智慧治理是借助新兴信息技术优化基层治理过程的治理新模式，具有以下特征：第一，基层智慧治理以算法为核心，运用算法提高治理的科学化和精准化。一方面，大数据和智能化能够对人类行为进行总结，能够归纳出人类管理和决策的规律，从而使管理和决策更加科学。[2] 另一方面，对于传统基层治理模式中存在的粗放式、模糊化问题，可以运用大数据、人工智能算法进行改善，使基层治理更加精细化，提高治理效能。第二，基层智慧治理数据是基础，通过数据驱动推动基层治理的发展。数据作为基层治理的基础单元，对于治理水平的提高发挥着重要作用。运用技术手段将治理的各类数据进行收集、整理、分类汇总，并以此建立数据资源交流共享平台，为政府决策提供依据，提高决策的科学性和准确性，使政府由数据收集者向分析者转变，由

---

① 《中共中央国务院关于加强基层治理体系和治理能力现代化建设的意见》，《人民日报》2021 年 7 月 12 日。

② 参见陈振明：《政府治理变革的技术基础——大数据与智能化时代的政府改革述评》，《行政论坛》2015 年第 6 期。

数据被索取者向服务推送者转变，由预报向实报与精报转变[①]，提高政府数据治理能力。第三，基层智慧治理连接是关键，通过人、机、物的连接构建新的治理体系。运用技术化手段将数据与各元素相连接，搭建起各方连接的桥梁，实现数据流通和共享，建立全过程、全场域、全社会的治理体系，提升综合治理效能。[②]（见图 6-3）

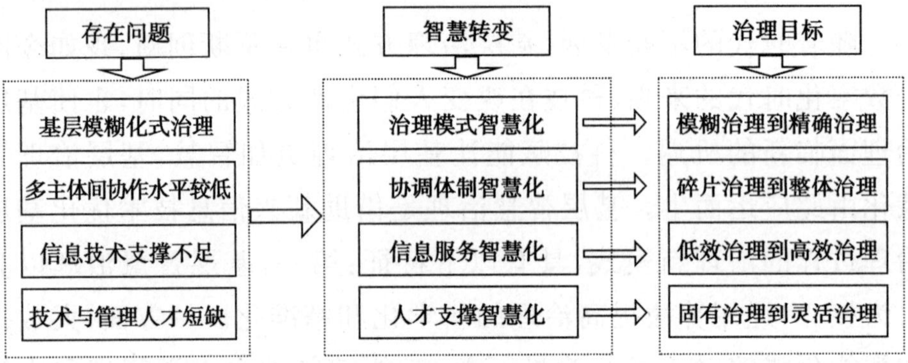

图 6-3　基层治理智慧化路径分析

二、基层治理智慧化的实现路径

（一）治理模式智慧化

传统基层治理是基于人的理性进行的，但拘泥于人的有限理性使得治理目标、过程和结果都具有模糊性，很难达到最佳的治理效果。模糊性是缺乏准确的治理信息的表现，造成模糊性的因素有很多，如事件的多样化、过程的复杂性和结果的不确定性等。[③]在治理实践中，模糊治理又称为粗放式治理，粗放式治理模式具有

---

① 参见叶婷、王春晓：《"大数据"，新作为——"大数据"时代背景下政府作为模式转变的分析》，《领导科学》2012 年第 35 期。

② 参见张亨明、章皓月：《城市治理智慧化的理论分析与实践探索》，《求索》2021 年第 6 期。

③ 参见韩志明：《模糊的社会——国家治理的信息基础》，《学海》2016 年第 6 期。

粗线条、随意性的特点，是治理者基于大量信息资源，运用简单粗糙的方式治理，以治理者自身的偏好来制定决策的过程，缺少对多元化主体利益的权衡。这种治理方式不仅脱离了实际情况，也难以实现治理目标，不能满足各治理主体的真实需求。面对日益复杂的治理问题和基层社会众多的不确定因素，粗放式治理已不适应时代发展。

随着数字化时代的来临，科技赋能基层治理可以改进模糊化治理的现状，基于数据算法的智慧化手段可以提高基层治理的精细化水平。运用信息化技术，对数据进行收集、整理和分析，基于精细化的数据，治理者做出的决策更加科学、更加准确，进而实现基层社会的精细化治理。如，城市中的网格化治理就是精细化治理的典型做法。城市网格化治理是以数字化、信息化为手段，依托统一的城市管理平台，将城市的管辖领域划分成众多单元的网格，并配备相应的网格员进行管理，加强各网格间的联系，实现市区联动、资源共享的一种城市管理新型治理模式。网格化治理是基于搭建起的基础数据平台，将全区的人员及社会事务信息进行汇总形成动态数据库，进行治理资源有效整合的。这样，不仅能提高基层治理效能，而且能为人民群众提供更高效的服务。同时，网格化治理能及时了解居民的真实需求，掌握社会问题和不确定因素的发生，由被动治理变为主动治理，充分体现了信息化技术在基层治理的敏捷性、精准性和高效性。因此，技术手段能够促使基层治理由模糊治理向精细治理转变，对于推进智慧化、精细化治理具有重要意义。①

---

①　参见马长山：《智慧社会的基层网格治理法治化》，《清华法学》2019 年第 3 期。

(二)协调机制智慧化

长期以来,在我国基层治理过程中,存在着各治理主体分立、治理方式排斥、治理机制不畅等现象。这种碎片化的治理方式不仅容易造成多头领导、目标冲突的问题,还会造成资源的严重浪费,无法实现数据共享,进而导致治理效果不佳。针对各部门间缺乏信息共享机制而形成"数据孤岛"的现象,运用信息技术就可以解决该现象,实现数据整合。但是,现阶段受我国传统管理机制的影响,基层治理中的技术利用率不高,很难将技术嵌入基层治理中。再加上缺乏统一指导,各部门间运用技术的意识和能力不强,这使得信息资源共享存在困难,各部门难以形成合力,基层治理水平难以提升。

为此,基层治理智慧化过程中需要党的引领贯穿始终,发挥基层党组织的核心引领作用,积极破除部门间的"数据孤岛",推动实现信息数据纵横联通,构建一体化的立体服务网络。首先,要发挥党组织的核心引领作用,运用系统思维建立贯穿治理全过程的基层治理链条,形成环环相扣、分段分层、有效衔接的闭合式管理。其次,要完善协调机制,加强部门间的合作。通过建立信息化数据共享平台,打破固有观念中的数据权属问题,实现数据共享。最后,加强与各方的联系和沟通。鼓励各部门在治理过程中及时沟通,及时运用信息化平台进行实时对话,在制定计划、采取治理措施、进行决策时可以运用线上线下相结合的沟通方式,实现各部门的协调联动。运用智能化技术在提高基层治理水平的同时,也能提高协调机制智慧化水平。

(三)信息服务智慧化

目前,我国各地区的技术化发展水平不同,基层治理中运用的技术手段也不同。由于缺乏统一的标准和规范,各地在信息服务建设方面还存在诸多问题，比如缺乏整体规划、功能重复、操作复杂、服务平台单一等问题。但现阶段的基层治理缺乏相应的信息化平台，对于数据的收集、分析和预测利用率不高。一方面，数据的处理标准不合理，信息平台存在重复性建设；另一方面，政府对数据和信息化平台缺乏必要的监管措施，在基层治理使用中存在技术风险。此外，传统基层治理在提供信息化服务时，难以考虑群众的实际需求，过度依赖网络手段。虽然工作效率提高了，但是与人民群众的联系少了，不能真正了解群众的所思所想，这也是信息化服务平台不能有效满足基层治理和基层群众需求的主要原因。

如何实现基层治理信息服务智慧化？一是，要加强基础设施建设，完善信息服务体系建设，进一步搭建信息化服务平台，为信息数据来源及信息服务供给提供支撑，满足基层治理智慧化的要求。二是，要制定统一的数据处理标准和规范，使数据充分发挥其最大价值，并将收集到的数据进行整合，剔除重复性的数据，建立综合数据共享平台，并设置统一的登录账号密码，实现数据共享。三是，要加强对信息数据提供和使用的监督。对恶意使用数据的行为进行惩戒，在实现数据共享的基础上，要防范由此可能带来的风险。四是，要利用“互联网＋政务服务”加强数字政府建设。为让公众享受到更为便捷的信息服务，实行分类办理的方式。比如，对于群众办理频率较高的日常性事务，采取网络办理或者掌上办理；对于办理流程复杂的事项，要采取“一站式”办理；对于一些跨区域办理的事项，通过区域间的合作与协同，实现跨域办理。智能化技术手段，不仅能提高治理效率，也能给人民群众带来便捷，提升基层治理智慧化的水平。

（四）人才支撑智慧化

基层治理人才是关键。在传统基层治理中，各治理主体受自身文化水平的限制，处理基层事务常常凭借自身经验，缺乏专业性，治理水平难以提高。而在基层智慧化治理过程中，技术水平的提高在提升基层治理效能的同时，也对各治理主体的能力提出了更高要求。但，目前我国基层人才队伍建设发展缓慢，一方面，缺乏相应的技能培训，在实际治理过程中无法用科技手段进行高效治理；另一方面，也缺少理论知识的培训，导致各治理主体不能深入理解智慧化治理的内在逻辑，使理论与实践相脱离。同时，各治理主体自身缺乏智慧化治理的意识，在治理过程中仍然习惯于传统治理模式，从心理上难以接受智慧化治理方式。因而，需要构建人才培养体系，加强合作型、创新型、智慧型的人才培育[①]，为基层治理智慧化提供动力源泉。一是，健全人才培养体系，建立人才激励机制。政府要建立基层科技人才培育基地，培养为基层服务的科技人才。政府要通过各种方式收集各方的培养意见和需求，增强智慧技术与基层治理的供需对接，同时制定培养计划和考核方式，以此激励培训人员提高自身能力和水平。二是，加强人员的专业技能培训，对基层人员定期开展培训。一方面，要加强理论方面的学习，使培训人员掌握信息技术内在机理；另一方面，要加强实际操作方面的学习，提高培训人员数据收集、分析的能力。基层领导干部在提高自身技术使用能力的同时，也要加强与各部门的合作，在做出决策时能够迅速调用各类资源。三是，激发基层人员学习科技的热情和积极性，培养主动学习的意识，增强运用科技手段解决治理问题的能力。此外，要在基层营造时时学科技、事事用科技的良好氛围，积极鼓励有能力的志愿者参与基层治理，不断壮大基层治理队伍。

---

① 参见周盛世、张宁、张晓娟:《协同控制视角下"信息化+"一核多元智慧治理研究》,《系统科学学报》2021 年第 1 期。

参考文献

[1]习近平:《决胜全面建成小康社会 夺取新时代中国特色社会主义伟大胜利——在中国共产党第十九次全国代表大会上的报告》,《人民日报》2017 年 10 月 28 日。

[2]《中共中央关于坚持和完善中国特色社会主义制度 推进国家治理体系和治理能力现代化若干重大问题的决定》,《人民日报》2019 年 11 月 6 日。

[3]《中共中央国务院关于加强基层治理体系和治理能力现代化建设的意见》,《人民日报》2021 年 7 月 12 日。

[4]黄君录、何云庵:《新时代乡村治理体系建构的逻辑、模式与路径——基于自治、法治、德治相结合的视角》,《江海学刊》2019 年第 4 期。

[5]侯宏伟、马培衢:《"自治、法治、德治"三治融合体系下治理主体嵌入型共治机制的构建》,《华南师范大学学报》(社会科学版) 2018 年第 6 期。

[6]李博:《"一体两翼式"治理下的"三治"融合——以秦巴山区汉阴县 T 村为例》,《西北农林科技大学学报》(社会科学版)2020 年第 1 期。

[7]李亚冬:《新时代"三治结合"乡村治理体系研究回顾与期待》,《学术交流》2018 年第 12 期。

[8]尹利民、程萝倩:《参与式预算实践中的协商民主要素嵌入及其逻辑——基于西湖区"幸福微实事"的实证研究》,《南昌大学学报》(人文社会科学版)2020 年第 1 期。

[9]郁建兴、任杰:《中国基层社会治理中的自治、法治与德

治》,《学术月刊》2018 年第 12 期。

[10]张文显、徐勇、何显明等:《推进自治法治德治融合建设,创新基层社会治理》,《治理研究》2018 年第 6 期。

[11]唐皇凤、汪燕:《新时代自治、法治、德治相结合的乡村治理模式:生成逻辑与优化路径》,《河南社会科学》2020 年第 6 期。

[12]黄浩明:《建立自治法治德治的基层社会治理模式》,《行政管理改革》2018 年第 3 期。

[13]魏礼群:《积极推进社会治理体制创新》,《行政管理改革》2014 年第 8 期。

[14]罗海元、王伟:《完善新时代城市管理机构职能与管理体制研究——基于我国八省市三级城市管理实践考察》,《中国行政管理》2019 年第 8 期。

[15]张亨明、章皓月:《城市治理智慧化的理论分析与实践探索》,《求索》2021 年第 6 期。

[16]韩志明:《模糊的社会——国家治理的信息基础》,《学海》2016 年第 6 期。

[17]周盛世、张宁、张晓娟:《协同控制视角下"信息化+"一核多元智慧治理研究》,《系统科学学报》2021 年第 1 期。

第七章　基层公共服务体系建设

党的十八大以来，在以习近平同志为核心的党中央坚强领导下，我国基本公共服务体系日益健全完善，基本民生底线不断兜牢，公共服务供给水平全面提升。推动公共服务发展，健全完善公共服务体系，持续推进基本公共服务均等化，丰富多层次多样化生活服务供给，是落实以人民为中心的发展思想、改善人民生活品质的重大举措，是促进社会公平正义、扎实推动共同富裕的应有之义。作为促进形成强大国内市场、构建新发展格局的重要内容，持续推进基层公共服务体系建设，对于增强人民群众获得感、幸福感、安全感，促进人的全面发展和社会全面进步，具有十分重要的意义。

第一节　基层公共服务体系及其建设意义

基层公共服务体系是我国民生保障体系建设的重点，关系社会稳定和国家的长治久安。

一、公共服务和基层公共服务体系的内涵

(一)公共服务的内涵

公共服务是相对于私人服务而言的,是指为大众提供的具有非竞争性、受益的非排他性的基本性、普遍性服务。它具有服务对象大众化、服务内容基本性和广泛性、服务提供非营利性、服务享用零支付或低支付性等特点。经国务院批复同意,国家发展改革委等部门联合印发的《“十四五”公共服务规划》指出,公共服务包括基本公共服务、普惠性非基本公共服务两大类。其中,基本公共服务是保障全体人民生存和发展基本需要、与经济社会发展水平相适应的公共服务,由政府承担保障供给数量和质量的主要责任,引导市场主体和公益性社会机构补充供给。非基本公共服务是为满足公民更高层次需求、保障社会整体福利水平所必需但市场自发供给不足的公共服务,政府通过支持公益性社会机构或市场主体,增加服务供给、提升服务质量,推动重点领域非基本公共服务普惠化发展,实现大多数公民以可承受价格付费享有。此外,为满足公民多样化、个性化、高品质服务需求,一些完全由市场供给、居民付费享有的生活服务,可以作为公共服务体系的有益补充,政府主要负责营造公平竞争的市场环境,引导相关行业规范可持续发展,做好生活服务与公共服务衔接配合。

1.基本公共服务

基本公共服务要达成的目标是幼有所育、学有所教、劳有所得、病有所医、老有所养、住有所居、弱有所扶、优军服务有保障、文体服务有保障。这类公共服务具有以下特点:首先是公共性,即该类服务由政府以及政府主导的市场主体、非营利性组织和个人依据法定职责所提供,因此这类服务的享受是免费或低付费的。其

次，这类服务直接满足公民的衣食住行、生存发展等需求。再次，这类服务是面向全体公民的。以九年义务教育制度为例，《中华人民共和国义务教育法》规定，国家实行九年义务教育制度。国家、社会、学校和家庭要依法保障所有适龄儿童、少年接受义务教育的权利。不仅如此，在一些经济条件相对落后的地区，除了免除学杂费，各级政府部门还补助学校经费、维修改造校舍、免费提供教材、补助寄宿生生活费等。

2.普惠性非基本公共服务

这类公共服务是需要服务享受者付费的服务，如公民的生活、发展和娱乐等活动所需要的供水、供电、供气、交通与通信基础设施等的服务。这类公共服务单靠市场不能满足公民需求，需要政府的投入和支持以弥补市场供给的不足。例如，高速公路建设不可能完全依靠市场机制，必须有政府的参与甚至主导。为了享受高速公路的服务，消费者需支付一定的费用。尽管这类服务需要公民付费才能享受，但由于得到政府的公共资源投入以及补贴、限价等政策措施的支持，这类服务是大多数公民能够支付得起的，因此具有普惠性。

较之基本公共服务，普惠性非基本公共服务在标准和质量上有所提高，其目标可以概括为幼有善育、学有优教、劳有厚得、病有良医、老有颐养、住有宜居、弱有众扶。以养老为例，在国家《"十四五"公共服务规划》中，在以基本公共服务为目标的"老有所养"之外，增加了普惠性非基本公共服务的养老内容，如发展集中管理运营的社区养老服务网络，支持具备综合功能的社区服务设施建设，推动形成'15 分钟'养老服务圈。引导专业化养老服务机构进社区、进家庭，提升家庭照护能力。此类多数公民都有能力付费的服务，将使养老服务由"老有所养"提升到"老有颐养"。

公共服务的内容和形式是发展变化的。随着我国经济社会发展水平的不断提升，基本公共服务、非基本公共服务与生活服务之间的边界也将随之发生变化，公共服务体系的范围、水平和质量都将稳步有序提升。以教育为例，受经济发展水平和国家财力所限，我国现阶段属于基本公共服务范围的义务教育还限于小学和初中，高中和大学的教育服务还只能以普惠性非基本公共服务的方式，即以受教育者能够支付得起的价格进行供给。随着经济发展和国家财政能力的提高，部分作为普惠性非基本公共服务的付费教育将变为免费义务教育。在许多发达国家和地区，免费义务教育已经延长至13年，有的国家和地区在向15年过渡，将免费义务教育延伸至大学。在我国某些地区也开始了延长义务教育的探索。如陕西省神木县2008年已经实现了包括高中在内的12年免费义务教育，2011年实现了从学前到高中的15年免费义务教育；从2014年起，为全面提高新疆各级各类学校教育质量，国家在南疆全面实行高中阶段免费教育；2007～2017年的十年间，在西藏、青海、内蒙古、大凉山等得到国家特殊政策支持的地区，以及发达的东部沿海地区相继探索实行15年免费义务教育。

（二）基层公共服务体系的内涵

基层公共服务体系，是以政府为主导、以其他社会组织为补充，以为基层社会公众提供基本而有保障的公共服务为主要目的一系列服务内容、服务形式、服务机制、服务政策等的集成总和，具有系统性、层次性、多元性等特征。其中，服务内容是服务体系的核心，服务形式、服务机制、服务政策随服务内容的变化而变化。从服务体系构成内容的性质看，包括基本公共服务和普惠性非基本公共服务两大类；从服务体系构成内容的外延看，既包括路、水、电、气等有形的物质产品服务，也包括教育、医疗卫生、文化娱乐、公共安全等无形的非物质产品服务。

二、加强基层公共服务体系建设的意义

（一）有利于缓解我国当前各种社会突出矛盾

我国经济社会发展到今天，面临着地区间和城乡间发展不平衡、居民收入差距偏大、资源环境压力增大、内外需失衡等阶段性矛盾。而在如此复杂的治理环境下，基层公共服务体系建设能够发挥社会矛盾“缓冲器”的作用。

（二）有利于健全公共服务供给的体制机制

基层公共服务体系建设需要形成可持续的财政支持体制，建立规范的政府分工和问责机制，并在地区间和城乡间设立公平的资源配置制度。随着基层公共服务体系建设的持续推进，我国公共服务供给体制机制将更加健全合理。

（三）有利于公众参与公共服务的管理与监督

随着基层公共服务体系的建设，公众将从切身感受中产生对政府公共支出的关心，这必将推动政府公共服务绩效评估的开展，促进信息公开制度的逐渐完善，进而为改善政府公共服务提供决策参考。这个过程，同时也是提高公众参与政府管理和监督能力、推动决策科学化和民主化、提升政府公信力的过程。

（四）有利于增强广大人民群众的向心力和凝聚力

加强基层公共服务体系建设，及时解决群众的操心事、烦心事、揪心事，有利于让广大人民群众从切身感受中增强对党的领导和中国特色社会主义制度的认同。

第二节　补齐城乡社区公共服务体系短板

当前，我国经济已转向高质量发展阶段，经济发展长期向好，发展韧性强劲，内需空间广阔，公共服务加快发展、人民生活持续改善的物质基础日益雄厚。在此基础上，城乡社区公共服务体系建设取得显著成就，城乡之间公共服务差距明显缩小。但与此同时，城乡社区公共服务体系中不少领域还存在着短板，有些问题还比较突出。为实现党的第二个百年奋斗目标，实现人民对美好生活的向往，必须正视和解决存在的问题。

一、现阶段我国城乡社区公共服务体系的突出短板

（一）公益性、基础性社区服务存在较大短板

许多城乡社区的服务主要停留在发通知、开证明、组织文体活动等服务层面，老百姓最需要的便民服务，如社保、助残、救灾、养老、托育等服务领域存在明显的短板。其中社区养老服务和婴幼儿托育，即“一老一小”的问题，以及基本住房保障等问题十分突出。

根据《中华人民共和国老年人权益保障法》，60周岁以上的公民为老年人。一般认为，60周岁以上人口占一个国家或地区总人口的10%，该国家或地区就进入老龄化阶段。2021年第七次全国人口普查数据表明，我国60岁及以上人口为264 018 766人，占总人口的18.70%。[①] 我国已进入老龄化时代。我国过去几十年的计划生育政策，导致了四位老人的养老压力落在一对年轻夫妇家庭

---

① 参见国家统计局：《第七次全国人口普查公报（第五号）——人口年龄构成情况》，2021年5月11日。

之上的局面。在老龄化加少子化的双重压力下，空巢老人越来越多，养老问题日益突显，发展社区养老势在必行。但是，养老服务的巨大需求与社区、机构养老床位及护理人员的短缺之间存在着尖锐矛盾。目前，我国每千名老人养老床位数量只有 30.8 张[①]，远低于发达国家 50～70 张的水平。同时，我国面临着养老护理员数量短缺和专业能力偏弱等困境。我国目前有约 2.64 亿老年人，不仅基数大，而且呈现高龄多、空巢多、失能多、慢性病多的特点，这个群体对养老护理员的需求达 600 多万，但目前受过专业训练的养老护理人员仅有 50 多万，实际从业者多为文化程度较低、缺乏职业技能训练的非专业群体。未来十年间，我国护理人员缺口将达 1 000 万，远不能满足需求。

根据 2021 年第七次全国人口普查数据，我国家庭规模为户均 2.62 人，比 2010 年第六次人口普查的户均 3.10 人有明显下降，家庭抚幼功能进一步弱化。尤其是自放开三孩政策以来，生养成本高、无人照看、影响职业发展等方面顾虑，日益成为社会关注的热点，这极大地刺激了托育服务需求的增长。托育服务就是 3 岁以下婴幼儿的抚育不再交由专职父母亲或祖父母，而是进入社会化的育幼服务机构。目前，我国 3 岁以下婴幼儿约 4 188 万，其中的 1/3 有强烈的托育服务需求，但目前的托位供给率仅为 5.5%左右，供需缺口巨大。按照《中华人民共和国国民经济和社会发展第十四个五年规划和 2035 年远景目标纲要》的要求，到 2025 年，3 岁以下婴幼儿每千人的托位数由目前的 1.8 个提高到 4.5 个，这意味着托位数从目前的约 200 万个增加到约 600 万个。还要看到，即使实现这一预期目标，我们的水平也远低于经济合作与发展组织成

① 据国家统计局 2021 年国民经济和社会发展统计公报数据，年末我国养老服务床位 813.5 万张，按照 2021 年 60 周岁及以上人口 26402 万人计算，每千名老年人口拥有养老床位约 30.8 张。

员国“每千人口托位数 12 个以上”的水平。与托位严重短缺并存的是专业保育人员的短缺。按照国家《托育机构设置标准(试行)》要求的“保育人员与婴幼儿的比例为乳儿班 1∶13,托小班 1∶15,托大班 1∶17”的标准,托育人才缺口以数百万计,人才短缺已成为托育行业发展的瓶颈。我国婴幼儿托育服务的供给存在明显短板。

城乡保障性住房不足是我国城乡公共服务体系建设的另一个突出短板。我国保障性住房仍然具有应急性、临时性特征,尚未形成长期稳定的有效供给机制。在农村,只是针对住房安全予以保障,并不能完全解决广大农民的住房问题和改善其住房条件。在城市,低收入群体的保障住房问题十分突出。特别是庞大的农民工群体,他们的保障性住房问题是难中之难。资料显示,我国农民工总量近 3 亿,外出农民工近 2 亿[①],举家外出的农民工达 3 000 多万人,城镇常住人口中,每 4 个人中就有 1 个是农民工。80%的农民工希望成为城镇居民,有意愿返回农村居住的农民工不到 10%。这些农民工目前的居住条件差,他们急需得到妥善安置。解决农民工保障性住房问题,为农民工真正融入城市创造条件,是当下面临的一个巨大挑战。

(二)高品质生活服务的供给存在较大改进空间

伴随改革开放 40 多年来的经济高速发展,我国居民的住房条件得到了极大改善,住房面积较之改革开放之初增加了近 20 倍。根据国家统计局的数据,中国家庭户人均居住面积达 41.76 平方米,平均每户居住面积达到 111.18 平方米,已达到经济发达国家水平。但在高品质生活服务的供给方面,包括社区教育培训、医疗健

① 数据来源:国家统计局《2021 年全国农民工数据监测调查报告》。

康、警务安全、文化体育、住房维修、助餐零售、美容美发、高水平养老托幼等社区服务方面还存在较大的改进空间。要实现构建24小时生活链和15分钟生活圈的目标,尚需做出极大努力。以养老为例,如前所述,目前我国每千名老人养老床位数量30.8张,远低于发达国家水平。但在养老需求快速增长的同时,已有的养老院入住率却不高。统计数据显示,截至2020年底,我国已建养老机构床位429.1万张,收住老年人却只有214.6万人,养老床位空置率高达50%。① 与此同时,许多地方的敬老院要经过数年的排队等待才有机会入住。有专家指出,北京市某些性价比高的敬老院,按目前已经登记排队的人数看,需要100年的等待时间。这些数据说明,已经建成的社区敬老院的服务水平是比较低的,不能完全满足老年人对高品质养老服务的需求。

(三)针对特殊困难人群的公共服务硬件和软件条件存在很大提升空间

我国的特殊困难群体主要集中在残疾人和失能半失能老年人口中。

中国残联统计数据显示,截至2022年,我国各类残疾人总数达8 500万,大约每14个人中就有1个残疾人,其中1 500多万人生活在国家级贫困线以下,占贫困人口总数的12%以上。此类群体面临着听不见、看不见、行动不便等困境,健康人习以为常的生活,对他们来说却是困难重重。出行需要的盲道、无障碍卫生间、无障碍电梯、无障碍公交的设置严重滞后;就业渠道狭窄,盲人的就业似乎只有按摩师一途,事实上有许多工作是他们可以承担的,如钢琴调律、心理咨询、教师、有声读书主播等,但往往缺乏必要的

① 数据来源:民政部2020年第三季度例行新闻发布会。

职业培训和就业渠道;他们有购物需求,但盲人、视障人士无法清晰地看到商品和标识,一些药品、食品的外包装没有盲文;他们有康复需求,但缺乏康复训练所必需的场所、设施和教练;他们有精神文化需求,但特殊教育、盲文图书馆、盲人数字图书馆、无障碍影院频道等严重不足;他们有生理健康需求,但他们对两性和艾滋病防治等知识的需求却被严重忽略。我国的残疾人事业任重而道远。

截至 2019 年 12 月 31 日,我国 2.54 亿老年人中,1.8 亿患有慢性病,患有一种及以上慢性病的比例高达 75%,失能和半失能老年人约 4 000 万。未来一个时期内,我国老龄化将大大加速,空巢、留守、高龄老人的数量将快速增长,这些群体的社区助餐、助洁、助浴、助医等服务需求与服务供给之间的缺口也将越来越大;失能和半失能老人迫切需要专业的、医养结合的长期护理服务。但是,基层社区所能提供的硬件和软件服务存在明显短板。

二、补齐我国城乡社区公共服务体系短板的措施

未来一段时间,针对我国城乡社区公共服务体系的短板,国家将着力在养老服务、婴幼儿托育、社会保险、残疾人服务、公共文化体育等重点领域修订国家标准和行业标准,并建立与之配套的支撑体系。

(一)大力发展养老托育服务

加强乡镇(街道)范围内具备综合功能的养老服务机构建设。加强公办养老机构建设,落实新建城区、居住(小)区按照人均不少于 0.1 平方米的标准配建养老服务设施,稳步提高护理型床位占比。实施特困人员供养服务设施和服务质量达标工程,提升特困人员供养服务机构托底保障能力。鼓励有条件的特困人员供养服

务机构在满足特困人员集中供养需求的前提下，逐步为最低生活保障家庭、最低生活保障边缘家庭、重度残疾人家庭、建档立卡贫困家庭中的老年人等提供低偿或无偿的集中托养服务。未来五年内，大城市老年助餐服务逐步覆盖80%以上的社区，特殊困难老年人月探访率达到100%。健全养老服务培训机制，加强养老服务人才培训，壮大养老护理员、老年社会工作者队伍。逐步提升老年人福利水平，完善经济困难高龄失能老年人补贴制度。健全养老保险制度体系，促进基本养老保险基金长期平衡。实现企业职工基本养老保险全国统筹，完善城镇职工基本养老金合理调整机制，适时调整城乡居民基础养老金标准。

在婴幼儿托育方面，落实“十四五”规划设立的普惠托育服务扩容专项工程，通过扩大中央投资支持社区托育服务设施建设；支持有条件的单位在工作场所为职工提供托育服务；对家庭托育服务的健康发展给予政策引导；鼓励社会、企业、个人等各类主体进入托育行业；推动托育人才培养，加强托育人才本科教育、职业教育阶段的学科建设，启动托育从业人员能力提升专项规划的实施，完善托育行业职业技能评价的国家标准。

(二)推进特殊困难群体社会服务

加强残疾人服务设施和综合服务能力建设，完善无障碍环境建设和维护政策体系，支持困难残疾人家庭无障碍设施改造，动态调整困难残疾人生活补贴和重度残疾人护理补贴标准。鼓励有条件的地方为经济困难的残疾学生提供免费学前教育和高中教育，逐步实施残疾学生高中阶段免费教育。进一步推进儿童福利机构优化提质和高质量发展。加强县(市、区)、乡镇(街道)未成年人保护设施建设，重点支持留守儿童数量较多的欠发达地区的相关设施建设。充分利用现有社会福利设施建设流浪乞讨人员救助机构，实现救助服务网络县（市、区）全覆盖。加强精神卫生福利设施、公益性殡葬服务设施建设。提升基层社会救助经办服务能力，推动村级设立社会救助协理员，将走访、发现有救助需求的困难群众列为村（社区）重要工作内容。加强公共法律服务平台建设，加强法律援助专业人员培训，提升法律援助质量。

（三）加大住房保障服务力度

做好城镇住房和收入困难家庭公租房保障，实行实物保障和货币补贴并举，合理确定实物公租房保有量，对城镇户籍低保、低收入、住房困难家庭应保尽保。稳步推进棚户区改造，坚持因地制宜、量力而行，科学确定棚户区改造年度计划，重点改造老城区内脏乱差的棚户区，加强配套基础设施建设和工程质量安全监管，加快工程进度和回迁安置。结合农村危房改造，对符合条件的农村低收入群体等重点对象的住房安全做到应保尽保。

（四）重点关注就业社保服务

制定公共就业创业服务设施、设备配置、人员配备、服务规范等指导性标准，加强基层公共就业创业服务平台建设。依托公共实践训练基地，加大对新型农民创新创业支持力度。在欠发达地区特别是脱贫地区、易地扶贫搬迁大型安置区建设公共就业服务机构，提供全方位就业服务。加快推动公共就业创业服务数字化转型，打造集政策解读推送、业务办理咨询于一体的线上智能服务、线下自助服务体系。完善流动人员人事档案管理服务制度和设施。

提升社会保险经办能力，推进社保转移接续，完善全国统一的社会保险公共服务平台。推进失业保险、工伤保险向劳动者广覆盖，实施失业保险省级统筹、工伤保险省级统筹。提高劳动保障监察执法维权服务能力，切实增强监察执法效能。

（五）加强医疗卫生服务

采取措施扩大医护人员特别是儿科、全科、精神科、老年医学科等短缺医师和注册护士规模，提升医护人员培养质量。多途径培养培训乡村医疗卫生工作队伍，改善乡村卫生服务水平。以县级医院为重点，完善城乡医疗服务网络，加强社区卫生服务中心（站）、乡镇卫生院和村卫生室的标准化建设。加强妇幼保健、传染病、精神病等诊疗能力建设。以儿科、全科、精神科等紧缺专业为重点，加强住院医师规范化培训基地建设。完善医疗保障经办服务网络，推进标准化、信息化建设，提升基层医疗保障经办服务能力建设。健全基本医疗保险稳定可持续筹资和待遇调整机制，完善医疗保险缴费参保政策。完善职工基本医疗保障机制、重大疾病保险及救助制度。推进基本医疗保险市级统筹工作，推动基本医疗保险向省级统筹升级，完善跨省异地就医直接结算制度体系，全面提升管理服务水平和能力。完善重大疫情防控体制机制，提升疫情监测预警能力，健全公共卫生应急管理体系。

（六）推进文化体育服务

推进城乡公共文化服务体系一体化建设。充分利用现有城乡公共设施，统筹建设基层综合文化服务中心。以县级文化馆、图书馆为中心推进总分馆制建设，实现城乡社区公共文化服务资源共享。推进全国智慧图书馆体系建设、公共文化云建设。提升农家书屋服务能力，推动农村电影放映优化升级。加强智慧广电基础设施建设，推进实施智慧广电固边工程和市级广电融合发展提升工程。强化数字文化服务和流动文化服务，实施戏曲公益性演出项目。加强县级公共体育场、健身步道、体育公园等公共健身设施建设，合理利用体育中心、闲置厂房、校舍操场、社区空置场所等，拓展公共体育活动场所。实施乡镇（街道）全民健身场地器材补短板工程。在社区推广社会体育指导员制度,开展全民健身志愿服务。支持全国爱国主义教育示范基地、博物馆、美术馆、公共图书馆、文化馆(站)等设施按规定免费或优惠开放,促进高等学校博物馆、美术馆等文化设施向社会开放。支持公共体育场馆免费或低收费开放。

第三节 促进基本公共服务均等化

针对我国基本公共服务体系建设中存在的各种问题,习近平总书记在2017年12月的中央经济工作会议上提出了区域协调发展的三大目标:要实现基本公共服务均等化,基础设施通达程度比较均衡,人民生活水平大体相当。2021年8月,在中央财经委员会第十次会议上进一步强调要促进基本公共服务均等化。低收入群体是促进共同富裕的重点帮扶保障人群。要加大普惠性人力资本投入,有效减轻困难家庭教育负担,提高低收入群众子女受教育水平。要完善养老和医疗保障体系,逐步缩小职工与居民、城市与农村的筹资和保障待遇差距,逐步提高城乡居民基本养老金水平。要完善兜底救助体系,加快缩小社会救助的城乡标准差异,逐步提高城乡最低生活保障水平,兜住基本生活底线。要完善住房供应和保障体系,坚持房子是用来住的、不是用来炒的定位,租购并举,因城施策,完善长租房政策,扩大保障性租赁住房供给,重点解决好新市民住房问题。总书记重要讲话的核心要义是基本公共服务均等化,这为我国基本公共服务体系的建设和优化提供了根本遵循。

一、基本公共服务均等化的内涵及其意义

正确理解“基本公共服务”和“均等化”这两个概念，是理解我国基本公共服务均等化建设实践的前提。[①] 基本公共服务是保障全体人民生存和发展基本需要、与经济社会发展水平相适应的公共服务，服务的受益者是全体公民。

均等化概念并不意味着某一时刻全体公民享受的服务完全且绝对的相等，而是一种相对的均衡，是一种努力的目标方向。这一概念强调的是在公民生存和发展的不同阶段，政府所提供的不同标准的基本公共服务要以公民不同需求为依据，最终大致相等。均等化并不是简单的平均化，而是包含三个方面的均等，即机会均等、过程均等和结果均等。全体公民都有平等享有基本公共服务的权利与机会，不会因性别、年龄、户籍、民族等的不同而受到不同的对待，这是机会均等的含义；政府在划定服务范围、制定服务标准、财政转移支付等基本公共服务的提供过程中实现区域之间、个体之间的公平正义，即过程均等；全体公民可获得数量与质量上大致均等的基本公共服务，即为结果均等。

基本公共服务均等化是贯彻以人民为中心发展思想的内在要求，是实现全体人民共同富裕的显著标志。基本公共服务均等化

---

① “基本公共服务”和“基本公共服务均等化”概念的提出，经历了一个发展过程。2005 年 10 月，中共十六届五中全会通过的《中共中央关于制定国民经济和社会发展第十一个五年规划的建议》提出要“按照公共服务均等化原则，加大对欠发达地区的支持力度，加快革命老区、民族地区、边疆地区和贫困地区经济社会发展”，这里首次提出了“公共服务均等化”。2006 年 10 月，中共十六届六中全会通过的《中共中央关于构建社会主义和谐社会若干重大问题的决定》提出，到 2020 年要实现“基本公共服务体系更加完备，政府管理和服务水平有较大提高”，首次在党的决定中提出“基本公共服务”的概念。2007 年 10 月，党的十七大报告把“围绕推进基本公共服务均等化和主体功能区建设，完善公共财政体系”确定为深化财政体制改革的一个基本方针，使“基本公共服务均等化”的概念更加科学完备。

是促进社会公平正义的重要举措，对于矫正社会财富初次分配的不平衡，抑制利益分化及其引发的社会矛盾，消除公共服务领域存在的不公平现象，促进全体社会成员对中国共产党的领导和社会主义制度的高度认同有着重要意义。

我国幅员辽阔、地区差异大的基本国情决定了区域发展不平衡问题将长期存在。基本公共服务均等化将加快补齐区域发展短板、缩小区域差距，对解决我国区域间发展不平衡问题有着巨大的促进作用。基本公共服务均等化政策的实施将同样有利于全面提升公民素质，而公民素质的提高是人的全面发展的内在要求和重要表现。

二、我国基本公共服务发展不平衡的突出表现

基本公共服务均等化的理念和政策是针对发展不平衡问题提出来的。现阶段中国发展最大的不平衡在于城乡之间、区域之间的不平衡。就基本公共服务的供给而言，这种不平衡突出表现为城乡之间资源配置不均衡，服务水平差异较大；软硬件设施不足，同时，已有设施利用不够；一些服务项目尚未有效惠及全部流动人口和困难群体；体制机制创新滞后，社会力量参与不足。具体说来，主要是以下几方面：

一是，城乡教育资源配置不均衡。教育公平是社会公平的基础。通过均衡配置教育资源，可以让亿万孩子共享优质教育资源，通过知识改变命运。但现状是，教育资源特别是优质师资大多集中在城市，尤其是集中在大城市，而农村地区的师资及其他软硬件设施明显偏弱。因此，着力发展农村教育，促进各类教育资源向乡村倾斜，建立城乡一体、均衡发展的义务教育体制，是实现基本公共服务均等化的重要任务之一。

二是，城乡医疗资源配置严重不均衡。我国的医疗资源配置严重不均衡，优质医疗资源集中在城市，特别是集中在一、二线大城市，乡村地区的患者涌向大城市求医问药的现象普遍存在。要加强乡村医疗人才的输送和培养，加强乡村医疗服务设施建设，鼓励县医院和乡村卫生所建立医疗共同体，鼓励城市大医院对口帮扶农村医疗机构，缓解农村居民看病难、看病贵的问题。

三是，医疗保险、养老保险等是城乡居民关切的民生热点，也是我国现阶段发展中的一个痛点。实现各类社会保险标准统一、制度并轨，充分发挥社保对保障人民生活、对调节社会收入分配的重要作用是基本公共服务体系建设的重点。

三、促进基本公共服务均等化的主要举措

（一）充分发挥基层党组织领导作用

充分发挥基层党组织的政治功能，推动乡镇（街道）党（工）委领导做好基层公共服务工作。以党建为抓手推进乡镇（街道）的驻社区单位与城乡社区共建互补。拓展区域化党建，推进各类园区、办公楼宇、市场商圈、网络媒体等的党建覆盖，通过党的组织系统将公共服务均等化的工作落实到每个角落。

（二）提高社区公共服务供给能力

加快城乡社区公共服务体系建设，做好劳动就业、社会服务、社会保障、教育培训、文体卫生、托老托幼、公共安全、调解仲裁等与城乡社区居民利益密切相关的公共服务事项。以城乡公共服务均等化为目标，促进城乡社区服务项目、程序、标准相衔接。政府购买服务的指导性目录应纳入城乡社区服务内容，政府购买公共服务的政策措施应公开透明，对主体的选择严格按照有关规定。创新城乡社区公共服务供给方式，推行一窗受理、首问负责、减少

往返、及时办结、服务承诺等制度。提升城乡社区医疗服务质量水平,使居民的基本医疗服务需求得到更好满足。合理规划建设文化体育、商业物流、金融证券等自助服务设施,探索社区公共空间的集成配置和综合利用。在农村社区积极开展生产和生活方面的互助活动。支持供销合作社系统的经营服务网点向城乡社区延伸,鼓励和引导各类市场主体参与社区服务业。

(三)健全基层群众自治制度

推动基层群众自治组织建设的规范化,合理确定其活动范围和活动方式。加快国有农(林)场、城乡新建迁建住宅区、流动人口聚居地、工区矿区所在地的社区居民委员会组建工作。完善社区民主选举制度,进一步规范民主选举程序,通过依法选举稳步提高本社区居民在社区居民委员会成员中的比例,采取有力措施使外出务工农民的民主选举权利切实得到保障。通过加强基层群众自治能力和机制的建设,对基层政府在提供公共服务过程中的项目建设、经费使用、投资效果、服务质量等实行更有效的监督,促进基层政府在公共服务方面的决策更加科学合理,经费的使用更加廉洁高效,政府提供公共服务的效果评价更能集中地反映民意。

(四)发挥社会力量协同作用

居民自治组织、企业事业单位、其他社会组织等是有组织的社会力量,应积极发挥这些组织的主动性和协同作用推动城乡社区基本公共服务建设。城乡社区的各种协会,如老年人协会、环保协会、体育协会、音乐舞蹈协会、助教协会等等,都是能够有针对性地发现居民需求的居民自组织,应引导这些组织设计服务项目,选择服务承接单位,监督服务流程和结果。在农村,应积极支持集体经济组织和民营企业参与公共服务。

参考文献

[1]陈家刚:《基层治理》,中央编译出版社 2015 年版。

[2]俞可平:《中国治理评论》,中央编译出版社 2017 年版。

[3]丁忠毅:《中国基本公共服务均等化与社会转型》,中国社会科学出版社 2019 年版。

[4]吴月:《地方政府购买公共服务研究》,人民出版社 2020 年版。

[5]姜海山、蒋俊杰、于洪生:《中国政府架构与基本公共服务》,人民出版社 2017 年版。

[6]刘志昌、刘须宽:《中国城市基本公共服务力评价(2020)》,社会科学文献出版社 2020 年版。

[7]张晓杰:《区域基本公共服务均等化:创新、协同与共享》,上海人民出版社 2020 年版。

[8]胡税根:《公共管理学》,中国社会科学出版社 2020 年版。

[9]郭渐强、方放:《公共政策分析》,北京大学出版社 2021 年版。

[10]李克让:《社会治理中基本公共服务均等化与可及性研究》,《财会通讯》2022 年第 16 期。

[11]张润君:《公共服务体系现代化:政府、社会和市场》,《西北师大学报》(社会科学版)2022 年第 6 期。

[12]《中华人民共和国国民经济和社会发展第十四个五年规划纲要》,《人民日报》2021 年 3 月 13 日。

[13]《国务院办公厅关于印发“十四五”城乡社区服务体系建设规划的通知》,《中华人民共和国国务院公报》2022 年第 5 号。

第八章　基层治理队伍建设

基层治理队伍建设具有十分重大的时代意义。党的十九届五中全会提出,“十四五”时期要加强基层社会治理队伍建设。《中共中央国务院关于加强基层治理体系和治理能力现代化建设的意见》中提到:“充实基层治理骨干力量,加强基层党务工作者队伍建设”,“推进编制资源向乡镇(街道)倾斜,鼓励从上往下跨层级调剂使用行政和事业编制”,“研究制定加强城乡社区工作者队伍建设政策措施”,“加强城乡社区服务人才队伍建设,引导高校毕业生等从事社区工作”。[①] 在百年未有之大变局和新冠肺炎疫情的双重影响下,当前结合我国具体国情,提出有针对性提升和加强基层治理队伍建设的路径,以期为进一步深入推进国家治理体系和治理能力现代化,营造高质量发展和谐稳定局面提供切实可行的参考建议。

① 《中共中央国务院关于加强基层治理体系和治理能力现代化建设的意见》,《人民日报》2021 年 7 月 12 日。

第一节 推进编制资源向基层倾斜

抓好人才队伍建设需要不断加强政策激励，留住新生代的优秀人才。基层治理任务重、压力大，大量工作都压在基层，导致基层不堪重负，亟需与之相匹配的优秀人才来为基层注入新活力。但目前来看，基层编制资源较为稀缺，受长期以来固有观念的影响，在选择职业时，人们更倾向于有保障的带有编制的工作。编制资源仍然是吸引优质人才的重要手段，基层编制少，则很难吸引并留住人才。因此，要加强基层治理队伍建设，首先要推进编制资源向基层倾斜，拓展基层吸引优质人才的通道。

一、编制资源的内涵

"编制"一词存在多种解释，在这里提到的"编制"主要是指机关事业单位等各种组织机构的设置及其为了完成未来或过去的任务而确定的人员数量的配置定额和职务的分配，一般由财政拨款的编制数额由各级机构编制部门来制定，财政部门据此进行拨款。通常来讲，一般分为行政编制、事业编制等。编制对机关事业单位人员的实际配置工作产生指导和约束作用。

一般来讲，编制资源的概念存在广义和狭义之分。广义的编制资源是指各种机构的设置及其人员数量定额、结构和职务配置。狭义的编制资源是指人员编制，是指为完成组织的功能，经过被授权的机关或部门批准的机关或单位内部人员的定额、人员结构比例及对职位（岗位）的分配。一般包括以下几方面的内容：(1)编制员额的规定；(2)各职位（岗位）的名称、设置以及领导职数的规定；(3)各类人员的比例结构的规定；(4)人员配备的质量要求。同时，编制具有计划性，是行政管理资源，而编制管理也是一种资源配置的行为。

二、编制资源配置存在的问题

从基层治理视角来讲，编制资源的配置是十分重要的一种行政管理手段，编制资源配置是否合理直接影响到治理成效。我国对编制资源配置方面进行了一系列的实践探索，但目前来看，编制资源的配置还存在如下问题：

（一）基层编制资源相对短缺

《中共中央关于深化党和国家机构改革的决定》强调："推动治理重心下移，尽可能把资源、服务、管理放到基层，使基层有人有权有物，保证基层事情基层办、基层权力给基层、基层事情有人办。"① 目前来看，在基层编制资源配置方面存在的首要问题仍然是基层编制资源的短缺。近些年来，由于基层承接了大量的经济社会管理事项，大量工作任务被放到基层，如果编制资源不能下沉，就很难吸引到优质人员，为基层治理注入活力，就会出现接不住、接不好的问题。总的来看，市、县（区）两级的编制数量相对充裕，而乡镇（街道）等一线人员的编制不足问题较为突出。

（二）下沉编制资源不够精准

《中共中央关于深化党和国家机构改革的决定》强调："加强机构编制管理评估，优化编制资源配置。加快建立机构编制管理同组织人事、财政预算管理共享的信息平台，全面推行机构编制实名制管理，充分发挥机构编制在管理全流程中的基础性作用。"② 尤其在编制资源下放的过程中，尽管很多地区进行过大量的实践，编制

① 《中共中央关于深化党和国家机构改革的决定》，《人民日报》2018 年 3 月 5 日。
② 《中共中央关于深化党和国家机构改革的决定》，《人民日报》2018 年 3 月 5 日。

资源的确下放到了基层，但还不够精准，不能够准确地下沉到核心领域，在精打细算、统筹调配方面还存在一定的不足，不能够确保“好钢用在刀刃上”。因此，还要精准下沉编制资源，在“补得准”上下功夫。

（三）编制资源使用效率不高

《中共中央关于深化党和国家机构改革的决定》强调：“根据工作实际需要，整合基层的审批、服务、执法等方面力量，统筹机构编制资源，整合相关职能设立综合性机构，实行扁平化和网格化管理。”[①]基层工作任务繁重、面广量大，编制下沉到基层后，使用效益不高问题也十分突出。比如，乡镇（街道）缺乏用人自主权，工作人员的职责分工不明确，以及工作效率不高等也是亟须解决的重要问题。

（四）编制资源日常监管不到位

《中共中央关于深化党和国家机构改革的决定》强调：“明确政策标准和工作流程，加强督促检查，健全监督体系，规范基层管理行为，确保权力不被滥用。”[②]基层编制资源的日常监管不到位问题时有发生，比如，乡镇（街道）编制资源被挤占或挪用，这就很难保障基层党的建设、全面乡村振兴以及新型城镇化等重点工作的顺利开展，同时在工作运行和编制使用方面存在的问题还需要引起高度重视，进行有效监管。

三、推进编制资源向基层倾斜的主要举措

为推动编制资源不断向基层倾斜，要不断深入学习贯彻习近平总书记关于机构编制工作的重要论述和重要指示批示精神，认

① 《中共中央关于深化党和国家机构改革的决定》，《人民日报》2018 年 3 月 5 日。

② 《中共中央关于深化党和国家机构改革的决定》，《人民日报》2018 年 3 月 5 日。

真落实“严控总量、统筹使用、有减有增、动态平衡、保证重点、服务发展”的要求，加大“减上补下”力度，积极推进编制资源下沉，服务保障党建引领基层治理，筑牢夯实党执政大厦的地基。主要举措包括如下几个方面：

（一）优化政府组织结构，增加乡镇（街道）编制数量

优化政府组织结构的重要举措就是要“推进机构、职能、权限、程序、责任法定化，使政府机构设置更加科学、职能更加优化、权责更加协同。严格机构编制管理，统筹利用行政管理资源，节约行政成本”[①]。

破解严控机构编制与满足经济社会发展之间的矛盾，需要做好统筹协调，加大创新力度，努力盘活现有编制资源。首先，要建立一个城市内部的全市编制资源的统筹，改变编制终身制的做法，破除编制地区部门所属的观念，尽可能把更多资源、服务、管理下放到基层，让基层有责有权、有人有钱，全面提高基层服务水平和效率。其次，要进一步加强部门内部的职责和业务整合，争取留出更多空编。并针对“增加编制容易、减少编制困难”的现实问题，制定措施办法，要求市、县（区）两级要按一定比例留出空编，未达到空编率要求的，采取“多出少进”、自然减员等方式逐步消化解决。最后，将按空编率留出的空编集中起来，由市委编委提级管控、统筹调配，专项用于保障全市重点领域和基层一线用编急需，不断推动编制下沉，尤其解决基层人员编制不足问题，以吸引更多基层治理的优质人才。

（二）在精准下沉编制资源方面加大力度

在兼顾“减上”和“补下”的同时，一定要统筹协调、精打细算，

---

① 《中共中央关于坚持和完善中国特色社会主义制度　推进国家治理体系和治理能力现代化若干重大问题的决定》，《人民日报》2019 年 11 月 6 日。

力求把空余编制精准下沉到基层一线，确保“好钢用在刀刃上”。首先，围绕基层治理能力的提升，不断提高乡镇（街道）编制的配备标准，在统筹考虑乡镇（街道）服务人口、服务半径的基础上，将党的建设、网络安全和信息化、公共服务、公共安全等不同领域的工作机构编制人员数量进行定量化、精准化上调。其次，为了培养基层治理的骨干力量，加大编制资源不断向社区和村政策倾斜的力度，充分发挥编制资源正向激励作用。最后，进一步围绕应对突发公共卫生安全事件，推进执法重心下移，加强重点领域执法一线力量，以及围绕积极应对人口老龄化，助力破解托育等重点领域问题，不断补齐这些重点领域机构编制缺口。尤其是要“进一步整合行政执法队伍，继续探索实行跨领域跨部门综合执法，推动执法重心下移，提高行政执法能力水平。落实行政执法责任制和责任追究制度。创新行政管理和服务方式，加快推进全国一体化政务服务平台建设，健全强有力的行政执行系统，提高政府执行力和公信力”①。

（三）提升编制资源的使用效率

聚焦乡镇（街道）的治理能力，不断提升编制资源的使用效率。首先，要在管理体制上下功夫，“构建党委领导、党政统筹、简约高效的乡镇（街道）管理体制。深化基层机构改革，统筹党政机构设置、职能配置和编制资源，设置综合性内设机构”②。其次，要减少管理层级，发挥乡镇（街道）党政领导班子成员的战斗堡垒作用，不断压实工作责任，提高工作效率，进一步节约编制资源。再次，要

① 《中共中央关于坚持和完善中国特色社会主义制度　推进国家治理体系和治理能力现代化若干重大问题的决定》，《人民日报》2019 年 11 月 6 日。

② 《中共中央国务院关于加强基层治理体系和治理能力现代化建设的意见》，《人民日报》2021 年 7 月 12 日。

允许乡镇（街道）满编运行，及时补充工作人员力量，明确要求各县（区）在制定用编用人计划时，要优先保障空编的乡镇（街道）。最后，要对基层的编制资源进行分类管理，对人员进行统筹使用，并赋予基层更加灵活的用人自主权，既能有效缓解基层人员力量不足问题，又能进一步调动基层人员干事创业的积极性。

（四）加强编制资源的监管

在编制资源的监管方面，一定要树立全周期管理的意识，强化对编制资源下沉基层后的全过程监管，确保编制真正下沉到位、精准到重点领域、措施落地见效。首先，要严格落实乡镇（街道）编制“专编专用”，防止乡镇（街道）编制资源被挤占或挪用。其次，要加强编制资源使用去向的效益评估。结合巡视巡察、选人用人专项检查及审计等，及时发现和解决编制资源使用方面存在的问题，不断优化基层编制资源配置。最后，严禁干预基层机构编制事项。坚决制止上级主管部门通过各种方式干预基层机构设置、职能配置和编制配备的行为。

第二节　加强基层党务工作者队伍建设

习近平总书记强调：“城乡社区处于党同群众连接的‘最后一公里’，要把加强基层党的建设、巩固党的执政基础作为贯穿社会治理和基层建设的一条红线，深入拓展区域化党建。”[①]抓好基层党建，必须加强基层党务工作者队伍建设。

① 《习近平关于社会主义社会建设论述摘编》，中央文献出版社 2017 年版，第 129 页。

一、基层党务工作者的界定

所谓党务工作者，是指负责党委班子建设、基层党组织建设、党员组织关系管理工作的人员。党务工作者首先必须是党员，一般主要包括党支部书记、党支部副书记、党支部组织委员、党支部宣传委员、党支部纪律检查委员等。

基层党务工作者的职责一般包括：负责党员组织关系管理，做好基层党组织的帮助指导，负责区域党建信息网管理，负责党内信息统计上报，做好党员教育培训工作，组织开展志愿互助服务，指导、支持工会、共青团、妇联等群团组织依照各自的章程独立自主地开展工作，以及做好党员就业指导和其他综合服务等工作。随着社会形势的不断发展，基层党务工作者对广大干部职工进行思想政治教育培训的工作十分艰巨。加强党的执政能力建设和先进性建设以及开展创先争优活动，对新时期基层干部职工的思想政治工作提出了更新更高的要求，同时也为基层党务工作者搭建了更为广阔的展示平台。

二、加强基层党务工作者队伍建设的重要性

（一）加强党建工作的重要抓手

坚持党建引领基层治理，需要深入细致的思想政治工作。而要加强和改进基层思想政治工作，必须发挥党务工作者在思想政治工作中服务群众、凝聚人心、促进和谐的重要作用。基层党务工作者如果自身综合能力不佳，必然会影响到思想政治工作的说服力和感召力。只有抓好高素质党务工作者队伍建设，才能保证思想政治工作的落实，才能进一步保证党的各项任务的完成。

(二)时代背景的必然选择

随着“互联网+党建”的日益普及,面对百年未有之大变局、新冠肺炎疫情以及西方社会各种思潮的多重影响,人们的思想观念也开始多元化。如何发挥新时代党组织的凝聚力和战斗力,是基层党务工作者需要面对的重大时代课题。因此,为适应新形势新任务对党建工作提出的新要求,要与时俱进、守正创新、开拓进取,不断加强基层党务工作者队伍建设,为基层治理提供重要保障。

三、当前基层党务工作者队伍建设存在的问题

目前来看,尽管我国基层党务工作者队伍建设已经取得明显成效,但在很多方面仍存在不足之处,主要体现在如下几个方面:

(一)体制机制不健全,缺乏党内监督

目前,部分基层党务工作的体制机制明显滞后,很难适应当前全面从严治党新形势下基层党务工作的实际需要。主要表现在基层党务工作者权责不对称,缺乏上级指导,运行不规范等方面。由于体制机制不够健全,奖励激励机制偏少,部分党务工作者薪酬待遇低。同时,党内监督不健全。党内监督机制缺乏规范,不够健全,渠道不畅通;一些党员和党员领导干部对党内监督的重要性认识不够,接受监督的自觉性不高,存在着不愿被监督和不敢被监督的现象,党组织的管理、监督职能难以充分发挥。

(二)有些基层党务工作者政治素养有待提高

有些基层党务工作者政治站位不够高,是目前基层党务工作者队伍建设面临的首要问题。尤其是在政治理论的学习过程中,思想上重视不够,走过场现象较为突显,学习目标不明确,理论学习缺乏深度,浮于表面。同时,还存在积极性不高、自觉性差,在学习中缺乏深入思考,不能将理论与自身工作实际相结合,很多同志

平时忙于具体工作，不能准确理解和把握党的思想路线和方针政策，进而导致自身难以运用科学的思维方法和工作方式，在工作过程中方法有限，思路也不够开阔。

（三）有些基层党务工作者业务能力有待加强

基层党务工作者的业务能力还不够强。一些基层党务工作者思想上重视程度不够，对党务工作的重要性认识不足，导致在业务方面缺乏更深入的钻研，也不重视业务能力的培养锻炼，很难适应新时代党建工作的要求。还有一部分党务工作者对党务工作认识不足，工作热情不高，认为党务工作游离于主业之外，在工作中出现“打游击”的现象，无法将党务工作与部门的中心工作相融合，导致党务工作的边缘化。由于缺乏对党务工作者的考察、考核，也容易出现党务工作者不能适应岗位要求的现象。

（四）基层党务工作者队伍结构不够合理

基层党务工作者队伍结构的不合理也是目前队伍建设亟须解决的突出问题。队伍结构的不合理主要体现在，党支部负责人一般年龄较大，有些党务工作者还是兼职，存在安置性、照顾性等现象，导致党务工作者很难全身心地将精力投入工作当中。同时，党务工作者的选配不够严格，有些党务工作人员岗位变动较为频繁，甚至缺少专业党务工作岗位，后备接续力量不足，队伍结构不稳定。

四、加强基层党务工作者队伍建设的主要途径

（一）完善体制机制、加强党内监督

首先，要不断完善体制机制，使之与当前发展的新形势相适应。通过必要的简政放权，实现部门权责对等，上级党委要加大对基层的指导力度，不断规范其运行。其次，要不断完善奖励机制，

制定合理的激励目标，给予适当的物质奖励，提高基层党务工作者薪酬待遇，激发基层党务工作者的积极性。最后，要不断加强党内监督，坚持严管与厚爱相结合、激励和约束并重。规范监督机制，提高党员和党员领导干部对党内监督的认识，自觉接受监督，打造一支坚强有力的战斗队伍。

(二)强化基层党务工作者思想政治教育

随着经济社会不断发展和改革开放的不断深入，日益复杂的新形势、新局面、新问题不断涌现，对基层党务工作者提出了更高的素质和能力要求。首先，基层党务工作者要不断加强思想政治教育，要高度重视理论学习，实现思想上统一、政治上团结、行动上一致。其次，要高站位谋划基层党务工作者队伍建设，基层党组织带头人队伍建设是至关重要的一环，要将其放在加强队伍整体建设的全局来谋划，对带头人进行重点培养。最后，基层党组织要立足岗位实际，不断将党务工作与业务工作进行深度融合，使党务工作者发展成为复合型人才。同时，基层党组织要自觉发挥政治核心引领作用，及时组织基层党务工作者了解并掌握相关的政策及会议精神，确保基层党务人员了解党建工作面临的新形势与新目标，提高基层党建工作的针对性和有效性，并通过组织实践培训、现场教学、视频党课、实地走访等多种方式和手段，不断提升党务工作者的思想政治素养。

(三)加强基层党务工作者业务能力建设

建设坚强有力的党组织和高素质专业化干部队伍，把提高治理能力作为新时代干部队伍建设的重大任务。全方位提升基层党务工作者业务能力，“通过加强思想淬炼、政治历练、实践锻炼、专业训练，推动广大干部严格按照制度履行职责、行使权力、开展工作，提高推进‘五位一体’总体布局和‘四个全面’战略布局等各项工作能力和水平”[①]。基层党务工作者要不断淬炼思想、进行专业训练，熟悉掌握基层党务工作的基本流程，摸清各自家底，明确努力方向。培训内容要结合基层党务工作实际，实事求是、求真务实，要具有很强的针对性和实效性，以不断提高党建业务水平。只有不断进行实践锻炼，才能提高党务工作者的业务能力，筑牢思想政治基础，全面提升党务工作者适应新时代党建工作的能力水平，也才能为进一步落实基层党务工作规范化建设、做实做细做牢基层党建工作起到推动作用。基层党务工作者要时时践行优秀党务工作者的标准，处处体现共产党员的先锋模范作用，为抓好党建工作打下坚实基础，更好发挥党建引领作用，更好为人民群众服务。

（四）合理配置基层党务工作者队伍

针对基层党务工作者队伍结构不合理的现状，要不断完善体制机制，合理配置基层党务工作者队伍。同时，还要“坚持党管干部原则，落实好干部标准，树立正确用人导向，把制度执行力和治理能力作为干部选拔任用、考核评价的重要依据”[②]。在此基础上，规范机构设置和人员配置。按照党章要求，规范党组织的机构设置和人员配置，从制度设置上使基层党组织和党务工作者的配置规范、明晰，这是发挥好党组织作用的前提和基础。同时，不断拓宽基层党务工作者的晋升通道，打造复合型党务工作人才队伍，以及储备足够的后备力量，保持党务工作者队伍的生机与活力。

---

① 《中共中央关于坚持和完善中国特色社会主义制度 推进国家治理体系和治理能力现代化若干重大问题的决定》，《人民日报》2019年11月6日。

② 《中共中央关于坚持和完善中国特色社会主义制度 推进国家治理体系和治理能力现代化若干重大问题的决定》，《人民日报》2019年11月6日。

第三节　加强社工人才队伍建设

“城乡社区是社会治理的基本单元。城乡社区治理事关党和国家大政方针贯彻落实，事关居民群众切身利益，事关城乡基层和谐稳定。”[①]社工人才队伍建设在基层治理队伍的建设中有着不可替代的作用，而加强社工人才队伍建设也是实现城乡社区社会治理的重要保障。目前来看，社工人才队伍建设取得了一定的成就，服务人才队伍不断壮大，据统计，“截至 2020 年底，全国社区工作者 433.8 万人，村(居)民委员会班子成员 277.6 万人，社会工作专业人才 157.3 万人”[②]；但是，“面对‘十四五’时期经济社会发展新形势、人民群众新期待、基层治理新任务，我国城乡社区服务发展不平衡不充分问题仍然突出，党建引领社区服务体系建设还不健全，政府、市场、社会多方参与格局还不完善，信息化基础设施和技术应用还比较薄弱，社区工作者就业吸引力、岗位认同感、队伍稳定性还有待提升”[③]。因此，加强社会工作人才队伍建设迫在眉睫，需要引起高度重视。

一、社工人才的界定

“社工人才”是社会工作人才的简称，社会工作人才是社会工作者和义务工作者等从事社会管理与服务工作人才的统称。社会工作人才是以助人为宗旨，运用专业知识和方法，进行困难救助、

---

① 《中共中央国务院关于加强和完善城乡社区治理的意见》，《人民日报》2017 年 6 月 13 日。

② 《国务院办公厅关于印发“十四五”城乡社区服务体系建设规划的通知》，《中华人民共和国国务院公报》2022 年第 5 号。

③ 《国务院办公厅关于印发“十四五”城乡社区服务体系建设规划的通知》，《中华人民共和国国务院公报》2022 年第 5 号。

矛盾调处、权益维护、心理辅导、行为矫治等社会服务工作的专门人才，主要分布在社会福利、社会慈善、社区服务等领域，在协调社会关系、预防和解决社会问题、促进社会公正等方面发挥着独特作用，是现代社会管理与服务的重要力量。社会工作人才主要从事社会管理与服务工作，是社会治理的重要力量，与人民群众的切身利益密切相关，也深刻影响着社会的和谐稳定。

二、社工人才队伍建设的重要性

(一)有助于促进社会和谐稳定

加强社会建设是社会和谐稳定的重要保障，其重点在于保障和改善民生。无论在哪个领域，人才永远是第一位的，城乡社区的社会工作人才队伍建设是至关重要的，也是加强社会建设首先要考虑的问题。

(二)提升基层治理能力的重要保障

社会工作人才是专业技术人才的重要组成部分，经济社会的高质量发展与构建新发展格局均离不开社会工作人才队伍的建设。尤其是在新冠肺炎疫情的影响下，疫情防控的主战场就在城乡社区，城乡社区的社会工作人才在统筹经济社会运行和疫情防控方面具有不可替代的重要作用。未来我国要实现国家治理体系和治理能力现代化，基层的治理能力提升是根本，同样离不开基层社工人才队伍的建设。因此，基层治理队伍建设中要将社工人才队伍建设摆在突出位置。

三、目前社工人才队伍建设面临的主要问题

(一)社工人才的数量不足、专业素质不高

社会工作人才队伍建设的重要性不言而喻。但目前来看，社

工人才队伍建设还面临着一系列的问题。其中最突出的问题就是社工人才队伍的数量和质量均有不足。面对百年未有之大变局，特别是在构建新发展格局和新冠肺炎疫情的双重影响之下，对社会工作职业化、专业化的需求越来越迫切。改革开放以来，由于工业化和城市化进程的持续推进，农村人口大量涌入城市，城市化率不断提升，目前已超过60%，社区已经成为人们生活的主要场所。但是，与之对应的社区工作者队伍还远没有跟上。社区服务人才队伍是社会工作人才队伍的重要组成部分，其数量和专业化素质还有待进一步补充和提高。

（二）社工人才队伍建设缺乏制度性保障

社会工作人才队伍的建设还面临着一系列制度性障碍。这主要体现在社会工作人才队伍法制建设不健全，统一的专项规划和管理办法与具体实际的结合方面有待提升，社区工作者配备标准及其考核体系不够完善等方面。

四、推动社工人才队伍建设的主要手段和方法

（一）统筹规划与管理

推动社工人才队伍建设的手段和方法有很多，当前最重要的是要统筹加强社区工作者队伍建设，“将社区工作者队伍建设纳入国家和地方人才发展规划，地方要结合实际制定社区工作者队伍发展专项规划和社区工作者管理办法，把城乡社区党组织、基层群众性自治组织成员以及其他社区专职工作人员纳入社区工作者队伍统筹管理，建设一支素质优良的专业化社区工作者队伍”①。

① 《中共中央国务院关于加强和完善城乡社区治理的意见》，《人民日报》2017年6月13日。

(二)选优配强社区工作者队伍、增加社工人才数量

组织实施社区人才队伍建设行动,“规范村(居)民委员会换届选举,全面落实村(社区)‘两委’班子成员资格联审机制”[①]。同时要“加强城乡社区党组织带头人队伍建设”,“注重把优秀社区党组织书记选拔到街道(乡镇)领导岗位,推动符合条件的社区党组织书记或班子成员通过依法选举担任基层群众性自治组织负责人或成员”。[②] 建立健全村(社区)党组织书记后备人才库,依法选优配强村(社区)“两委”班子成员。在充实人才方面,“通过选派、聘用、招考等方式,选拔优秀人才充实社区工作者队伍”,“鼓励高校毕业生、退役军人到村(社区)就业创业”。[③] “社区专职工作人员由基层政府职能部门根据工作需要设岗招聘,街道办事处(乡镇政府)统一管理,社区组织统筹使用。”[④]

目前比较流行的社区网格化管理是实现社区有效治理的重要途径。随着社工人才数量的不断增加,要加强社区网格党组织建设,“原则上一个网格设立 1 个党支部或党小组。社区网格党支部书记、党小组组长由社区党组织成员或社区党员骨干担任,并兼任网格长。鼓励支持离退休干部党员参与社区网格党组织建设”[⑤]。

(三)加强教育培训、提升社工人才素质

要加强对社区工作者的教育培训。采取灵活多样的方式,综合多种方法和手段,“加强社区服务人才培训管理,建立健全社区

---

① 《国务院办公厅关于印发“十四五”城乡社区服务体系建设规划的通知》,《中华人民共和国国务院公报》2022 年第 5 号。

② 《中共中央国务院关于加强和完善城乡社区治理的意见》,《人民日报》2017 年 6 月 13 日。

③ 《国务院办公厅关于印发“十四五”城乡社区服务体系建设规划的通知》,《中华人民共和国国务院公报》2022 年第 5 号。

④ 《中共中央国务院关于加强和完善城乡社区治理的意见》,《人民日报》2017 年 6 月 13 日。

⑤ 中共中央组织部办公厅:《中共中央组织部、中共中央政法委员会、民政部、住房城乡建设部印发〈关于深化城市基层党建引领基层治理的若干措施(试行)〉的通知》,2022 年 1 月 30 日。

工作者能力指标体系，健全完善分级培训制度，用好现有培训基地和在线培训平台”，“鼓励有条件的院校开展社区服务相关人才培养和社区工作者能力提升培训，强化社区服务人才供给”。[①] 同时，要进一步“加强对社区工作者的教育培训，提高其依法办事、执行政策和服务居民能力，支持其参加社会工作职业资格评价和学历教育等，对获得社会工作职业资格的给予职业津贴”[②]，以此不断提升社工人才的综合素质。

（四）完善相关制度保障

破除社会工作人才队伍建设中的一系列制度性障碍，完善制度配套，尤其是要强化城乡社区治理的组织保障。完善城乡社区治理领导体制和工作机制，健全城乡社区治理工作协调机制，加强社区工作者队伍建设，强化政策研究、标准制定和激励宣传，切实抓好文件贯彻落实。

第四节　加强志愿者队伍建设

家是最小的国，国是千万家。基层治理离不开每个人的参与，尊重知识、尊重人才，加快人才制度和政策创新，支持各类人才为推进国家治理体系和治理能力现代化贡献智慧和力量。而在基层治理过程中，还存在着志愿者队伍的志愿自觉的理念不够，社会共识度低，人员少、成员结构相对单一、技能水平较低，缺乏相应的资金保障，志愿服务的积极性和主动性不高等一系列问题。因此，要通过广泛宣传、加强技能培训、完善管理机制和相应的保障等措

① 《国务院办公厅关于印发“十四五”城乡社区服务体系建设规划的通知》，《中华人民共和国国务院公报》2022 年第 5 号。

② 《中共中央国务院关于加强和完善城乡社区治理的意见》，《人民日报》2017 年 6 月 13 日。

施，不断加强、壮大志愿者队伍。

一、志愿者的界定

“志愿者”一词的含义较为广泛，在不同领域存在不同的侧重点。联合国为志愿者下的定义是自愿进行社会公益服务而不获取任何利益、金钱、名利的活动者。就中国实际情况而言，志愿者具体指在自身条件允许的情况下，参与相关的团体组织，不谋求任何的利益回报，结合自身实际，力所能及地为社会公益事业服务，致力于帮助有需要的人士，且具有一定专业性、技能性、长期性服务活动的人员。

二、志愿者队伍建设的重要性

（一）有助于满足人民的多元需求

中国特色社会主义进入新时代，我国的社会主要矛盾已经发生了根本性变化。单纯依靠传统的自上而下的管理模式，难以满足人们多元化的需求，还需要树立全民参与、共同治理的共同体意识。

（二）有助于实现精细化的治理

志愿者是基层社会治理主体中的重要组成部分，应对日益复杂多变的国际国内环境以及实现精准、精细化的治理模式也必然需要广大志愿者队伍的积极参与。因此，基层治理过程中，加强志愿者队伍建设具有十分重要的现实意义。

三、目前志愿者队伍建设面临的主要问题

经过多年努力，在基层治理中志愿者队伍的建设已经取得了一定的成效。但是，面对日趋复杂的国际和国内环境，基层治理需

要多元主体共同参与，志愿者队伍在多元主体中具有重要意义。目前来看，志愿者队伍建设还存在如下不足之处：

(一)社会共识度不高，志愿自觉的理念及氛围不够

当前开展志愿服务面临的首要困难是社会或民众志愿服务自觉的理念与氛围不够，而且在社会上很难达成共识。目前，大部分志愿者的志愿服务是在政府号召或组织下开展的，缺乏带头人的组织引领，存在一些参与者“被志愿”的现象。此外，志愿活动在一定程度上缺少社会的理解和认同，志愿自觉的社会氛围不够。这是目前志愿者队伍建设面临的最为突出的问题。

(二)社区志愿者人员少、技能水平低

基层治理依靠的志愿者队伍主要集中在社区。但是，我国社区志愿者人员数量少、结构相对单一，志愿者一般在特定节日或者单位统一组织时才参加活动；同时，社区志愿者以退休的老年人居多，中青年较少，成员构成相对单一。随着经济社会的不断发展，人们日益多元化的服务需求与社区志愿者结构单一、技能水平较低之间的矛盾越来越突出。

(三)缺乏相应的保障，且形式化问题严重

由于我国的志愿服务事业起步较晚，各种制度和措施还有待进一步完善，尤其是资金短缺问题仍是志愿服务活动发展的主要瓶颈。同时，志愿服务活动缺乏必要的激励措施，形式化问题十分严重，导致部分志愿者认为参加志愿服务活动就是为了完成工作任务。因此，参与的积极性不高。

四、推动志愿者队伍建设的主要路径

为推进志愿者队伍建设，更好发挥志愿者在基层社会治理中的积极作用，针对目前志愿者队伍面临的问题，亟须提出有效推动

志愿者队伍建设的若干对策，多举措加强志愿者队伍建设。

(一)广泛宣传，加强志愿者带头人引领作用

不断加强媒体对志愿服务理念的宣传报道力度，增强公民对志愿者的认同感，真正从内心把志愿活动变成完全自觉的公民行为，由被动变为主动，深挖志愿者自身的潜力与活力。同时，也要加强组织引领，尤其是志愿者队伍里的带头人，要选政治可靠、工作强势、作风硬朗、公平公正、身体健康的人。比如，一个跳广场舞的大妈带头人，她一个小时之内可以动员几千人，这种动员能力非常强大，如果这样的志愿者能够成为党的骨干，党的工作的榜样，那么这个力量就完全不一样了。因此，要密切联系志愿者队伍的带头人，尤其是在各类志愿者组织中有号召力的名人能人，宣传党的主张，贯彻党的决定，引领志愿者队伍积极参与基层治理，不断团结凝聚群众。

(二)积极动员，加强志愿者能力素质培养

社会治理依靠多元主体共同参与，志愿者队伍必须动员起来，党组织有责任推动志愿者队伍日益壮大，在广泛宣传志愿服务活动的同时，号召党员同志积极参与志愿奉献，充分发挥党员的先锋模范作用，不断扩大志愿队伍规模，为深入推进志愿服务发展提供充沛资源。针对志愿者队伍能力不强的问题，要不断加强志愿者能力素养，加快培育发展社区志愿者，尤其是引导高校毕业生等从事社区工作。将社区志愿者打造成一支一专多能的队伍，重点培养其团队精神，提高其工作能力。同时，也要不断培养社区志愿者大公无私的奉献精神，以及尊老爱幼、互帮互助的友爱精神，在开展志愿服务过程中，不断传递正能量，展现志愿者的风采。

(三)完善管理和保障机制,将志愿服务落到实处

不断完善管理机制。在活动方案设计、活动组织、活动信息收集、服务情况宣传与反馈等方面认真部署、细化任务、明确职责,确保活动的各个环节畅通有序。建立志愿服务管理台账并定期通报,形成比学赶超的服务氛围。同时,也要进一步完善志愿者的保障和激励机制,确保志愿服务工作者的稳定性,并激发其志愿服务的活力。比如,推进多元化志愿服务积分兑换体系建设,建立志愿者实践积分储蓄制度,丰富志愿活动结果运用,在社区建立志愿者的积分奖励制度,将志愿者服务的次数和时间折算成一定积分,通过积分兑换成实际的物品或者其他奖励。针对志愿服务的形式化问题,要进一步采取必要措施,统筹制定更加细致、具体的志愿服务内容,避免出现志愿服务过程中的形式化问题,不断提升志愿服务的质量和效果,确保将志愿服务落到实处。

参考文献

[1]《中共中央国务院关于加强基层治理体系和治理能力现代化建设的意见》,《人民日报》2021年7月12日。

[2]《中共中央关于深化党和国家机构改革的决定》,《人民日报》2018年3月5日。

[3]《中共中央关于坚持和完善中国特色社会主义制度　推进国家治理体系和治理能力现代化若干重大问题的决定》,《人民日报》2019年11月6日。

[4]赵梦阳:《以党建引领基层治理创新》,《人民日报》2022年3月15日。

[5]《中共中央国务院关于加强和完善城乡社区治理的意见》,

《人民日报》2017 年 6 月 13 日。

[6]《国务院办公厅关于印发“十四五”城乡社区服务体系建设规划的通知》,《中华人民共和国国务院公报》2022 年第 5 号。

[7]中共中央组织部办公厅:《中共中央组织部、中共中央政法委员会、民政部、住房城乡建设部印发〈关于深化城市基层党建引领基层治理的若干措施(试行)〉的通知》,2022 年 1 月 30 日。

第九章　基层治理考核评价

《中共中央国务院关于加强基层治理体系和治理能力现代化建设的意见》指出："基层治理是国家治理的基石，统筹推进乡镇(街道)和城乡社区治理，是实现国家治理体系和治理能力现代化的基础工程。"[①]基层治理如此重要，所以，对基层治理的效能进行考核评价也就显得非常必要。为持续推动党中央关于加强和创新基层治理系列决策部署落地见效，不断提升基层治理现代化水平，各级党委应注重发挥考核评价"指挥棒"作用，结合地方实际，遵循科学严谨、客观评价、务实可行、强化激励的原则，制定公平、公正、精准、科学的考核评价指标体系，进行系统全面的基层治理考核评价。

① 《中共中央国务院关于加强基层治理体系和治理能力现代化建设的意见》，《人民日报》2021年7月12日。

第一节 基层治理考核评价的内涵与意义

基层治理体系和治理能力现代化事关群众获得感、幸福感。明确基层治理考核评价的内涵和意义，是发挥基层治理考核评价“指挥棒”作用的逻辑起点。

一、基层治理考核评价的内涵

基层治理考核评价，通常也称为业绩考评或“考绩”，是指基层治理考核评价主体对照基层治理现代化目标和指标体系，采用科学的考核评价方式，评定基层相关工作任务完成情况以及基层治理工作人员的工作职责履行程度、实际效果及其对基层治理的贡献或价值，并将评定结果进行反馈的过程。它是基层治理人事管理的重要内容，更是加强和创新基层治理的强有力的手段之一。

基层治理考核评价的主体，一般是基层治理工作落实的上级单位或者相关领导，也可委托第三方进行考核评价。基层治理考核评价的客体，一般是基层治理工作的相关落实者，包括相关工作单位（部门）和相关工作人员。

基层治理考核评价的目的，是通过提高每个基层治理工作相关落实者的个体工作效率和团队整体合力，最终实现基层治理。为此，基层治理考核评价要坚持“四位一体”考核评价管理系统思路，始终坚持理念认识是方向，绩效文化是关键，技术工具是保障，制度建设是基础。基层治理考核评价，要坚持做到发展性评价，既要起到重要的督促整改的作用，也要注重发挥战略引领作用；要关注提高基层治理工作者的整体素质能力，并不断促进基层治理工作中的内部沟通和协作，减少因工作中的信息不对称造成的工作冗余以及工作失误，提高基层治理的整体工作效率。基层治理考核评价，要做到信息公开，让社会监督，要有资金的支持和保障。

二、基层治理考核评价的意义

加强和完善基层治理考核评价，有利于落实党中央部署，是调动治理主体积极性的有效方法、压实治理责任的有效途径和提高治理效能的有效手段。

（一）加强和完善考核评价是落实党中央部署的必然要求

基层工作无小事，加强和完善考核评价，坚持严管与厚爱相结合，让基层治理工作者更加忠于职守、担当奉献，对落实党和国家的路线方针政策有重要意义。通过不断加强和完善基层治理考核评价机制，可以对党中央部署要求进一步明确和细化，从而让基层治理工作者更加清晰地把握基层治理的要求和目标，始终坚持基层治理的正确方向，同时让基层治理工作者有明确的组织目标和工作使命感，为加强和改进基层治理、推进基层治理现代化作出更大贡献，让党中央部署要求得到充分落地落实。

（二）加强和完善考核评价是调动治理主体积极性的有效方法

基层治理是一项艰巨的工作任务，要发挥治理主体的主观能动性。充分发挥人民群众的力量，是基层治理中一个值得重视的治理思路。充分发挥群众监督的作用，就能更好地考核干部、评价干部，从而激励广大基层干部不断增强时不我待的紧迫感，以进取的心态、赶考的状态、奋斗的姿态全身心投入服务基层治理，积极回应群众关切，切实解决群众最关心最直接最现实的利益问题，特别是解决群众日常生活衣食住行中的操心事、揪心事，以看得见的变化回应群众期盼。

基层治理考核评价突出实干实效，坚持优者上、庸者下、劣者汰的用人原则，有利于引导基层治理主体树立正确的政绩观。同时，建立科学的考核评价体系，可以督促基层治理主体更加积极努力地去工作，减少工作中的推诿及其他问题的产生，进而不断提高基层治理效能。

（三）加强和完善考核评价是压实治理责任的有效途径

通过基层治理考核评价，明确基层治理的责任主体，有利于工作任务的责任到人。基层治理考核评价的导向作用主要体现为指标的导向作用，指标就是为基层治理明确目标，指导工作。[①] 指标会明确告诉基层治理主体哪些是应该做的、哪些是不应该做的及自己所做的工作是否与指标相符合，从而指导和约束基层治理主体的行为。

加强和完善考核评价，能够为基层治理提供凝聚作用。基层治理考核评价指标确定后，也就明确了基层治理的方向和目标，就会引导基层治理主体利用各种资源、凝聚一切可利用的力量来实现和完成目标。同时，基层治理考核评价指标也提供了不同基层治理主体彼此之间的对比标准，激励他们通过竞争更好地提高各自的治理效能。

基层治理考核评价，有助于明确基层治理主体的责任分配，防止在基层治理中出现互相推诿的现象。通过考核评价也能比较直观地反映相关责任完成情况，在分配任务时严格按照责任到人制度，减少浑水摸鱼的现象出现，做到目标和责任的科学分解，让每一位基层治理工作者都能明确自己身上的责任和目标，带着责任感和使命感不断完成目标任务，提升基层治理效能。

---

① 参见龙承春、唐春勇：《公务员年度考核评价模型的构建与应用》，《湖北行政学院学报》2009 年第 3 期。

(四)加强和完善考核评价是提高治理效能的有效手段

新时代新使命要求基层治理工作者切实增强责任感和紧迫感,同时要用更长远的眼光、更有效的举措来加强和改进基层治理。结合当地实际,全方位多角度充分考虑县直部门和乡镇(街道)的具体情况,分层分类设计一套全面系统科学的考核评价标准体系并制定详细可操作的考核评价细则,有利于提高基层治理的整体效能。

第二节　当前基层治理考核评价存在的主要问题

多年来,基层治理考核评价中存在这样那样的问题,导致对基层治理考核评价的激励失效,甚至出现负激励的情况。

一、重"形式"缺"实效"问题

目前,多数地方还停留在把基层治理考核评价仅作为辅助参考层面。一些地方对基层治理考核评价结果的运用,主要是与基层治理工作者的奖金福利相挂钩,依据考核评价排名给予物质奖励,但是奖励金额很小,奖励成为"鸡肋",并不能对基层治理工作者形成有效激励。

多数基层治理考核评价结果存在中间大两头小的问题,同时也存在"轮流坐庄""一团和气"的现象,导致很难通过考核评价结果来对基层治理情况作出明显区分,也难以通过考核评价结果发现基层治理中的具体问题,让基层治理考核评价的作用大打折扣。

在近几年的基层治理考核评价中,有些地区试行"末位淘汰制",但是进展并不顺利。对基层治理考核评价排名靠后的人员,并没有实际的惩罚措施,一般是只是领导约谈,并不能产生明显的成效。多数情况下把基层治理考核评价的结果公示之后就不再采取措施，没有将基层治理考核评价真正运用到工作的改进中，缺乏对基层治理考核评价运用的实践性。

基层治理考核评价也存在只重“分数”不重“分析”的问题。多数地方只是对基层治理考核评价结果进行简单公示，对不同的单位部门进行分数评比，并没有进行相应的分析研究，没有依据基层治理考核评价中掌握的情况对基层治理考核评价结果中的低分项及其原因进行分析，进而难以明确基层治理中各个层面、部位、主体到底存在哪些问题，有哪些地方需要改进。简单的分数公示容易导致努力的人变消极，增加消极怠工的风险。

二、增加基层负担问题

不恰当的基层治理考核评价容易造成基层负担过重问题，“开不完的会议、填不完的表格、迎不完的检查”使基层治理工作者疲于奔命。[①] 在基层治理考核评价过程中，存在依据考核评价指标准备材料打分的状况。基层治理工作者为了迎接考核评价，常常要临时开很多会、准备很多材料，出现为了考核评价加班加点赶材料的现象。一些地方为了能在考核评价中取得靠前的排名，还会临时开辟出很多专门迎接考核评价的现场，成为饱受诟病的“面子工程”。一些地方的基层治理考核实行周考核、月考核，要求每周以及每天都要填写工作记录，造成工作记录的程序化、烦琐化，基层治理工作者怨声载道。

随着移动互联网技术的发展，形式主义从“办公桌”走向“指尖”，变味的“工作群”和“政务 APP”让工作者疲于回复。近年来，

① 参见王琦、范思翔、董博婷：《减负增效重实干　担当尽责开新篇——党的十九大以来以习近平同志为核心的党中央整治形式主义为基层减负综述》，《人民日报》2022 年 10 月 11 日。

随着“工作群”的不断增加，在基层治理考核评价中，运用电子工具要求工作电子留痕的情况越来越多，这不仅让很多年长者难以操作，而且在实际工作中需要额外付出很多时间和精力。

三、制度规范缺失问题

目前，多数地方尚没有相关法律制度对基层治理考核评价作出明确规定。由于没有相关制度保障，基层治理考核评价及其结果在选拔任用、评先奖优、问责追责的运用中无具体依据，“底气不足”，不利于发挥基层治理考核评价的作用。而且，在基层治理考核评价过程中，若出现领导调整，还有可能会直接导致基层治理考核评价结果运用的中断。制度规范的缺失，还容易造成往年考核分数的丢失，让基层治理考核评价结果的运用没有可追溯性，缺少对工作的激励约束性。

第三节　优化基层治理考核评价的对策

开展基层治理考核评价，不应只是对考核评价结果进行公布，还应大力宣传优秀部门和个人的经验做法，发挥示范引领作用，并督促相对落后者明确改进措施，提升工作水平。特别是要善于通过对基层治理考核评价中发现的问题进行分析，有针对性地提出改进对策，为加强和创新基层治理提供有力的参考依据，进而不断提高基层治理的效能。

一、强化对基层治理考核评价结果的运用

基层治理考核评价要坚持正向激励主基调，立足工作需要，顺应时代需求，体现出考核评价的倡导性和对基层治理的引领力，让

基层治理考核评价释放出促进基层治理主体积极作为、奋发图强的强烈信号。强化对基层治理考核评价结果的分析运用,将其作为选拔任用、评先奖优、问责追责的重要依据,让奋发有为、业绩突出的基层治理工作者得到有效的正向激励,让不作为和乱作为的基层治理工作者受到警醒和惩戒。加强基层治理考核评价结果的反馈,引导基层治理工作者发扬成绩、改进不足。

例如,山东某市经济开发区治理盐碱滩,短短 8 年时间,将一片盐碱地开发成为一座已见雏形的产业新城。该开发区领导曾讲道:“在盐碱地上建起一座现代化产业新城,需要每一位基层治理工作者的担当。”该区着重在建立和完善激励机制上下功夫,采取“清单列表工作法”,与考核挂钩,明确责任,对工作失职者进行惩罚,激励大家用实际行动干事创业,同时做好考核记录,方便以后工作查看。这样的治理方式,能够充分调动起工作人员的积极性,同时让大家在公平公正的环境下共同努力,领导者也能够充分发挥出在工作中的指挥协调作用。

基层治理考核评价,要及时建立存档制度,让基层治理考核评价有迹可循,有助于增加工作的可追溯性和持续性,防止“三分钟热度”现象。基层治理考核评价不能“唯分数”,而是要根据考核评价结果进行真正的工作分析和改进,让考核评价真正发挥作用。

山东某市注重基层治理考核评价的日常考核,强化基层治理考核评价的正向激励,注重激发基层治理工作者的干事创业精神,构建“链条式”的日常考核体系。在工作中,采取确定“责任链条”的工作方式,争取做到在工作中的每个环节都有章可循。同时,建立“评价链条”,实施差异化考核,坚持量化考核,为实现能者上庸者下提供依据。强化工作中的“管理链条”,在基层治理考核评价认定环节,建立管理体系,对月小结、季小结、年度小结进行记录并作为述职参考。最后，在工作中建立“奖惩链条”，充分把基层治理考核评价的日常考核评价与物质奖励、精神奖励、评先晋升等方面结合起来，形成正向激励和负面约束相结合的体系，建立有活力和有担当的基层治理工作队伍，为整体工作的进展提供有力的体系保障。

某考核办的一位同志曾表示：“工作干得好不好，考核的‘指挥棒’作用必须发挥出来。”该考核办从2013年开始，先后多次对在全市年度目标考核综合排名靠后以及同一班子中分值差距较大的领导干部实行“二次甄别”考察。通过查找和分析原因的方式，对相关基层治理工作者作出客观评价，并进行科学的岗位调整，对通过考核评价筛选出的有关工作人员进行针对性提醒谈话，同时对经甄别无问题的给予充分认可。对考核评价结果的实际运用，真正对工作的开展发挥出了重要作用，提高了基层治理效能。

二、改进基层治理综合考核评价方式

基层治理考核评价，要力戒形式主义、官僚主义，坚持什么问题反映强烈就关注什么，什么问题突出重要就考核什么，减少不必要的会议、文件和报表。“完善考核评价体系和激励办法，加强对乡镇（街道）、村（社区）的综合考核，严格控制考核总量和频次。统筹规范面向基层的督查检查，清理规范工作台账、报表以及‘一票否决’、签订责任状、出具证明事项、创建示范等项目，切实减轻基层负担。”[①]应将基层治理的战略目标层层传递和分解，确保每个基层治理者都承担各自的岗位职责，推动不同部门结合各自职责分工形成工作合力。考核评价应坚持定性指标和量化指标相结合，能用数字化表示的一定要用数字化表示。考核评价也要突出重

① 《中共中央国务院关于加强基层治理体系和治理能力现代化建设的意见》，《人民日报》2021年7月12日。

点，避免琐碎不必要的考核指标。要注意考核评价指标的时效性，根据基层治理的现实需要及时作出必要的调整。结合地方实际，通过“拉干条”“列清单”等方式，有针对性地纠治基层报表台账多、村（社区）挂牌多、疫情防控措施层层加码、乡村振兴中的形式主义等问题，让基层治理工作人员真正减负。在考核评价中，让不发通知、不打招呼、不听汇报、不用陪同接待，直奔基层、直插现场的“四不两直”考核评价方式成为主流。对“指尖上的形式主义”开展专项整治，尽量减少“盯群”“爬楼”的情况。

三、制定基层治理考核评价的制度规范

基层治理考核评价，要健全法规制度，强化制度保障。“在党内监督执纪、激励干部担当作为等方面制定修订一批党内法规和政策文件；在整治文山会海、统筹规范督查检查考核等方面，自上而下普遍建立起‘立账、严管、纠偏、通报’的办法；在清理规范政务APP、涉及城市评选评比表彰的创建活动以及村级组织工作事务、机制牌子和证明事项等方面探索建立准入制和动态调整制度。”[①] 既要注意让基层治理考核评价与奖惩任免挂钩，也要注意健全基层治理中的容错纠错机制，让一系列基层治理考核评价制度更加健全，既确保整治工作落到实处，又为更有成效的考核评价开辟路径。

参考文献

[1]《中共中央国务院关于加强基层治理体系和治理能力现代化建设的意见》，《人民日报》2021 年 7 月 12 日。

---

① 《减负增效重实干　担当尽责开新篇——党的十九大以来以习近平同志为核心的党中央整治形式主义为基层减负综述》，《人民日报》2022 年 10 月 11 日。

[2]龙承春、唐春勇:《公务员年度考核评价模型的构建与应用》,《湖北行政学院学报》2009 年第 03 期。

[3]《减负增效重实干　担当尽责开新篇——党的十九大以来以习近平同志为核心的党中央整治形式主义为基层减负综述》,《人民日报》2022 年 10 月 11 日。

[4]何继新、张湛:《新基建驱动基层治理共同体:要素品相、逻辑理路与推进路径》,《湖北民族大学学报》(哲学社会科学版)2022 年第 5 期。

[5]熊易寒、林佳怡:《模糊正义:基层治理中的情理、道德与法治》,《华中师范大学学报》(人文社会科学版)2022 年第 5 期。

[6]夏伟、李琼英:《"国家—社会"关系范式下党建引领基层治理的理论逻辑研究》,《行政与法》2022 年第 9 期。

[7]彭勃、刘旭:《破解基层治理的协同难题:数字化平台的条块统合路径》,《理论与改革》2022 年第 5 期。

[8]张继军:《党建有效引领基层治理的关键要素》,《中国社会科学报》2022 年 9 月 14 日。

[9]钱清逸:《城镇化进程中的基层治理功能》,《中国社会科学报》2022 年 9 月 7 日。

[10]王晶冉:《基层治理现代化的理论来源、治理思路和实践路径》,《陕西行政学院学报》2022 年第 3 期。

[11]白晓阳:《基层治理中乡镇政府层面存在问题与对策探究》,《农场经济管理》2022 年第 2 期。

[12]卢春晓:《新时代农村基层治理问题及对策研究》,《农村实用技术》2022 年第 2 期。

第十章　中国基层治理的历史变迁

基层治理是社会治理的基石，是国家治理体系的重要组成部分。自人类进入文明社会以来，国家政权都是通过某种特定的治理制度来实现基层社会的长期稳定，并在历史发展长河中不断演进变迁。回顾和总结中国基层治理的历史变迁，可以为当下和未来开展基层治理创新提供规律性和价值性的遵循，也对进一步推进国家治理体系和治理能力现代化提供历史性的借鉴。中国的基层治理变迁进程，可分为三个历史阶段，即传统时期（1911 年以前）、中华民国时期（1912～1948 年）、新中国成立以后（1949 年至今）。[①]

第一节　中国传统时期的基层治理

中国作为农业大国，历史上的乡村一直都处在社会结构的最基层，自古至今都是中国社会的重要组成部分。对于传统时期的

---

① 参见钟海：《“三治融合”基层社会治理创新研究》，中国社会科学出版社 2021 年版，第 74 页。

中国来说，基层治理其实就是乡村治理，乡村治理的模式与成效，一定程度上影响着历代封建王朝的兴衰，成为维护统治地位的关键。中国传统时期的乡村治理始终贯穿着两条逻辑脉络：一是，以乡里制度、保甲制度为代表的乡村治理制度的形成与持续发展完善；二是，中央集权官治与地方基层自治之间的交互博弈和此消彼长。顺着这两条脉络，这一时期大致可分成三个阶段：官方主导的乡官制阶段、官绅结合的过渡阶段、绅士主导的职役制阶段。

一、官方主导的乡官制阶段

乡官制是指在乡这一层级的管理为官治，是乡里制度早期的具体形态与模式。这一阶段自夏商周时期始至隋文帝开皇十五年(595 年)止。

乡里制度最早可以追溯到黄帝时期的井田制，该时期出现了“里”这一最早的基层治理单位。商周时期，开始出现族尹、里尹和里君等乡官称谓。《周礼》中详细记载了西周时期实行的乡里制度，即国野分治的乡遂制。乡设于“国”，即国都地区，是“国人”即王公贵族、手工业者、商人等生活的区域；遂设于“野”，即国都以外的鄙野地区，是“野人”即普通农民生产活动的土地和住所。乡、遂之下设多级单位，每一层级又分设官员进行管理。与夏商时期相比，西周时期出现了“乡”这一行政层级，并且一直沿用至今，但从治理范围和所处层级来看，此时的乡与后世存在很大出入。除此之外，西周时期还初步形成了什伍之法，使得乡里制度下的基层组织兼具监控舆情、军事操练和教化民众的职能。春秋战国时期，乡里制度出现了一些新变化。由于社会动荡、“礼崩乐坏”，国与野之间的差别逐渐缩小，其中设立的各层级组织也逐渐趋于一致。并且，一些诸侯国随着国土面积不断扩大，开始在辖区内设县，县以下设置乡与里(或闾)。乡、里逐渐下沉成为基层行政组织,并设有乡正、乡长等乡级官吏,乡官制初步形成。同时,带有浓厚军事色彩的什伍组织开始被各诸侯国广泛采用,成为里之下的组织单位,强化了各国统治者对乡村的控制。

秦汉时期,乡里制度逐步成熟,正式形成了乡官制。秦朝的行政管理可分为中央、郡、县、乡(亭)、里五个层级。其中,乡是城邑之外乡村地域的行政管理单位,乡的长官为乡主(乡啬夫),掌管籍账赋役;亭主要设置在城邑与交通要道途径的重要地点之上,亭的长官为校长,负责治安事务;里的长官为里正(里典),负责户籍编排与里中治安,并设有三老,掌管教化。而里之下又编排什伍组织,实行严格的什伍互保连坐制度。这样一来,秦始皇的统治能够直达国内所有的郡县,皇权也可以通过行政与宗族的力量延伸到乡村最基层。汉朝的乡里制度基本上整体沿袭了秦制,乡中设有三老、有秩、啬夫、游徼等官吏。三老负责一乡之教化;有秩或啬夫是一乡之长,负责审理一般诉讼和征收赋税;游徼负责一乡治安。汉朝三老的地位得到很大提升,除有乡三老外,在县、郡、国三级也都设有三老,并且三老的选任要求也得到细化,须年龄在五十以上、道德高尚、受民众敬仰者才能当选。里仍是最基本的基层治理单位,但里正(里魁)却由乡中强人充当,不再是朝廷命官。里之下仍设什伍,十家为一什,五家为一伍,设什长、伍长。

魏晋南北朝时期,乡里制度虽得到保留,但却日渐废弛。乡的管辖范围明显缩小,地位明显下降。乡官的权威也不断下降,权力不断减少,尤其三老的地位远不如秦汉时期,教化功能不断丧失,有向职役转变的迹象。值得注意的是,在魏晋南北朝时期开始出现"村"的称谓。这一时期诸国林立、社会动乱,许多平民百姓都背井离乡,四处逃难,原来的里多有废弛,而是形成了许多具有军事驻地性质的村和坞、堡、壁、垒。但是，这些村坞并不是国家行政管理系统的正式组成部分，而是依附于宗族豪强自发形成的。这些豪强和宗族首领对依附于他们的百姓掌握着生杀大权，逐渐转变为封建领主，势力强大到官方难以控制。尽管后来官方承认了他们的合法地位，任命这些豪强和宗族首领为宗主，开始利用他们加强对乡村的控制，但其势力仍然很大，有时并不真正接受官方的调遣。

总体上来看，这一阶段的乡村治理制度，虽然基层组织形式因朝代更迭多有变动，但无外乎“官有秩，各有掌，重教化”[①]。同时，乡和里的作用逐渐突显出来，成为乡里制度最为重要的两个层级，乡一级作为官治的基层组织随着中央集权统治的逐渐成熟与健全而日益严密。这一阶段对乡官的选任一直注重德才兼备，并且以官派为主，以民间推选为辅，有一定的俸禄品秩。虽说这一阶段的乡村治理是官方占据主导地位，但国家权力还没有完全控制乡村，基层自治仍占据很大空间，可以看作一种半官治半自治的状态。

二、官绅结合的过渡阶段

这一阶段是乡村治理制度从乡里制度向保甲制度、从乡官制向职役制的转型过渡阶段，时间大体在隋唐时期，具体为隋文帝开皇十五年(595 年)至宋神宗熙宁三年(1070 年)。在这一阶段，地方士绅的作用开始展现，逐渐形成了官绅结合的乡村治理模式。

隋朝建立伊始的乡村治理制度是族、闾、保三级制，取消了乡一级，“保”成为新设的最基层的治理单位。但在开皇九年(589 年)，隋文帝又将族、闾、保三级制改为乡、里二级制。乡里制度有

① 唐鸣:《中国古代乡村治理的基本模式及其历史变迁》,《汉江论坛》2011 年第 3 期。

所恢复，但乡官的编制规模相比以前大大减少，乡官职权也在逐渐削弱，乡长、里长对于民间诉讼的审断权被剥夺，仅掌管征缴赋役与户籍管理，其余权力则被收归县府。尤其自开皇十五年(595 年)起，隋文帝颁布诏令罢州县乡官，乡官制逐步被废止，呈现出“皇权不下县”的显著特点。

唐朝的乡村治理制度主要沿袭了隋朝的乡、里二级制，并辅以村坊制。贞观十五年(641 年)废除乡长，乡一级事务由乡所属的各里里正共同主持，乡的功能几近丧失。尤其是在安史之乱之后，里和村坊的作用开始占据主导地位。在唐朝，里与村坊是两种不同体系的基层治理单位，里是按照户口进行编排，而村坊则是按照居住地域来编制的。里正为主、村正(坊正)为辅成为唐朝前期县以下基层治理的主要特征。但到了唐朝中后期，里的作用逐步弱化，县开始直接与村打交道，村取代里成为唐朝中后期国家控制乡村的基层治理单位。而且，随着均田制的崩溃和土地私有制的盛行，乡村社会开始出现贫富分化，富户阶层逐渐崛起。里正等乡官在官府与富户的夹缝中生存，且不再享朝廷俸禄，沦为无人愿干的苦差事。统治者开始改变原有的乡村控制方式，由富户担负起税赋收缴、户口监控、司法诉讼等职责，以富户轮差为基础的职役制自此兴起。

北宋的乡村治理制度可分为初期和中后期两个阶段。初期循旧制，继续实行乡里制度，又新增官耆制。乡以下设里，里以下设户，设有里正、户长负责征科赋税。同时，又设耆长、弓手负责逐捕盗贼。户按照资产和人丁又分为九等，第一等户充里正，第二等户充户长。开宝七年(974 年)，废乡设管，将原来的乡分成若干管，“管”成为乡村基层组织单位，每管设户长、耆长分别掌管乡村中的赋役征科与治安。宋仁宗至和元年(1054 年)，废里正，增差户长。

耆长逐渐介入催征赋役，形成了管（户长）耆（耆长）二级制。北宋中后期，尤其是在王安石变法成功推行保甲制后，乡村治理制度开始出现重大变革。

总体来说，在这一阶段，乡、里的重要性随着朝代更替而逐渐减弱，乡村的自治功能逐渐弱化。官方的控制和中央集权的统治逐渐加强，乡村的权力核心更多地上调到皇权可直接控制的各州县级官员身上，基层治理则主要依赖乡村士绅。士绅是随着隋唐时期科举制度的确立而逐步形成的特殊社会群体，是官民之间的纽带和桥梁。官府倚重士绅辅助，以便行使行政权力，维护地方稳定，同时也害怕他们为保护亲属同乡而带领民众对官府产生威胁。正是地方士绅在国家机器下与广大百姓之间的不断调节，在一定程度上保证了基层社会稳定，并推动国家和社会的持续整合。

三、士绅主导的职役制阶段

这一阶段是从北宋王安石变法至清朝末年，乡里制度被保甲制度所取代，乡官制正式转变为职役制。乡村的权力核心从乡直接收回到县这一级，县成为基层行政组织，县以下实行以代表皇权的保甲制度为载体，以体现族权的宗族组织为基础，以拥有绅权的士为纽带的乡村自治体系。

为了加强兵政和增加财赋收入，北宋熙宁三年（1070 年），王安石厉行变法，县级以下实行保甲制度，规定十家为一小保，五十家为一大保，十大保为一都保。各大保夜间轮番派五个保丁巡逻，遇见盗贼则报大保长追捕。保内出现盗窃等案件，若知情不报，则连坐治罪。可见，保甲制本是一种“兵民一体”的治安体制，以家连保、以丁连兵、大户掌事，试图建设起一种自保、互助并且相互监督的基层社会组织，但在具体实施过程中，却逐步演变为以催征赋税为主要任务的控制体系。南宋时期,保甲制度在调整中继续推行。宋代保甲制度的实施在乡村建立起了一种严密的治安与控制网络,削弱了乡里社会的自治色彩,国家权力在乡村基层社会的渗透加剧。至此,乡和里的地位沦落不堪,尤其乡一级的行政职能几乎全部丧失。乡里之长从领取俸禄的乡官沦为具有强制徭役性质的职役,乡官制正式转变为职役制,中央集权得到进一步强化。与此同时,北宋熙宁九年(1076 年)陕西蓝田吕氏兄弟创立“吕氏乡约”,标志着中国具有浓重地方自治性质的乡约制度开始形成。而且较具规模的社仓开始出现,当发生缺米或值荒年时,百姓可借贷取用,不受饥饿。这些重要的民间组织开始担负起乡村自治的功能。

元代的乡村治理制度基本上实行的是一种唐宋乡里制、金朝村社制的混合管理方式,并出现了都图制,即改乡为都,改里为图。作为一统中国的少数民族,元代的基层组织形式复杂,常发生混用的情形,而且地方官职的设立与撤销也交替不定。不过,与秦汉以来许多朝代强调国家控制不同,为了发展农业、安定乡村社会,元代的乡村治理制度是比较重视“民本”和“养民”的。如,于乡间设立村社之约,以处罚之法加以管理,并办有社学,教导乡里子弟等。这些举措无疑增强了秦汉以来乡村日益减少的自治色彩。

明朝的乡村治理制度主要经历了两个阶段,即初期的里甲制和中后期的保甲制。洪武十四年(1381 年),明朝以登记户籍的黄册为主开始实行里甲制。由于是以户籍为依据,里甲制的实施方便了赋税的征收。同时,明朝还专门设置粮长掌管催征、经收和解运税粮。虽然此时乡里仍然设有里长、甲首进行本地行政事务的管理,但他们没有报酬,地位也每况愈下,完全沦为职役。为了改变乡官充役带来的恶劣影响,洪武二十七年(1394 年),朱元璋重倡老人制,教化乡民、解决乡里纠纷。到了明朝中后期,里甲制趋向没落,里长、粮长名存实亡,取而代之的是保甲制。保甲与里甲名异而实同,尽管从功能上看,“里甲主于役,保甲主于卫”[①],但本质上两者都是国家控制乡村社会的手段。值得注意的是,由于明朝后期老人制的失败,乡约取得了巨大发展,并出现了乡约与保甲相结合的情况。明朝乡村治理体系的自治性大大减弱,其治理职能也被大大弱化。

清朝的乡村治理制度基本沿用了前朝的制度,里甲制和保甲制并存。清朝前期主要采用里甲制,具体内容基本与明朝相同。但雍正二年(1724 年)实行摊丁入亩,将赋税征收改为以耕地为依据,由于人口因素逐渐受到忽略,里甲制赖以存在的基础遭到破坏,里甲制逐步被保甲制所取代。雍正四年(1726 年),吏部遵旨议行保甲法,规定保正、甲长由本地公举诚实识字及有身家者担任,主要负责人口管理、乡民教化、维护治安、承办公务和赈灾救荒等事务,还特别规定了对他们的各种赏罚措施以及地方宗族族长的选举章程等。此时,保正、甲长等职役性质明显,乡约由民间性转为官方化,国家对乡村的控制愈加严密,乡村的自治色彩逐渐消退。1840 年鸦片战争爆发,在帝国主义的侵略和现代化浪潮的冲击下,中国乡村社会的权力组织逐渐趋于解体。到了 20 世纪初期,清政府被迫实行新政,并制定了《城镇乡自治章程》,乡里制度、保甲制度开始被地方自治所代替,也未能持续。

总之,这是一个以地方士绅为主的职役制阶段,是中国传统时期基层治理的最后一个阶段。在这一阶段,乡里组织不再是国家基层政权,仅仅是一种地域单位。邻长、里长、保长、甲长等都成为职役,不再是官职,由当地德行、才能、知识兼备且家道富裕的士绅

---

① 赵秀玲:《中国乡里制度》,社会科学文献出版社 1998 年版,第 45 页。

担任，主要配合官府处理乡村公共事务。国家政权对于乡村社会的控制主要依靠士绅与地方宗族族长，其所代表的绅权与族权在乡村治理中占据核心地位，不仅要在思想上对乡民加以引导，而且要在政治、经济、社会活动的具体管理方面行使行政职权。

四、中国传统时期基层治理的启示

纵观中国传统时期的历史发展，历代封建王朝都十分重视基层治理，其中包含的自治、法治、德治等方面的实践与经验，可为当下健全我国基层治理体系提供有益的参考与借鉴。

(一)国家政权对基层治理的介入应适度

回顾传统时期基层治理的变迁过程，可以发现，国家权力(即皇权)与乡村社会权力(即绅权与族权)处理的好，会更加强调乡村治理的社会功能而非统治功能，乡村治理主体得到应有的地位和待遇，乡村治理的效果就好。如保甲制度的初衷是建立起一种“网格化”的基层自治组织体系，但后来却演变为统治者加强基层控制的手段，保长等基层治理主体沦为任人差使的职役，基层治理成效自然堪忧。这也体现出了基层治理的内在规律：国家政权对基层治理的介入应当适度，基层治理主体不应被过多限制，而应适当提高其自治性，才能达到能长治久安的目的。

(二)充分遵循基层治理中的自然法约

乡规民约、族训等这些自然法约内生于基层社会，处于国家法律框架之外，被士绅、宗族用来调解基层百姓的日常行为，具有一定的权威性。这些自然法约一方面体现了基层社会的德治方式，另一方面又统筹整合了基层社会中救灾济困、抚恤孤弱、诉讼调解、维护治安等诸多事务。同时，作为国家法律的补充，自然法约在实现基层法治方面也起到了不可替代的作用。

(三)发挥乡村精英在乡村治理中的作用

“国权不下县,县下唯宗族,宗族皆自治,自治靠伦理,伦理造乡绅。”[1]族长与士绅等乡村精英作为官民之间的纽带,在为宗族家乡增进福利、保护利益的同时,对国家政权的运作予以协助,将国家政治性与乡村自治性结合起来,在基层治理中发挥了重要作用。其中所蕴含的乡贤文化更是在教化和安抚民众等德治方面具有显著作用。

第二节　中华民国时期的基层治理

1912 年 1 月 1 日,中华民国临时政府成立,标志着延续了 2000 多年的封建专制的覆灭和统治中国 260 多年清王朝的结束,同时也翻开了中国历史的新篇章。1912～1949 年间,民国政府经历了临时政府、北洋政府和国民党政府一系列的政权更迭,基层治理逐渐打破传统固有模式,治理主体、对象、方式等开始发生变化。这些变化主要表现在两个方面:中华民国政府主导的地方自治和“非政府”社会力量主导的乡村建设运动。

一、中华民国政府主导的地方自治

孙中山就任临时大总统后,制定和公布了一系列改革和进步的法令,并效仿美国州的地方自治,主张用以省为核心的地方自治来实现宪政民主。但由于受到帝国主义、国内封建主义的强大压力,加之革命党内部意志涣散无力,虽然南京临时政府名义上是一个全国性的中央政府,但却无法号令其下辖的省份。各地方仍沿

① 秦晖:《传统十论》,山西人民出版社 2019 年版,第 2 页。

用清末旧制，孙中山地方自治的思想未能得到实现。

1912 年 2 月 14 日，孙中山被迫辞去临时大总统，让位袁世凯。1913 年 10 月，袁世凯在北京当选正式大总统，标志北洋政府正式形成。1914 年 2 月，袁世凯下令遣散议员，解散各省省议会，取消了地方自治。但同年年底，为了巩固统治，袁世凯又恢复了地方自治，以区作为自治的唯一单位，颁布《地方自治试行条例》。但此时的地方自治受到了国家的严密控制，作为官治的城、乡、镇等组织仍然存在。1916 年 6 月袁世凯去世后，中国进入军阀割据时代。1916～1928 年，北洋政府制定了《县自治法》《市自治法》《乡自治法》等自治法规，但各军阀并不完全执行这些法规，而是为了加强各自统治进行了地方自治实验。如，阎锡山的“山西村治”，县下设区，设区公所协助地方政府开展行政工作；区下设村，村是最基层的治理单位，下设村民大会、村公所、息讼会、监察委员会，分别管理村内议会、行政、诉讼、监察等事宜。又如，唐继尧和卢焘在云南实行的“市村制”、陈炯明在广东实行的“县自治”等。这些地方自治带有明显军阀独裁专制的色彩，以自治之名大肆掠夺乡村资源，国家权力不断深入乡村社会。

1927 年，南京国民政府成立。1928 年北伐战争基本结束，北洋政府统治时期宣布终结，南京国民政府宣布要恪遵并实现孙中山遗教，开始实行训政。孙中山辞去临时大总统后，其自治思想开始从主张省自治转变为强调县自治，指出“真正民治，则当实行分县自治”[①]。以县为单位的地方自治成为国民党训政时期的基础工作和重点内容。为此，1928 年 9 月，南京国民政府颁布了《县组织法》，规定县以下设区、村(里)、闾、邻四级。之后又改村为乡，改里

① 黄珍德:《南京国民政府初期地方自治制度探论》,《中南大学学报》(社会科学版)2017 年第 5 期。

为镇。1934 年,国民党中央政治委员会颁布《改进地方自治原则》,规定县以下只设乡(镇、村)一级,区一级只在例外情况下设立,撤销闾、邻两级。并开始在全国推行保甲制度,十户为甲,十甲为保,十保以上为乡镇。但是,国民党的地方自治并没有奏效。党政之争、官绅之争、新旧绅之争导致县长频换,政令难以长期执行,行政效率低下,贪污腐败现象盛行。县以下各级组织构成人员(乡镇长、保甲长等)均由县政府委派或者地方推举,名为自治实为官治、绅治、党治,地方自治逐渐成为土豪、劣绅、地痞、流氓等牟利的工具,农民利益被严重侵害,乡村社会变得更加混乱、贫困。

概言之,民国时期各阶段政权都推行了一系列的地方自治政策,企图对传统的乡村治理模式进行全面的改革,但是由于当时战事纷繁,各个政府为了各自发展的需求加大了对乡村资源的榨取,所以专政才是这一时期地方自治的实质。

二、"非政府"社会力量主导的乡村建设运动

20 世纪以来,乡村在各方带来的破坏与侵占下陷入危机,衰败的乡村和赤贫的农民引起一批地方绅士和知识精英的关注与思考,他们逐渐形成了"救国先救村"的共识,纷纷在各地开展了声势浩大的乡村建设运动。据不完全统计,全国参加这一运动的团体有 600 多个,建立各种实验区达 1 000 多处。所谓"乡村建设",是 1931 年由山东乡村建设研究院正式提出并使用的,"是一种旨在全面改造传统农村的模式探索,其内容包括对农村政治、农业经济和农民素质的现代性改造"[①]。虽然乡村建设运动没有明显论及"治理"一词,但从其内容、手段等方面来看,都体现着基层治理的意蕴。

① 虞和平:《民国时期乡村建设运动的农村改造模式》,《近代史研究》2006 年第 4 期。

1904年,河北省定县的乡绅米迪刚父子以翟城村为试点,发动了村治活动,被认为开创了中国以行政村为单位的地方自治的先河。他们通过实施新式文化教育、建立村规民约、设立村民自治组织和发展农村经济,加强了乡村治理,翟城村的基层社会面貌大为改善。20世纪20年代末至30年代初,以彭禹廷为代表的宛西各县地方精英凭借民间自发力量从应付土匪开始拨乱求治,推行乡村重建运动。他们组织成立了自治指导委员会,制定"十条公约"和"五不法则",并设立十区自治办公所,总揽乡村自卫、教育、农业耕作以及地方建设事宜,其成员全部由地方乡绅担任。除了翟城村治、宛西自治,还出现了一批依托本地的村治活动,如沈定一在萧山衙前村的乡村自治等。这些自治运动依靠的不是政府,而是地方领袖或乡绅等"非政府"的社会力量,只能算是区域性的乡村建设实践,仍是一个个相互隔离的"孤岛",既缺少了扩张型的社会影响,也没有形成连锁型扩展或递进型的社会运动。

20世纪30年代,由乡村建设学派引领在全国展开了蔚为壮观的乡村建设运动,其中影响较大的有:一是,定县实验。1926年,晏阳初和中华平民教育促进会选择在定县进行教育实验,开展社会调查,并制定长期计划全面开展乡村建设实验,涉及文字教育与教育制度、农业改进与经济建设、民众教育与地方自治、卫生教育等实验,并尝试进行县政改革,其经验被称为"定县模式"。二是,邹平实验。1931年,梁漱溟和山东乡村建设研究院将邹平选作乡村建设实验区,开始进行乡村建设实验,实施"政教合一"的自治制度,即以"村学""乡学"作为乡村的自治组织,并且建立乡村自卫组织、促兴农业、发展文卫事业等,其经验被称为"邹平模式"。除此之外,还有江苏省立教育学院主持的无锡实验、中华职业教育社推行的徐公桥实验等。虽然这些实验在当时引起了强烈的反响,但并未给当时的中国乡村社会带来明显的改观,尤其是定县实验与邹平实验都因日寇的入侵而被迫中断,所有努力都付之东流。与此同时,自20世纪20年代开始,随着乡村建设运动的规模与影响不断扩大,国民政府的态度也从最初的不认可逐渐转为合作,国民政府也开始在各地主办乡村建设实验。如江苏江宁就是国民党官方成立的第一个县政改革实验区,开始以中央政府的名义进行乡村自治实验,开展调查户口、测量土地、整顿税收、修筑道路、改革政制、编制保甲、办理民团或警察局、成立自治团体组织等工作。可见,这场由"非政府"社会力量主导的乡村建设运动逐渐从小范围区域性的实验转变为全国范围的持续性扩展,其社会效应引起了国家政权的关注,并且为了稳定统治、缓解乡村危机,国民政府开始尝试将乡村建设逐步纳入国家建设的总体架构中。但是,由于国民党和国民政府无法解决经费和干部队伍建设问题,最终乡村建设失败。

三、中华民国时期基层治理的启示

中华民国虽然只有短短30多年的历史,但其中各方力量在基层治理方面的探索与实践仍为未来实现基层治理体系与治理能力现代化带来了一些反思与启示。

(一)确保现代化进程中农民的自主性

虽然民国时期各阶段政权都推行了所谓国家政权建设与乡村自治重建运动,但他们都将广大农民群体看作被动的接受者,忽视了其自主性,本质上破坏了传统乡村社会的自治之道,而且也没有建立起国家权力主导的公序良俗,反而陷入了一种"专政劣治"的困境之中,让乡村社会变得更加混乱。因此,在现代化进程中必须尊重农民的主体地位,充分调动其积极性、自主性和创造性,才能激活基层治理的内生动力。

(二)实现基层治理主体多元化

民国时期的基层治理虽然有“非政府”社会力量的参与,但其治理主体仍比较单一。各政权的基层治理主体是各级政府或军阀政权,乡村建设运动的治理主体是知识分子、教育学会或村民联合体。其他社会阶层的各个利益主体或利益团体并没有能够有效、有序地参与基层治理。而推进基层治理现代化的关键就是积极引导多元力量共同参与,打造共建共治共享的治理格局。

(三)推进乡村教育建设

乡村建设运动的各个实验区都建立了数量众多、形式多样的农村教育机构。其目的就是培养知识化和文明化的新型农民,将传统乡村社会改造成为公民社会,推进农村乃至国家的现代化建设。虽然乡村建设运动以失败告终,但其教育遗产仍然有着重大的价值与意义。当今社会,农村需要更多有文化、有技术、善经营、懂管理的现代农民,也需要他们学会如何进行利益表达、如何有效参与公共事务,推进乡村教育建设依然任重道远。

第三节 新中国成立以后的基层治理

1949 年新中国成立以后,国家与社会关系发生了深刻变化,人民成为国家和社会的主人,中国基层治理开始全新的变革。无论是社会主义革命和建设时期、改革开放和社会主义现代化建设新时期,还是中国特色社会主义新时代,中国共产党始终高度重视和加强基层治理工作,根据每个时期的主要任务,对基层治理提出不同的要求,调动保护人民群众参与积极性。1949 年以来的基层治理可以分成三个阶段:社会主义革命和建设时期的“管控”阶段、改革开放和社会主义现代化建设新时期的“管理”阶段以及中国特色社会主义新时代的“治理”阶段。

一、社会主义革命和建设时期的“管控”阶段(1949～1978)

党在社会主义革命和建设时期的主要任务是,实现从新民主主义到社会主义的转变,进行社会主义革命,推进社会主义建设,为实现中华民族伟大复兴奠定根本政治前提和制度基础。这一主要任务决定了中国共产党在一个以农业为基础的百废待兴、积贫积弱的后发展中国家,只能采取高度集中的计划经济体制和高度一元化的社会管控体制。

在农村,国家首先通过土地改革推翻了封建地主势力,将乡村控制权纳入国家政权组织体系之中,并逐步开始进行建政工作。1950 年 12 月,中央人民政府政务院颁布了《乡(行政村)人民代表会议组织通则》与《乡(行政村)人民政府组织通则》,规定乡与行政村并存,都是农村基层行使政府职权的机构。但这种“乡村政权并存”的模式很快就结束了。1954 年通过的《中华人民共和国宪法》和《中华人民共和国地方各级人民代表大会和地方各级人民委员会组织法》规定,乡(民族乡、镇)成为县以下唯一的基层政权组织,撤销了村级行政建制。1956 年我国社会主义改造基本完成,在国际国内的双重压力下,开始进行农村基层管理体制改革。通过引导农民走合作化道路,实行“三级所有、队为基础”的人民公社体制及实施城乡分割的二元户籍制度,广大农民被牢牢固定在农村中,束缚在土地上。从 1958 年 8 月通过《中共中央关于在农村建立人民公社问题的决议》,到 1983 年 10 月撤销人民公社,在这长达 25 年的时间里,农村基层治理都是由“一大二公”“政社合一”的人民公社及其下属的生产大队、生产队负责实施,党政群团组织纵到底、横到边，对农业、农村、农民全覆盖、无遗漏，实现了国家权力在农村基层社会的高度集中。在城市，虽然无法建立起与农村一样的人民公社，但也很快形成了高度集中的、适应于城市基层社会的单位制与街居制。政府通过党政群机关、事业单位和国营企业等单位管理其下所有员工，并按照单位提供社会福利、住房以及子女的教育等。对于城市中没有单位的一般居民，包括家庭妇女、摊贩、商人、自由职业者、无业人员以及失业人员等，则通过街道办事处、居委会进行管理。1954 年 12 月 31 日，《中华人民共和国城市居民委员会组织条例》《城市街道办事处组织条例》经全国人民代表大会常务委员会审议通过，标志着街居制的正式成型。城市居民全面依附于单位、街道办事处和居委会，实现了国家对社会成员的吸纳、整合和有效控制。

人民公社的建立和单位制的形成，标志着中国"管控型"基层治理的正式形成。尽管从 1966 年起，持续十年之久的"文化大革命"对我国基层治理造成了严重冲击，曾一度造成了工业停滞、社会秩序混乱的局面，严重影响了人民的正常生活，但从总体上看，这一时期，以人民公社和单位制为核心的"管控型"基层治理模式并没有改变。这种治理模式最显著的特点是强大的政治动员能力和资源整合能力，彰显了我国集中力量办大事的制度优势。在巩固政权、恢复经济、重塑秩序的建国初期，这种治理模式对于保持社会稳定、保证党和国家政策落实起到了不可替代的作用。但在农村，由于农民没有自由支配资源的政治空间和权利，农民生产积极性受到打击，导致农村出现了社会活力不足、创造力缺乏、居民生活水平不高等问题。在城市，单位的行政功能开始随着市场经济的不断发展而弱化，社会职能逐渐剥离，单位不再"包办"，基层治理的责任重新回归政府。再加上社会主要矛盾的发展变化，都给以人民公社和单位制为主体的“管控型”基层治理模式带来了巨大冲击，急须做出调整和改变。

二、改革开放和社会主义现代化建设新时期的“管理”阶段（1979～2012）

这一时期党面临的主要任务是，继续探索中国建设社会主义的正确道路，解放和发展社会生产力，使人民摆脱贫困、尽快富裕起来，为实现中华民族伟大复兴提供充满新活力的体制保证和快速发展的物质条件。1978年11月，党的十一届三中全会拉开了改革开放的帷幕，党和国家的工作重心从以阶级斗争为纲转移到以经济建设为中心的社会主义现代化建设上来，重新提出了实现工业现代化、农业现代化、国防现代化和科学技术现代化“四个现代化”的宏伟目标。

改革先从农村破局，我国许多农村地区推行了家庭联产承包责任制，农民逐渐掌握了经营自主权，生产积极性得到极大调动，农民可以摆脱农村户口的束缚进城务工经商，人民公社也开始逐步解体。1982年12月召开的第五届全国人民代表大会第五次会议通过了新修订的《中华人民共和国宪法》，其中明确规定改革农村政社合一的人民公社制，居民委员会和村民委员会被正式确立为基层群众性自治组织。1983年10月，党中央、国务院根据1982年通过的新宪法，发布了《关于实行政社分开、建立乡政府的通知》，乡镇政权建制在全国重新建立。1987年11月召开的全国人大常委会又通过了《中华人民共和国村民委员会组织法（试行）》，全国农村基层普遍设立村民委员会。至此，“乡政村治”治理模式完全取代了人民公社“公社、大队、生产队”三级管理模式。与此同时，由于城市行政管理体制和经济体制改革的进一步推进，过去单位所负担的社会职能开始转向基层社会。1986 年，民政部提出了开展“社区服务”的要求，首次引入“社区”的概念，城市基层社会开始从“单位—街居制”向“社区制”转型，“单位人”逐渐转化为“社区人”。国家权力对基层社会全覆盖的形势开始发生变化，“管控型”基层治理模式出现全面松动。

进入 20 世纪 90 年代，随着改革开放的持续推进和社会主义市场经济的深入发展，不同群体收入差距拉大、社会矛盾冲突频发，一系列社会性问题日益突出，加强社会管理、维护社会稳定被提上党和国家议事日程。1998 年国务院第四次政府机构改革，着眼于转变政府职能和实行政企分开，首次提出了“社会管理”的政府职能概念和定位。2002 年 11 月召开的党的十六大，把实现社会更加和谐增加进全面建设小康社会的奋斗目标，并强调改进社会治理，保持良好的社会秩序。2004 年 9 月召开的党的十六届四中全会，明确提出了“建立健全党委领导、政府负责、社会协同、公众参与”的社会管理格局的重大战略安排，标志着我国基层治理模式由“社会管控”正式转变为“社会管理”。

在社会管理大格局下，虽然社会公众参与社会公共事务进行自我治理、自我服务的意识和能力得到显著增强，但政府行政组织力量在基层治理中仍然处于主导地位。尤其在农村，很多时候“乡政”和“村治”的关系并没有处理好，村民委员会承担了乡镇政府越来越多、越来越重的行政性事务，甚至蜕变为“准行政组织”，自治功能被挤压，村民的角色还没有从被管理对象转变为协同管理主体，某种程度上存在“自治失灵”的问题。随着基层治理的任务越来越繁重和艰巨，基层治理模式仍需要继续探索创新。

三、中国特色社会主义新时代的"治理"阶段(2013年至今)

2012年11月党的十八大以来,中国特色社会主义进入新时代。党面临的主要任务是实现第一个百年奋斗目标,开启实现第二个百年奋斗目标新征程,朝着实现中华民族伟大复兴的宏伟目标继续前进。在这一时期,社会主要矛盾已经由人民日益增长的物质文化需要同落后的社会生产之间的矛盾,转化为人民日益增长的美好生活需要和不平衡不充分的发展之间的矛盾,这对加强和创新社会治理提出了新要求。

2013年11月召开的党的十八届三中全会,作出了《中共中央关于全面深化改革若干重大问题的决定》,明确提出"全面深化改革的总目标是完善和发展中国特色社会主义制度,推进国家治理体系和治理能力现代化"①。将"加快形成科学有效的社会治理体制"视为推进国家治理体系和治理能力现代化的重要内容,并从改进社会治理方式、激发社会组织活力、创新有效预防和化解社会矛盾体制、健全公共安全体系等四个方面提出了明确要求。这是中国首次在党的正式文件中明确提出"社会治理"的概念。习近平总书记鲜明指出:"治理和管理一字之差,体现的是系统治理、依法治理、源头治理、综合施策。"②坚持系统治理,就是从政府部门包揽转变为政府负责、社会共同治理;坚持依法治理,就是从管控规制转变为法治保障;坚持综合治理,就是从单一手段转变为多种手段综合运用;坚持源头治理,就是注重从根本上解决矛盾、防微杜渐。2015年10月召开的党的十八届五中全会,着眼于保障"十三五"规划实施,进一步提出:"完善党委领导、政府主导、社会协同、公众参

① 《中共中央关于全面深化改革若干重大问题的决定》,《人民日报》2013年11月16日。
② 《习近平关于社会主义社会建设论述摘编》,中央文献出版社2017年版,第127页。

与、法治保障的社会治理体制，推进社会治理精细化，构建全民共建共享的社会治理格局。”①2017 年 6 月，中共中央、国务院专门印发的《关于加强和完善城乡社区治理的意见》明确提出：“到 2020 年，基本形成基层党组织领导、基层政府主导的多方参与、共同治理的城乡社区治理体系。”②2017 年 10 月，党的十九大提出要“加强和创新社会治理”，“打造共建共治共享的社会治理格局”。2019 年 10 月，党的十九届四中全会召开，将社会治理体制进一步扩展为“党委领导、政府负责、民主协商、社会协同、公众参与、法治保障、科技支撑的社会治理体系”。从“体制”到“体系”，意味着社会治理不仅要以制度为基础，还要强调运行体系。提出“建设人人有责、人人尽责、人人享有的社会治理共同体”，“健全党组织领导的自治、法治、德治相结合的城乡基层治理体系”，并从“完善群众参与基层社会治理的制度化渠道”“加快推进市域社会治理现代化”“注重发挥家庭家教家风在基层社会治理中的重要作用”三个方面对构建基层社会治理新格局提出明确要求。③ 2020 年 10 月，党的十九届五中全会强调：“推动社会治理重心向基层下移，向基层放权赋能，加强城乡社区治理和服务体系建设，减轻基层特别是村级组织负担。”④

2021 年 11 月召开的党的十九届六中全会，在总结新时代中国特色社会主义伟大成就时指出：“党的十八大以来，我国社会建设

① 《中共中央关于制定国民经济和社会发展第十三个五年规划的建议》，《求是》2015 年第 22 期。

② 《中共中央国务院关于加强和完善城乡社区治理的意见》，《人民日报》2017 年 6 月 13 日。

③ 《中共中央关于坚持和完善中国特色社会主义制度　推进国家治理体系和治理能力现代化若干重大问题的决定》，《人民日报》2019 年 11 月 6 日。

④ 《中共中央关于制定国民经济和社会发展第十四个五年规划和二〇三五年远景目标的建议》，人民出版社 2020 年版，第 36 页。

全面加强，人民生活全方位改善，社会治理社会化、法治化、智能化、专业化水平大幅度提升，发展了人民安居乐业、社会安定有序的良好局面，续写了社会长期稳定奇迹。”[①]随着我国开启全面建设社会主义现代化国家新征程，“治理型”基层治理模式必将得到不断发展和完善，并在推进国家治理体系和治理能力现代化方面发挥出更大作用、取得更为有效的成果。

四、新中国成立以后基层治理的启示

新中国成立70多年来，基层治理在国家治理大格局下进行了持续不断的探索创新，走出了一条符合中国国情、适应时代发展要求、体现人民当家作主的具有中国特色的基层治理道路，也给当前以及未来加强和创新基层治理带来了重要启示。

（一）坚持以党建引领基层治理

中国共产党的正确领导是基层有效治理的根本保证。新中国成立以来我国基层治理的发展之所以能够在遭受挫折后快速步入正途，并且能够不断创新发展，最根本的原因就是坚持了中国共产党的领导。在基层治理中坚持和加强党的领导，就是要通过加强基层党组织建设、巩固党的执政基础，确保党的意志和基层群众利益的有机统一，引导和带领基层社会提升治理效能。

（二）坚持共建共治共享原则

尊重人民主体地位，保证人民当家作主，是70多年来党和国家的一贯主张。中国特色社会主义之所以能进入新时代，关键就在于我们党把坚持以人民为中心作为治国理政的价值引领。这种价值导向体现在基层治理上，就是要始终坚持共建共治共享的原

① 《中共中央关于党的百年奋斗重大成就和历史经验的决议》，《人民日报》2021年11月17日。

则，构建基层治理新格局。让基层全体人民、社会组织、党政机关、企事业单位共同参与基层社会建设和社会治理，使社会治理成效更多、更公平地惠及全体人民，建成人人有责、人人尽责、人人享有的社会治理共同体，实现社会的和谐稳定文明。

（三）坚持把保障和改善民生作为基层治理的优先方向

不论在哪个时期，党和政府以及各级基层组织都高度重视解决民生问题。尤其在中国特色社会主义进入新时代的背景下，我国社会的主要矛盾已经转变为人民日益增长的美好生活需要和不平衡不充分的发展之间的矛盾，人民对美好生活的向往就是我们党的奋斗目标，基层治理更要把满足人民对美好生活的需要作为出发点和落脚点。这就要求基层治理必须把保障和改善民生作为优先方向，以民生保障新举措去回应人民群众的新需要。

参考文献

[1]黄珍德:《南京国民政府初期地方自治制度探论》,《中南大学学报》(社会科学版)2017 年第 5 期。

[2]秦晖:《传统十论》,山西人民出版社 2019 年版。

[3]唐鸣:《中国古代乡村治理的基本模式及其历史变迁》,《汉江论坛》2011 年第 3 期。

[4]王宇翔:《中国古代乡村治理模式的影响因素、特点及其变迁》,《西北农林科技大学学报》(社会科学版)2011 年第 6 期。

[5]王宗礼:《新中国 70 年来基层社会治理的演进逻辑与主要启示》,《青海社会科学》2019 年第 6 期。

[6]赵秀玲:《中国乡里制度》,社会科学文献出版社 1998 年版。

[7]钟海:《“三治融合”基层社会治理创新研究》,中国社会科学出版社 2021 年版。

[8]朱亮:《中国古代乡村治理模式演变及其特点》,《池州学院学报》2019 年第 4 期。

第十一章 新时代中国县域基层治理

在当前党的组织结构和国家政权结构之中，“县域”更多强调县级政权在国家权力体系中的层次级别或管辖可能，主要涉及县、自治县、不设区的市、市辖区等具体类型。一般而言，县域是指县级政权辐射的空间范围或地理区域。① 其基本特征是在行政级别上设定为“县级”，并在空间上以区县单元为主要辐射范围。新时代下，中国县域具有鲜明的“接点”属性②：从纵向治理结构出发，县域是中央政府与基层政府的中间层级；在空间构成上，县域常位于城市空间与农村空间之间的交互地带；从治理体系运转机制来看，县域往往兼具乡土社会与现代社会的部分特征。因此，从治国理政的角度来看，对于“县域”的理解不能仅仅停留在行政区划这类空间视角，更应从国家治理序列的战略高度加以理解。

① 参见丁志刚、陆喜元：《论县级政府治理能力现代化》，《甘肃社会科学》2016 年第 4 期。

② 参见范和生、郭阳：《县域治理的关键议题及善治路径——基于安徽五县的实证研究》，《福建论坛》（人文社会科学版）2021 年第 12 期。

第一节　加强县域基层治理的重要意义

立足于国家治理现代化的伟大历史进程，数量众多的县域已然成为中国宏观治理格局中的枢纽型治理单元。县域虽小，却具有见微知著的时代意义。

一、“方寸之处见文章”：国家治理序列中的县域角色

相较于我国960万多平方公里的国土面积，县域是名副其实的“方寸之地”。截至2021年底，我国GDP超过千亿元的45个县域单元，总面积仅为7.9万平方公里。[①] 县域尽管在规划面积上并不像省、市这类高量级治理单元般显眼，但在国家治理现代化进程中扮演着重要角色。

（一）县域何为？

习近平总书记指出：“两千多年来，县一直是我国国家结构的基本单元，稳定存在至今。”[②]以郡县为主要形式的县域单元，始终是中国各个历史时期维持地方安定和国家有序运转的关键层级，因而中国自古就有“郡县治，天下安”的治理传统。

在当前中国治理实践中，县域更是扮演着上传下达的节点角色。习近平总书记指出：“如果把国家喻为一张网，全国三千多个县就像这张网上的纽结。‘纽结’松动，国家政局就会发生动荡；‘纽结’牢靠，国家政局就稳定。国家的政令、法令无不通过县得到

① 参见《中国县域高质量发展报告2022》，中国网2022年6月22日。

② 习近平：《做焦裕禄式的县委书记》，中央文献出版社2015年版，第2页。

具体贯彻落实。因此,从整体与局部的关系看,县一级工作好坏,关系国家的兴衰安危。"[①]截至 2021 年 1 月,我国拥有县级行政区划单位数量为 2844 个[②],其中包括 973 个市辖区、388 个县级市以及 1312 个县(见表 11-1)。县域单元以其形式多样性、分布广泛性等制度特征,成为新时代中国治理序列之中的重要节点。

表 11-1 当前中国县域单元情况 单位:个

类型	市辖区	县级市	县	自治县	旗	自治旗	特区	林区	共计
数量	973	388	1 312	117	49	3	1	1	2 844

资料来源:中华人民共和国民政部官网"行政区划统计表",截至 2021 年 1 月。

(二)县域治理的三重意蕴

习近平总书记多次强调:"县域治理是推进国家治理体系和治理能力现代化的重要一环。"[③]在治国理政的具体实践之中,县域治理实际上肩负着国家层面极高的改革预期,绝不能将其简单理解为县域维度上的治理活动。只有充分认识到县域治理所隐含的复合属性,才能更好地把握和理解县域治理的重大价值。进一步剖析县域治理的学理内涵,可以发现,作为一个多方位、多维度的概念体系[④],"县域治理"已然呈现出地域性、层级性和统合性等多重意蕴(见图 11-1)。

① 习近平:《摆脱贫困》,福建人民出版社 1992 年版,第 31～32 页。
② 参见肖育斌:《中华人民共和国行政区划统计表》,《中国法律年鉴》2020 年版。
③ 习近平:《做焦裕禄式的县委书记》,中央文献出版社 2015 年版,第 52 页。
④ 参见范炳良:《县域治理的内涵、特征及其重要性》,《常熟理工学院学报》2021 年第 6 期。

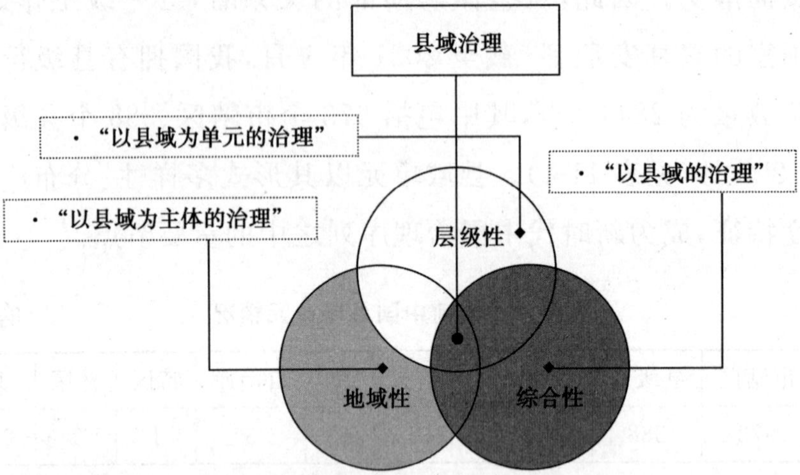

图 11-1　县域治理的三重意蕴

资料来源:作者自制。

一是层级性,即“以县域为单元的治理”。按照《中国共产党章程》《中华人民共和国地方各级人民代表大会和地方各级人民政府组织法》相关规定,“县”是需要设立党的地方组织和地方人民政府的独立层级,是党和政府纵向架构中的确切组成内容。因而从国家治理尺度来看,“县域治理”本身就是嵌入“国家治理—省级治理—城市治理—乡村治理”等纵向治理结构中的重要层级构成形式。

二是地域性,即“以县域为主体的治理”。作为明确的行政层级,县域在行政规划上同样存在确切的边界设定。而以县域为主体的治理,更多是强调对特定地域空间范围内公共事务的管理。映射到县域相关的管理机构上,则表现为县域是具备完备职能架构的最低治理层级。相较于乡、民族乡、镇等基层政府,县级的机构更能体现出中国行政体系中“上下对口”的设置模式。

三是统合性,即“对县域的治理”。对这一点的理解在某种程度上要超越特定的空间范畴，更加强调党委和政府对该地区政治、经济、文化、社会、生态等各领域的治理责任。

二、县治则国治：推进县域基层治理现代化的时代价值

在中国深入推进国家治理体系和治理能力现代化的进程中，县域基层治理是实现上下互动、主体协同的战略高地，是事关治理效能的“强腰工程”。城乡地理坐标的过渡性区位以及二元叙事中的中介性位置，决定了县域既有不同于城市、乡村的治理体系，又渗透了城乡两种因素的治理样态。[①] 正是出于县域所面临的复杂治理态势以及其在治理序列中的关键定位，实现基层治理现代化必须深刻认知和高度把握县域治理的时代价值和战略底色。县治则国治，县安则天下安。

（一）县域基层治理处于治理前线

习近平总书记指出：“在我们党的组织结构和国家政权结构中，县一级处在承上启下的关键环节，是发展经济、保障民生、维护稳定、促进国家长治久安的重要基础。”[②]作为以县级行政单位为主体的区域，县域在当前中国“中央—省—市—县—乡”五级行政体制中扮演着枢纽角色：向上承接中央、省、市交办的各类事项，向下要指导乡、镇等基层工作的具体开展。相较于省、市两级，县域能够实现对乡镇（街道）的直接链接，对基层情况更为了解。中央决策和省级、地市级决策的有效落地，终究还是要靠县级政权，尤其是通过县级政权来应对地方实践的复杂性。[③] 相对于乡镇（街道），

---

① 参见伍嘉冀：《行政区划扁平化与新型县域治理：基于“省直管县”的经验证据》，《华东理工大学学报》（社会科学版）2022 年第 1 期。

② 习近平：《做焦裕禄式的县委书记》，中央文献出版社 2015 年版，第 2 页。

③ 参见贺雪峰：《央地关系视野下的县级治理》，《治理现代化研究》2021 年第 2 期。

县域政权拥有更为全面的公共服务职能和治理基础[①]，其在组织规模、治理资源、统筹能力方面具有更大优势。因而从治理结构上来看，县域是政府和社会交融的缝合线，虽地理上远离国家政治核心，却身处社会秩序的核心。[②]

（二）县域是具有一定自主权的资源配置洼地

县域既是科层体制内资源流动的关键节点，更直接关乎各类治理资源的实际运用效能。由于上级政府需要依靠县级层面有效应对种种复杂化治理态势，各类资源配套在一定程度上向县级倾斜，县域成为科层体制内部治理资源流动的重要节点。尤其是相较于体量较小、资源有限的乡镇政府而言，县域是具有一定自主权的资源配置洼地。以财政资源为例，县一级往往可以整合配置如下资源：其一，县既是一级政府又是一级财政，其财权的独立性远非基层乡镇可比，能够自行决定本级财政的使用流向；其二，县一级可以调配和使用本地区内分布在各部门、企事业单位的公共资源，拥有更强的动员能力；其三，作为正式的行政层级，县同样可以享受上级政府部门拨付的各种项目资源及其他经费。[③] 而上述这种向县级倾斜的科层体制资源配置逻辑，在使得县一级成为各类治理资源汇聚洼地的同时，更赋予了县域在推进基层治理中所具有的极大潜力。

（三）县域是协调条块关系的关键节点

习近平总书记强调："一个县就是一个基本完整的社会，'麻雀

---

① 参见杨峰、徐继敏：《"治理体系与治理能力现代化"语境下的县域治理》，《学术论坛》2016 年第 2 期。

② 参见韩丽嵘：《方寸之间：中国县域治理深层逻辑》，《中国出版》2022 年第 13 期。

③ 参见杨华：《治理机制创新：县域体制优势转化为治理效能的路径》，《探索》2021 年第 5 期。

虽小，五脏俱全’。”[1]从当前地方党组织和地方政府的设置安排来看，县级是完整配备党的组织结构和国家政权结构的最低治理层级，将会直接面对国家治理体系运转过程中的复杂条块关系。一方面，完整的县级行政区划意味着明确的空间边界和治理责任，县域具备“块”的相对自主性和独立性；另一方面，由于县以下的乡镇等基层组织并不具有完备的机构配置，县级党委和政府常常需要在各类“条条”事务的落实和跟进过程中扮演分配者和协调者等角色，是条块压力的直接承担者。因此，在科层体制的运转逻辑下，在国家治理体系运转过程中，一定程度上显现的“条块”矛盾最终会传导至县域层面。如何将自上而下的高层决策与地方具体实际有效结合起来，是衡量县域治理能力现代化的重要标尺。

（四）县域治理现代化是突破“选择性治理”基层困境的重要契机

改革开放以来，“扩权强县”“省直管县”等改革实践进一步推动了县域治理的现代化进程。[2] 尤其是近年来中央政府将基层治理纳入规范化制度框架的治理意图更加明显[3]，其基本的改革指向在于要逐步实现基层“选择性治理”的规范性转型。所谓“选择性治理”，是指县级政府根据上级政府考核的权重、刚性程度，结合县域的资源禀赋以及自身的治理绩效偏好，将某项特定工作上升到县域首位工作[4]，但在一定程度上忽略和淡化了其他县域基层工作的治理困境。县级政府事实上的全能型职责定位与实际拥有的行政权力及公共资源的极端不对称，客观上造成了县级政府“选择性

① 习近平：《做焦裕禄式的县委书记》，中央文献出版社 2015 年版，第 2～3 页。

② 参见张春宇、李红权：《县域政府治理的变革之道》，《人民论坛》2018 第 21 期。

③ 参见冯川：《县域治理体系刚性化与乡镇自主性》，《华南农业大学学报》（社会科学版）2021 年第 6 期。

④ 参见贺华丽、何显明、潘宇峰：《县域治理及其创新实践的制度逻辑：基于地方政府自主性的视角》，《浙江社会科学》2021 年第 12 期。

治理”的局面。[①] 选择性治理的行为模式虽然在一定时期内使得地方政府关注点高度聚焦于少量中心工作，但这种以注意力转移为核心运作逻辑的过程显然与制度化、规范化的国家改革期许存在一定偏差。因此，新时代不断推进县域基层治理现代化的基本价值就是通过不断优化调整县域维度上的资源供给、权责配置，实现县域基层治理的规范化转型。

第二节　新时代中国县级党委政府在基层治理中的主要职责

当前中国县域发展处于转型期和换挡期[②]，县域层级上的基层治理工作面临更加复杂多变的治理态势。从既有国家治理体系的角度出发，尽管县级政府具有较为完备的科层组织形式，但鉴于基层治理特殊性，县域治理的逻辑却无法套用科层制的理论规范来阐释。[③] 因此，对于县域治理现代化的时代追寻，不能仅仅止步于行政机构的运转需求，更需要满足国家治理现代化进程中的多重战略期许。新时代下，中国县级党委政府需要在明确特定原则关系基础上，担负起基层治理的若干职责。

一、原则界定：县域基层治理中的若干重要关系

习近平总书记强调：“县域治理最大的特点是既‘接天线’又‘接

① 参见吴理财：《以民众参与破解选择性治理》，《探索与争鸣》2009 年第 4 期。

② 参见张佐、陈楠：《推进县域治理体系和治理能力现代化的路径选择》，《学术探索》2014 年第 11 期。

③ 参见贺华丽、何显明、潘宇峰：《县域治理及其创新实践的制度逻辑：基于地方政府自主性的视角》，《浙江社会科学》2021 年第 12 期。

地气’。对上，要贯彻党的路线方针政策，落实中央和省市的工作部署；对下，要领导乡镇、社区，促进发展、服务民生。基础不牢，地动山摇。县一级工作做好了，党和国家全局工作就有了坚实基础。”[①]在推进新时代基层治理现代化的过程中，作为主要治理责任主体的县级党委和政府，尤其需要正确认识和处理如下重要关系：

一是党政机关之间的关系。中国共产党领导是中国特色社会主义最本质的特征。尤其是在处理纷繁复杂的基层治理事务过程中，县级党委和政府更要充分利用好、发挥好党的领导核心作用。要坚定不移地落实“党是领导一切的”原则，充分释放中国特色社会主义制度和国家治理体系所蕴含的巨大优势。县政府要坚决贯彻落实上级党委和政府以及本级党委关于基层治理的各项工作部署，把党的领导贯彻到基层治理工作各方面和全过程，确保正确政治方向。

二是一国之治与一县之治的关系。从区划面积上来看，县域是国家内部的“方寸之地”；但从国家治理体系运行的角度出发，县域则位于“上传下达”的关键节点。因而就此类面积较小但具备枢纽属性的县域而言，更需要平衡好不同治理尺度下的任务导向命题：既需要落实国家治理的“战略要求”，也需要因地制宜地满足地方发展的“战术需要”。可见，县级党委和政府需要在坚持国家治理“一盘棋”大局观的同时，以更好的基层治理实效展现国家治理能力。

三是县域治理权责与治理资源之间的匹配关系。在“层层压实”的科层制传导链条下，县域维度实际上面临着更加具体的治理压力，包括维稳、防疫、经济等各个领域，无不期待更多治理资源的

---

① 习近平：《做焦裕禄式的县委书记》，中央文献出版社2015年版，第52页。

持续投入。尽管县域对其自身治理资源具有一定统筹调动能力和自主配置权限,但由于自身规模的有限性,如何实现治理权责与治理资源合理匹配,显然需要县级党委和政府在政策理想和发展实际之间保持平衡,即在认清“有多少大锅下多少米”等治理现实的同时,不断加强县域基层治理的制度建设,以深入推进基层治理实践不断趋向规范化的改革进程。

四是政府、社会组织以及居民等县域治理主体之间的关系。面对县域治理中所呈现出的复杂态势,县级党委和政府并不能完全依赖科层体制的自运转,必须充分调动起包括社会组织、居民等各类社会主体的有效参与,以不断夯实基层治理力量。而这种突破科层体制边界、打通不同社会主体之间关系的改革,既是打造共建共治共享的社会治理新格局的重要前提,更是实现县域基层治理现代化转型的必修课之一。

二、内容指向:县级党委政府在基层治理中的主要职责

习近平总书记在2014年调研指导河南工作时,提出了县域治理“三起来”要求,即“把强县和富民统一起来”“把改革和发展结合起来”“把城镇和乡村贯通起来”。[①] 这一重要论述,明确了县域基层治理的实践指向。从地方治理的一般规律出发,不同层级政府的任务安排有所区别,其背后的职权设定情况也会略有不同。以地方行政机关为例,按照2022年3月最新修订的《中华人民共和国地方各级人民代表大会和地方各级人民政府组织法》相关规定,县级政府与基层政府在职权范围上存在一定差异(见表11-2)。县级及以上人民政府职权更加全面,其在内容设定方面与更偏重执

① 习近平:《做焦裕禄式的县委书记》,中央文献出版社2015年版,第52～53页。

行的乡、民族乡、镇政府等基层政府职权存在显著区别，后者在现有国家治理序列中更多扮演政策执行者的角色。同时受制于既有治理资源、治理结构位次等制度环境因素，新时代县域基层治理的任务导向存在一定特殊性：需要兼顾国家战略和地方实际之间的需要，同时也需要保持发展、稳定、创新等各领域之间的平衡。

表 11-2 县级和基层人民政府职权对比

县级及以上人民政府职权	县级以下人民政府职权
（一）执行本级人民代表大会及其常务委员会的决议，以及上级国家行政机关的决定和命令，规定行政措施，发布决定和命令； （二）领导所属各工作部门和下级人民政府的工作； （三）改变或者撤销所属各工作部门的不适当的命令、指示和下级人民政府的不适当的决定、命令； （四）依照法律的规定任免、培训、考核和奖惩国家行政机关工作人员； （五）编制和执行国民经济和社会发展规划纲要、计划和预算，管理本行政区域内的经济、教育、科学、文化、卫生、体育、城乡建设等事业和生态环境保护、自然资源、财政、民政、社会保障、公安、民族事务、司法行政、人口与计划生育等行政工作； （六）保护社会主义的全民所有的财产和劳动群众集体所有的财产，保护公民私人所有的合法财产，维护社会秩序，保障公民的人身权利、民主权利和其他权利； （七）履行国有资产管理职责； （八）保护各种经济组织的合法权益； （九）铸牢中华民族共同体意识，促进各民族广泛交往交流交融，保障少数民族的合法权利和利益，保障少数民族保持或者改革自己的风俗习惯的自由，帮助本行政区域内的民族自治地方依照宪法和法律实行区域自治，帮助各少数民族发展政治、经济和文化的建设事业； （十）保障宪法和法律赋予妇女的男女平等、同工同酬和婚姻自由等各项权利； （十一）办理上级国家行政机关交办的其他事项。	（一）执行本级人民代表大会的决议和上级国家行政机关的决定和命令，发布决定和命令； （二）执行本行政区域内的经济和社会发展计划、预算，管理本行政区域内的经济、教育、科学、文化、卫生、体育等事业和生态环境保护、财政、民政、社会保障、公安、司法行政、人口与计划生育等行政工作； （三）保护社会主义的全民所有的财产和劳动群众集体所有的财产，保护公民私人所有的合法财产，维护社会秩序，保障公民的人身权利、民主权利和其他权利； （四）保护各种经济组织的合法权益； （五）铸牢中华民族共同体意识，促进各民族广泛交往交流交融，保障少数民族的合法权利和利益，保障少数民族保持或者改革自己的风俗习惯的自由； （六）保障宪法和法律赋予妇女的男女平等、同工同酬和婚姻自由等各项权利； （七）办理上级人民政府交办的其他事项。

资料来源：《中华人民共和国地方各级人民代表大会和地方各级人民政府组织法(2022 年 3 月修订版)》，第七十二条和第七十六条。

聚焦基层治理领域，县级党委和政府需要在千头万绪的基层治理工作中，统筹领导“五位一体”的中国特色社会主义事业总体布局在县域维度上的落地生根，在政治、经济、文化、社会、生态等方面承担起国家治理体系所赋予的治理责任。而在这一过程中，县级党委和政府必须强化县域统筹意识，至少需要承担如下治理职责（见图 11-2）。

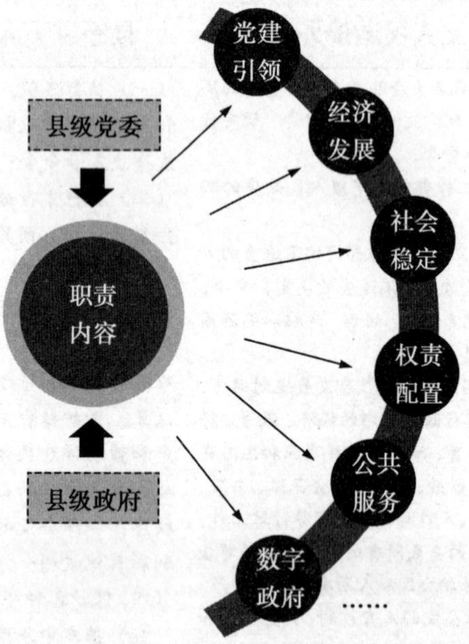

图 11-2　县级党委和政府在基层治理中的主要职责

（一）坚持党建引领，优化县域领导体制和工作机制

作为保留完善组织架构的最低治理层级，县级党委和政府要充分把握县在整个国家治理序列中的枢纽地位，不断优化县域治理体系，并在最大程度上释放既有制度优势。在追寻基层治理现代化过程中，坚持党建引领，是县级党委和政府克服既有制度张力、释放治理效能的天然优势和基本前提。2017 年 6 月，《中共中央国务院关于加强和完善城乡社区治理的意见》明确强调：“市县

党委书记要认真履行第一责任人职责，街道党工委书记、乡镇党委书记要履行好直接责任人职责。要把城乡社区治理工作纳入地方党政领导班子和领导干部政绩考核指标体系，纳入市县乡党委书记抓基层党建工作述职评议考核。逐步建立以社区居民满意度为主要衡量标准的社区治理评价体系和评价结果公开机制。”①而县域维度上种种创新实践，无疑将会对国家治理体系现代化起到重要的反哺作用。

（二）融入新常态，夯实县域发展的经济基础

党的十八大以来，习近平总书记多次强调：“以经济建设为中心是兴国之要，发展仍是解决我国所有问题的关键。”②“发展是基础，经济不发展，一切都无从谈起。”③2021 年底，中央经济工作会议再一次强调“坚持以经济建设为中心是党的基本路线的要求，全党都要聚精会神贯彻执行，推动经济实现质的稳步提升和量的合理增长”。截至 2021 年底，我国县城及县级市城区人口占全国城镇常住人口近 30%④，实现经济高质量发展对于县域基层治理具有多重意义，不仅事关地方政府的稳财源、固税基等资源统筹大局，更是激发社会活力和稳定社会秩序的重要保障。在新常态下，县级党委和政府要不断深化供给侧改革，既要大力发展县域经济，又要服务和引导好乡镇经济，下好县域经济“一盘棋”。2022 年 5 月，中共中央办公厅、国务院办公厅印发《关于推进以县城为重要载体的城镇化建设的意见》中明确指出：“统筹县城生产、生活、生态、安全需要，因地制宜补齐县城短板弱项，促进县城产业配套设施提质增

① 《中共中央国务院关于加强和完善城乡社区治理的意见》，《人民日报》2017 年 6 月 13 日。

② 《习近平关于全面建成小康社会论述摘编》，中央文献出版社 2016 年版，第 19 页。

③ 《习近平谈治国理政》第 2 卷，外文出版社 2017 年版，第 75 页。

④ 参见《激发县域经济高质量发展动力》，中国共产党新闻网 2022 年 6 月 2 日。

效、市政公用设施提档升级、公共服务设施提标扩面、环境基础设施提级扩能，增强县城综合承载能力，提升县城发展质量。”①

(三)守好民生底线和稳定红线，确保基层长治久安

习近平总书记强调：“把以人民为中心的发展思想体现在经济社会发展各个环节，做到老百姓关心什么、期盼什么，改革就要抓住什么、推进什么，通过改革给人民群众带来更多获得感。”②县级党委和政府必须锚定社会稳定和长治久安总目标，统筹推进改革发展稳定各项工作。既有基层治理实践表明，县级党委和政府要在常态化增强基层民主协商制度建设的同时，强化非常态等特殊时期的应急处置能力，这是确保基层长治久安的重要经验法宝。就前者而言，县级党委和政府要“围绕涉及群众切身利益的事项确定乡镇(街道)协商重点，由乡镇(街道)党(工)委主导开展议事协商，完善座谈会、听证会等协商方式，注重发挥人大代表、政协委员作用。探索建立社会公众列席乡镇(街道)有关会议制度。”③对后者来说，县级党委和政府要以强化应急管理能力为主要目标，加强对乡镇(街道)做好应急准备工作的指导，并强化应急状态下对乡镇(街道)人、财、物的支持。

(四)持续修炼内功，优化基层权责事项配置

当前县域基层治理在一定程度上面临着“定序格局”和“差序格局”之间的制度张力：既需在保持稳定的前提下依赖正式规范的科层体制完成国家治理任务，又需以适度创新满足差异化的社会内生服务需求。因此，县级党委和政府需要通过优化基层权责配

---

① 《中共中央办公厅、国务院办公厅印发〈关于推进以县城为重要载体的城镇化建设的意见〉》，《中华人民共和国国务院公报》2022 年第 14 号。

② 《习近平谈治国理政》第 2 卷，外文出版社 2017 年版，第 103 页。

③ 《中共中央国务院关于加强基层治理体系和治理能力现代化建设的意见》，《人民日报》2021 年 7 月 12 日。

置，持续强化自身治理能力建设。早在2017年6月，党和国家就提出要“按照条块结合、以块为主的原则，制定区县职能部门、街道办事处（乡镇政府）在社区治理方面的权责清单”[①]。而在近年来的宏观政策安排上，党和国家进一步明确了要着力避免治理压力“层层加码”的潜在问题。2021年4月，《中共中央国务院关于加强基层治理体系和治理能力现代化建设的意见》中明确指出：“市、县级党委和政府要规范乡镇（街道）、村（社区）权责事项，并为权责事项以外委托工作提供相应支持。未经党委和政府统一部署，各职能部门不得将自身权责事项派交乡镇（街道）、村（社区）承担。”[②]这种以制度规范为主的能力建设导向，无疑将是重塑县域内部权责事项配置的重要历史契机。

（五）创新公共服务供给格局，推动各类治理资源有序下沉

基层公共服务供给格局的重塑，有赖于人员、资金、项目等各类治理资源的持续供给和有序下沉。而在这一过程中，作为治理枢纽的县级党委和政府，无疑需要在其中发挥重要的统筹协调作用。在加强基层治理队伍建设方面，县级党委和政府应“建立健全村（社区）党组织书记后备人才库，实行村（社区）党组织书记县级党委组织部门备案管理。研究制定加强城乡社区工作者队伍建设政策措施，市、县级政府要综合考虑服务居民数量等因素制定社区工作者配备标准”[③]。在优化村（社区）服务格局方面，“市、县级政府要规范村（社区）公共服务和代办政务服务事项，由基层党组织

---

① 《中共中央国务院关于加强和完善城乡社区治理的意见》，《人民日报》2017年6月13日。

② 《中共中央国务院关于加强基层治理体系和治理能力现代化建设的意见》，《人民日报》2021年7月12日。

③ 《中共中央国务院关于加强基层治理体系和治理能力现代化建设的意见》，《人民日报》2021年7月12日。

主导整合资源为群众提供服务”[1]。同时要强化自身统筹能力,“完善服务统筹机制,以县(市、区、旗)为单位统筹用好各项支持社区的政策,以及面向社区的服务资金、资源、项目等,以村(社区)党组织为主渠道落实。”[2]可见,实现治理资源有序有效下沉已成为县级党委和政府在基层治理实践中发挥统筹协调作用的重要表现,同样也是切实提升基层公共服务效能的主要途径。

(六)依托技术赋能,加快基层智慧治理建设

当前我国正在快速步入数字时代,新兴技术极大改变了县域治理的具体样态。大数据、云计算等新技术的不断涌现,在改变既有社会资源传播模式的同时,又成为地方政府提升自身治理能力的重要契机。从基层治理创新的角度来看,大数据驱动等技术赋能手段在助力公共服务精细化供给的同时,更赋予了探索“技术要素”介入体制机制转型的长期可行性。[3] 就县级党委和政府而言,不能仅仅从治理工具维度理解当前技术赋能的时代特质,更应该认识到新兴技术形态变革既有科层体制的潜在趋向和巨大价值。在技术赋能愈演愈烈的时代背景下,尤其需要县级党委和政府兼顾基层治理精细化目标及技术助力体制机制转型价值。在达成精细化治理目标方面,县域治理主体需要依托数字化建设满足具体的精细化治理要求,尝试构筑美好数字服务新场景。例如,“以县(市、区、旗)为单位,支持利用互联网、物联网、区块链等现代信息技术,深入组织开展智慧社区、现代社区服务体系试点建设,高效

① 《中共中央国务院关于加强基层治理体系和治理能力现代化建设的意见》,《人民日报》2021 年 7 月 12 日。

② 《国务院办公厅关于印发“十四五”城乡社区服务体系建设规划的通知》,《中华人民共和国国务院公报》2022 年第 5 号。

③ 参见于棋:《基于“大数据驱动”的公共服务供给侧改革》,《福建行政学院学报》2019 年第 4 期。

匹配社区全生活链供需，扩大多层次便利化社会服务供给。”[1]而更为重要的是，县级党委和政府还需要做好长远规划，“市、县级政府要将乡镇（街道）、村（社区）纳入信息化建设规划”[2]以持续加强基层智慧治理能力建设，最终实现新兴技术反哺深层体制转型的长远追求。

第三节 新时代齐河县域基层治理的实践探索[3]

县域基层治理现代化，其根本目标是对善治理念的不懈追寻。在科层体制等制度因素的影响下，县域单元之间形成了“既比综合实力、整体水平，又比标志性、引领性亮点”[4]等竞争格局，各类可借鉴、可复制、可推广的改革经验不断涌现。山东省齐河县在基层治理领域所开展的种种探索，无疑是新时代县域基层治理的典型代表之一。

一、齐河县概况

齐河县隶属于山东省德州市，与省会济南相邻，总面积 1411 平方公里，人口 70 万，辖 13 个乡镇、2 个街道、1 个省级经济开发区、1 个省级旅游度假区、1 个高新技术开发区，共有 20 个城市社

① 《国务院办公厅关于印发“十四五”城乡社区服务体系建设规划的通知》，《中华人民共和国国务院公报》2022 年第 5 号。

② 《中共中央国务院关于加强基层治理体系和治理能力现代化建设的意见》，《人民日报》2021 年 7 月 12 日。

③ 齐河县的相关资料，除特别注明的外，均来自对齐河县的实际调研。

④ 盛世豪、马斌等：《县域治理现代化的样本——来自浙江嘉善的探索与实践》，浙江人民出版社 2020 年版，第 39 页。

区和 1016 个行政村。[①] 2021 年，全县完成地区生产总值 399.4 亿元，同比增长 9%；完成规模以上固定资产投资 170 亿元；完成一般公共预算收入 40.1 亿元，同比增长 21.7%。从县域发展条件来看，齐河县综合实力较强，具备实现县域基层治理现代化的雄厚基础。近年来，该县以实施黄河重大国家战略为牵引，全力打造沿黄生态保护和高质量发展的样板，走出了一条绿水青山和金山银山“两山”兼得的发展路子。在生态保护上，入选国家生态文明建设示范区、山东省生态文明十强县。在高质量发展上，连续 7 年跻身全国综合实力百强县，同步跻身全国高质量发展、绿色发展、投资潜力、科技创新、新型城镇化百强县，入选山东省高质量发展先进县和山东省民营经济高质量发展、现代农业、文旅康养、现代流通“十强县”，获得“十强县”称号数量在山东省县级最多。此外，齐河县始终坚持“人民的利益是最大的利益”的理念，全县八成以上财政收入用于民生支出，努力将经济发展的“速度”落在民生保障的“温度”上，在打造民生幸福标杆城市等方面积累了诸多值得挖掘、提炼的有益经验。

二、齐河县创新县域基层治理的典型做法

立足县级党委政府在基层治理中的主要职责内容，齐河县在探索县域基层治理过程中所形成的典型经验做法，集中体现在党建引领、经济发展、社会稳定、权责配置、公共服务、智慧治理六大方面。

（一）坚持党建引领，树立县域党建工作的“红齐”品牌

党建引领是当前县域治理创新的核心命题和正确方向，更是

① 参见齐河县人民政府办公室：《齐河县概况》，齐河县人民政府网 2022 年 3 月 4 日。

新时代强基固本的关键所在。基于获批成为山东全省中小城市党建工作试点的重要机遇，齐河县秉持以人民为中心的城市发展理念，以打造“红齐”(取“红”心向党，“齐”心为民之意)党建品牌为抓手，全域推进“红色物业”，聚力做实小区党建，构建起以党组织为轴心，多种群体力量广泛参与，多种社会组织共同治理的“一轴多元”县域基层党建精细化治理模式。

1.支部建设规范化擎起党建引领“一面旗”

围绕解决城市党建抓不到底、管不到位等问题，坚持“支部建在小区，小组设在楼宇”，建立实体化网格(小区)党支部，通过下沉社区工作者、选聘“五老”群体、发动小区党员等途径，配齐党支部书记、楼宇党小组长、楼道党建联络员，规范工作机制，明确薪酬，保障经费，打造有班子、有阵地、有经费、有志愿服务、有协商共治机制的“五有”党支部，构建起“社区党委—网格(小区)党支部—楼宇党小组长—楼道党建联络员”上下贯通、执行有力的组织体系。

2.治理机制科学化织密多元共治“一张网”

健全综合治理机制：精细划分城乡网格 4651 个，将社会综合治理服务中心由政法委所属调整为县委直属，打造一体化综合指挥平台，在社区、小区设立公安、综合执法站(点)，网格员发现问题通过平台上报，社区作为运转中枢，汇总辖区信息，联合部门及时处置各类安全隐患、矛盾纠纷。

健全居民议事机制：实行“五步议事法”，网格(小区)党支部牵头，定期组织物业企业、业委会、共建单位共商共议涉及公共利益的事项和居民反映的热点难点问题，支部能办的“立即办”，物业办理的“限期办”，解决不了的上报街道社区“协调办”。

健全物业管理机制：同步建立住建、街道、社区、网格(小区)“四位一体”物业考评机制，突出街道社区、小区评价权重，每季度发布物业企业“四色”榜单，配套物业企业信用等级调整、限制承接项目、清退市场等20条奖惩措施，强力推动物业服务质量提升。

3.为民服务常态化共结幸福社区“一家亲”

打造“红色阵地”：县委组织部牵头开展物业配套用房专项整治，腾退公共用房2.7万m^2，打造“红齐”党群阵地、城市客厅15处，建设小区“红齐”驿站、智慧便民店、社区食堂152处，让群众在家门口就能享受休闲、乐购、养老等便利服务。

建强“红色队伍”：大力推动“双向进入，交叉任职”，89名物业企业党员担任网格（小区）党支部兼职委员，427名小区支部委员进入业委会，党员比例达到69%。培育孵化社会组织23家、志愿服务团队78支，充分满足群众多样化服务需求。

做活“红色服务”：开发“大走访”APP，走访群众20.3万户，收集物业领域问题727个，督办加装电梯、管网改造、增建充电车棚等重难点事项166件。开办法律援助、义诊、义剪、修理等暖心服务，受益居民达2.7万人。

（二）立足资源禀赋，推动县域经济高质量发展

习近平总书记指出：“产业兴旺，是解决农村一切问题的前提。”[①]乡村产业发展的重点在于县域，县级党委和政府在地区经济发展中肩负着重要的统筹领导责任。齐河县是传统农业大县、全国超级产粮大县，也是省部共同打造的乡村振兴齐鲁样板示范县，近年来又成功入选国家现代农业产业园。县域经济发展，奠定了县域治理的物质基础。

1.以规模化为支撑点促进粮食增产

依托全国最大的30万亩粮食绿色优质高产高效创建核心区、

① 《习近平谈治国理政》第3卷，外文出版社2020年版，第258页。

80万亩创建示范区，整建制开展绿色增产模式攻关，重点抓住耕地、种子“两个要害”，着力打造全国一流高标准农田典范。2021年，全县粮食总产达到27.7亿斤，比2020年增产1.3亿斤，连续19年丰产丰收，连续14年粮食总产量保持在22亿斤以上。

2.以组织化为切入点带动农民增收

积极发展农业规模化经营和社会化服务，培育起各类专业合作社1 321家、农业社会化服务组织486个，并通过实施特色种植养殖产业、乡村旅游等集体经济项目，实现村集体经济和农户“双增收”。同时，抓住成立农业服务有限公司的重要契机，探索创新“供销社＋国企＋乡镇联合社＋党支部领办合作社＋新型经营主体＋农户”的新型农业经营组织模式。

3.以标准化为着力点助推农产品提质

大力开展蔬菜果品标准园、畜禽养殖标准化示范场、现代渔业园区、水产标准化健康养殖示范场建设，推动产业高质量转型。近年来，已培育市级“放心农场”11个，通过农业农村部无公害畜产品认证的养殖企业53家。

4.以智能化为创新点赋能现代农业

稳步推进农业发展数字化、智能化，引入农业物联网等技术，建成智慧农业农村大数据中心，培育一批数字农业示范园、示范点，力争打造10个以上的省级智慧农业应用基地。

5.以品牌化为突破点拓宽销售渠道

着力推进品牌强农，先后培育“三品一标”认证产品74个、省级知名农产品企业品牌6个、名优特新农产品3个、老字号企业3家。注册成立“黄河味道·齐河”区域公用品牌，整合圣喜酱牛肉、友康食用油等44个涉农商标200多种产品，并依托高量级国企平台统筹品牌包装设计、营销推广、产品认证等关键环节。

6.以产业化为落脚点构建完整链条

根据"粮头食尾、农头工尾为抓手，培育食品工业产业链"的原则要求，把产业化摆在核心位置，着力打造覆盖生产、加工、销售的完整农业现代产业体系。以建设国家现代农业产业园为契机，高标准建设实施综合服务中心、粮食烘干仓等配套项目。目前已引进天润乳业乳制品加工等食品类项目 6 个，争取 5 年内落户农业龙头企业 80 家，努力打造国内先进、世界一流的现代农业产业园区。

（三）维护社会稳定，夯实县域长治久安的制度基础

作为山东省平安建设示范县，齐河县立足共建共治共享社会治理新格局，最大限度整合资源，集合要素，集中力量化解"五类风险"，努力把风险隐患化解在萌芽，解决在基层。其中，齐河县开展的以有组织、有人员、有制度、有经费、有装备、有预案为主要内容的乡镇（街道）应急管理能力"六有"标准化和以有场地、有装备物资、有工作制度为主要内容的行政村（社区）应急服务站"三有"标准化建设，成为提高乡镇（街道）、村（社区）应急管理能力、夯实基层基础工作的主要抓手。

1.搭建"全科化"基层网格

精准划分网格 4 651 个，厘清网格员十大类、30 项、90 条职责清单，实现"一网"统揽全域。按照农村管区不少于 5 人、城市社区不少于 12 人的标准，配强基层治理力量，表现优秀的落实副科级待遇；参照村"两委"干部待遇，落实党支部书记、党支部委员专业化、专职化管理，城市网格（小区）党支部全部实体化运转，社会治理由"粗线条"向"精细化"转变。

2.建设"智慧化"指挥平台

以创建山东省新型智慧城市试点为契机，建设一体化综合指挥平台，整合20多个部门平台、30多个智慧应用，接入7 000路视频资源，汇聚近3亿条数据，实现“一屏”指挥调度、“一站”解决诉求。

3.打造“一体化”服务中心

发挥县乡社会综合治理服务中心作用，设置社会治安综合治理、应急指挥等七大功能区，吸纳政法、公安、应急管理等十余个部门集中办公，创新“六步”（接待、转办、会见、办理、结论、回访）工作法，建立联合处置、风险排查、调度指挥、督办考核工作机制，统一管理、扁平指挥、高效服务。

4.创新“大联动”队伍体系

完善乡镇综合执法、县直执法部门、村（社区）自治“三支队伍”之间的联动机制，确保治理有力度、有速度。针对县域层面存在的信访问题，依托“12345＋信访窗口＋社会治理＋作风管理”集成大数据平台，对群众诉求“抓早抓小”“接诉即办”，信访事项一次性办结率达96％；逐一落实重点信访人“六包一”工作，“治重化积”案件全部化解，获评全国信访工作“三无”县。同时，扎实开展农村基层治理“百日攻坚”专项行动，动态整顿软弱涣散基层党组织，解决村庄遗留问题。

（四）聚焦“县镇同权”，推进权责配置体系适配调整

“县镇同权”是近年来齐河县优化内部权责配置体系的核心任务与主要方向。按照“能放则放，重心下移，权责一致，规范运作”的调整原则，齐河县在德州市率先推进“县镇同权”改革，持续擦亮“进了齐河县，好事要快办”的服务品牌。针对县域维度权责配置调整的实际需要，齐河县聚焦“下放主体”“下放内容”“承接主体”等关键问题，进一步激发县域体制机制活力，并荣获全国投资潜力百强县、中国创新创业最具发展活力城市、中国宜居宜商宜游最具魅力城市等荣誉称号。

第一，聚焦以点带面，解决好“权限下放给谁”的问题。坚持系统思维、整体谋划，试点先行、以点扩面，以市级中心镇祝阿镇为试点，带动 4 个县级中心镇、10 个特色小城镇，统筹推进权限下放、县镇同权，加快实现全覆盖。

第二，聚焦以需定供，解决好“下放哪些权限”的问题。积极借鉴江浙、寿光等先进地区经验，坚持供需对接、按需放权，在已下放 205 项事项的基础上，又围绕项目建设、产业发展、社会民生、基层治理等用权需求，采取直接下放、服务窗口前移等方式，下放“县镇同权”事项 238 项，确保“能放则放，应放尽放”。

第三，聚焦强化保障，解决好“接得住接得稳”的问题。强化组织保障，成立由书记、县长任双组长的“县镇同权”综合改革试点工作领导小组，并结合县乡换届，配强 5 个中心镇党政班子成员，夯实组织基础、推动权限承接。同时，加大人力下沉、财力倾斜，每个行政审批服务分局、乡镇便民服务中心，分别配备 10 名以上工作人员；每个村级便民服务站点，配备 5 名以上工作人员；每年列支经费 1 300 万元以上，专项用于镇村服务场所运转。此外，持续探索建立县域“责任清单”，完善监督监管、责任追究、信息互通等配套机制，确保权力“放得下”、乡镇“接得住”、责任“管得好”。

（五）深化公共服务改革，优化公共服务体系与运作流程

在公共服务方面，齐河县的创新探索主要集中在两个维度：

一是进一步完善“县—乡镇（街道）—村（社区）”三级服务体系。加快县级便民服务中心建设，夯实县域公共服务的物质保障。在开发区（晏北街道）、祝阿镇（生态城、高新区），分别挂牌成立行政审批服务局分局（便民服务分中心），启用审批专用章，加快权限扩大，实现审批管理扁平化。238 项县行政审批服务局审批服务事项均可在窗口就近办理，为涉企事项在园区就近办、一次办提供坚强的服务保障。依托各乡镇（街道）便民服务中心、村（社区）便民服务站和“小齐帮办”代办点，不断推动服务触角向基层延伸。

二是不断优化公共服务流程。向部分有条件社区下放一定审批权权限，推进社区“就近能办”。打造108个村（社区）便民服务站，统一张贴悬挂“就近办”事项清单，涵盖行政许可、行政给付、公共服务等135项内容。例如，在晏城街道永兴社区的党群服务中心内，专门设立“一窗办理、全科办结”的办事窗口，让社区居民少跑腿、一次办。面向即将入驻开业的万达广场个体工商户，开展行政审批服务“上门办、批发办”，实现“申报—审批—拿证”的全流程服务，在明显提升办事效率的同时，有效延伸了社区的办理权限和办事效能，真正做到便民利企。

（六）依托数字化建设，切实提升基层智慧治理实效

县域维度上的数字化建设更强调切实发挥数字平台对具体基层实践的赋能作用。齐河县根据2021年山东省《关于开展智慧社区（村居）建设提升行动的通知》相关要求，立足县域整体推进的布局思路，以智慧社区建设为主要突破口，将“智慧社区云平台”作为主要抓手，推进县域数字化建设。同时，为进一步满足县域建设、公共管理、公共服务等县域治理事项的统筹需要，齐河县在智慧社区云平台建设之初便实现了对视频AI、5G、物联网等新兴技术的综合运用，建构起了“1＋3＋N”复合治理结构：“1”指一个监管平台；“3”指基层综合治理、社区基础建设和居民服务三大服务板块；“N”指包括智慧安防、智慧出行、智慧消防、智慧环境、智慧养老、智慧医疗、社区文化等在内的N个智慧化场景，具备人车定向管理、社区老人关怀、便民医疗、高空抛物智能追溯、电梯异常情况及时报警、社区环境监管及垃圾分类监管等多项功能，有效满足了各类

基层治理事项的现实需要。

目前，齐河县智慧社区云平台已初步完成社区运营管理后台的开发工作，并实现了四大功能板块的有效运转，包括针对智慧养老、残疾人托管的“特殊关怀子系统”，面向社区居民医疗服务的“社区医疗子系统”，具有社区政务服务指引功能的“政务管理子系统”，发布社区政务服务活动信息的“社区信息发布子系统”。此外，“社区网格管理子系统”正在积极进行数据对接工作，完成后可实现居民档案数据、重点人员数据、社区安全事件数据、视频数据及网格管辖报警数据五大类数据的实时同步。同时，随着该平台功能的逐渐完备，齐河县的工作重点逐渐由搭建数字化平台向运用数字化平台转变，开始深入探索数字化赋能基层治理的“齐河方案”。方案的主要思路是，依托正在建设的县智慧社区云平台，逐渐打造出“1＋2＋N”的智慧社区治理新模式：1个数字底座（智慧城市数字底座），2个中心（党群服务中心、智慧社区运营管理中心），N个社区智慧应用。以数字化方式实现对基层治理现代化的深度赋能。

三、齐河县创新县域基层治理的启示探讨

齐河县的经验做法，为加强和创新新时代县域基层治理提供了如下有益启示：

1.要高度重视强化基层党建的战略意义

管党治党，重在基层。基层党组织是贯彻落实党的路线方针政策和决策部署的战斗堡垒，是党的全部工作和战斗力的基础。在基层治理中加强基层党组织建设，既是新时代基层党建的题中之义，也是推进基层治理体系和治理能力现代化的前提要件。尽管县域内部的区位资源、资金投入、发展基础等方面各有不同，但

齐河县加强基层党建的实践经验表明，只要始终坚持好党的领导和党建引领，党的政治优势、组织优势和群众工作优势就会源源不断转化为推动基层治理和社会发展的内在动能，县域基层治理就必然会呈现出立足实际、特色鲜明、措施务实、执行到位、百姓受益的治理新样态。

2.要主动融入国家重大战略规划

齐河县近年来之所以取得县域基层治理的显著提升，一个非常重要的原因就在于充分利用了“黄河流域生态保护和高质量发展”等国家重大战略机遇，围绕试点申请、政策支持、资金汲取等关键治理资源，充分发挥了地方治理主体的积极性和主动性。2021年10月，习近平总书记在视察山东时就深入推动黄河流域生态保护和高质量发展作出重要指示，勉励山东要做到“三个走在前”，即努力在服务和融入新发展格局上走在前，在增强经济社会发展创新力上走在前，在推动黄河流域生态保护和高质量发展上走在前。立足于这一高量级国家发展战略，包括齐河县在内的山东省沿黄县域单元，无疑将迎来更多政策红利和发展机遇。

3.要充分认识县域维度基层治理实践的特殊性

县域基层治理需要面对完全不同于特大城市和乡村治理的治理场景，其治理创新的模式路径也同样呈现出特殊的内在逻辑，更需要在实践摸索中不断寻求更符合地域特色的治理方案。例如，齐河县在优化县域治理权责事项配置的过程中，在积极借鉴江浙、寿光等地区经验的同时，又根据县域治理中项目建设、产业发展、社会民生等具体需要，创新服务窗口前移等方式下放了数量更多、指向更加明确的权责事项。这种更加契合地方治理需要的创新经验，将是推进县域基层治理现代化的重要支持。

4.要格外重视政策试点在基层治理现代化中的独特价值

以政策试点为主要表现形式的渐进式改革趋向，是我国在40余年改革开放进程中所总结出的重要“方法论”①。随着我国改革进入深水区，基层事务复杂性与治理资源有限性之间呈现出巨大的制度张力。“撒芝麻”“摊大饼”式的传统资源调配方式并不能满足新时代县域基层治理需求，更需要依托政策试点等方式，来达成撬动基层治理资源、推动治理现代化的改革目标。齐河县近年来之所以能够探索出一系列符合县域治理场景和地域特色的方式方法，其关键在于充分利用国家、省、市等各级政府在该县设立大量试点的便利条件，以项目为抓手，从而实现对有限治理资源的充分整合。

参考文献

[1]习近平:《摆脱贫困》，福建人民出版社1992年版。

[2]习近平:《做焦裕禄式的县委书记》，中央文献出版社2015年版。

[3]《中共中央国务院关于加强基层治理体系和治理能力现代化建设的意见》，《人民日报》2021年7月12日。

[4]盛世豪、马斌等:《县域治理现代化的样本——来自浙江嘉善的探索与实践》，浙江人民出版社2020年版。

[5]贺雪峰:《央地关系视野下的县级治理》，《治理现代化研究》2021年第2期。

[6]贺华丽、何显明、潘宇峰:《县域治理及其创新实践的制度

① 参见张勇杰:《渐进式改革中的政策试点机理》，《改革》2017年第9期。

逻辑:基于地方政府自主性的视角》,《浙江社会科学》2021 年第 12 期。

[7]丁志刚、陆喜元:《论县级政府治理能力现代化》,《甘肃社会科学》2016 年第 4 期。

[8]范和生、郭阳:《县域治理的关键议题及善治路径——基于安徽五县的实证研究》,《福建论坛》(人文社会科学版)2021 年第 12 期。

第十二章　新时代中国乡镇(街道)治理

"基层治理是国家治理的基石，统筹推进乡镇（街道）和城乡社区治理，是实现国家治理体系和治理能力现代化的基础工程。"[①]基层工作千头万绪，纷繁复杂，乡镇（街道）是基层治理的基础单元，是人民与政府互动的"最后一公里"，是落实国家基层治理方针政策、实现基层治理目标的关键。

第一节　乡镇(街道)基层治理实践

乡镇（街道）负责国家治理体系和治理能力建设的基础性工作。作为最基层的行政单位，乡镇（街道）与居民的接触最为密切，居民对政府的看法很大程度上取决于其对乡镇（街道）工作满意与否，上级政府的指令也要通过乡镇（街道）来落实。因此，构建简约高效的乡镇（街道）治理体制、增强配优乡镇（街道）的资源、提高乡镇（街道）的组织能力、调动基层干部的工作积极性、增强乡镇（街

---

① 《中共中央国务院关于加强基层治理体系和治理能力现代化建设的意见》，《人民日报》2021 年 7 月 12 日。

道)的公共服务能力,对基层治理体系和治理能力现代化具有重要意义。

一、乡镇(街道)职能和机构

(一)乡镇政府及其职能

《中华人民共和国宪法》第三十条规定:“县、自治县分为乡、民族乡、镇。”乡镇是宪法规定的最基层的行政机关。《中华人民共和国地方各级人民代表大会和地方各级人民政府组织法》第七十六条规定,乡、民族乡、镇的人民政府行使下列职权:

(1)执行本级人民代表大会的决议和上级国家行政机关的决定和命令,发布决定和命令;

(2)执行本行政区域内的经济和社会发展计划、预算,管理本行政区域内的经济、教育、科学、文化、卫生、体育等事业和生态环境保护、财政、民政、社会保障、公安、司法行政、人口与计划生育等行政工作;

(3)保护社会主义的全民所有的财产和劳动群众集体所有的财产,保护公民私人所有的合法财产,维护社会秩序,保障公民的人身权利、民主权利和其他权利;

(4)保护各种经济组织的合法权益;

(5)铸牢中华民族共同体意识,促进各民族广泛交往交流交融,保障少数民族的合法权利和利益,保障少数民族保持或者改革自己的风俗习惯的自由;

(6)保障宪法和法律赋予妇女的男女平等、同工同酬和婚姻自由等各项权利;

(7)办理上级人民政府交办的其他事项。

(二)街道办事处及其职能

街道办事处,是我国乡级行政区街道的管理机构。市辖区、不设区的市的人民政府,经上一级人民政府批准,可以设立若干街道办事处,作为政府派出机关。根据《中华人民共和国宪法》中关于中国行政区域划分的规定可知,与乡镇政府不同,街道办事处不是国家法律规定的一级行政机关,而是5万人口以上的市辖区或不设区的市的人民政府按照工作需要设立的派出机关,其行政级别与乡镇同级。街道办事处由市(区)政府设立和领导,其职权由市(区)政府赋予。在新中国初期特殊的历史条件下,街道办事处的设立是为了加强国家对整个社会尤其是城市地区的行政控制权。然而,单位制的没落、城市化进程的加速、周遭环境的变化使得行政派出组织自身也应随即作出调整。[①] 我国于1954年颁布的《城市街道办事处组织条例》已于2009年废止,目前在中央层面关于街道办事处的职能没有统一的法律规范,但是各地方政府对街道办事处的职能都有明确规定,其基本职能主要包括以下三个方面:

(1)根据上级政府授权,在辖区内执行上级政府的决定和指示;

(2)接受区政府委派,处理行政事务;

(3)管理辖区内公共事务,为辖区居民提供公共服务。

(三)乡镇(街道)机构设置

改革开放以来,随着我国城市化进程的深入,各地进行了撤镇建街的行政区划改革。乡镇政府作为最基层的地方政府,有明确的法定职权,行使的是完整政府职能。街道办事处是政府的派出机构,其权限在一定程度上被压缩,与其他政府机构的关系也与乡

① 参见董娟:《存与废:我国街道办事处改革之争——行政派出模式的一种审视》,《西北工业大学学报》(社会科学版)2012年第9期。

镇政府有所不同。综合来看,乡镇(街道)政府的职能可归纳为四类,分别是经济管理类、监督执法类、社会管理类和公共服务类,其内部机构大都围绕这四类职能设立。在全国范围内,尽管乡镇政府的机构设置在名称上有所不同,各个地区的机构设置也根据地方特点各有侧重,但总体比较类似。乡镇政府一般设有以下机构:

(1)党政办公室:协助乡镇领导处理党委、人大、政府日常事务和政协委员联络事务;负责党委、人大、政府工作的综合协调和督查督办;负责机关文电、重要文稿、综合调研、信息、机要、保密、档案、会务、接待、行政后勤等工作;负责综合协调、督查督办、综合考核等工作。

(2)党建办公室:负责基层党组织建设和党员队伍建设工作;负责机关纪检监察工作;负责干部人事、宣传、统战、机构编制工作;负责离退休干部管理服务工作;负责工会、共青团、妇联等群团组织的日常工作。

(3)经济发展办公室(农业农村和扶贫办公室):负责编制经济社会发展规划和年度计划;负责协调推进工业经济、乡村振兴、农业产业发展、农村集体经济与农民专业合作社发展、乡村人居环境整治等工作;负责招商引资工作;负责交通公路、农业、水利、移民、扶贫等重点项目建设管理工作;负责经济社会调查统计工作;负责脱贫攻坚、农业农村、农业机械、畜牧兽医、水产渔政、水利、移民开发、农民负担监督等方面的综合行政管理工作。

(4)社会事务办公室:负责科技、教育、人力资源与社会保障、民政、社会救助、社区建设、医疗保障、卫生健康与计划生育、文化旅游广电体育、民族宗教、侨务、退役军人事务等方面的综合行政管理工作。

(5)自然资源和生态环境办公室(村镇规划建设和管理办公

室):负责自然资源(含林政资源)、生态环境保护、村镇规划、村镇建设、城市(村镇)管理等方面的综合行政管理工作;负责生态环境、地质灾害隐患排查、突发环境污染事件的应急管理与处置。

(6)社会治安和应急管理办公室:负责社会治安综合治理、维护稳定、信访、防范邪教、平安建设等工作;负责综治中心平台建设管理;协调公安派出所、公安交警中队、司法所、基层法庭工作。负责突发公共事件(含防汛抗旱、地质灾害、森林防火、消防安全、抗震救灾、防灾减灾、社会安全等)应急管理与处置、安全生产监督管理工作。

(7)财政财务管理办公室:负责财政预决算编制、居民补贴资金发放、财政性资金监督管理、国有资产管理、债权债务管理;组织协调收入征收;负责机关和直属单位财务管理和政府采购等工作;负责村级财务监督,推行村级账务政府购买服务。

乡镇政府作为一级政府机构,其职能相对于街道办事处更加完整和独立,如经济发展较好的乡镇可以采用分税制等相对独立的财政制度。一般来说,乡镇政府部门设置要比街道办事处复杂,例如,由于乡镇政府一般设在农村地区,针对农业发展的需要,乡镇政府一般设有农林水等涉农站办。

二、乡镇(街道)基层治理实践中的重要关系

(一)党政关系

根据马克思主义的国家理论,国家权力主要表现为政治职能和社会管理职能。政治职能的目标是维护政权和社会的稳定,需要强有力的领导权;社会管理职能表现在管理公共事务、提供公共服务等方面,需要科学有效的治理权。在我国,中国共产党是领导一切的,党领导政府是我国政府体系的重要特点,在基层治理中,

党组织行使的是领导权,政府在党的领导下行使治理权。党和政府是性质不同的组织类型,发挥不同的作用。党要按照总揽全局、协调各方的原则,在同级各种组织中发挥领导核心作用。政府在党的领导下,履行社会管理和为社会成员提供公共服务等职责。

(二)政社关系

改革开放以来,随着经济社会的发展,基层治理主体日益多元化,即不仅党和政府可以行使治理权,党和政府以外的其他组织如企业、社会组织等也可以行使治理权。经过40多年的改革开放,中国已经由计划经济体制下的整体性社会发展成为一个国家、市场和社会三部门共生的现代社会。在基层治理中,代表国家的党政部门对社会的管理和服务不再大包大揽。经济社会发展到今天,党和国家已经不再掌握所有资源,国家之外的社会力量也拥有基层治理所需的重要资源和能力,需要通过对基层治理的参与使自身价值得以体现并得到充分发展。在社会力量的充分参与下,党政机构可以将更多的时间和精力用于基层治理中总揽全局的方向性、主导性工作。党的十八届三中全会指出要转变政府职能,通过深化放管服改革减少审批,向基层政府、市场和社会放权,在事务性管理服务领域采用政府购买服务的方式与社会力量合作。

(三)经济职能与其他职能的关系

党的十九大强调,我国仍处于并将长期处于社会主义初级阶段的基本国情没有变。党的十九届四中全会明确提出完善政府经济调节、市场监管、社会管理、公共服务、生态环境保护等职能。因此,发展经济仍然是各级政府的重要职能。一般来说,乡镇政府的经济发展职能更加突出,街道办事处主要负责社会综合治理方面的工作,发展经济的任务相对较轻,经济发展方面的考核指标较少。新时代乡镇政府要转变履行经济管理职能的方式,减少对微观经济的直接干预，通过政策引导、公共服务、依法监管等方式促进当地经济的发展。党的十八届三中全会提出要全面正确履行政府职能，强化地方政府公共服务、市场监管、社会管理、环境保护等职责。乡镇(街道)作为最基层的地方政府机构，在治理重心下沉的背景下，应将工作重点转移到提供公共服务和优化营商环境上来，改变过去片面追求经济发展的状况，通过强化政府的公共服务、市场监管、社会管理、环境保护等职能营造良好环境，促进经济发展。

三、乡镇(街道)基层治理实践中存在的问题

党的十八大以来，随着基层治理体系和治理能力现代化建设的不断推进，乡镇(街道)的基层治理能力不断提高，基本形成了城乡居民安居乐业、和谐文明的社会面貌。但是，从乡镇(街道)治理实践的体系和能力来看，乡镇(街道)治理实践离现代化要求还存在较大差距，中国特色社会主义基层治理的制度优势还没有完全显现出来。主要表现在以下几点：

(一)乡镇(街道)减负亟待深化

各级政府及其职能部门出台的方针政策最终都要在乡镇(街道)层面得到落实和执行。由于与上级政府部门权责界限不清，乡镇(街道)承担了大量上级政府部门下达的各种工作任务，同时随着督查考核工作不断加强，应付各类检查占据了乡镇(街道)基层干部大量时间精力。

(二)乡镇(街道)资源配备不足

乡镇(街道)基层治理所需资源包括权力、人力和财力等多个方面。

1.服务管理权限不充分

由于乡镇(街道)服务管理权限不充分,行使职权时权责不对等,有职无权。如,行政许可、行政处罚等经济社会管理权限一般由县级以上人民政府行政主管部门行使,向乡镇、街道下放权限只能以“委托”形式进行,这样往往会造成“乡镇和街道具体实施、县(区)部门承担责任”的局面,在推动实施过程中会出现法律关系矛盾、行政程序不规范、职能部门不配合、乡镇和街道放不开手脚的问题。

2.事权与财权不匹配

乡镇(街道)事权与财权不匹配,有事无钱、有罚无奖的问题比较突出。乡镇(街道)事权远远大于财权,编外人员过多,末端支出压力较大,而且由于财政监督缺位,信息化建设滞后,财政能力往往不能满足其职能要求。

3.人员配备不足

基层治理中所需的技术型、专业型人才大都集聚在区县级直属部门,乡镇(街道)工作人员整体专业技术水平不高,为民服务的能力不够,在解决群众的急难愁盼的事情上有时存在“力不从心”的现象。乡镇(街道)干部配备不足,人少事多,工作压力大、薪酬待遇低、权责义务不对等,成为当前基层工作者流失率高的主要原因。事多工资少,严重影响乡镇(街道)干部工作的积极性。

(三)公共服务能力不足

党的十九大报告指出,目前我国社会的主要矛盾已经转化为人民日益增长的美好生活需要和不平衡不充分的发展之间的矛盾。其中,人民对美好生活的向往包含了对公共服务的需求。乡镇(街道)作为基层政府机构,在我国行政体制中占据基础性地位,是联系国家和人民的重要枢纽,发挥着承上启下的关键作用。近年来，随着我国城乡社会经济的快速发展，公共服务供给规模不足、服务供给结构性失衡等问题日益成为阻碍经济社会发展的制约因素。乡镇（街道）是党和国家为广大群众服务的“最后一公里”，其服务质量的好坏直接关系党和国家方针政策的贯彻落实。因此，提高乡镇（街道）公共服务能力至关重要。党的十八大以来，随着我国基层政权建设以及基层治理体系和治理能力现代化的稳步推进，乡镇（街道）的公共服务能力得到大幅提升。但是，在基层治理结构复杂化、利益多元化的背景下，我国乡镇（街道）公共服务能力仍然不能满足现实治理需求，突出表现在对城乡社会利益关系的有效调节能力不足、对公共服务的完善能力不强、应对突发危机事件的应急管理机制欠缺等方面。特别是在公共服务供给上，基层政府仍面临着数量与规模不足、结构失衡、供需脱节、效率低下等问题。

（四）法治化程度不够

依法治国、建设社会主义法治国家是党和政府治国理政的目标，基层治理法治化是这个目标的前提和基础。党的十八大以来，党和政府十分注重法治建设，法治能力不断提升，但同时基层法治一直是法治建设的薄弱环节，表现在相关法律制度不健全、基层干部依法行政水平不高、依法监督机制缺失、惩戒机制不完善、群众法治意识不强等方面。

四、深入推进乡镇（街道）基层治理实践的对策

乡镇（街道）基层治理实践创新是一项系统工程，涉及机构调整、财政体制调整、考核体系调整、社会参与等多个方面，在实践中需要多个部门协同配合、共同参与。各地区应在调研、考察、学习和借鉴的基础上，采取部分乡镇（街道）先行先试等方式，组织有关

部门共同研究制定相关配套改革政策文件，稳步推进基层治理体系和治理能力现代化进程。针对乡镇（街道）基层治理实践中存在的问题，要以深化行政管理体制改革为切入点，构建简约高效的基层管理体制，加快推进基层治理体系和治理能力现代化。党的十八大以来，党中央、国务院对深化基层行政体制改革、转变乡镇（街道）职能、加强乡镇（街道）建设等作出了一系列重要部署，各地党委、政府也纷纷出台相关政策文件和制度措施，保障乡镇政府依法履职，减轻基层负担、提高服务效能。

（一）切实为基层减负

1.创新工作方式方法

历史证明，政治与行政官员的思想观念对社会变革具有直接的和重要的影响。一旦某种思想观念成为主流、占据主导，就会直接影响和左右社会变革的方向和进程——有的是正向的、积极的，有的则是负向的、消极的。[①] 因此，要克服不担当、不作为、慢作为和乱作为的官僚主义和形式主义，提高基层治理效能。要不断创新工作方式方法，让基层干部有更多的精力抓工作，出实效。完善顶层设计，减少会议次数，杜绝以会议落实会议、以文件落实文件，整合沟通平台，实现数据共享，避免重复报送。

2.明确各级政府部门间权责关系

以权责统一为原则落实各部门职责，杜绝盲目向乡镇（街道）委派任务。全面落实乡镇（街道）权责清单制度，给乡镇（街道）职责划出具体的边界。建立乡镇（街道）职责准入制度，落实县、乡基层的各项工作职责，哪些由县级完全承担，哪些由乡镇和街道完全承担，哪些由县、乡两级共同承担，在共同承担的职责中哪一级承

① 参见薄贵利：《准确理解和深刻认识服务型政府建设》，《行政论坛》2012 年第 1 期。

担主体职责、哪一级承担配合职责，这是非常复杂专业的问题，需要组织有关人员开展专题研究。市、县不完全具备这个能力，因此宜由省统一组织实施。

（二）确保各类资源向基层下沉

1.围绕基层职能向乡镇（街道）放权赋权

对照权责清单，检查各直接赋权事项是否履职到位，逐项核实相关社会经济管理权限是否下放到位，扩大乡镇（街道）管理权限，做到权责一致。向乡镇和街道放权由省统一组织实施，并辅以一定的法制保障或规范约束，从而保证向基层放权不落空。

2.优化组织架构

充分发挥基层党组织政治功能和统领各方的作用，聚焦乡镇（街道）核心功能，创新优化组织架构。在人力资源方面，推行编制分类管理、人员统筹使用等，赋予乡镇（街道）更加灵活的用人自主权，立足机构编制部门职能定位，持续推进编制资源下沉，同时，逐步提高乡镇（街道）干部待遇，确保乡镇（街道）留得住人才。

3.匹配事权财权

推进国家治理体系和治理能力现代化，推动社会治理重心向基层下移，需要建立起与基层治理功能相匹配的乡镇（街道）财政管理体制。对依法下放给乡镇的事权，应当给予相应财力支持，使事权财权相匹配。明确财政事权和支出责任、深化项目经费管理改革、完善支出标准体系建设、清理规范乡镇（街道）编外人员。根据乡镇（街道）实际情况，实行分类管理，进一步完善一般性转移支付政策、均衡性转移支付等财政政策，为乡镇（街道）履行职能提供财政保障。

（三）有效提高乡镇（街道）的公共服务能力

1.加快乡镇（街道）职能转变

根据建设服务型政府的要求，明确职能定位，重塑乡镇（街道）职责体系。逐步弱化试点街道经济发展职能，有条件的乡镇（街道）可剥离招商引资等职能，逐步取消经济考核指标，将剥离的经济工作交由专业机构承担，切实将乡镇（街道）工作重心转移到党的建设、公共服务、社会治理和平安建设上来。明确乡镇（街道）的职责主要为加强基层党建、组织公共服务、实施综合管理、动员社会参与、指导社区自治、维护公共安全等。

2.理顺乡镇（街道）内部的职能职责

结合“放管服”改革要求，完善乡镇（街道）权责清单，把每一项赋权事项分解落实到乡镇（街道）内设机构和二级事业单位，每项事项明确责任单位（股室）、承（协）办单位，确保项项有落实，事事有人做，人人有事做。

3.坚持以人民为中心

在基层治理中，坚持以人民为中心的发展思想，联系群众、服务群众，关心群众疾苦，切实解决群众诉求，把服务群众、造福群众作为基层治理的出发点和落脚点。坚持依靠群众、依法有序组织群众参与基层治理和公共服务，实现人人参与、人人尽力、人人共享。

4.加强基层党群服务中心和城市综合治理服务中心等机构的建设

以服务为核心，为辖区内各类党组织和党员、群众提供党务、政务、便民等一站式服务；搭建城乡综合治理服务平台，整合多方力量参与城乡综合治理，优化制度，创新体制机制，推动综合指挥、矛盾化解、便民服务等一体化建设，提升乡镇（街道）公共服务水平和质量。

5.整合信息化服务平台

建设政府、企业、居民之间的高效互动平台，打造基层公共服务、便民服务、综合治理服务集成化平台，制定平台建设标准，对服务事项、办事流程、建设规范、标识标牌、管理软件和评估体系等进行统一管理，推动基层服务智能化，实现办理民生事务不出乡镇（街道），全面提升乡镇（街道）依托信息化手段服务群众的水平。

（四）在基层治理改革创新中坚持依法治理

弘扬社会主义法治精神，坚持运用法治思维和法治方式推进改革，建立长效机制，根据乡镇（街道）治理目标和难题出台相应政策文件和制度措施，为乡镇（街道）依法履职提供制度化、法治化保障，通过法治手段完善基层治理体系，切实提高乡镇（街道）治理效能。例如，为了强化乡镇政府依法履职的制度化、法治化保障，通过法治手段完善基层治理体系，切实提高乡镇政府的服务能力和治理水平，山东省人大制定了地方性法规《山东省乡镇人民政府工作条例》，山东省委组织部、省委编办出台了《关于明晰县乡职责规范“属地管理”的若干意见》，对县乡职责分工、职责事项准入机制作出了一系列规定，确保了乡镇（街道）的基层治理实践有法可依，增强了推动力度。在基层治理中，在有法可依的基础上，还要做到有法必依，严格按照相关法律法规抓好贯彻落实。

（五）厘清城乡社区自治组织职责边界

乡镇（街道）要切实为社区“减负”，使其“职能归位”。《中华人民共和国城市居民委员会组织法》明确规定：“居民委员会是居民自我管理、自我教育、自我服务的基层群众性自治组织”。但现实中，乡镇（街道）等行政部门常将自身承担的部分工作职能、任务及责任延伸委托给社区，造成社区职能的错位。社区要实现真正的居民自治，就必须“去行政化”，在政府依法行政的原则下，让社区职能“归位”。例如，可以根据服务半径，按照就近、便民的原则，成立“社区工作站”，负责市（区）、镇（街）下沉的行政服务事项；也可以采取购买服务的方式为居民提供其所需公共服务，将社区干部从具体的繁杂事务中解脱出来，使其致力于社区民主管理和服务，提升社区自我管理和自我服务的能力。

第二节 乡镇（街道）基层治理案例[①]

——北京市平谷区金海湖镇“街乡吹哨、部门报到”工作机制创新

《中共中央国务院关于加强基层治理体系和治理能力现代化建设的意见》提出要增强乡镇（街道）行政执行能力。根据本地实际情况，依法赋予乡镇（街道）行政执法权，整合现有执法力量和资源。“街乡吹哨、部门报到”工作机制从问题出发，由点到面驱动基层治理机制中的关键节点，各个击破，消除基层治理中的顽疾，大幅度提高了乡镇（街道）基层治理效能。

“街乡吹哨、部门报到”作为基层治理的一项工作机制，由北京市平谷区首创，被列为 2018 年北京市委深化改革的重点工作，由当时的市委书记蔡奇指挥调度。2018 年 11 月 14 日，由习近平总书记主持的中央全面深化改革委员会第五次会议审议通过了《“街乡吹哨、部门报到”——北京市推进党建引领基层治理体制机制创新的探索》。这表明，“街乡吹哨、部门报到”这一工作机制已经被中央认可，其推广对基层治理体系和治理能力现代化的进程具有重要意义。

---

① 根据相关文献资料、新闻报道及实地调研整理而成。

一、案例背景

党的十八大之后，北京市基层治理的任务重点发生了重大转变，由原来的维持秩序、优化产业结构等转为环境治理、公共服务等，部分长期积累而成的社会问题到了亟须解决的阶段。

平谷区位于北京市的东北部，管辖 2 个街道办事处、14 个镇、2 个乡，共 275 个行政村。其境内拥有的丰富自然资源，优质的水资源、土地资源、生物资源、矿产资源和良好的生态环境。特别是金海湖镇黄金资源丰富，矿区面积大，含金量高。受非法利益诱惑，长久以来该地区黄金盗采现象屡禁不止，国有资产流失、生态环境遭到破坏、生产安全事故频发、法律法规被无视、黑恶势力盛行、社会风气每况愈下。针对这种情况，早在 2004 年 4 月，平谷区就对全部金矿实施禁采，用炸药、水泥等将矿洞封闭，并组织专门的护矿队防止盗采行为。但金海湖镇金矿矿区面积达 2 万亩，矿区面积大，洞口、明沟多，进山路径多、地形复杂，“防守”难度很大。

打击非法盗采工作需公安、国土、安监、经信委、交通、园林绿化、工商及各属地镇街政府共同开展专项行动，协同执法。由于护矿队没有执法权，加之担心盗采者逃跑过程中发生意外，护矿队对盗采者的威慑力有限，通常情况下盗采者只被没收盗采工具，无法追究其责任。盗采行为危险性较大，经常发生人身伤亡事件。特别是 2016 年 5 月 13 日晚，平谷区金海湖镇黑水湾村发生盗采金矿案件，6 死 1 伤，虽然已经对当事人依法处置，但是盗采现象依然难以遏制。

护矿队的失灵说明这种因事设岗的做法解决不了基层治理中的难题，反而使基层的政治生态更加恶化。后来有调查表明，有的护矿队队员与盗采者勾结作案，还存在村干部庇护盗挖者的现象。

事实表明,这种因事设岗、“头痛医头、脚痛医脚”的做法在基层治理中并不可行,要从根本上治理顽疾,还需要从基层治理的体制机制入手。基层治理体制即基层治理架构,是自上而下的顶层设计,基层政府无力改变,因此只能从治理机制方面入手进行变革。作为基层政府机构,乡镇(街道)既要落实上级政府制定的政策,又要及时回应社会需求,解决实际问题,其工作对理论联系实际有更高的要求。在体制不变的条件下进行机制创新,是一种渐进式的改革方法,这种方法的优点在于成本较低,过程可控。

二、“街乡吹哨、部门报到”工作机制的形成过程

“街乡吹哨、部门报到”工作机制的成型大体经历了以下几个阶段:

(一)“双安双打”专项行动阶段

“双安双打”即“安全生产、安全稳定,打击破坏生态的违法行为、打击各类违法犯罪行为”专项行动,是北京市平谷区以乡镇(街道)为单位开展的旨在保护生态环境、优化发展环境、维护社会稳定、促进社会和谐的专项行动。该行动始于2017年1月17日,金海湖作为试点镇率先开展了“双安双打”行动。平谷区委、区政府赋予金海湖镇委、镇政府绝对的领导权和指挥权,同时在金海湖地区组建了大管委,由副区长担任领导,21个区级职能部门作为管委成员单位,共同参与综合整治行动。在党委领导下,区级职能部门的人员有效下沉到金海湖镇,力求“事不绝、人不撤”,在镇委书记和镇长的指挥领导下,共同治理各种基层乱象。历时117天的综合执法行动,有效地打击了以盗挖金山和砂石为代表的破坏生态的违法犯罪行为。2017年4月5日,平谷区召开生态文明大会,标志“双安双打”取得阶段性成果。共查处非法采矿区88个、非法加

工经营堆放点203个，立案33起，刑事拘留犯罪嫌疑人23人，上网追逃9人，挽回直接经济损失超过1.2亿元。顽症痼疾得到有效解决，基本实现零风险、零缺陷、零信访。

众所周知，乡镇（街道）一级政府机构普遍存在执法难问题，主要表现在：一是，相应联动机制不健全。乡镇（街道）干部日常工作面向基层，通常能够在早期发现问题，但是，由于缺乏多部门有效的执法联动机制，问题往往难以解决。二是，责任与权力不匹配。乡镇（街道）一级没有相应执法权，发现违法违规现象无法有效处置。区级执法部门资源配置重心偏高，不能及时发现问题，执法工作难以到位。三是，各部门联合执法机制不完善，处理违法违规问题时，乡镇（街道）与部门之间以及各部门之间的联合执法缺乏长效制度保障，衔接不顺畅、整合不充分。四是，监督考核机制不力。原有考核方式主要是上级部门对下级部门进行考核，基层单位在考核中的话语权较弱，这使乡镇（街道）在与区级执法部门的协同治理中处于弱势，不能有效调度整合执法资源。“双安双打”专项行动通过机制创新，通过联合执法模式，有效解决了乡镇（街道）一级政府机构普遍存在的执法难问题。

与常见的运动式治理不同，“双安双打”专项行动建立的工作机制具有长效性和普适性，形成了一条行之有效的联合执法链条，并归纳出账单式执法、突击式执法和补位式执法三种联合执法模式，最后形成了“街乡吹哨、部门报到”的工作机制。

（二）“街乡吹哨、部门报到”工作机制的总结成型

“双安双打”专项行动取得的巨大成功，提振了金海湖镇及平谷区政府创新基层治理的信心。为了将这次行动的成功经验常态化并向其他乡镇推广，平谷区法制办主导提出了三张清单的建设。这三张清单分别是问题清单、权责清单和执法效果清单。

1.问题清单:这是区级各职能部门针对金海湖镇安全生产、安全稳定问题建立的问题清单。为了建立符合实际的问题清单,各职能部门必须下沉到乡镇(街道),现场了解真实情况,从而有针对性地解决问题。这张清单的建立克服了区级执法部门管理重心偏高的问题,有效解决了"看得见的管不了,管得了的看不见""你来他不来""腰来腿不来"等执法"断链"现象。

2.权责清单:这是各区级职能部门执法权限的权责清单,目的是克服联合执法"联而不合"的问题。之前按照全区的统一规定,各行政部门都公示了自己的权力清单,但是各项行政执法权都是按照部门来划分的,针对基层的复杂矛盾难以形成有效治理的组合拳。而这张新的权责清单打破了执法部门之间的界限,以问题清单为基础,各部门围绕问题来匹配解决问题的权责,使联合执法部门能够有效打出组合拳。

3.绩效清单:这是乡镇(街道)对各执法部门的绩效评价清单。为了减少区级执法部门在执法过程中不作为或乱作为现象,区委、区政府赋予了乡镇(街道)对各职能部门的考核权,乡镇(街道)可以根据清单对各职能部门在执法过程中的表现进行评价。乡镇(街道)没有执法权,要想上级职能部门积极配合,手上必须有"紧箍咒"。这张绩效清单通过对执法单位执法效果的评价,能够有效防止执法部门出现执法不力、执法不严的问题,确保基层问题通过"吹哨"能彻底解决,否则执法部门将被问责。

综上所述,这三张清单让"街乡吹哨、部门报到"这一综合执法机制形成了解决问题的闭环。实践证明,这是一套行之有效的机制,解决了基层治理中条块分割和权责不一的问题。由区法制办重新明确执法部门职责和执法清单,解决了以往执法部门各自为政、职责不清的政策执行流程。"街乡吹哨、部门报到"的议程设置权设在乡镇(街道),通过对乡镇(街道)充分赋权的方式强化了基层政府的治理能力。“街乡吹哨、部门报到”工作机制之所以能成功,关键在于平谷区委组织部、区政府法制办等部门按照权责清单,详细列出所有执法部门的执法事项,针对问题明确各部门职责,使各执法部门能够对照执法事项履职,非常清晰有效。此外,每个事项条款后面都跟着一个问责机制,并由乡镇(街道)对各部门进行评价打分,通过强化下级对上级的评价为基层赋权。

“街乡吹哨、部门报到”联合执法机制主要赋予乡镇(街道)四项权力,即召集权、指挥权、评价权和考核权。通过对基层赋权,确保基层治理所需权力。此外,通过“重心下移、资源下沉、政策下调、人员下行、权力下放、监管下区、法治下村”的“七下”机制使执法力量下沉,基层治理所需人力物力下沉。在“街乡吹哨、部门报到”机制下,乡镇(街道)、职能部门普遍做到了去机关化,大部分人员下沉一线,亲自到基层老百姓身边,了解居民的困难和诉求,力求解决基层治理中的实际问题,工作积极性、主动性得到有效提升。

(三)“街乡吹哨、部门报到”工作机制的推广深化

2017 年 10 月,“街乡吹哨、部门报到”作为平谷区基层治理创新的成功经验,得到北京市委、市政府的肯定,并提炼上升为北京经验。2018 年 2 月,“街乡吹哨、部门报到”治理创新被北京市委列为 2018 年城市治理改革的“1 号课题”,在全市进行推广。2018 年 11 月,中央全面深化改革委员会第五次会议审议通过《“街乡吹哨、部门报到”——北京市推进党建引领基层治理体制机制创新的探索》,“街乡吹哨、部门报到”机制开始在全国推广。

金海湖镇的“街乡吹哨、部门报到”机制目前已经拓展升级为多种版本,从金海湖镇最初的解决执法问题的“执法哨”,扩展到后

来解决基层社会治理问题的“管理哨”,再到之后旨在解决农村发展问题的“发展哨”,其应用范围不断扩展。

以前金海湖边经常有私搭乱建的设施、用于钓鱼的浮台、私自出租的船只等,这些现象不仅存在严重的安全隐患,而且随之产生的生活垃圾还会对水库生态造成破坏。利用“街乡吹哨、部门报到”的机制,金海湖镇“吹”来了相关执法部门,区法制办与镇政府一起梳理出库区周边存在的安全隐患和环保问题,形成问题清单,在问题清单的基础上形成权责清单和绩效清单,梳理完之后进行综合执法。经过两个多月的综合执法,金海湖在2018年首次达到了地表水Ⅱ类标准,效果显著。这期间金海湖镇拆除了水库边45处私搭乱建,进行了库区周边1 000多户村民的污水排放改造,规范了农家院的经营行为。金海湖镇的主要做法是将“街乡吹哨、部门报到”机制渗入乡村治理的实践过程,进而激活原有的治理体制,提升治理成效。

“街乡吹哨、部门报到”工作机制有效推动了职能部门向乡镇(街道)派出机构的管理体制改革,该机制要求职能部门及其派出机构下沉至乡镇(街道),直接服务群众。“街乡吹哨、部门报到”机制从乡镇(街道)延伸到城区,将“街乡吹哨、部门报到”机制由执法向城市管理、基层治理等方面拓展延伸。随着“街乡吹哨、部门报到”机制拓展应用的逐步细化、固化、规范化,其工作模式不断延伸应用到各重点工作领域。如,金海湖镇开展大货车治理、大棚房整治、小散养殖户清退等工作,吹响“管理哨”;大力推广“生态桥”工程,做好防火、防汛、“防非”等安全生产工作,吹响“服务哨”;以2035版北京城市总体规划为指引,强化村级规划、镇域规划,持续优化营商环境,开展生活污水治理、煤改清洁能源等工作,吹响“发展哨”。到目前为止,源于北京市平谷区金海湖镇的“街乡吹哨、部门报到”工作机制通过实践探索，被广泛运用于基层治理的全过程、各环节。看不见的机制经过实践的检验已逐步深入人心，达成思想共识、制度共识、行为共识，形成可复制、可深化、可提升的宝贵经验，在生态环境保护、城乡环境建设等领域取得了显著成效，在一定程度上打通了基层治理、服务群众、工作落实的“最后一公里”。

三、“街乡吹哨、部门报到”工作机制创新的启示

从本质上来说，“街乡吹哨、部门报到”机制是一种联合执法机制，目的是克服因事设岗的弊端，从根本上激活基层治理体制。平谷区金海湖镇的“街乡吹哨、部门报到”机制改革体现了源头治理、系统治理、综合治理、依法治理理念在基层治理中的全面贯彻，基层政府及执法部门以问题为中心，有效回应群众诉求，在不增加治理资源的条件下，通过优化创新基层治理机制提高治理绩效，值得学习、借鉴和推广。

（一）“街乡吹哨、部门报到”工作机制实现了从“捂盖子”到“揭盖子”的飞跃

对于农村地区的基层治理，由于相关各方“捂盖子”的态度，不愿正视问题，最终各种顽疾积重难返。这种现象在全国范围内的基层治理中也较为普遍，很多干部奉行“不出事就行”的信条，导致懒政怠政等不作为现象。“街乡吹哨、部门报到”工作机制加大了群众满意度在乡镇（街道）和部门考核中的比重，使基层干部运用问题导向的思维模式主动聚焦群众家门口的操心事、烦心事、揪心事，有效打通了落实基层治理政策制度、法律法规的“最后一公里”，使人民群众的诉求成为指挥基层各部门联合响应的哨声，各部门凝心聚力解决基层治理难题，切实增强了人民的幸福感、获得感和安全感。“街乡吹哨、部门报到”机制赋予基层足够的人力、物

力和权力,使乡镇(街道)政府有能力直面问题、解决问题。首先,通过治理痼疾净化基层政治生态,其次,通过对乡镇(街道)政府赋能激发其活力,从而增强乡镇(街道)政府对基层诉求的回应,化解社会矛盾。因此,"街乡吹哨、部门报到"机制是激发基层干部敢做事、能做事的保障机制。

(二)"街乡吹哨、部门报到"工作机制实现了基层党政机构从"悬浮"到"嵌入"的转变

在北京市郊区的基层治理中,政府对村级组织和村干部的管理总体比较松散,导致一些村干部忽视党纪国法,乡镇政府难以作为。其原因在于乡镇干部面对农村工作存在畏难情绪,基层政权长期"悬浮"于基层社会之上、脱离群众。"街乡吹哨、部门报到"机制使基层执法力量嵌入村庄,同时通过党建引领基层治理的方式,强化了基层政权对村干部的管理,使基层治理有了更加坚实的群众基础。"街乡吹哨、部门报到"工作机制倡导党员参与基层治理,特别是党员的双报到制度使更多的基层治理资源和力量下沉到社区,实现了基层党政机构在城乡社区治理中的有效嵌入。

(三)"街乡吹哨、部门报到"工作机制实现了基层治理的依法治理

考察街道办事处,我们会发现:正式制度安排和非正式制度安排共同构成了其所处的环境。[①] 金海湖镇的"街乡吹哨、部门报到"机制改革是由区法制办牵头推进的,自始至终都贯彻了依法治理的理念。"街乡吹哨、部门报到"工作机制的核心是依法行政,在机制创新过程中,首先对现有法律制度、机构设置和职责做了全面的梳理和整合,涉及区级政府层面的近万项依法行政事项使机制创

① 参见白杰:《街道办事处权利运作逻辑——对宣南的实证研究》,中国商业出版社 2009 年版。

新工作始终走在法治的轨道上。以法律制度为准绳，厘清各政府部门的执法界限，坚持“法定职权必须为，法无授权不可为”的原则，杜绝不作为和乱作为，各部门之间形成各司其职、各负其责、协调运转、有效制衡的良性协调运行机制。“街乡吹哨、部门报到”工作机制根据各部门的权责清单，依法全面明确了各部门在执法过程中的法定职责，从根本上解决了长期存在的选择性执法问题。从治理效果看，“街乡吹哨、部门报到”工作机制以法律制度为依据对基层治理行为作了有效规范，属地政府与各执法部门的协同共治获得了法律保障，达到了依法行政的要求，使法治精神在基层治理中得以充分彰显。

参考文献

[1]薄贵利:《准确理解和深刻认识服务型政府建设》,《行政论坛》2012 年第 1 期。

[2]白杰:《街道办事处权利运作逻辑——对宣南的实证研究》,中国商业出版社 2009 年版。

[3]陈军:《浅谈街道在城市管理工作中的基础性地位和作用》,《学习与实践》2005 年第 2 期。

[4]陈天祥等:《政府职能转变研究——广东经验》,社会科学文献出版社 2017 年版。

[5]董娟:《存与废:我国街道办事处改革之争——行政派出模式的一种审视》,《西北工业大学学报》(社会科学版)2012 年第 9 期。

第十三章　新时代中国城市社区治理

改革开放以来，我国经历了世界历史上速度最快、规模最大的城镇化进程，中国已经进入城市时代。城市是人口、资源、要素的聚集地，更是一定区域经济、政治、文化、社会等方面活动的中心。而社区是城市的基本构成单元，是党委政府联系群众、服务群众的“最后一公里”。习近平总书记指出：“推进国家治理体系和治理能力现代化，社区治理只能加强、不能削弱。”[①]党的十八大以来，各地以习近平新时代中国特色社会主义思想为指导，全面贯彻落实《中共中央国务院关于加强和完善城乡社区治理的意见》《“十四五”城乡社区服务体系建设规划》等文件精神，积极探索、大胆创新，深入开展城市社区治理实践并取得显著成效，涌现出一大批先进典型，为城市社区治理实践深入推进探索了道路、积累了经验。

① 《习近平在吉林考察时强调　坚持新发展理念深入实施东北振兴战略　加快推动新时代吉林全面振兴全方位振兴》，《人民日报》2020 年 7 月 25 日。

第一节　新时代中国城市社区治理实践

党的十八大以来，我国城市社区治理进入新的发展阶段，各地坚持中央顶层设计与基层探索有机结合创新实践，取得显著成效。由于各地发展水平不同，城市社区治理的经验、方式和面临的现实问题有很多差异，城市社区治理尚处于不断发展完善中。

一、城市社区与城市社区治理

（一）城市社区

社区是指“聚居在一定地域范围内的人们所组成的社会生活共同体”[①]。根据地域范围的不同，社区可分为城市社区和农村社区。其中，城市社区指的是在一定城市地域范围内，以从事非农产业或第二、第三产业的一定规模的人口组成的，规模较大、结构较复杂的生活共同体。根据《民政部关于在全国推进城市社区建设的意见》，我国城市社区的范围一般是指经过社区体制改革后作了规模调整的居民委员会辖区。因此，实践中所定义的城市社区是指城市居委会辖区范围内的居民所组成的社会生活共同体。

所辖地域范围不同必然导致所辖人员不同，城市社区具有独有的特征。首先，城市社区人口数量多、密度大。由于中国城镇化进程的快速推进，大量农村人口涌入城市，根据 2021 年常住人口数据排行，中国人口超过千万的城市多达 17 个。其次，城市社区中人员流动性和异质性强。城市工作机会多、社会分工细，居民就业选择余地大，这都使得城市人口流动性很强；来源不同的城市移

---

① 中华人民共和国民政部：《关于在全国推进城市社区建设的意见》（中办发〔2000〕23号），2000 年 12 月 19 日发布。

民在文化背景、生活方式、风俗习惯和宗教信仰方面各不相同，人群之间差异性很大。最后，城市社区人际关系相对疏远。不同于农村社区因血缘关系和地缘关系而聚集，城市居民更多由于业缘关系聚集，人际关系相对疏远，人际互动趋向功利化、理性化和肤浅化。

（二）城市社区治理

城市社区治理就是治理主体对城市社区这一社会生活共同体的治理。有的学者将其定义为在一定的城市地域范围内由政府、城市社区组织（党组织、自治组织等）与其他社会组织、辖区单位、社区居民等，基于市场原则、公共利益和社会认同，协调合作，有效供给社区公共物品，满足社区各方需求，共同管理社区公共事务，推进社区持续发展，优化社区秩序的活动。[①] 总的来说，对于城市社区治理的内涵可以从治理主体、治理内容、治理方式、治理目的等方面加以理解。

从治理主体看，随着治理理念的创新，城市社区治理的主体日趋多元化。除了传统“街居制”中的街道办事处和居委会外，物业、业委会、各类社会组织和居民都参与其中，他们之间的互相配合，共同处理社区事务，使得城市社区治理开始从“管理”向“治理”转变。

从治理内容看，由于城市社区人口密集且异质性强，社区治理面临的需求多样，城市社区的治理内容也呈现多样化趋势。城市社区的治理内容早已超出社会福利保障的范围，向科、教、文、卫、生态、安全等多领域拓展，主要包括基础设施、卫生、环保、安全等基本公共服务，文体活动等社区公共文化服务，为老、弱、病、残等

---

① 参见赵毅旭：《城市社区治理路径》，四川大学出版社 2010 年版，第 5 页。

社区弱势群体提供的基本生活服务保障等。

从治理方式看，城市社区治理突破了原有的行政化方式，市场化、社会化、智慧化手段应用日益广泛。相比农村社区，城市社区中物业公司等市场组织以及各类志愿服务组织发育相对成熟，其参与城市社区治理的能力和意愿较强，城市社区中很多公共事务都可以通过市场化或社会化手段解决，政府行政部门只在其中起到统筹引导作用。随着新一代信息技术的发展，很多城市社区积极探索"互联网＋"城市社区治理新模式，智慧党建、智慧政务、智慧服务、智慧监督、智慧养老等应用大幅提高了城市社区治理的效率。

从治理目的看，城市社区治理的最终目的是增加社区居民的公共利益，提高居民获得感和满意度，维护城市社区的和谐稳定，最终夯实国家治理体系和治理能力现代化的社区基础。

二、新时代我国城市社区治理进入新阶段

新中国成立以来，城市社区治理重心几经调整，经历了从单位制、街居制、社区服务、社区建设到社区治理的发展变化。改革开放前，城市社区以单位制管理为主、街居制管理为辅，城市中绝大部分人"从摇篮到坟墓"的一切活动都归单位管理。改革开放后，经济体制由计划经济向市场经济转型，单位逐渐剥离社会功能，个体回归社区，街居制开始占据主导地位，承担起了社区管理的主要职责。1986 年，民政部首次将"社区"这一概念引入政府工作，提出在城市管理中开展社区服务。1991 年，时任民政部部长的崔乃夫在社区服务的基础上提出在城市开展社区建设。1996 年，时任中共中央总书记的江泽民在参加第八届全国人民代表大会第四次会议时提出要大力加强城市社区建设。2000 年，中共中央办公厅、国

务院办公厅转发了《民政部关于在全国推进城市社区建设的意见》,我国城市社区建设工作进入规范化、系统化时代,街道办事处与居委会成为社区建设的主要承担者。然而,该阶段城市发展过于注重经济增长,街道办事处承担大量招商引资、房屋拆迁等职能,居委会逐渐偏离居民自治组织的职能,成为各上级单位的“腿”。面对城市管理的新情况、新问题,传统城市社区建设存在管理错位、职能缺位、服务不足等现实困境,改革势在必行。

党的十八大以来,以习近平同志为核心的党中央高度重视社会工作,城市社区治理进入新的发展阶段。2013 年,党的十八届三中全会通过《中共中央关于全面深化改革若干重大问题的决定》,在党的正式文件中第一次提出“社会治理”概念,这也标志着城市基层管理的“社区制”治理范式正式得以确立。2017 年,党的十九大报告提出要“提高社会治理社会化、法治化、智能化、专业化水平”[①],要“加强社区治理体系建设,推动社会治理重心向基层下移,发挥社会组织作用,实现政府治理和社会调节、居民自治良性互动”[②],“社区制”治理范式进入全面展开和深入实践的阶段。2017 年《中共中央国务院关于加强和完善城乡社区治理的意见》是新中国历史上第一个以中共中央、国务院名义出台的关于城乡社区治理的纲领性文件。“十四五”时期,城乡社区服务在治国理政中的位置更加突出,2021 年 12 月 27 日,国务院办公厅印发《“十四五”城乡社区服务体系建设规划》,这是我国首次将城乡社区服务体系建设规划列为“十四五”时期重点专项规划之一。2022 年 1 月 29

① 习近平:《决胜全面建成小康社会 夺取新时代中国特色社会主义伟大胜利——在中国共产党第十九次全国代表大会上的报告》,《人民日报》2017 年 10 月 28 日。

② 习近平:《决胜全面建成小康社会 夺取新时代中国特色社会主义伟大胜利——在中国共产党第十九次全国代表大会上的报告》,《人民日报》2017 年 10 月 28 日。

日，中共中央组织部联合中央政法委员会、民政部、住房和城乡建设部印发了《关于深化城市基层党建引领基层治理的若干措施（试行）》，推动将党建引领落实到城市基层治理的各方面全过程。这些战略部署体现了新时代城市社区治理的新特点。

（一）基层党组织的领导作用明显加强

习近平总书记指出："社区治理得好不好，关键在基层党组织、在广大党员。"[①]党的十八大以来，党中央极其重视加强基层党的建设，将其作为社会治理和基层建设的主线，并对如何充分发挥基层党组织在城乡社区治理中的领导核心作用进行了顶层设计，全国各地也进行了实践探索。当前绝大部分城市社区"两委"班子实现了"一肩挑"，"两委"班子交叉任职比例大幅上升，党组织在社区治理中发挥的作用日益显著。《关于深化城市基层党建引领基层治理的若干措施（试行）》更是强调要将党建引领落实到城市基层治理的各方面全过程，包括：加强党建引领网格管理，提升社区精细化治理、精准化服务水平；加强社区工作者职业体系建设，壮大城市基层党建和基层治理骨干力量；加强党群服务中心建设，夯实城市基层党建和基层治理实体支撑；强化社区物业党建联建，以高素质物业服务推进美好家园建设；压实街道社区（园区）属地管理责任，把新就业群体纳入城市基层党建格局；因地制宜精准施策，着力提升村改社区、易地扶贫搬迁集中安置社区等区域治理水平；广泛开展干部下派、到社区报到工作，推动机关和企事业单位在职党员参与社区治理常态化；健全城市基层党建引领基层治理领导体制机制，构建统一领导、各方协同、有序推进的工作格局。

① 《习近平在青海考察时强调　坚持以人民为中心深化改革开放　深入推进青藏高原生态保护和高质量发展》，《人民日报》2021年6月10日。

（二）社区治理体系逐渐完善

党的十八大以来，在城市社区治理中基层党组织的领导核心作用日益增强，基层政府在发挥主导作用的同时，注重发挥基层群众性自治组织的作用，统筹发挥社会力量协同作用，推动形成基层党组织领导、基层政府主导的多方参与、共同治理的城乡社区治理体系。党的十九大报告强调："完善党委领导、政府负责、社会协同、公众参与、法治保障的社会治理体制。"当前大部分城市社区基层群众自治深入发展，大部分社区制定了协商议事目录、修订了居民民约、建立了居民代表会议，普遍成立了居民监督委员会，社区群众民主协商的意识和习惯逐渐形成。同时，社会组织和社区志愿者在城市社区治理中的作用日益增强，尤其是在近两年的疫情防控中，社区志愿者发挥了不可替代的作用。

（三）为民服务功能不断增强

社区公共服务是社区治理的重要内容，劳动就业、社会保障、卫生计生、教育事业、社会服务、住房保障、文化体育、公共安全、公共法律服务、调解仲裁等公共服务事项与社区居民利益密切相关。十八大以来，城市社区治理更加注重为民服务设施的建设和服务功能的完善。在中央层面上，建立了城乡社区服务组织体系，并编制了城乡社区公共服务指导目录，有效提升了城乡社区服务能力和水平。在实践层面上，大部分城市社区都建立了以党群服务中心为阵地的社区综合服务设施，群众办事更加方便，同时，大力推进智慧社区的建设，很多事务实现了"网上办""掌上办"，社区安民便民利民功能进一步加强。"十四五"时期，党中央、国务院将加强城乡社区服务摆在更加突出的位置，2021 年 12 月 27 日，国务院办公厅印发《"十四五"城乡社区服务体系建设规划》，聚焦基层治理的新形势、新任务，并从总体上进行规划布局，一方面对场地、设施、人员、服务对象和投入等“硬件”作出规划和布局，另一方面对社区服务项目、活动、载体、机制等“软件”设施提出进一步的要求。

三、当前我国城市社区治理中存在的主要问题

随着我国经济社会的迅速发展，城市社区治理的各种痛点、难点、堵点问题不断涌现，新一代信息技术的广泛运用也对社区治理提出了新的要求，现有的社区治理模式创新在一定程度上跟不上社会的发展，主要表现为：

（一）共建共治共享的治理理念尚未完全建立

党的十九届四中全会提出：“坚持和完善共建共治共享的社会治理制度，保持社会稳定、维护国家安全。”[①]“共建共治共享”这一理念为新时代完善城市社区治理指明了方向。“共建”明确了治理依靠谁的问题，意味着治理的主体不仅仅是党委政府，而是包括党委政府在内的多元主体，包括街道、社区、物业、各类社会组织、社区居民等。“共治”指明了城市社区治理如何开展的问题，即应通过党委领导、政府负责、民主协商、社会协同、公众参与、法治保障、科技支撑，多措并举实现社会治理的社会化、法治化、智能化、专业化。“共享”则明确了城市社区治理的出发点，即通过有效治理确保社区居民安居乐业、不断增强人民群众的获得感、幸福感、安全感。

在实践中，很多社区并未树立“共建共治共享”的治理理念。具体表现为：首先，有些社区将社区治理的出发点落脚在对上负责而非为民服务上，因此其治理重点主要是管理群众不出事，而对社区居民所急需的各类服务却不重视；其次，有些社区在治理中存在

① 《中共中央关于坚持和完善中国特色社会主义制度　推进国家治理体系和治理能力现代化若干重大问题的决定》，《人民日报》2019 年 11 月 6 日。

党政部门“包办”的问题，社会组织、志愿者等其他社会主体发挥作用不够，“干部干、群众看”现象仍然比较明显；最后，在治理手段上，很多社区依然习惯依赖传统的管理手段，自治法治德治没有充分结合。总之，治理理念落后在一定程度上制约了城市社区治理水平的提升。

（二）党建引领基层社会治理作用发挥不够

东西南北中，党是领导一切的。基层社会治理同样离不开党的领导。提高社区治理效能，关键是加强党的领导。要推动党组织向基层延伸，把基层的工作做好，这样才能“任凭风浪起，稳坐钓鱼台”。

然而在实践中，党建引领社区治理存在作用发挥不够和发挥过当两种情况。一方面，在某些城市社区，党建引领城市社区治理的新理念尚未全面树立，某些城市社区在社区治理中隔离了党务工作与社区治理间的关系，导致党务工作与社区治理各行其道，党建引领工作虚而不实，与基层治理结合不紧密、融合不顺畅，引领作用难以发挥。另一方面，某些社区对党建到底应该在哪些领域引领社区治理、如何引领社区治理尚不明确，有的社区基层党组织陷于具体治理事务、“包办代办”，不仅大大缩减了其他基层社会治理主体的活力空间，而且很难发挥好引领作用。

（三）居民委员会在城市社区治理中的主体地位体现不充分

根据《中华人民共和国城市居民委员会组织法》，“居民委员会是居民自我管理、自我教育、自我服务的基层群众性自治组织”[①]。在城市社区治理的实践中，街道和居委会发挥着中坚作用。

实践中，某些社区居委会的行政化倾向比较严重，某种程度上

① 《中华人民共和国城市居民委员会组织法》，中国法制出版社 2019 年版，第 7 页。

居委会成为行政管理延伸到社区的准政府组织，不能很好地发挥居民和政府之间的桥梁纽带作用。这就导致社区居民的主体意识、参与意识和法治意识被抑制，居民积极参与社区治理的局面难以形成。与此同时，职能的行政化造成社区居委会的工作内容和压力增加，行政负担沉重，财政开支压力上升，严重抑制了居委会满足社区居民多样化需求的能力。

（四）社会组织发育滞后，参与城市社区治理力度偏小

社会组织的积极参与是实现“共建共治共享”的重要前提。当前，我国城市社区发展面临的环境变化快且日益复杂，各种新老问题层出不穷，社区居民构成日益分化，其需求也日益多样化，完全依赖社区内部力量的传统社区治理模式已经无法满足现实的治理需求，亟须发展动员社会力量参与社区公共事务治理，强化社区的整合协调能力。

我国社会组织参与社区治理总体上处于发展起步阶段，政府部门、社会组织、社区及社区居民之间尚未形成良好的互动机制。在大部分城市，社会组织总数不多，一些社会组织自身能力不足，对政府转移出来的职能接不住也接不好，基层治理出现“社会失灵”的现象。此外，当前我国尚未形成相应的法律法规以保障社会组织、社会企业在参与社区治理中的权益，政府对社会组织孵化培育措施支持不足，这些都影响了社会组织的发育和作用的发挥。

（五）部分城市社区存在人手紧张、能力不足的现象

城市社区治理精细化水平不断提高，对社区治理人才的能力素质和专业化程度提出了更高的要求。“上面千条线，下面一根针。”城市社区居委会承担了众多行政事务，工作压力很大，尤其是疫情防控以来，社区人手不足的问题日益突显。另外，现有的社区治理专职工作者大部分文化程度低、年龄偏大，文化程度和年龄结构都没办法适应现代化治理的需求。在物质收入和职业发展上，由于缺少合理的激励机制，基层人才流失率较高。社区工作人员没有编制、收入水平相对偏低，在疫情防控中，众多社区事务，如疫苗接种、核酸采集等都由社区专职人员承担，过多的事务并没有和薪资形成正比。因此，社区工作者的工作倦怠成为普遍状态。

（六）智慧社区应用处于探索阶段，创新性技术支撑存在短板

新一代信息技术的飞速发展，为建构全新的基层社会治理"智治"格局提供了技术基础和路径保障。在我国，很多城市社区已经开始开展利用信息技术以智能和智慧的方式提升城市管理精度和效率的有益实践，但智慧社区应用还处于探索阶段。总体上，各城市的智慧化社区实践呈现分散主导的格局。在智慧社区建设方面，各服务提供商的服务标准和产品标准尚未统一，不同行业各自为政。在智慧社区运营方面，数据的源头获取、信息过滤、分析预测系统构建等方面还处于初步整合阶段，尚不能借助智能网络将人、服务、资源和信息整合到一个全面解决方案中，同时智慧社区在技术和方法的集成上也处于探索阶段。此外，在实践中，大多数社区缺少既精通信息化技术又熟悉城市复杂系统运行特征、懂得城市公共管理的高素质的社区管理复合型人才。

四、新时代优化城市社区治理的对策建议

（一）强化党建引领，实现党的建设与城市社区治理的深度融合

习近平总书记指出："要创新社会治理体制，把资源、服务、管理放到基层，把基层治理同基层党建结合起来，拓展外来人口参与社会治理途径和方式，加快形成社会治理人人参与、人人尽责的良

好局面。”[1]因此，城市基层党组织要优化体制机制，将党的建设和社区治理进行深度结合，最终提升城市社区治理的效果。

1.加强基层党组织自身建设，推动基层党组织建设规范化、专业化

基层党组织要着重推进党支部标准化、规范化建设，加强对党员的教育与管理，引导党员干部立足自身岗位建功立业；要加强对基层党组织的日常监督，引导党员干部严格按照制度的要求履行职责、行使权力、开展工作，遵循并落实好“三会一课”等制度，把党员管住管好，让基层党组织变得更加坚强有力。

2.拓宽服务载体，完善引领平台

党建引领城市社区治理的服务载体主要有两大类：社区党群服务中心和社区网格。城市社区要加大党群服务中心建设力度，将其打造成具有鲜明的政治功能、服务功能、融合功能的“红色家园”，使党群服务中心更有“党味”。实践中有很多有效的探索，如，在视觉设计方面，将精心设计的党建思想标语和口号，将党旗、党徽作为突出展示的主题；在功能配置方面，设立新时代讲习所、党建书吧，建立常态化、规范化的学习机制，引领社区居民持续深入学习贯彻习近平新时代中国特色社会主义思想；在作用发挥方面，协同街道及上级有关部门，积极承接其服务下移功能，给社区群众提供便捷的“一站式”服务；在文化引领方面，深入挖掘社区的历史文化典故，并做好与党建的结合，以文化引领党员群众的精神生活。另外，加强党建引领还应该将引领的主阵地放在网格上。当前绝大部分城市社区都开展了网格化管理，街道社区应根据辖区的实际情况建立起党建网格及功能性联合党支部，选优配强党支

① 《习近平李克强栗战书汪洋王沪宁赵乐际韩正　分别参加全国人大会议一些代表团审议》，《人民日报》2018年3月8日。

部书记或党小组组长，形成“大党委—网格党支部—活动党小组”三级党建工作网络，构建党委连党支部、党支部连党小组、党员连居民的组织体系；同时，要将网格中党员与网格化管理紧密结合起来，充分发挥党员在社区网格中的核心骨干作用。

3.构建以社区为核心的区域化党建工作格局

所谓区域化党建，主要指在一定区域内，党组织对行政、居民区以及住区各类组织实行政治、组织、文化等方面的全面引领和整合，推进社区党建工作由垂直管理向区域整合转变，由条块分割向条块结合、以块为主转变，实现社区党建工作区域化的建设过程。[①]即，建立以街道党组织为领导核心，以居民区党组织为基础，区域内各类党组织和全体党员共同参与的工作格局。区域化党建可以有效整合社区内各主体作用，搭建协商协同平台，探索参与共治路径，实现区域资源统筹，全面整合区域内的资源、平台、项目和人力。

（二）构建协同工作机制，形成共建共治共享新格局

1.强化构建多主体共同参与社区治理的协同工作机制

加强制度建设，对各类社区治理主体在社区治理中的职责义务和权利进行明确规定，明确企事业单位在社区治理中应发挥的作用，对企事业单位参与内容进行规范，对其开展的频率和成效进行考核。城市社区治理是一项系统工程，单靠街道办事处、城市社区居委会推动远远不够。城市社区要积极与驻区单位、党建共建单位开展社区共建，引导其开放资源、服务居民群众。

2.积极引导社会组织参与城市社区治理

培育规范化行业协会商会、公益慈善组织、城乡社区社会组

① 参见梁妍慧：《区域化党建是党的建设的新课题》，《理论学刊》2010第10期。

织,推动更多社会组织利用自身优势融入社区治理过程,不断完善社区公共服务功能。政府要建立健全向社区社会组织、第三方组织等购买公共服务的工作机制,引导推动社会组织向专业化公共服务方向转变,并根据社区需要和社会组织自身特点,"量身打造"参与社区治理的方式方法,使社会组织在参与社会治理过程中发挥最大效能。支持和发展社会工作服务机构和志愿服务组织,壮大志愿者队伍,搭建更多志愿服务平台,健全志愿服务体系。

3.引导物业公司、业主委员会积极参与社区治理

推动符合条件的物业公司及时建立党组织,并接受物业服务所在社区党组织的领导,同时各级住建部门可依托物业行业协会等行业组织建立物业行业党组织,对物业公司党组织进行指导。推动符合条件的居民小区依法设立业主大会,并选举产生业主委员会。完善居委会和业委会协调运行机制,符合条件的社区"两委"班子成员或党员居民可进入业委会,同时,鼓励业主委员会负责人进入社区党组织担任兼职委员。此外,可通过制定物业或业委会参与社区治理的实施意见和考评办法,规定相应的激励约束措施,如责任清单、文明积分等,引导物业和业委会深入参与社区治理。

(三)广泛推动居民参与,提高居民自治水平

拓展渠道鼓励居民参与社区治理。居民参与社区治理的渠道有两种:个人参与和集体参与。因此,可从这两类渠道上下功夫,为居民参与社区治理提供全方位支持。居民只有在参与过程中获得了成功体验,才会逐步形成参与社区治理的行为习惯。

在个人参与途径上,保障居民在社区的选举权和参与权。培育社区居民的公共意识。选举权和参与权是居民的权利,要积极行使。除社区民主选举外,还应引导居民主动参与社区监督,鼓励

居民对社区日常治理提出意见建议并积极采纳，让居民真正感受到自己是社区的一份子、能为社区发展作贡献，从而强化居民对社区工作的认可。

在集体参与途径上，首先，引导居民通过合法程序积极参与业主委员会，从而深入参与社区治理。其次，引导居民成立各类社会组织，在社区中发挥更广泛的作用。在此过程中，政府要对社会组织的发展进行积极规范和支持，为居民参与提供好基础保障，居委会和物业公司也应该给予多方面的支持和关注。另外，应支持和发展社会工作服务机构和志愿服务组织，壮大志愿者队伍，搭建更多志愿服务平台，健全志愿服务体系。

(四)加快社区专业人才队伍配备，夯实城市社区治理的人才基础

人才队伍建设是城市社区治理的基础，城市社区需吸引具有较高政治觉悟和专业素养的人才到社区工作，并打造一支数量足、素质优的社区专业人才队伍。

1.重视吸引高素质人才到社区工作

统筹编制资源，增加基层街道社区编制数量。各地区根据人口、地域特点，调整各街道内设机构和编制数量，配齐配强街道干部，使街道有足够的人员“干活”。制定社区工作者队伍发展专项规划，提高社区工作者待遇水平，提高社区工作对优秀人才的吸引力。

2.完善社区专业人才激励机制

逐步提高街道和社区工作人员的工资、福利待遇水平，使其各项待遇不低于其他部门的同级别人员。对工作任务重、作出较大贡献、表现突出的同志给予一定的绩效奖励。将一线工作经验作为干部选拔任用的重要参考条件，对在社区党组织、居委会长期工作、表现突出的社区干部，可以按照一定程序转为公务员、事业编。

3.完善社区专业人才培养体系

针对城市社区治理特点，构建系统科学的社区专业人才能力素质模型，对社区治理所必需的依法行政、组织协调、群众动员、矛盾化解等能力进行强化提高，对城市社区治理的新理念新方法进行重点培训，不断提高社区治理人才的专业化水平。

（五）充分利用智能科技赋能建立完善智慧社区，提升城市社区治理“智治”水平

智慧社区是技术赋能基层治理新模式，智慧社区是运用大数据、云计算、物联网、人工智能等新一代信息技术构建形成的智能化社会活动场域，通过物物互联和人物互动，为城市居民提供智慧化的管理和服务，以提高城市社区治理的效率和水平。

在城市层面，依托智慧城市或“城市大脑”建设，做好顶层设计，加强统筹协调，构建智慧社区平台，推进城市治理现代化。从现有的好的实践经验来看，智慧社区平台应统筹规划，构建融合区、街道、社区三级的应用平台，三级平台数据共享、服务协同，从而构建安全、高效、便捷的社区生活环境。这样的平台依托智慧城市的顶层构建及其他行业部门的应用，在顶层设计中即可实现部门数据共享。

在社区层面，结合需求构建“互联网＋”基层治理智能应用体系。构建管理平台和智能应用体系的前提是掌握社区大量的基础数据，包括空间地理信息、人口信息、基础设施信息等。这些数据有两方面的来源：一是，上级政府数据共享，这就需要基层政府积极争取；二是，自有数据积累，这就需要社区在实际工作中做好数据的整理、归档和挖掘。数据的价值在于可提供尽可能多的详尽信息并对决策提供参考依据。智慧社区通过对党建、网格管理、教育、民政、公安、消防等业务数据进行梳理、关联、分析和整合，可开发更多应用，从而为社区职工提供更精准更精细的服务。另外，要充分利用信息技术减轻部分基层单位的事务性工作，实现减员增效。如，微信群、钉钉群等应用，可以突破时间和空间的限制，有利于社区居委会、业委会、物业和社区居民深入沟通，从而实现降低成本提高效率的目的。同时，智慧政府服务、智慧养老、智慧医疗、智慧物业等系列场景的应用，不仅可以使社区治理人员从繁杂的日常事务性工作中解放出来，而且有助于他们做出更科学准确的决策。

第二节 新时代中国城市社区治理案例分析

——山东省济南市裕园社区“一线五网”工作法[1]

山东省济南市槐荫区中大槐树街道裕园社区是一个集开放式、封闭式半封闭的混合式老旧小区，历经两次合并、两次拆迁、两次回迁，是典型的城市混合型社区。现有居民楼 30 栋，居民院 19 个，党支部 7 个，党员 236 人，社区居民 2 800 户、8 000 余人，其中 80%是棚户区回迁的居民。

20 年前的裕园社区是一片棚户区，基础设施匮乏，环境脏乱，人心涣散，居民矛盾不断，干群关系疏远；居委会办公场所也非常小，不足 30 平方米，党组织弱，面对大片棚户区居委会和党组织所能发挥的服务功能几乎为零。20 年来，裕园社区经历了两次社区合并、两次拆迁、两次回迁，新旧矛盾不断交替产生，长期面临着三大难题：一是，社区公共问题多、治理压力大；二是，社区资源少，开

① 参见刘云香：《山东省济南市裕园社区："一线五网"工作法深化社区治理》，《党建》2021 第 1 期。

展服务难；三是，群众牢骚怨气大，党群干群关系紧张。

在20年的社区治理实践中，裕园社区党委坚持以党建为引领创新“一线五网”社区工作法，充分发挥群众作用，引导居民自觉、自主地参与社区事务管理，探索出一条深化社区治理的有效路径。在“一线五网”社区工作法中，“一线”指党建这条“中心线”，“五网”指编织的组织、机制、民生、互助、文化五层网，通过建立“1＋5＋7＋X”治理体系，提高社区治理的效果和效能。

一、“一线五网”工作法

（一）抓牢党建“中心线”，聚合强大力量

裕园社区党委将党建作为社区治理的中心，并将其贯穿社区治理全过程，建立“1＋5＋7＋X”的社区治理体系，通过党委抓支部、支部抓党员、党员带群众，凝聚起社区治理的强大力量。

“1”即社区党委发挥核心引领作用，负责社区治理的总体设计及党建与治理的深度融合。

“5”是社区居委会、居民议事会、老党员金点子议事会、社区监委会、社工专委会“五会”联动，构成完善的社区民主协商平台，负责社区事务的决策、执行和监督。对于社区大事，居委会形成初步意见后，先通过老党员金点子议事会进行科学性、可行性研究，发挥老党员的智囊作用；方案意见成熟后，最终由居民议事会决策；决策后由居委会负责执行；执行过程中由社区监委会全程监督。社工专委会是社区居委会助手，同样参与督导和协助工作。

“7”是妇联、工会、共青团、科协、残联、侨联、红十字会等7个群团组织，这7个群体组织共同发力，为社区治理整合外部资源。

“X”是裕园社区根据自己的特点形成的有效支持机制。现在比较成熟的支持机制有“支部＋项目”机制和“支部＋网格融入”机

制。“支部＋项目”机制按照“居民点单，社区下单，社会组织接单”的方式，在充分调研居民需求的基础上，引进中央或地方财政支持的公益创投项目，对社区空巢老人、困难家庭等弱势群体进行精准帮扶。“支部＋网格融入”机制把社区划分为5个一级网格、30个二级网格、112个三级网格，分别成立党支部、党小组，每个网格配备一名楼长管理员、多名楼道协调员，将党建网格与综治、民政、应急等网络“多网融合”，将各项工作下沉网格，真正做到“人到格中去，事在网中办”。

总之，“1＋5＋7＋X”的社区治理体系有效助推了裕园社区区域化统筹、实体化支撑、项目化运作和全民化参与，使党组织成为城市社区治理的坚强战斗堡垒。

（二）编织五层服务网络，实现共建共治

1.组织网——旗帜鲜明抓党建

组织建设是社区有效治理的核心与关键。裕园社区党委从自身建设抓起，不断完善党组织设置，延伸社区党组织的服务功能，扩大党组织覆盖面。首先，在社区党委设置7个党支部，每个党支部承担不同的服务功能，实现党建和服务功能的统一。如，“春阳党支部”主要负责妇女儿童工作，“艳阳党支部”主要负责“爱心在线”平台和社区养老工作等。其次，建立了常规式、功能式和兼和式三种党支部，将社区所有党员纳入其中。常规式党支部把党员划分为5个区域网格，负责对网格各项工作进行宣传和督导，并帮助协调楼长、单元长无法解决的事项，从而实现支部对网格服务的兜底作用。而功能式主要发挥党支部的思想文化引领作用，主要负责社区“三报一栏”更新维护，进行文化宣传文化引领工作。兼和式党支部就是把组织关系不在社区但是居住在社区的离退休党员也纳入社区管理，从而更好发挥他们的作用来服务社区。

坚持"三会一课"制度，紧紧结合社区治理设置学习专题，创新学习方式，充分激发党员群众参与热情。在党支部学习中，裕园社区创立了"五字"学习法，即听、讲、谈、唱、看。"听"就是每次支部学习都及时把党和国家的政策措施、上级部门的精神部署分析给党员听，让他们听得懂听得进；"讲"就是讲党课；"谈"就是社区事务大讲坛，通过对社区居民关心的热点问题进行意见和建议征集，激发党员群众的参与热情；"唱"指的是唱社区自己的歌曲；"看"就是看中央要求的重要视频。通过党支部的"五字"学习法，党员的归属感强了，责任感强了，模范带头作用也发挥出来了。社区每次志愿服务活动党员出席率超过60%，一些党员即使已经搬到其他的社区居住，仍然愿意回到裕园社区参与志愿服务。

另外，裕园社区还联合12家驻区单位共建"大党委"，充分整合利用各类优势服务资源，实现"组织共建、设施共享、党员共管、活动共抓、事务共商、社区共建"，打开社区党建工作新格局。同时，裕园社区还以党组织框架为载体，培育了"邻里守望服务队""网格花巾帼志愿队""和事佬调解队"等38个"草根"组织，多元共治，推动社区治理不断走深走实。

2.机制网——汇聚民意搞协商

裕园社区坚持党的领导和基层群众自治有机统一，不断完善机制，充分激发社区群众自我管理、自我服务、自我教育和自我监督。探索建立"居民议事会""银发智囊团"等协商议事机构，探索出"六步"协商法，即社区事务从提议到处理完成需要经过完整的六个步骤进行协商，"六步"分别为提出事项、讨论事项、作出决策、决策实施、群众督查、答复反馈。通过这些机构和方法的应用，裕园社区先后解决了车棚问题上访等40多件棘手的治理问题。对于具体的治理任务，社区也坚持完善机制解决问题，如针对垃圾分类，社区坚持“民事民议民决”，摸索出“群策群力”引领机制、“多学多看”宣传机制、“定点定时”投放机制、“有奖有惩”激励机制，把工作任务变成了群众的自觉行动。

3.民生网——群策群力惠民生

裕园社区切实践行以人民为中心的发展思想，提出“以服务增强归属，以行动形成共振，以关爱留住感情，以奉献赢得回报”的服务原则，办好小事服务大民生，社区居民的幸福指数不断攀升。

近年来，裕园社区实施了“灯亮、路平、绿化、平安、暖心”等八大民心工程，完成了“自来水一户一表改造”“天然气开通”“暖气入户”三大惠民项目，基础设施得到提升，居住环境得到改善，社区居民对社区的凝聚力明显增强。同时，裕园社区加强便民服务中心、社会服务管理中心、文体服务中心、卫生计生服务中心、居家养老服务照料中心等5个场所建设，并在此基础上，成立阳光温暖超市、“爱心在线”、居家养老服务社、妇女儿童家园、社区警务室、社区服务中心等民生平台，弱势群体的个性化需求得到进一步满足，群众的获得感、幸福感进一步提升。

4.互助网——邻里友好促共建

远亲不如近邻，融洽的邻里关系是社区治理的润滑剂，有助于增强社区居民的安全感和归属感。为构筑有机团结的邻里关系，裕园社区培育了“邻里守望服务队”等9个互助组织，社区居民各自发挥特长和优势为邻居们提供帮助，水电维修、高龄老人理发、修衣补鞋等需求得到了有效解决。由20名社区居民组成的“姐妹帮帮团”长期为空巢老人提供敲门聊天、清扫卫生、代购等服务，为空巢老人带来了贴心服务和情感慰藉。

此外，裕园社区还设立了两支公益引导基金，激励社会各界力量积极参与社区公益事业。2005年，裕园社区建设了山东省首家

"阳光温暖超市",建立了"一元互助金",搭建了社区群众互助平台,主要用于救助社区困难群众、走访慰问生病的老党员及志愿者,目前收到捐款 21 万余元,走访慰问群众 1 800 余人次。2016 年,裕园社区又创立了云香志愿服务激励基金,主要用于年终或节假日志愿者奖励、志愿项目开展等,目前已经募集了善款 24 万余元,有 4 000 多名志愿者参与。为激励更多居民参与公益活动,裕园社区建立了"公益银行",居民参与社区慈善公益活动,根据活动内容、时间不同,可以折合成数量不等的积分,积分可以兑换不同的商品和服务,这大大激发了群众的参与积极性。

志愿服务已经成为裕园社区的特色和亮点,居民教育编辑部、娃娃楼长志愿队、红马甲环境维护队、槐花香艺术团、姐妹助老帮帮团、鹊桥联谊会、阅读聊吧、小喇叭文明养犬宣传队组织在社区治理中发挥着越来越重要的作用。

5.文化网——活跃社区乐生活

社区文化是社区治理的灵魂,裕园社区非常重视文化宣传及文化活动,力图通过文化网激发活力、凝聚人心。社区建立了"三报一栏一社"宣传阵地,即"裕园快报""裕园简报""社区黑板报""社区文化栏"和"七彩文学社",宣传和社区居民密切相关的大事小情,其中"社区快报"已经连续 17 年每周编发。社区还成立了"槐花香艺术团",汇集社区文艺人才 40 余人,创作了一系列反映社区变化的文艺作品。另外,社区还组织各种文化活动,如"阅读聊吧""成长加油站""社区治理大讲堂""和谐邻里节"等,其中"和谐邻里节"已经连续举办 14 届。社区每年年底还举办"裕园年会",对"公益之星""优秀志愿服务员""优秀平安守护员""优秀妇女网格员""优秀爱心互助员""优秀文化宣传员""优秀共产党员"等进行表彰,先后有 3 000 多人次受到表彰激励。这些文化活动充分发挥了凝聚人心、淳化民风和教育引导作用，让文化软实力成为社区治理的新引擎。

二、裕园社区的经验启示

经过20年的社区治理创新，裕园社区服务场所由1处增加到5处，占地1 300平方米，建立了7个党支部，拥有236名党员，30栋居民楼全部通暖，绿树成荫，道路整洁，设施完善，邻里间相处和谐，社区管理有序，呈现出居民自治、人民和谐的新气象。社区先后获得了全国社区服务优秀社区、全国离退休干部党支部先进集体等80多项荣誉称号。产生了全国优秀社区志愿者1名、全国文明家庭2个、省级文明家庭3个、社区志愿者楷模30余名。目前，裕园社区拥有各类群众组织38家、社区志愿者3 000余名，居民参与率90%以上。裕园社区实现由小到大、由乱到治、由弱到强，其治理实践对其他城市社区治理也有深刻启示。

（一）加强党的领导是城市社区治理的根本保证

中国特色社会主义制度的最大优势是中国共产党的领导。裕园社区在治理中之所以效果显著，最根本一点就是充分发挥党组织在社会治理中的核心引领作用。社区党委紧紧抓住党建这条“中心线”，充分发挥党的领导在基层社会治理方面的政治优势，完善组织体系、提高组织能力，将党的领导贯穿到社区治理全过程各方面，充分发挥党组织的战斗堡垒作用和党员先锋作用，将党的政治优势转换为基层治理和为民服务的治理优势，既确保了基层治理正确的政治方向，又将党建引领真正落到了实处。

（二）以人民为中心是城市社区治理的根本出发点和落脚点

全心全意为人民服务是中国共产党的根本宗旨，是各级政府工作的出发点和落脚点，更是社区治理的基本要求。裕园社区党委坚持把“让群众有更多的获得感、幸福感、安全感”作为奋斗目标,围绕群众反映的急难愁盼问题提供服务,为适应群众多层次、多样性需求,丰富服务内容、创新服务手段、健全服务网络,寓治理于服务之中,真正赢得了群众的满意和赞赏。

(三)多元共治是城市社区治理的坚实基础

党的十九大报告中明确提出,打造共建共治共享的社会治理格局。裕园社区坚持党建引领多元共治,充分激发各类社会组织和群众的主体作用,通过“老党员金点子议事会”“百人创城先锋队”及“云香志愿服务激励基金”“和谐邻里节”“爱心大集”等活动载体,充分调动群众的积极性,推动社区标准化治理和精细化服务水平不断提升。

(四)勇于创新是城市社区治理的永恒动力

党的十九届五中全会强调,坚持创新在我国现代化建设全局中的核心地位。裕园社区党委立足实际,解放思想,坚持以改革推动社区治理不断发展,不断创新社区治理模式。一方面,组建“居民议事会”“银发智囊团”,通过“六步”协商法引导社区居民协商议事,为社区治理奠定坚实的基础;另一方面,创新文化宣传方式和群众组织方式,激励引导更多群众参与社区治理,增强社区公共服务能力,老旧小区成了百姓安居乐业的幸福家园。

参考文献

[1]中华人民共和国民政部:《关于在全国推进城市社区建设的意见》,2000 年 12 月 12 日。

[2]赵毅旭:《城市社区治理路径》,四川大学出版社 2010 年版。

[3]中共中央组织部办公厅:《中共中央组织部、中共中央政法委员会、民政部、住房城乡建设部印发〈关于深化城市基层党建引领基层治理的若干措施(试行)〉的通知》,2022 年 1 月 30 日。

[4]梁妍慧:《区域化党建是党的建设的新课题》,《理论学刊》2010 第 10 期。

[5]刘云香:《山东省济南市裕园社区:"一线五网"工作法深化社区治理》,《党建》2021 第 1 期。

第十四章　新时代中国乡村村(社)治理

乡村治理是国家治理的重要一环，村(社)治理是乡村治理的一线基础。村(社)治理，是指在中央及地方党委政府领导下，治理主体遵循乡村治理体制机制和原则，依据村(社)发展实际和趋势，以保障和改善民生为优先方向，以改革创新为动力，以"三治"结合为手段，对村(社)社会进行协同治理，确保村(社)充满活力、和谐有序的过程。习近平总书记指出："采取切实有效措施，强化农村基层党组织领导作用，选好配强农村党组织书记，整顿软弱涣散村党组织，深化村民自治实践，加强村级权力有效监督。完善城乡居民基本养老保险制度和基本医疗保险、大病保险制度，完善最低生活保障制度。完善农村留守儿童、妇女、老年人关爱服务体系。推进移风易俗，培育文明乡风、良好家风、淳朴民风，健全矛盾纠纷多元化化解机制，深入开展扫黑除恶专项斗争。"[①]习近平总书记的重要论述，为加强和改进村(社)治理指明了方向和途径。党的十八大以来，各地以习近平新时代中国特色社会主义思想、习近平总书

① 《习近平关于"三农"工作论述摘编》，中央文献出版社 2019 年版，第 137 页。

记关于乡村治理的重要论述为指导,全面贯彻落实《关于加强和改进乡村治理的指导意见》《中共中央国务院关于加强基层治理体系和治理能力现代化建设的意见》等文件精神,立足实际,积极探索,大胆创新,深入开展乡村村(社)治理实践,取得显著成效,并涌现出一大批先进典型,为全国村(社)治理闯出了路子、积累了经验、提供了样板。

第一节 新时代中国乡村村(社)治理实践

党的十八大以来,我国乡村村(社)治理背景发生了深刻变化。适应新背景的变化要求,各地坚持中央顶层设计与基层探索有机结合,积极开展村(社)治理创新实践,探索出了具有鲜明时代性、多维创新性、现实有效性的实践路径。

一、中国乡村村(社)治理的背景变化

(一)乡村社会发生深刻变化

新中国成立初期,我国乡村社会多元、分散、碎片化特征明显。人民公社体制的建立,使乡村社会呈现出典型的单一化特征。改革开放后,随着乡村经济结构的多元化,乡村社会结构日益显现出多元化、复杂化特征。

党的十八大以来,我国乡村获得前所未有的发展,取得前所未有的成就,也发生了前所未有的深刻变化。在经济结构多元化及城乡要素双向流动下,乡村社会主体结构、组织结构、利益结构、价值结构等多元化特征日趋显著。基于利益诉求多元化的社会主体的社会治理参与意愿明显增强,传统乡村治理赖以维系的熟人社会下的身份认同、文化认同、利益联结关系、社会交往方式、社会组

织形式等基础日渐式微，封闭式村（社）结构快速解构并进行开放式重构。正如习近平总书记所指出："当前，我国城乡利益格局深刻调整，农村社会结构深刻变动，农民思想观念深刻变化。这种前所未有的变化，为农村经济社会发展带来巨大活力，同时也形成了一些突出矛盾和问题。"①

乡村社会的深刻变化，对村（社）治理提出了新要求、新挑战，同时，也为村（社）治理实践创新提供了广阔空间。

（二）乡村治理体制加快完善

新中国成立初期，国家对多元分散、错综复杂的乡村社会结构进行了同质化建构，尤其人民公社体制的建立，把碎片化乡村社会纳入国家权力和乡村社会权力合二为一的一元化治理体制之中。改革开放后，乡村经济社会结构发生巨大变化，多元化、复杂化的社会问题难以通过一元化治理体制和主体予以解决，政府乡村公共产品和服务供给单一与日益多样化、异质化的社会需求之间存在较大矛盾。在此背景下，以村民自治探索实践为基础和发端，以《中华人民共和国村民委员会组织法（试行）》的颁布为保障和标志，在乡村实行村民自治制度，同时撤销人民公社并建立乡镇党委政府，建立起"乡政村治"治理体制。

党的十八大以来，乡村治理主体日益多元化，城镇社会力量、市场力量进入乡村并引致乡村经济社会结构重大重组。在此背景下，2019 年印发的《关于加强和改进乡村治理的指导意见》提出："建立健全党委领导、政府负责、社会协同、公众参与、法治保障、科技支撑的现代乡村社会治理体制。"②2021 年颁布的《中华人民共和国乡村振兴促进法》提出："建立健全党委领导、政府负责、民主

---

① 《习近平关于"三农"工作论述摘编》，中央文献出版社 2019 年版，第 129 页。

② 《中办国办印发〈指导意见〉 加强和改进乡村治理》，《人民日报》2019 年 6 月 24 日。

协商、社会协同、公众参与、法治保障、科技支撑的现代乡村社会治理体制和自治、法治、德治相结合的乡村社会治理体系,建设充满活力、和谐有序的善治乡村。”[①]并在实践中得到贯彻落实。

现代乡村治理体制的建立和完善,为加强和改进村(社)治理提供了体制保障,同时也对村(社)探索落实途径提出了要求。

(三)城乡改革梯级深化

党的十一届三中全会拉开了乡村改革序幕。20世纪80年代,以建立完善家庭承包经营制度和乡村自治制度为主线,推进乡村改革,取得巨大成效。针对20世纪90年代全面突显的农业农村农民问题,党的十六大立足超越乡村解决乡村问题的传统思路,提出统筹城乡发展的新理念,党的十七大进一步提出推进城乡二元体制制度改革。

党的十八大以来,城乡一体化改革及乡村内部改革得到全面深化。在乡村层面,全面推进土地制度、集体产权制度、治理制度等改革;在城乡层面,着力破除城乡二元体制制度藩篱,建立城乡发展一体化制度,促进公共资源在城乡间均衡配置、生产要素在城乡间自由流动。党的十九大提出实施乡村战略,以促进城乡融合发展为导向,全面推进城乡各项改革,并由“试点”向“推开”、由“多点推进”向“集成突破”转化。

城乡改革梯级深化,为乡村村(社)治理实践创造了有利条件并提出了更高要求。

(四)城乡关系日趋改善

新中国成立初期,城乡发展失调问题突出,尤其是乡村承担起为工业化提供资源支撑的历史重任,使得城乡失调问题进一步加

① 《中华人民共和国乡村振兴促进法》,《人民日报》2021年5月20日。

剧。改革开放后,党把处理好城乡关系放到突出位置。党的十五届三中全会提出:“坚持多予少取,让农民得到更多的实惠。”[①]党的十六大立足实现全面建设小康社会奋斗目标,提出统筹城乡发展。针对乡村发展滞后,党的十六届五中全会提出建设社会主义新农村战略目标。党的十六届六中全会立足构建社会主义和谐社会现实需要,强调:“贯彻工业反哺农业、城市支持农村和多予少取放活的方针。”[②]党的十七大提出:“建立以工促农、以城带乡长效机制,形成城乡经济社会发展一体化新格局。”[③]

党的十八大立足新时代要求,强调:“形成以工促农、以城带乡、工农互惠、城乡一体的新型工农、城乡关系。”[④]党的十八届三中全会围绕构建新型工农城乡关系,出台了一系列有效政策措施。党的十九大提出:“要坚持农业农村优先发展,按照产业兴旺、生态宜居、乡风文明、治理有效、生活富裕的总要求,建立健全城乡融合发展体制机制和政策体系,加快推进农业农村现代化。”[⑤]党的十九届五中全会对城乡关系进行了新勾画,提出:“坚持把解决好‘三农’问题作为全党工作重中之重,走中国特色社会主义乡村振兴道路,全面实施乡村振兴战略,强化以工补农、以城带乡,推动形成工农互促、城乡互补、协调发展、共同繁荣的新型工农城乡关系,加快农业农村现代化。”[⑥]

---

① 《十五大以来重要文献选编》上,人民出版社 2020 年版,第 560 页。

② 《中国共产党第十六届中央委员会第六次会议文件汇编》,人民出版社 2006 年版,第 8 页。

③ 胡锦涛:《高举中国特色社会主义伟大旗帜　为夺取全面建设小康社会新胜利而奋斗——在中国共产党第十七次全国大表大会上的报告》,人民出版社 2007 年版,第 23 页。

④ 胡锦涛:《坚定不移沿着中国特色社会主义道路前进　为全面建成小康社会而奋斗——在中国共产党第十八次全国大表大会上的报告》,人民出版社 2012 年版,第 24 页。

⑤ 习近平:《决胜全面建成小康社会　夺取新时代中国特色社会主义伟大胜利——在中国共产党第十九次全国大表大会上的报告》,《人民日报》2017 年 10 月 28 日。

⑥ 《中共十九届五中全会在京举行》,《人民日报》2020 年 10 月 30 日。

城乡关系的日趋改善，为乡村村（社）治理实践及其创新提供了有利条件，注入了动力活力。

二、新时代中国乡村村（社）治理的实践探索

（一）全面加强党的领导，探索加强基层党组织领导村（社）治理有效途径

习近平总书记指出："办好农村的事情，关键在党。党管农村工作是我们的传统。这个传统不能丢。""要扩大农村党组织和党的工作覆盖面。""要抓住健全乡村组织体系这个关键，发挥好农村基层党组织在宣传党的主张、贯彻党的决定、领导基层治理、团结动员群众、推动改革发展等方面的战斗堡垒作用。"①党的十八大以来，各地以习近平总书记重要论述为指导，探索加强基层党组织全面领导村（社）治理的有效途径。

1.加强党组织自身建设

加快推进党组织标准化、规范化建设，不断加强党组织选举、"三会一课"、教育培训、党风廉政、责任权力清单、党务公开、监督考核等制度建设，完善工作机制，压实工作责任，使党组织成为有政治领导力、思想引领力、群众号召力的战斗堡垒。

2.实现党组织和党组织工作全覆盖

不断织密党组织体系，纵向上，分层设置党总支或党委—党支部—党小组；横向上，在自然村、村民小组、社会组织、产业链、合作社等成立党支部或党小组，同时推进党组织书记通过法定程序担任村委会主任及集体经济组织、合作组织等负责人。坚持党员、群众在哪，党组织工作就覆盖到哪，健全党组织工作制度，明确工作

① 《习近平关于"三农"工作论述摘编》，中央文献出版社 2019 年版，第 188、185、189 页。

责任，完善落实机制，改进工作方法，确保党组织工作取得实效。

3.完善党组织领导机制

建立健全党组织政治功能发挥机制、重要事项决策机制、工作推进机制、多元主体协商机制、密切联系和有效服务群众机制等，不断提高党组织领导村（社）治理的实效性。

（二）完善组织体系，创新自治制度及其实现形式

习近平总书记指出："要建立和完善以党的基层组织为核心、村民自治和村务监督组织为基础、集体经济组织和农民合作组织为纽带、各种经济社会服务组织为补充的农村组织体系，使各类组织各有其位、各司其职。""要以党的领导统揽全局，创新村民自治的有效实现形式，推动社会治理和服务重心向基层下移。"①党的十八大以来，各地深入贯彻习近平总书记重要论述精神，不断完善乡村村（社）组织体系，创新自治制度及其实现形式。

1.完善村（社）组织体系

除健全党组织体系外，成立村务监督委员会、集体经济组织、村民议事会、乡贤参事会、红白事理事会、矛盾纠纷调解组织，发展农民合作组织及养老互助协会、公益服务组织等社会组织。各类组织以党组织为统领，在村（社）治理中协同发挥作用。

2.创新自治制度及其实现形式

合理确定自治单元，制定村规民约，创新完善选举、议事、决策、执行、监督等制度，推行责任和权力清单、积分制等制度，坚持和发展新时代"枫桥经验"，创新矛盾纠纷化解机制，推行"4＋2"工作法，完善自治活动程序和方式，推动村（社）自治实践不断深化并取得显著成效。

---

① 《习近平关于"三农"工作论述摘编》，中央文献出版社 2019 年版，第 132、135 页。

(三)探索治理模式,创新治理方式

习近平总书记指出:"要扩大农村基层民主、保证农民直接行使民主权利,重点健全农村基层民主选举、民主决策、民主管理、民主监督的机制。""沿用开会表决、投票决策等老办法是必要的,但这显然难以适应农村人口外流的现实。要创造新办法、开辟新渠道,充分兼顾'走出去'和'留下来'的村民各自在村民自治组织和集体经济组织中的权利和权益。""健全自治、法治、德治相结合的乡村治理体系……要丰富基层民主协商的实现形式,发挥村民监督的作用,让农民自己'说事、议事、主事',做到村里的事村民商量着办。"[①]党的十八大以来,各地以习近平总书记重要论述为指导,深入开展乡村村(社)治理模式和方式创新实践。

1.探索治理模式

各地以党建引领村(社)治理为导向,因地制宜探索并形成诸多有效治理模式。在"党建+"总体模式基础上,各地立足实际选择有效切入点,形成"党建+群建+村规民约""互联网+""诚爱+""信用+""以孝治村"等模式,提升了村(社)治理效能。

2.创新治理方式

各地坚持自治、法治、德治相结合并探索打造"三治结合"的有效载体形式,全面推进并不断完善网格化治理,探索建立多元主体民主协商形式,推进村(社)治理信息化、精细化,乡村村(社)治理方式日益多样、科学和有效。

(四)着力保障和改善民生,构建共建共治共享格局

习近平总书记指出:"加强和改进乡村治理,要以保障和改善农村民生为优先方向,围绕让农民得到更好的组织引领、社会服

---

① 《习近平关于"三农"工作论述摘编》,中央文献出版社 2019 年版,第 132、135~136 页。

务、民主参与，加快构建党组织领导的乡村治理体系。”[①]党的十八大以来，各地准确把握习近平总书记重要论述精神，瞄准保障和改善民生，突出构建共建共治共享格局，深入推进乡村村（社）治理实践。

1.加强基础设施建设

完善多元化主体投入机制，大力开展村（社）道路、水电气暖、信息、水利等基础设施建设，推进光伏等清洁能源建设，大力实施危房改造等。

2.提升公共服务水平

加强学校、卫生室、党群服务中心、便民服务中心等建设，实行公共服务网格员、政务服务代办员制度，推行“一村一律师”“一村一辅警”，有条件的村（社）以村（社）组织、社会组织为主体，提供日间照料、老年食堂、养老托幼等服务。

3.开展人居环境整治

实施人居环境整治三年行动，启动人居环境整治五年提升行动，推进厕所革命、生活垃圾及污水治理，实施公共环境绿化美化行动，引导和组织农民积极参与，建立健全人居环境长效管护机制。

4.有效解决绝对贫困问题

对接党中央及地方党委政府扶贫政策，整合村（社）内外力量，深入开展贫困人口甄别、建档立卡、精准扶贫、动态监测帮扶、巩固脱贫成果等工作。

---

① 习近平：《坚持把解决好“三农”问题作为全党工作重中之重，举全党全社会之力推动乡村振兴》，《求是》2022年第7期。

5.建立健全矛盾纠纷化解机制

建立健全群众诉求表达及回应机制，打造交流沟通及矛盾化解平台，完善调解、仲裁、行政裁决、诉讼等有机衔接的多元化纠纷解决机制，开展平安教育和心理健康服务、婚姻家庭指导服务等。

(五)加强和创新文化建设，推进乡风文明

习近平总书记指出："我国很多村庄有几百年甚至上千年的历史，至今保持完整。很多风俗习惯、村规民约等具有深厚的优秀传统文化基因，至今仍然发挥着重要作用。要在实行自治和法治的同时，注重发挥好德治的作用，推动礼仪之邦、优秀传统文化和法治社会建设相辅相成。""乡村是要有人情味，但不能背人情债，要在传统礼俗和陈规陋习之间划出一条线，告诉群众什么是提倡的，什么是反对的。要旗帜鲜明反对天价彩礼，旗帜鲜明把反对铺张浪费、反对婚丧大操大办、抵制封建迷信作为农村精神文明建设的重要内容，推动移风易俗，树立文明乡风。"①党的十八大以来，各地深入贯彻习近平总书记重要论述精神，突出文化建设在村(社)治理中的底蕴支撑作用。

1.深入挖掘优秀传统文化

深入挖掘重义守信、守望相助、孝老爱幼、勤俭持家等传统美德及具有典型意义的历史故事、历史乡贤等，把握实质，提炼精髓，坚持创造性转化和创新性发展，打造文明乡风、良好家风、淳朴民风。

2.持续推进公民道德建设

通过教育培训、落实村规民约等，弘扬善行义举、贬斥失德失范，推进"四德"及诚信建设，不断提高居民公德意识、集体意识、责

① 《习近平关于"三农"工作论述摘编》，中央文献出版社2019年版，第137、134页。

任意识、诚信意识等。

3.积极培育社会主义核心价值观

通过广泛宣传、教育培训、融入村规民约及党员干部带头等，引导居民树立社会主义核心价值观，并转化为群体意识和行动自觉。

4.深入开展文明实践活动

依托村规民约、新时代文明实践中心（站、所）等，深入开展文明践行活动，弘扬传统美德，培育现代文明新风尚。推行移风易俗，破除大操大办、高价彩礼、厚葬薄养等陈规陋习；深入开展“星级文明户”“五好文明家庭”等创建活动。

（六）厚植支撑要素，提高治理能力

习近平总书记指出：“要加强和创新乡村治理……让农村社会既充满活力又和谐有序。”[①]党的十八大以来，各地深入贯彻习近平总书记重要讲话精神，厚植支撑要素，激发村（社）治理活力，提高村（社）治理能力。

1.深化治理制度改革

深化党组织领导、村民自治、社会参与、民主协商、多元化投入等制度改革，激发村（社）治理活力。

2.加大治理投入

在政府加大投入的同时，村（社）组织多方筹资，加大村（社）基础设施、公共服务、人居环境整治、公共环境美化等领域投入，改善生产生活条件。

3.加强人才培训

通过各种途径和方式，加强村（社）后备干部、党员、乡村带头

① 《习近平关于“三农”工作论述摘编》，中央文献出版社 2019 年版，第 135 页。

人、新型农民、返乡人员等教育培训,提升人力资源现代化水平。

4.吸引城镇治理资源下沉

利用好党委政府相关政策,改善村(社)发展环境,吸引城镇各类人才、社会组织、企业、资本等下沉村(社),为村(社)治理提供资源保障。

5.引入现代科技要素

通过加大多元化投入、加强信息基础设施建设、加强现代科技培训等手段,大力推行智慧化村(社)治理,提高村(社)治理效能。

三、新时代中国乡村村(社)治理取得的巨大成就

(一)以党组织为核心的多元化主体治理格局业已形成

党的十八大以来,乡村发展日新月异,村(社)治理参与主体日益多元化,参与程度日益提高。同时,党组织在村(社)治理中的核心地位日益强化,对各类治理主体及各项治理活动的统领作用日益增强,"一核多元"村(社)治理格局业已形成,共建共治共享的村(社)治理共同体打造成型。

(二)治理组织、制度体系和治理能力现代化水平显著提高

党的十八大以来,各地坚持党建引领村(社)治理政治方向,全面深化改革,积极探索创新,不断加强村(社)党组织、自治组织、村(社)务监督组织、集体经济组织、农民合作组织、社会组织等建设,不断完善党组织领导、村民自治、多主体协同、党员干部联系群众、党员干部激励约束、治理投入、矛盾纠纷化解等制度,现代治理组织和制度体系基本形成,治理能力得到显著提高。

(三)民生保障和改善成效显著

党的十八大以来,各地采取有效措施,切实保障和改善乡村民生,并取得显著成效。如到 2020 年底,具备条件的建制村全部通

硬化路，通光纤、通4G网络的行政村占比超过98%，自来水普及率达到83%，卫生厕所普及率超过68%，生活垃圾收运处置体系覆盖90%以上的行政村。[①] 9 899万农村贫困人口全部脱贫，832个贫困县全部摘帽，12.8万个贫困村全部出列。[②] 此后设立五年过渡期，牢牢守住不发生规模性返贫底线；乡村养老、医疗、最低生活保障等制度逐步建立和完善，公共服务大幅度向乡村延伸，乡村公共服务水平显著提升。

（四）具有示范引领作用的先进典型大量涌现

党的十八大以来，各地针对乡村村（社）治理中的难点、痛点和堵点，积极探索，锐意改革，大胆创新，勇闯新路，涌现出一大批先进典型，探索形成了诸多好做法、好经验，为其他地区开展村（社）治理发挥了引领示范作用，为进一步深化村（社）治理实践探了路、积累了经验。

第二节　新时代中国乡村村（社）治理典型案例

2019年以来，中央农村工作领导小组办公室、农业农村部会同有关部门，下发《关于开展乡村治理体系建设试点示范工作的通知》《关于开展乡村治理示范村镇创建工作的通知》等文件，开展乡村治理试点及示范村镇创建活动。至2021年，先后开展了两批全国示范村镇和三批全国典型案例征集推介活动，推出一大批全国示范村镇和典型案例。这些示范村镇和典型案例，是党的十八大以来乡村治理实践创新的杰出代表，是乡村治理取得巨大成就的集中体现，具有很大现实价值。

① 参见刘春沐阳：《加快推进农业农村现代化》，《经济日报》2021年4月21日。

② 参见魏后凯等：《中国农村发展报告——面向2035年的农业农村现代化》，中国社会科学出版社2021年版，第21页。

一、新时代中国乡村村(社)治理先进典型总体分析

(一)先进典型基本情况

1.先进典型征集推介情况

国家及地方有关部门,严格标准、层层推荐和遴选,推介了一大批特色鲜明、务实管用的示范村镇和典型案例。其中,示范镇主要以乡村治理工作机制健全、基层管理服务便捷高效、农村公共事务监督有效、乡村治理成效明显为遴选标准;示范村主要以村党组织领导有力、村民自治依法规范、法治理念深入人心、文化道德形成新风、乡村发展充满活力、农村社会安定有序为遴选标准。[①] 整体而言,典型案例更突出创新性、典型性、可复制性等标准。

尽管示范镇是乡镇层面的典型,但其典型经验的形成大都是以村(社)治理创新实践为依托和基础的;典型案例既有市、县、乡镇层面的,也有村(社)层面的,但前者的实践创新也无不是建立在后者实践探索基础上的。

2019 年,全国共有 99 个乡镇、998 个村入选首批全国示范村镇,20 个案例入选首批全国乡村治理典型案例。其中,山东省有 5 个乡镇、52 个村入选全国乡村治理示范村镇,临沂市沂水县的“殡葬改革破除丧葬陋习”入选全国乡村治理典型案例。2020 年,全国共有 54 个案例入选第二批全国乡村治理典型案例。其中,山东省平原县的“党建引领促三治　一星四化谱新篇”等 3 个案例入选。2021 年,全国共有 100 个乡镇、994 个村入选第二批全国示范村镇,38 个案例入选第三批全国乡村治理典型案例。其中,山东省有 5 个乡镇、51 个村入选全国乡村治理示范村镇,临沂市蒙阴县的

① 参见《多部门关于开展乡村治理示范村镇创建工作的通知》,中国政府网 2019 年 7 月 2 日。

“配好‘兵支书’建功乡村‘主战场’”等 3 个案例入选全国乡村治理典型案例。①

同时，各地也创建和遴选了一大批地方乡村治理示范村镇及典型案例。例如，2019 年山东省委农业农村委员会办公室、省农业农村厅会同省委组织部等部门，联合下文启动乡村治理试点和示范村镇创建活动，在遴选推荐国家级示范村镇和典型案例的同时，也认定了一大批省级示范村镇和典型案例。如 2019 年，全省有 6 个乡镇、51 个村（社）被认定为省级乡村治理示范村镇②；2020 年，评选推介了济南市平阴县玫瑰镇王桥村的“‘五桥’联创网格化村级治理惠民生”等 31 个典型案例③；2022 年，评选推介了烟台市蓬莱区的“明晰职责界限　完善管理机制”等 19 个农村宅基地管理典型案例等。④

2.先进典型的类型

2019～2021 年，全国共征集推介了 199 个国家级乡村治理示范镇、1 992 个示范村、112 个典型案例。

---

① 参见《中央农村工作领导小组办公室秘书局　农业农村部办公厅关于推介首批全国乡村治理典型案例的通知》，农业农村部网，2019 年 6 月 4 日；《中央农村工作领导小组办公室　农业农村部　中央宣传部　民政部　司法部关于公布全国乡村治理示范村镇名单的通知》，农业农村部网，2020 年 4 月 12 日；《中央农村工作领导小组办公室秘书局　农业农村部办公厅关于推介第二批全国乡村治理典型案例的通知》，农业农村部网，2020 年 12 月 2 日；《中央农村工作领导小组办公室　农业农村部　中央宣传部　民政部　司法部　国家乡村振兴局关于公布第二批全国乡村治理示范村镇名单的通知》，中国政府网，2021 年 9 月 23 日；《农业农村部办公厅　国家乡村振兴局综合司关于推介第三批全国乡村治理典型案例的通知》，农业农村部网，2021 年 11 月 16 日。

② 参见农业农村部农村合作经济指导司、山东省农业农村厅：《全国乡村治理示范村镇典型经验（山东篇）》，山东科学技术出版社 2020 年版，第 219～432 页。

③ 参见《关于推介 2020 年度乡村治理典型案例的通知》，山东省农业农村厅网，2020 年 12 月 1 日。

④ 参见《关于推介农村宅基地管理典型案例的通知》，山东省农业农村厅网，2022 年 6 月 2 日。

示范村镇尤其示范村，数量多、涉及地区广，各地治理条件和基础各异，面临的突出问题各有不同，创新治理的思路、切入点及路径有一定差异，探索形成的治理样板及经验也各有特色和侧重。但总体来看，这些示范村镇又都聚焦乡村治理中的某个或某些重要领域、关键环节和突出问题，都可归并于某种治理创新类型。概括来看，主要包括加强党组织建设、完善自治制度及深化自治实践、探索共建共治共享治理体制、探索乡村治理与经济社会协调发展机制、探索完善乡村治理组织体系、探索党组织领导的“三治”结合具体路径、创新乡村治理模式方式、完善村级权力监管机制、创新村民议事协商形式、加强文化及现代乡风建设、完善矛盾化解机制、创新智慧化治理手段等类型。

典型案例是在各地遴选推荐基础上精选出来的，涉及的乡村治理领域、环节、问题更加聚焦，特色更加鲜明，归属类型更加明显。第一批的 20 个典型案例可概括为四大类：(1)加强基层组织建设，完善治理体制机制；(2)探索“三治”结合途径，健全治理体系；(3)创新治理方式，提升治理能力；(4)解决突出问题，提升治理效果。第二批的 54 个典型案例可概括为六大类：(1)强化党的建设，加强党对乡村治理的全面领导；(2)发挥农民主体作用，创新村民协商议事形式；(3)创新治理方式，提升治理水平；(4)加强县乡村三级联动，完善基层管理体制；(5)引导多主体参与，建立共建共治共享格局；(6)着力解决突出问题，推进乡村协调发展。第三批的 38 个典型案例可概括为四大类：(1)运用清单制，创新治理方式；(2)强化组织领导，完善治理体制；(3)发挥“三治”作用，健全治理体系；(4)保障民生服务，提升治理能力等。

各地确定的示范村镇及典型案例，也可概括为多种类型。如，山东省 2022 年评选推介的 19 个农村宅基地管理典型案例，可分为管理机制类、需求保障类、使用流转类、巡查监管类四种类型。

(二)先进典型的现实价值

1.示范引领实践

各地立足当地资源和经济社会条件、治理基础、文化传统,深入贯彻党中央决策部署,全面落实习近平总书记系列重要讲话及中央文件精神,突出关键领域、重要环节和紧要问题,瞄准难点、堵点、痛点问题,积极探索,勇闯新路,创建及打造先进典型,取得了显著成效,并形成了可推广的好做法、好经验。既为其他地方积极开展乡村治理创新注入了思想动力和精神激励,也为其他地方乡村治理创新切实取得实效提供了思路参考和经验借鉴,对紧扣时代脉搏、营造创优争先氛围、推动乡村治理创新实践具有重大示范引领意义。

2.探寻治理规律

在各地先进典型的创新实践中,梳理总结乡村治理历史演变及党领导乡村治理的历史经验,深刻认识乡村治理新时代背景及现实需要,把握乡村治理规律和创新发展逻辑方向、重点和途径,对各地准确把握和遵循客观规律、科学推进乡村治理具有重要现实意义。例如,乡村治理多元化是必然趋势,但多元化主体不能"一盘散沙",必须有一个总揽全局、协调各方的权威统领主体,实践证明只有党组织才能成为这样的主体。又如,当前农民群众对民主、法治、公平、正义、安全、环境等有了更高要求,乡村治理必须注重满足这些更高要求等。

3.促进政策完善

各类先进典型,位于乡村治理最前沿,走在乡村治理创新最前列,面对的是亟须破解的难题,探索的是创新引领的方向,创新的是先行先试的举措,也必然会最先遇到政策瓶颈,最先对政策完善提出需求，这种政策需求必然会成为顶层设计的重要依据，从而推动乡村治理改革创新发展政策不断完善。

4.推动理论创新

任何理论的产生与创新都是建立在丰富、生动的实践及其创新基础之上的，脱离这个基础，理论就会成为无源之水、无本之木，成为对实践发展毫无价值的“空中楼阁”。各类先进典型，是在揭示现实本相本质、把握规律趋势、破解现实难题、探索实践创新方向和路径中形成的，体现了实践创新最新进展和成果，为理论创新提供了鲜活素材、生动样本和实践基础。同时，先进典型的创新实践也提出了一些亟须回答的时代课题，为理论创新性研究、创造性回答“时代之问”提出了要求、注入了动力。

二、新时代中国乡村村（社）治理典型个案剖析

（一）三涧溪村“由乱到治”蝶变密码：党建引领村庄治理重在抓实和落细

三涧溪村位于山东省济南市章丘区双山街道，由东涧溪、西涧溪、北涧溪 3 个自然村组成，人口 3 300 多人。[①] 改革开放初期，三涧溪村乘改革开放东风，兴办企业，发展集体经济，成为先进村。但后因各种因素，村班子软弱涣散，人心一盘散沙，村集体债台高筑，村庄环境脏乱差，歪风邪气肆意横行，远近闻名的先进村成了“神仙也治不了”的穷村、乱村。2004 年，高淑贞在担任党支部书记后，挖根源、找思路、出实招，使三涧溪村发生了巨大变化，再次成为令人羡慕的先进村。

党的十八大以来，三涧溪村驶入发展快车道、治理高速路，固

① 参见孟佳：《三涧溪村的蝶变》，《中国纪检监察报》2021 年 7 月 20 日。

本强基、富民强村、有效治理等全面深入展开，尤其党的十九大提出实施乡村振兴战略、2018年6月14日习近平总书记亲临三涧溪村考察，为三涧溪村全面发展注入了新动力，为全面推进村庄善治提供了新航标。全村上下树立新发展理念、开拓新发展思路、创新新发展路径，取得显著发展成就，先后获得“全国乡村治理示范村”“全国民主法治示范村”“全国文明村”“全国平安家庭创建活动先进示范村”“山东省文明村”“山东省景区化村庄”等荣誉称号。

三涧溪村何以实现“由乱到治”的成功蝶变？成功密码就蕴含在其村庄治理实践中：把党建引领村庄治理抓在实处、落到细处。

1.抓准“蝶变”起点：工工整整写好“家”字头上那一“点”

三涧溪村有个醒目的“家”字雕塑，“家”字头上的那一“点”，被三涧溪人比喻为党组织。这个形象比喻被习近平总书记称赞“这个释义得好”。三涧溪村实现“由乱到治”成功蝶变，就是从写好“家”字头上那一“点”，即扎实抓好党组织建设开始的。

(1)加强党组织制度和体系建设。不断完善“三会一课”、主题党日、党风廉政建设、学习培训和宣传、联系服务群众、党员干部发展培养等制度。同时，根据发展需要，2016年成立了个体私营企业、青年创业、康养服务三个党支部，村党支部升格为党总支，2019年又成立了物业管理、古村旅游两个党支部，村党总支升格为村党委，党组织全面领导的网络体系日益织密。

(2)深入开展党组织主题专题活动。先后开展了“党旗飘飘映四邻，四邻联动党放心”“亮党员身份，接受群众监督”“创先争优当先锋，三涧党员在行动”“直包到户，贴心服务”等主题专题活动，实施了“五个一工程”，即“一面旗帜”带动群众、“一线通”连接群众、“一张卡”便利群众、“一支队伍”服务群众、“一个职介所”致富群众。群众需要什么，党组织就在什么方面下功夫、想办法，千方百计为群众排忧解难,把广大群众紧紧团结在党组织周围。

(3)发挥党员先锋模范作用。全村党员的座右铭是“党的人干党的事是本分;冲得上打得赢是天职;让老百姓满意是责任”。党组织书记高淑贞率先垂范,为了群众的事,不怕跑断腿、磨破嘴,遇事不退缩、不绕道,谋事有基、成事有道,切实发挥了“头雁”作用。在高淑贞的带动下,所有党员凡事冲在前、走在先:整治环境,党员带头整改;发展新产业,党员先行先试;移风易俗,党员家庭带头;为民服务,党员尽职尽责;面对新冠肺炎疫情,党员冲在一线。党员先锋形象树起来了,党员身份擦亮了,党组织威信及战斗堡垒作用增强了。

2.突出“蝶变”重点:党组织始终把改善民生放在心上,把转变村风落到实处

村党组织始终把改善群众生产生活条件、解决群众急难愁盼问题、建设文明家风村风作为治理重点,让群众有更多获得感、幸福感和安全感。

(1)改善生产生活条件,解决急难愁盼问题。开展人居环境整治,完善水电路医学等基础设施,开展村庄净化、绿化、美化、亮化行动,实施旧村改造等建设项目,并分批建设安置房,让村民住上新楼房。针对困难户、留守家庭等,建立长效关怀机制,建立党员干部联系群众制度,组建党员志愿服务队,开通 24 小时服务热线,第一时间解决群众困难。成立“五老”调解队伍,及时化解矛盾纠纷。民生改善使群众幸福感显著增强,党组织凝聚力也因此得到提高。

(2)打造良好家风、淳朴民风和文明村风。要求党员在良好家风养成上作表率,对党员实行“家庭捆绑式考核”,把党员家属表现列入党员个人积分。鼓励村民“建家、利家、学家、创家”,以“小家”

和谐促“大家”繁荣。把诚实守信、尊老爱幼、团结互助、移风易俗等写入村规民约并建立奖惩制度。建设新时代文明实践站，开展文明实践活动。成立庄户剧团、秧歌队、老年戏曲艺术队，开展丰富多彩文化活动。开展“平安家庭”创建、“五好家庭”评选等活动。通过家风民风村风打造，实现了“六个不见”，即不见薄养厚葬、不见披麻戴孝、不见大操大办、不见奢侈浪费、不见互相攀比、不见赌毒黑恶。

3.夯实“蝶变”支撑：产业发展点出现在哪，党组织就延伸到哪

三涧溪村把产业发展作为村庄治理的基础支撑，把党建引领作为产业发展的重要保障。

(1)挖掘优势，发展产业，推动三产融合。挖掘和发挥地理区位、文化底蕴、良好生态、自然资源等优势，规划“北农南工中旅”产业发展布局，划分原乡古村、风情美食、高效农业、乡村创客、康养乡居等功能区，大力发展特色农业、农产品加工、乡村旅游、民宿康养、物流、商贸、餐饮等产业，并以产业园、合作社、古村游为纽带，推动三产融合发展。

(2)推动“三变”，发展合作社，实现利益共享。推进集体产权制度改革，吸引国有资本、社会资本投资，鼓励农民以土地等资源入股，推行资源变资产、资金变股金、农民变股东改革，成立村集体经济股份合作社及绿涧生态农业、巾帼商贸、古村旅游等合作社，盘活村庄土地等资源，推动村内外资源整合和产业发展，农民、村集体、企业等共享发展收益。2021年，村集体资产超2亿元，村集体收入突破600万元，村人均年收入超3万元。[①]

(3)把支部建在产业上，坚持党建引领产业发展。创造性提出

① 参见赵炜等：《山东省济南市章丘区三涧溪村——善用“三大法宝”日子越过越好》，《农民日报》2022年4月12日。

"把支部建在产业上",五个产业党支部书记均由合作社或企业负责人担任,确保党对产业发展的全面领导。

4.强化"蝶变"保证:党建引领"三治合一"

三涧溪村积极探索党建引领下的"三治合一"治理体系,推动村庄善治。

(1)以自治为基,完善治理机制。制定和落实村规民约,让村庄治理有章可循。实行"五步议事法",即"支部提议—'两委'商议—党员大会审议—上级党委政府审核—村民(代表)会议决议",让村级决策规范科学。实行党务、村务、财务"三公开",让村庄治理阳光透明。创新民主协商形式,提高村民参与治理积极性。

(2)以法治为本,追求治理更高目标。成立村司法行政工作室,聘请法律顾问,提供法律服务,把法律公共服务延伸到村。培育"法治带头人",打造法治文化公园、法治一条街、法治橱窗等法治宣传及法治文化活动阵地,培育法治信仰。打造"党建引领、网络覆盖、依法调处"矛盾纠纷排查化解新模式,构建社会综治新体系。

(3)以德治为先,提升现代文明水平。打造新时代文明实践站,成立文化团体,开展文化活动,提升村民文明素质。开展村民道德教育,推动移风易俗等落地见效。开展党组织主题专题活动及"五好家庭"等评选活动,以党风带家风、以家风转民风、以民风促村风,推动形成文明村风。

(二)三涧溪村的经验启示

1.党建引领基层治理,在落实落细上狠下功夫

三涧溪村成功实现治理蝶变的关键在于,把党建引领基层治理落实落细到各方面、全过程。因此,坚持党建引领基层治理,不能停留在会议上、文件上,更不能停留在口头上,要贯穿到党组织

自身建设、自治组织和制度建设、体制机制改革、自治活动开展、文化和思想道德建设、民生保障和改善、治理模式方式创新等各方面、全过程，实现党组织和党组织工作全覆盖，尤其要健全党组织领导制度和工作体系，明确责任，完善机制，创新方式方法，让党组织在基层治理中的领导核心作用真落地、见实效。

2.党建引领基层治理，“头雁”是关键

三涧溪村成功治理实践表明，发挥党建引领作用，党组织书记是关键。因此，坚持党建引领基层治理，必须选优配强“头雁”，把政治强、敢担当、善治理的优秀人才选配为党组织书记，加强“头雁”培训，打造“头雁队伍”，发挥“头雁效应”。基层党组织书记也要不断加强党性锻炼、政治学习及能力培训，既要政治过硬又要能力卓越，既要干事又要干净，既要善于创新又要坚守底线，既要敢于动真碰硬又要讲究方式方法，真正成为带领“群雁”齐飞的“头雁”。

3.党建引领基层治理，必须胸怀国之大家、落脚千万小家

三涧溪村构建“家”字形治理体系，深刻诠释了基层治理的新时代内涵，秉持了“家是最小国，国是千万家”理念，体现了浓浓的家国情怀，取得了显著治理成效。因此，坚持党建引领基层治理，必须胸怀国之大家，立足国家治理战略需要，提高基层治理效能，厚植国家治理体系和治理能力现代化根基；同时，要心怀千万小家，把党建引领基层治理落脚到回应群众诉求、解决群众急难愁盼问题、满足群众美好生活期待上。以国家繁荣发展为保障，以千万家庭幸福为支撑，实现国之大家与千万小家的融合统一，充分彰显党建引领基层治理的时代价值。

4.党建引领基层治理，要统筹做好发展、建设、治理有机结合“大文章”

三涧溪村坚持系统思维和统筹观念，以党建为引领，以产业发

展为支撑，以打造“三治合一”治理体系为手段，把村庄发展、建设与治理有机结合起来，使村庄治理行稳致远。因此，坚持党建引领基层治理，不能把治理与发展、建设割裂开来，必须树立“大治理”理念，系统谋划、科学规划，统筹做好基层经济社会发展、基础设施建设和公共服务供给、治理体系和治理能力建设等工作，把三者做成相互协调、互为促进的一篇“大文章”，开创充满发展活力、展现现代风貌、和谐安定有序的现代基层治理新局面。

参考文献

[1]《习近平关于“三农”工作论述摘编》，中央文献出版社 2019 年版。

[2]《中办国办印发〈指导意见〉加强和改进乡村治理》，《人民日报》2019 年 6 月 24 日。

[3]那非丁：《三涧溪：古老乡村的振兴之路》，《求是》2019 年第 12 期。

[4]段婷婷：《“幸福三涧溪，永远跟党走”》，《大众日报》2022 年 7 月 4 日。

第十五章　国外基层治理经验借鉴

总体而言，国外基层治理的概念、体系与模式等与国内相关内容指向存在较大差异。这主要源于两者在政治体制、文化传承以及思想理念等诸多方面的不同。国外虽然并不存在基层治理的概念和提法，但是关于城市社区和农村的治理经验对于中国基层治理现代化也具有一定的借鉴价值。

第一节　国外基层治理的模式与做法

国外基层治理主要包括城市社区治理和农村治理。

一、国外基层治理的模式演变

（一）国外基层治理的传统模式

国外传统的基层治理模式主要表现为“城乡—外围”式发展模式。20 世纪 20 年代以后，该发展模式长期占据主导地位。这一模式将注意力和资源集中在城乡发展“核心”区域（即城市和创新热点)上,外围区域要么"落在后面",要么被置于滴流经济学[①]的错误一边。进入21世纪以后,"核心一外围"的逻辑仍然是城市区域发展模式的基础,资源等集中于城市,城市支持农村腹地。[②]

从城市社区治理实践来看,城市社区发展的内在驱动力植根于社会发展中大量存在的各类社会问题的纾解需求。在工业化革命早期,欧洲国家解决社会问题的主要方式有社区成员自助及互助、增进社会福祉、提供更加完备的基础设施等。20世纪初,欧美国家将社区成员的自助和互助精神纳入社区发展规划中,旨在营造融合有序的社区生活条件。20世纪中期,经济萧条、失业等社会问题因战后千疮百孔的经济社会现状成为社区治理的重点任务,政府作用的有限性难以解决社会发展面临的各类问题,社区管理和建设因而成为社会发展的优先事项。

从乡村治理的维度看,国外治理模式呈现出明显的差异化。地缘不同导致乡村治理的侧重点有所不同,例如,东亚乡村治理模式可能关注乡村振兴,缩小城乡差异;西欧乡村治理模式可能会更加重视生态环境保护以及文化传承;北美地区的乡村治理将目光聚焦在城乡一体化发展以及政治经济均衡方面。(见表15-1)

---

① 即trickle-down economics,又译为滴流经济学、渗滴式经济学、滴漏经济学,源于美国的经济术语,用于讽刺给富人减税可惠及穷人的主张(如雷根经济学、供给面学派与自由市场)。该主张认为政府对富人阶级减税与提供经济上的优待政策,可改善经济整体,最终会使社会中的贫困阶层人民也得到生活上的改善。该主张反对以征税手段来减少社会中的贫富差距,也往往反对对贫穷阶层进行社会救助。

② Rombach, M. P., et al., *Core-periphery structure in networks*. SIAM Journal on Applied mathematics, 2014.74(1): pp.167-190.

表 15-1 国外基层治理的模式图谱

分类	分类依据	模式及典型代表	主要特征
模式一	治理行为所处的地域	东亚模式：日本的造村运动、韩国的新村运动	缩小城乡差距、振兴乡村发展
		西欧模式：德国的村庄更新、荷兰的农地整理、瑞士的乡村建设、法国的农村改革	注重乡村的生态环境、景观保护以及文化条件等方面
		北美模式：美国的乡村小城镇建设、加拿大的农村协作伙伴	提倡城乡一体化，追求城市和农村的经济、政治平衡发展
模式二	乡村治理行为个性	平行模式：德国	强调城市和乡村发展同等重要性，努力促进城市抑或是农村一、二、三产业的融合发展
		两栖模式：日本	强调人们在城市和乡村之间可以自由选择栖息地，比如工作日在城市、周末在农村
		过渡模式：美国、法国、韩国	介于以上平行模式和两栖模式之间

续表

分类	分类依据	模式及典型代表	主要特征
模式三	多中心治理理论视角下参与主体的行为逻辑	因地制宜型:日本造村运动	以挖掘本地资源、尊重地方特色为典型特点,通过因地制宜地利用乡村资源来发展和推动农村建设,实现农村可持续性繁荣
		自主协同型:韩国新村运动	以创造低成本推动农村跨越式发展,通过政府支持与农民自主发展相配合共同实现乡村治理的目标
		循序渐进型:德国村庄更新	政府通过制度层面的法律法规调整,对农村改革进行规范和引导,逐渐将乡村推向发展与繁荣
		精简集约型:荷兰农地整理	通过整合农村资源,充分发挥地区优势,促进农村社会的和谐发展
		生态环境型:瑞士乡村建设	通过营造优美的环境、特色乡村风光以及便利交通设施来实现农村社会的增值发展
		综合发展型:法国农村改革	以满足农村现代化需求为核心,通过农村建设的集中化、专业化以及大型化方式,推动乡村综合发展
		城乡共生型:美国乡村小城镇建设	通过城市带动农村、城乡一体化发展等策略来推动乡村社会的发展,最终实现工业与农业、城市与农村的双赢局面

续表

分类	分类依据	模式及典型代表	主要特征
模式四	地理空间中心集散程度	“城乡—外围”式发展模式：中心化	资源与关注集中在“核心”区域
		分布式发展模式：去中心化	多中心共同发展，强调资源分布的均等化

传统的基层治理模式在特定的社会历史时期发挥了重要的作用，推进了城乡一体化发展，促进了基础设施建设均等化，提升了基层公共服务水平，有助于引导基层民众参与公共管理的实践。但基层治理的传统模式也逐渐显现出与时代发展相比的滞后性，比如缺乏适当的工具或机制来改善民众参与，无法真正确保问责制的实施，不能公开透明实施基层治理效能的检测和评估，无法取得基层治理主体的信任等。另外，由于政府机构的政策注意力和货币预算都指向了最具竞争力的中心地区（一般为城市），许多农村地区则出现了相反的发展趋势，导致了农村持续的边缘化，医疗卫生、道路、灌溉等基础设施以及宽带网络、公共交通、商业支持、社会救助、儿童护理、精神健康等服务无法满足基层民众的实际需求。

（二）国外基层治理的现代模式

进入20世纪中后期，经过长期的社会实践，国外基层治理中较为先进的模式开始关注社会福利制度的均等化和基层公共事务自治化等问题，试图在最大限度上增进基层服务工作的质量和效益，主要表现为在基层治理过程中强化多元主体的主人翁意识，维系良好的社区单元及家庭关系，鼓励基层（城市社区和乡村）居民积极参与社会政治意见表达，培养基层民众科学参与社会政治生活的能力，并通过立法的手段确保基层组织的高度自治。国外基层治理的现代模式，是对传统模式的修正甚至是颠覆，集中体现为如下三种类型：

1.分散式(分布式)治理模式

基层治理中的分散式发展模式主要基于地方分权(decentralisation)这一概念。“地方分权”指的是一种权力下放的过程，即将战略决策和货币预算转移到区域政府机构中。“自下而上”的政策倡议、分散和社区驱动的方法被很多国外决策者和学术界视为对地方性发展特别是农村发展更为有益的方式，尤其是在从上级政府机构或决策层获得财政、制度和政治支持的情况下。这一模式还包括赋予农村社区更多权力，使其能够参与制定和实施发展政策，并自主管理自己的预算、优先事项和服务。

从理论上讲，分散的农村治理赋予了农村地区决定自身未来的自主权、能力和资源。[①] 然而，虽然某些权力下放的努力取得了有益结果，但更多的努力则充满了现实困难，在多主体参与中只实现了部分象征性的参与形式，如协商或安抚。因此，分散式发展模式的真正的挑战是在农村社区发展中如何设计适当的分散形式，以帮助实现去中心的预期好处。

分散式治理是基于区块链技术的创新基层治理模式，这种模式使得资源均衡、主体自治的分散式发展成为可能。区块链技术使相互不了解或不信任的参与者网络能够就共享管理的状态达成一致，而无需依靠人为干预、中心控制点或监管监督。在实施该模式之前，重要的是确保满足若干标准，其中一些要素对于农村地区更将具有挑战性：充足的数字基础设施(硬件和稳定/快速的互联

---

① Rodríguez-Pose, A. and N. Gill, *The global trend towards devolution and its implications in Economy*, Routledge.2017, pp.517-535.

网连接)、运营商的充分培训(无论是非政府组织还是区域发展机构)、社区的充分支持(就如何参与以及为什么重要而言)和政府的充分支持。目前来看,这种分散式的治理所采用的区块链技术经历了三个发展阶段。[①] 第一代区块链技术提供了对等交易系统,其中最成功的是比特币。这一技术允许各方通过钱包地址系统以安全、无信任和无许可的方式进行交易。第二代区块链主要通过两项创新带来了更多的功能。首先,"智能合约",这是在区块链上验证和执行的自主合约。这些协议允许双方在不必相互信任的情况下签订合同协议。例如,房屋的合法契据可以添加到合同中,在约定金额的款项签订合同并随后交付给卖方之前,该合同不能发放给买方。另一项创新是分散应用程序(DAPP)。这些是提供工具的软件,如分散式交易所、抵押贷款和艺术品市场。第三代区块链开始出现,它承诺治理系统化、更大的可扩展性和进一步的实用性,包括提供数字身份。随着区块链技术的成熟,有人提出第四代将结合人工智能和算法管理。[②]

毫无疑问,在分散式治理中应用区块链技术将有利于提高治理水平和效能。在部分国家,许多农村地区贫困程度很高,居民无法进入金融系统(如银行账户、保险单、贷款等),区块链提供了在不需要银行的情况下供给金融服务的机会,这称之为分散金融。事实证明,小额融资对支持农村初创微型企业非常有益,这在斯里兰卡得到了充分的证明。在基层治理实践中,基于区块链技术的分散式治理具有透明、防篡改的能力——所有这些都可以使治理

---

① Akram, S.V., et al., *Adoption of blockchain technology in various realms: Opportunities and challenges*. Security and Privacy, 2020. 3(5): p.e109.

② I. Merrell, *Blockchain for decentralized rural development and governance*, Blockchain: Research and Applications (2022), DOI: https://doi.org/10.1016/j.bcra.2022.100086.

更加公开、负责和参与化。区块链在治理系统中可以具有三个重要功能：跟踪（资源、社区成员贡献和数据）、管理（决策和评估成就）和谈判（通过投票机制达成共识）。区块链被视为通过消除机会主义行为和建立各方之间的信任，促进治理过程中更大合作与协调的有效手段。

2.新内生治理模式

2008 年的全球金融危机因新自由主义紧缩政策而加剧，引发了农村社会经济倒退，并呈现出不同的差异化表现，同时引发了整个欧盟（EU）的农村边缘化和社会分割。基于地域治理视角，新内生农村发展模式旨在通过将内生动力与外生动力、自下而上与自上而下的发展方法联系起来，解决农村边缘化问题。因此，新内生议程的首要目标是提升体制和治理环境。这一治理目标的成功转换有赖于社会治理的创新，通过创新的制度化来突破农村边缘化发展的困境。基层社会治理创新被认为是在制度治理体系内实现新内生农村发展的手段，它取代了传统的政府结构，使社会治理特别是基层治理建立在了自力更生的利益相关者的基础上。

新内生性农村发展观[①]是对边缘化地区长期缺乏外源性体制干预，对全球化、移民增加的体制背景，对具体内生性举措效率低下、城市化和金融危机的回应。新内生模型将农村发展视为立足当地但面向外部的发展。但与此同时，这一发展观重新强调外部压力的重要性，并将农村发展视为“上述来源和中间水平来源与地方水平相互作用的各种组合”的综合结果。换言之，此发展模式更关注的是所谓的“额外局部”因素。总体来说，只有在建立、支持和鼓励社会创新发展的基础上，基于新内生战略的农村发展才能成功。

① Ray, C., Culture Economies. Centre for Rural Economy, Newcastle University, Newcastle, 2001.

3.反中心化治理模式

过去50年来，城市化一直是基层治理的主导趋势。然而，在农村地区迅速老龄化和人口持续性输出并大幅减少的背景下，有关基层治理的研究开始关注到一个新的发展模式，即反中心化发展。从世界范围内来看，这一变化主要发生在日本、英国、美国和欧洲的反城市化治理实践中。一个区域活力创造小组（the Regional Vitality Creation Group，简称MIC）的一份报告①显示，迁往过疏地区（kaso chiiki）②的大多数城市居民来自日本的三大城市群，即东京、大阪和名古屋地区。

城市中心化的发展模式根源于前期工业时代浪漫主义的发展观点。当第五次工业革命的浪潮席卷全球时，传统的农村话语可能与发展愿望背道而驰，尤其是当更多的精英群体发现自己身处“乡村”环境中，被认为履行着与大都市相反的职能时③，反城市化以及反中心化的基层治理模式成为新的选择趋势。

2019年，日本内阁办公室鼓励反城市流动，并将其作为日本农村发展政策和举措的重要组成部分。日本政府将鼓励人们进入农村地区作为解决人口减少、日本农村人口老龄化和相关疾病等问题的关键手段。按照东京都政府提供的相关数据，新冠肺炎大流行导致东京的向外移民首次多于向内移民。日本政府迅速采取行动，将提供统一性的拨款，对可以采用线上工作的个人或公司，支持他们向农村地区迁移工作。这些拨款和新冠肺炎大流行，再加

---

① Klien, S., “*The young, the stupid, and the outsiders*”: Urban migrants as heterotopic selves in post-growth Japan. Asian Anthropology, 2022, 21(1), pp.10-23.

② kaso chiiki，日语，汉语可翻译为过疏地域或过疏地区。

③ Luke Dilley, Menelaos Gkartzios, Tokumi Odagiri, *Developing counterurbanisation: Making sense of rural mobility and governance in Japan*. Habitat International, Available online 30 May 2022. https://doi.org/10.1016/j.habitatint.2022.102595

上更广泛的支持反城市化的流动政策，是否会引发广泛的居住意愿的调整从而推动日本城市的长期非集中化？这是未来基层治理需要持续关注的问题。

二、国外基层治理的典型做法

（一）国外基层治理的传统做法

1.瑞士新乡村发展中的基层治理

瑞士政府的乡村治理具有典型的欧洲特色，更加充分地考虑到生态环境对于宜居乡村发展的重要性。瑞士的乡村治理充分将自然风光与交通基础设施的规划建设作为一个整体，融合到乡村发展中，为农村地区的发展注入新的活力和动力，开发出新的发展潜能。伴随工业化和城市化的发展，农村和农民人数减少带来的各种伴生问题同样困扰了瑞士农村的发展。在此情况下，瑞士将农村发展重新定位于国家整体发展战略的重要组成部分，积极发挥政府作用，采取多样化的政策措施推动农村地区的现代化发展。瑞士政府会给农民提供商业性贷款，为农业发放资金补助，帮助农民改善居住环境。政府多方筹措资金，积极修建学校、医院、天然气管道、交通设施等基础性设施，完善公共服务体系，缩小城乡差异，实现城乡一体化和均衡化发展。在瑞士乡村治理的实践中，有一点极为重要，那就是生态文明与社会发展以及经济价值相结合，突出绿色环保的理念。这种强调生态文明的治理模式多见于工业化程度较高的国家和地区。

2.荷兰精简集约的基层治理

荷兰国土面积较小，乡村可开发资源有限，但是荷兰政府采取了整合治理的模式，充分挖掘农村资源和地区优势，在乡村治理中取得了较好的成果。在20世纪50年代，荷兰政府陆续通过了一系列有关农村治理的法律法规，比如《土地整理法》侧重于明确政府在乡村治理中的各项职责和乡村发展的基本策略，《空间规划法》则详细规定了农地整理的相关规范，要求土地使用必须符合法律条文。1970 年以后，荷兰政府制定了更加合理有效的土地管理规划，保证农地经营的完整性，避免了农地使用中的碎片化。荷兰的农地整理运动具有明显的阶段性和变迁性，从单一强调农业和农村发展到多目标共建，比如提高自然景观质量、推动乡村旅游业与服务业发展等。荷兰的农地整理运动让荷兰乡村和农业发展有了显著提升，自然景观优美，生态环境良好，农民生活质量大幅提高。荷兰的基层治理实践是多重战略目标合理规划并顺利达成的典范。

3.韩国的新村运动

韩国的新村运动有其独特的地域和文化色彩。韩国乡村治理的路径不同于其他国家，主要表现为政府和农民发展的有机结合。新村运动之前的韩国，重点发展工业经济，资源向城市集中，导致农村地区发展滞后，农村人口外流，贫富两极分化，社会问题层出不穷。韩国政府在 20 世纪 70 年代推动的“勤勉、自助、协同”的新村运动，旨在解决城乡差异、推动乡村发展、增加农民收入，这种自主协同型的基层治理方式、发展策略更加精准更加科学。首先，加大农村基础设施建设，兴建公共交通道路，更新各种管网，改善农村村居环境，提升农民生活质量。其次，推广新技术应用，改善农业生产方式，增加经济类种植作物，建设专业化的农产品深加工基地，推动农民增产增收。“农户副业企业”计划、“新村工厂”计划以及“农村工业园区”计划，都极大提高了地方农村经济的发展和农民可支配收入。再次，积极培育和发展各种类型的农民互助合作组织，利用农协指导和服务农民的生产经营活动，促进城乡共赢及均衡化发展。同时，建立村民会馆，开展农村文化互动，鼓励农民积极参与，加大乡土文化的传承力度。最后，普及文化知识，开展国民精神教育活动，提高农民自治水平和能力。

4.美国城乡共融的基层治理

美国政府注重以城带乡，利用城市优势资源协助乡村治理，不断缩小城乡之间发展差距，逐步形成一种城乡共融型的基层治理体制，其主要措施如下：

(1)建立美国特色的城乡共融型的小城镇乡村治理模式。美国地广人稀，农民数量较少，人均占有土地数量较大，同时由于美国农业产业成熟和农民收入高等因素，小城镇模式成为美国乡村治理的最佳载体。小城镇是美国的最低行政建制，是独具美国特色的乡村承载形式。小城镇的行政机构精简高效，主要分为议事机构和执行机构两部分，充分尊重民意并且实行高度自治。美国农村放弃代理与委托制度，村民权利平等并且共同参与乡镇重大事务的决策，村民的共同决策被视为有最大效力和最高公信力。小城镇的优美自然风光、放松的生活节奏以及较高的生活质量吸引大量城市居民“返乡”，由城市向乡村迁移的“人口返流”有力促进城市周边地区的乡村经济发展，显著缩小城乡发展差距，从而形成城乡融合的和谐发展局面。

(2)以农民利益为核心的农户合作组织在乡村治理过程中为农户发声。美国大部分家庭农场主都会参与农户互助合作组织，美国的民间农业合作组织在维护农户利益方面和参与乡村治理方面发挥着巨大作用。加入农户互助组织是完全自愿的，不改变农户财产所有权和经营权，这使得农户在加入合作组织的情况下能够保障个体权利的独立性。农户互助合作组织能够巧妙地规避小农户的弱势性和分散性，把农民的力量结合起来，集中性地发现和总结问题并且凝聚农民的智慧来解决问题。农户合作互助组织可以充分发挥农民集中性的力量，增加农户合作组织与政府管理机构的协商和沟通，针对乡村规划建设、法案条令设定等与农户利益密切相关的乡村公共事务进行讨论，有效减少农民与政府的沟通障碍。注重建设代表农民利益的乡村农民合作组织，为传统的乡村治理体系赋予新的活力，显著增强农民对乡村治理的参与感和责任感。

(3)以《美国农业法案》和《纽约乡村法》为代表的美国乡村法案和立法体系指导乡村规划及其治理。《美国农业法案》注重保障农民的生存权利和改善农民的生活质量，致力于为每位农民提供均等的社会服务和福利保障。此外，完善的农村公共设施是建设乡村治理体系的基础条件，也是提高乡村治理水平的重要体现。《纽约乡村法》是美国乡村立法的典型代表，体现美国乡村以自主立法为主、以中央宪法条令为补充的立法体系。美国乡村自主立法树立村民高度自治为主的立法理念，通过立法确立乡村的议事制度和行政制度、乡村整体规划布局、公共管理及服务、财政税收预算和惩戒制度等内容。以"法治"方式设立规则制度，使得村民有法可依，有法必依，按照乡村立法肩负起各自的责任，自主投入乡村治理中，形成良好的乡村自治管理模式。

(二)国外基层治理的创新性做法

以美国、欧美地区的社会治理创新为蓝本，可以看到国外基层治理在新时代更加倾向于社会化的共享性的创新和发展。

1.欧盟的农村经济发展联络中心(LEADER)计划

在欧盟，新内生农村发展和社会创新的发展议程主要体现在农村经济发展联络中心(the Liaison entre actions de développement de *l'économie rurale*，简称 LEADER）计划中。[①] 20 世纪 90 年代初，LEADER 计划形成基本概念，并在部分乡村地区进行了实践。作为欧盟结构政策的金融工具，LEADER 计划给农村地区带来了越来越多的政策关注。

该计划最初仅是一项社区倡议，目前已成为欧盟农村发展政策的主要体现。该计划采用自下而上的方法改善地方区域治理，培养区域发展能力，并成为触发新内生社会经济发展模式的主要工具。LEADER 计划在 2007～2013 年欧盟规划期间被纳入农村发展计划（Rural Development Programmes，简称 RDP），以提高其知名度和增强重要性，这一阶段被广泛称之为“主流化时期”。

地方行动小组（The Local Action Groups，简称 LAG）是 LEADER 计划的执行机构，用以制定并确保农村发展战略的实施。在决策层面，LAG 负责召集公共和私营部门的利益相关者，确保私人合作伙伴和协会至少占利益相关者的 50%。从这个意义上讲，在农村发展领域内，LAG 形成了超越国家治理的集群。在 2014～2020 年规划期间，该计划已扩展为社区引领地方发展（Community-Led Local Development，简称 CLLD）的 LEADER 计划。CLLD 的目标是“超越 LEADER 计划，成为解决公共政策中更广泛干预领域的有效路径”。

这一计划典型实施案例是缪尔维特尔。这是位于奥地利的一个地区，属于上奥地利州，州首府林茨位于多瑙河以北，距离奥地利首都维也纳 184 公里。自 20 世纪 90 年代以来，缪尔维特尔地区

① Dax，T.，Strahl，W.，Kirwan，J.，Maye，D.，*The Leader programme* 2007-2013：*enabling or disabling social innovation and neo-endogenous development*？*Insights from Austria and Ireland*. European Urban and Regional Studies，2016，23 (1)，56-68.

经历了一个成功的新内生农村发展阶段。[①] 在此过程中，地域性特征尤为重要，因为它们使该地区的政策制定从重农业转向休闲旅游，该地区的发展建立在慕尼黑、维也纳和布拉格这三个富裕都市中心的十字路口上。在"互不对抗、互不毗邻、只彼此合作"的标志性旗帜下，该区域所属的下一级地方市长们共同发起了一项倡议，倡导并鼓励公民与市政当局共同努力。在此期间发起的参与性网络治理将协会、分散的倡议和民间社会合并为一个协调一致的治理网络。这种治理关系的调整将地方机构嵌入治理网络中，并建立起基于区域发展的伙伴关系，从而开发了包括著名的约翰·斯威格徒步之路等在内的诸多包容性项目。

除此之外，地方发展将旅游业和农业紧密关联并形成新的中心轴。围绕着这一中心轴，整个缪尔维特尔地区建立起网络和治理伙伴关系。有机农业一直是其主要发展目标之一。对农业旅游业的重点关注成为奥地利的政治优先事项，从最高的联邦州级到最低的地区合作伙伴关系都在推广。通过这种方式，扩大的治理空间提供了在每个城市都无法单独获得的资源和社会基础设施，并在整个区域实现了大范围的创新性发展。

在整个缪尔维特尔地区 LAGs 的组织环境中，各个机构的凝聚力非常高，成员之间的信任程度高，机构的道德规范和价值观共享性强，规定的责任具体而翔实。基于扩展的共治网络、机构内部强大的社会约束以及高度的组织稳定性，实现了活跃度较高的社会治理创新。

---

① Chatzichristos Georgios，Hennebry Barraí，*Social innovation in rural governance：A comparative case study across the marginalised rural EU*. Journal of Rural Studies，https://doi.org/10.1016/j.jrurstud.2021.06.004

2.英格兰的“邻里计划”

英格兰“邻里计划”的主要运作机制是分散的自治组织(Decentralised Autonomous Organisations,简称DAOs)。[①] 权力下放治理的一个最新趋势是“参与式规划”——这是一种赋予公民权利,让其参与社区未来发展决策过程的手段。英格兰的“邻里计划”就是一个真实的案例。“邻里计划”被设想为一种参与式规划机制,邻里可以据此决定正在建造的新房数量、地点以及价格范围。

信息技术和区块链技术可以提供跟踪、管理和谈判工具。这不仅可以使过程更加透明,还可以激励公民参与。新的参与式规划倡议可以建立一个分散的自治组织(DAO)来管理该过程。邻里(或该社区的代表)可以对DAO提出的各种提案进行投票。例如:您希望在您的社区进行哪种类型的开发?您不愿意拥有什么?您需要哪些公共服务?支付意愿调查等。投票也可以在地图上进行,在地图上可以投票确定新开发项目的位置,包括街区、街道、建筑物或空地。可以提出预算并投票表决。投票可以是匿名的,也可以是公开的,这取决于主题的敏感性。最初可以举行公开会议讨论重要提案并制定总体战略,但更详细的细节可以使用移动应用程序或类似程序进行投票。这避免了导致“参与者疲劳”的官僚主义水平问题(即参与者在过程中被剥夺了权利,主要是由于官僚主义程度过高),并允许公民根据自己的时间表和承诺对提案进行投票。还可以通过应用程序提供进行知情投票所需的所有信息,从而克服治理过程中的信息不对称现象。

---

① Brownill, S. and Q. Bradley, *Localism and Neighbourhood Planning: Power to the people?* Policy Press. 2017.

第二节　国外基层治理的经验借鉴

"他山之石，可以攻玉。"国外城乡中伙伴关系的形成与实施、基层社区参与和规划等，都对我国的基层治理具有一定的借鉴意义。

(一)基层治理中的重整和综合机制

重整机制是一种将现有资源打乱重组以发挥整体功能的机制，它并不否定部分的功能性，但更注重整体的协调性。德国是重整机制的突出代表。德国乡村重整(Village renewal)因被视作乡村社区加强能力的工具而受到热烈欢迎。这种工具性使用在1977年被正式提上政策议程。在20世纪70年代以前，它以另外一种形式存在，即所谓的"推倒重建"(Dorfsanierung)。推倒重建就是整个乡村的中心区域为了发展而连根拔除，尤其是拥挤的村庄；而乡村重整因乡村人口的骤降以及乡村组织和功能的改变而起，它不同于早期的乡村推倒重建，更看重的是促使乡村更好地适应现代化建设需要，而不是任意推翻它。韩国就是个很好例子。韩国的"新村运动"因改善农村基本生活条件与改变落后农民意识而起，从乡村向全国城市蔓延，但是后来迫于城镇化程度较低，过早关注农村发展会导致政府负担过重，继而转变了治理方式，即由"政府主导"变为"农民主导、政府支援"，其间蕴含着乡村重整的影子。

综合机制是一种摆脱过去单独依靠一种力量来谋求发展的模式，它并不否定线性的功能性，但更注重非线性的灵活性。日本是综合机制的突出代表。第二次世界大战后，日本政府为了提升社会发展速度，制定了一套城市偏向的政策，专注于发展城市工业，结果导致了日本农村的凋敝。为了振兴农村,平松守彦率先在全国发起了“立足乡土、自立自主、面向未来”的著名造村运动,又称“一村一品”。其实质是日本政府根据本国地形特点,因地制宜地实施以龙头产业为先导、以保护地方民俗文化为特色的新型乡村综合发展模式。法国则从推进农业现代化、提高农村生产力开始,到推进各大省区个性化、特色化农业发展,再到发展旅游业、提倡“卓越乡村”建设,最后在“国家—大区—省—地方”不同层面建成了涵盖经济、交通、文化、教育等不同侧面的立体调控体系,带有极强的综合机制的色彩。

(二)治理主体的多元开发与有效参与

格里·斯托克在《作为理论的治理:五个论点》一文中提出,治理的主体是出自政府但又不限于政府的社会公共机构和行为者。盖伊·彼得斯在《政府未来的治理模式》一书中也曾指出,公众参与治理可以帮助政府实现行动合法化。例如,美国农业部农村商业和合作社发展局积极引导农村合作社发展并组织农场主参与农村治理,为农村合作社提供贷款、贷款担保、技术支持和培训等。同时,借助多种渠道吸引精英人士回流乡村创新创业,带动农民的自治能力。日本在逆城市化发展中,同样采取了各类措施吸引外流的农村精英返回农村发展,参与农村治理。

城市基层治理主体也出现多元化发展的趋势,各类社会组织参与治理的通道被拓展,民众被允许加入治理主体中并发挥积极作用。在日本的社区治理中,“町内会”(与我国的居委会作用类似)是社区居民参与治理的组织形式,也是社区居民自发成立的。在这种治理模式下,社区居民可以通过投票、监督、诉讼制度获得更多主导权。美国的社区治理则略有差异,政府不直接参与社区管理,借助法律法规、城市规划、财政预算等方式来进行规范。政府和社区之间既相互分离又在一定程度上相互合作，社区主要由公民、非营利组织和企业自治。

党的十九大提出建立自治、法治、德治相结合的乡村治理新体系。参考韩国的“新村运动”和日本的“造村运动”，需要明确突显政府在乡村治理体系中的引导地位，同时欢迎和鼓励乡村中的农户、青年人才、企业、社会组织等共同参与乡村治理过程，形成以党组织为核心的自治、法治、德治相结合的多元化主体治理机制。乡村的主要公共事务由各方主体协商共议，在决策过程中综合考虑征求各方的意见，使决策过程更加审慎合理。

城市基层政府要敢于创新，脱离全能型行政管理的窠臼，创新治理方式，注重发挥多元治理主体协同治理的作用。政府要着力组建专业化鲜明的公益组织和志愿者团体，培育城市社区基层社会组织，充分发挥其经验和专长，提供高质量的公共服务；政府要广泛宣传动员，提升居民参与社区治理的主动性和积极性，增强居民归属感，同时赋予其一定的发言权和表决权，强化对社区治理决策的全过程监督，真正做到共建共治共享。

（三）地方政府职能转变与作用发挥

在现代化基层治理实践中，地方及基层政府已经意识到全能政府并不能保证基层治理的完善有效，而政府应在部分领域内退出，选择有限政府的行为模式。20 世纪 80 年代前后，国外基层政府进行了职能改革，改革方向有两个：一是，市场化改革公共产品的供需。在公共产品的生产和供应中引入市场化机制，由企业采用与公共组织订立契约的方式组织生产，这样既可以降低公共产品的生产成本，又可以充分调动企业的技术优势和成本优势，为市场提供更多高品质公共产品。二是，完善公共产品供给的制度设计和市场竞争机制。传统上政府垄断性提供公共产品时容易造成外部压力的缺失，无法管控公共产品质量。在新的治理模式下，提供公共产品的组织要在市场化竞争下生存，准商业化的制度设计和市场竞争机制会激发公共组织的自身活力和竞争意识。例如，法国政府改革中关注公共利益的优先事项，推动公共服务进行社会化改革，在公共服务供给中平衡市场竞争和公共服务的关系。法国基层政府通过市场机制发挥作用，要么以特许委托、招投标、兴建混合经济体系等方式，要么将社会与文化服务委托给民间机构代理，或者将政府垄断的公共产品生产权和提供权转让给私营公司、非营利组织等机构，引入现代化企业的经营管理体制，从而解决政府在基层治理中出现的行政效率低下、资金缺口较大等问题，通过这些举措改善和提高公共服务的质量。

（四）基层治理中的技术应用

新技术手段的更新与应用，可以提高基层治理和服务效率。技术性能更好的移动互联技术、大数据等为基层治理创新提供了更多可能性，"预约式""一站式"和"自助式"服务带来了便捷和高效的公共服务。如英格兰的"邻里计划"中就广泛采用了信息技术和区块链技术。需要注意的是对技术的过度依赖可能产生的各类社会问题，特别是针对老年群体或者技术不敏感人群如何进行有温度的治理，值得深入研究和探索。

（五）构建城乡一体化融合发展和治理新格局

城乡融合发展是实现社会主义现代化的内在要求。为此，政府要以城市发展和二、三产业提高乡村公共服务供给水平；通过以城带乡模式带动农村公共服务和基础设施建设，转变以往城市对乡村资源的单向虹吸效应。参考借鉴美国的城乡共融发展模式，就我国基层治理而言，第一，要注重发挥经济发达地区对周边乡村的辐射带动作用，充分利用城市资源的涓滴效应来建设乡村，提高乡村的治理水平;第二,要结合城市的资金优势对乡村建设进行支持,提高乡村的基础设施建设水平;第三,要尽可能开发与农业农村的合作项目,通过合作实现产业优势资源对农村的带动,促进乡村的农业产业化运作;第四,要建设完善的城乡要素和资源统一大市场,推动人才、土地、资本等要素在城乡间双向流动和平等交换。

(六)完善基层治理绩效评估体系

在美国及欧盟的社区治理中,社区组织会在各类公共事务上争取政府及相关学术机构的资金或技术支持,广泛听取社区民众的意见和建议,从社区管理角度切入绩效评估的流程中去,同样也会定期发布评估结果。至于评估方法应用,西方国家的研究也相对成熟,如确定社区发展指标权重的模型、DEA 评估方法的 C2R 模型及模糊集合论等方法。20 世纪 70 年代初,美国运筹学家萨蒂提出层次分析法(AHP)将定量与定性分析相结合,是一种多目标决策分析技术;1978 年,美国著名运筹学家查恩斯、库伯和罗兹等提出 DEA 评估方法,用来评价部门间的相对有效性;20 世纪 60 年代,美国数学家查德提出模糊集合论,根据所给条件赋予所有评估对象一个结果并据此排序择优,这同样也是国外社区治理绩效评估常用的方法。

西方发达国家的经验启示我们:基层治理绩效评估不能脱离居民导向和结果导向;同时,必须注重评估指标的可量化,注意合理、有效、可操作性,坚持定性评估和定量评估有机结合,尤其要关注生态保护、居民生活质量和满意度等方面的整体性考核评估。

参考文献

[1]陈昭玖、周波、唐卫东等:《韩国新村运动的实践及对我国

新农村建设的启示》,《农业经济问题》2006 年第 2 期。

[2]李金锴、苏青松、高鸣:《乡村治理何以有效?——国外典型实践模式及启示》,《山西农业大学学报》(社会科学版)2022 年第 1 期。

[3]李乾文:《日本的“一村一品”运动及其启示》,《世界农业》2005 年第 1 期。

[4]李强、陈宇琳、刘精明:《中国城镇化“推进模式”研究》,《中国社会科学》2012 年第 7 期。

[5]沈费伟、刘祖云:《达国家乡村治理的典型模式与经验借鉴》,《农业经济问题》2016 年第 9 期。

[6]刘洪涛、肖功为:《世界乡村治理的主流模式及隐性机制研究》,《世界农业》2018 年第 11 期。

[7]徐建春:《联邦德国乡村土地整理的特点及启示》,《中国农村经济》2001 年第 6 期。

[8]俞祖成:《存续抑或消亡———日本乡村发展现状探析》,《武汉大学学报》(人文科学版)2016 年第 4 期。

[9]Chatzichristos Georgios and Hennebry Barraí, Social innovation in rural governance: A comparative case study across the marginalised rural EU, *Journal of Rural Studies*, 2021-06-01.

[10]Christmann, G.B., Ibert, O., Jessen, J., Walther, U. J., Innovations in spatial planning as a social process-phases, actors, conflicts. Eur. Plan. Stud. 2020,28(3),496-520.

[11] I. Merrell, Blockchain for decentralized rural development and governance, Blockchain: Research and Applications, 2022.

[12]Neumeier, S., Social innovation in rural development:

identifying the key factors of success. Geogr. J. 2017，183（1），pp.34-46.

[13]Van Oudheusden，M and Abe，Y.，Beyond the Grassroots：Two Trajectories of "Citizen Sciencization" in Environmental Governance,*Citizen Science*：*Theory and Practice*，2021,6(1)：13，pp.1-15.

[14]Bailey，N.，Housing at the neighborhood level：a review of the initial approaches to neighbourhood development plans under the Localism Act 2011 in England. *Journal of Urbanism*：*International Research on Placemaking and Urban Sustainability*，2017. 10（1）：pp.1-14.

附 录

附录一

中共中央
关于坚持和完善中国特色社会主义制度推进国家治理体系和治理能力现代化若干重大问题的决定*

（2019 年 10 月 31 日中国共产党
第十九届中央委员会第四次全体会议通过）

为贯彻落实党的十九大精神，十九届中央委员会第四次全体会议着重研究了坚持和完善中国特色社会主义制度、推进国家治理体系和治理能力现代化的若干重大问题，作出如下决定。

一、坚持和完善中国特色社会主义制度、推进国家治理体系和治理能力现代化的重大意义和总体要求

中国特色社会主义制度是党和人民在长期实践探索中形成的

---

* 《中共中央关于坚持和完善中国特色社会主义制度　推进国家治理体系和治理能力现代化若干重大问题的决定》，《人民日报》2019 年 11 月 6 日。

科学制度体系，我国国家治理一切工作和活动都依照中国特色社会主义制度展开，我国国家治理体系和治理能力是中国特色社会主义制度及其执行能力的集中体现。

中国共产党自成立以来，团结带领人民，坚持把马克思主义基本原理同中国具体实际相结合，赢得了中国革命胜利，并深刻总结国内外正反两方面经验，不断探索实践，不断改革创新，建立和完善社会主义制度，形成和发展党的领导和经济、政治、文化、社会、生态文明、军事、外事等各方面制度，加强和完善国家治理，取得历史性成就。党的十八大以来，我们党领导人民统筹推进“五位一体”总体布局、协调推进“四个全面”战略布局，推动中国特色社会主义制度更加完善、国家治理体系和治理能力现代化水平明显提高，为政治稳定、经济发展、文化繁荣、民族团结、人民幸福、社会安宁、国家统一提供了有力保障。

新中国成立七十年来，我们党领导人民创造了世所罕见的经济快速发展奇迹和社会长期稳定奇迹，中华民族迎来了从站起来、富起来到强起来的伟大飞跃。实践证明，中国特色社会主义制度和国家治理体系是以马克思主义为指导、植根中国大地、具有深厚中华文化根基、深得人民拥护的制度和治理体系，是具有强大生命力和巨大优越性的制度和治理体系，是能够持续推动拥有近十四亿人口大国进步和发展、确保拥有五千多年文明史的中华民族实现“两个一百年”奋斗目标进而实现伟大复兴的制度和治理体系。

我国国家制度和国家治理体系具有多方面的显著优势，主要是：坚持党的集中统一领导，坚持党的科学理论，保持政治稳定，确保国家始终沿着社会主义方向前进的显著优势；坚持人民当家作主，发展人民民主，密切联系群众，紧紧依靠人民推动国家发展的显著优势；坚持全面依法治国，建设社会主义法治国家，切实保障社会公平正义和人民权利的显著优势；坚持全国一盘棋，调动各方面积极性，集中力量办大事的显著优势；坚持各民族一律平等，铸牢中华民族共同体意识，实现共同团结奋斗、共同繁荣发展的显著优势；坚持公有制为主体、多种所有制经济共同发展和按劳分配为主体、多种分配方式并存，把社会主义制度和市场经济有机结合起来，不断解放和发展社会生产力的显著优势；坚持共同的理想信念、价值理念、道德观念，弘扬中华优秀传统文化、革命文化、社会主义先进文化，促进全体人民在思想上精神上紧紧团结在一起的显著优势；坚持以人民为中心的发展思想，不断保障和改善民生、增进人民福祉，走共同富裕道路的显著优势；坚持改革创新、与时俱进，善于自我完善、自我发展，使社会始终充满生机活力的显著优势；坚持德才兼备、选贤任能，聚天下英才而用之，培养造就更多更优秀人才的显著优势；坚持党指挥枪，确保人民军队绝对忠诚于党和人民，有力保障国家主权、安全、发展利益的显著优势；坚持“一国两制”，保持香港、澳门长期繁荣稳定，促进祖国和平统一的显著优势；坚持独立自主和对外开放相统一，积极参与全球治理，为构建人类命运共同体不断作出贡献的显著优势。这些显著优势，是我们坚定中国特色社会主义道路自信、理论自信、制度自信、文化自信的基本依据。

当今世界正经历百年未有之大变局，我国正处于实现中华民族伟大复兴关键时期。顺应时代潮流，适应我国社会主要矛盾变化，统揽伟大斗争、伟大工程、伟大事业、伟大梦想，不断满足人民对美好生活新期待，战胜前进道路上的各种风险挑战，必须在坚持和完善中国特色社会主义制度、推进国家治理体系和治理能力现代化上下更大功夫。

必须坚持以马克思列宁主义、毛泽东思想、邓小平理论、“三个代表”重要思想、科学发展观、习近平新时代中国特色社会主义思想为指导，增强“四个意识”，坚定“四个自信”，做到“两个维护”，坚持党的领导、人民当家作主、依法治国有机统一，坚持解放思想、实事求是，坚持改革创新，突出坚持和完善支撑中国特色社会主义制度的根本制度、基本制度、重要制度，着力固根基、扬优势、补短板、强弱项，构建系统完备、科学规范、运行有效的制度体系，加强系统治理、依法治理、综合治理、源头治理，把我国制度优势更好转化为国家治理效能，为实现“两个一百年”奋斗目标、实现中华民族伟大复兴的中国梦提供有力保证。

坚持和完善中国特色社会主义制度、推进国家治理体系和治理能力现代化的总体目标是，到我们党成立一百年时，在各方面制度更加成熟更加定型上取得明显成效；到二〇三五年，各方面制度更加完善，基本实现国家治理体系和治理能力现代化；到新中国成立一百年时，全面实现国家治理体系和治理能力现代化，使中国特色社会主义制度更加巩固、优越性充分展现。

二、坚持和完善党的领导制度体系，提高党科学执政、民主执政、依法执政水平

中国共产党领导是中国特色社会主义最本质的特征，是中国特色社会主义制度的最大优势，党是最高政治领导力量。必须坚持党政军民学、东西南北中，党是领导一切的，坚决维护党中央权威，健全总揽全局、协调各方的党的领导制度体系，把党的领导落实到国家治理各领域各方面各环节。

（一）建立不忘初心、牢记使命的制度。确保全党遵守党章，恪守党的性质和宗旨，坚持用共产主义远大理想和中国特色社会主义共同理想凝聚全党、团结人民，用习近平新时代中国特色社会主义思想武装全党、教育人民、指导工作,夯实党执政的思想基础。把不忘初心、牢记使命作为加强党的建设的永恒课题和全体党员、干部的终身课题,形成长效机制,坚持不懈锤炼党员、干部忠诚干净担当的政治品格。全面贯彻党的基本理论、基本路线、基本方略,持续推进党的理论创新、实践创新、制度创新,使一切工作顺应时代潮流、符合发展规律、体现人民愿望,确保党始终走在时代前列、得到人民衷心拥护。

(二)完善坚定维护党中央权威和集中统一领导的各项制度。推动全党增强"四个意识"、坚定"四个自信"、做到"两个维护",自觉在思想上政治上行动上同以习近平同志为核心的党中央保持高度一致,坚决把维护习近平总书记党中央的核心、全党的核心地位落到实处。健全党中央对重大工作的领导体制,强化党中央决策议事协调机构职能作用,完善推动党中央重大决策落实机制,严格执行向党中央请示报告制度,确保令行禁止。健全维护党的集中统一的组织制度,形成党的中央组织、地方组织、基层组织上下贯通、执行有力的严密体系,实现党的组织和党的工作全覆盖。

(三)健全党的全面领导制度。完善党领导人大、政府、政协、监察机关、审判机关、检察机关、武装力量、人民团体、企事业单位、基层群众自治组织、社会组织等制度,健全各级党委(党组)工作制度,确保党在各种组织中发挥领导作用。完善党领导各项事业的具体制度,把党的领导落实到统筹推进"五位一体"总体布局、协调推进"四个全面"战略布局各方面。完善党和国家机构职能体系,把党的领导贯彻到党和国家所有机构履行职责全过程,推动各方面协调行动、增强合力。

(四)健全为人民执政、靠人民执政各项制度。坚持立党为公、执政为民,保持党同人民群众的血肉联系,把尊重民意、汇集民智、凝聚民力、改善民生贯穿党治国理政全部工作之中,巩固党执政的阶级基础,厚植党执政的群众基础,通过完善制度保证人民在国家治理中的主体地位,着力防范脱离群众的危险。贯彻党的群众路线,完善党员、干部联系群众制度,创新互联网时代群众工作机制,始终做到为了群众、相信群众、依靠群众、引领群众,深入群众、深入基层。健全联系广泛、服务群众的群团工作体系,推动人民团体增强政治性、先进性、群众性,把各自联系的群众紧紧团结在党的周围。

(五)健全提高党的执政能力和领导水平制度。坚持民主集中制,完善发展党内民主和实行正确集中的相关制度,提高党把方向、谋大局、定政策、促改革的能力。健全决策机制,加强重大决策的调查研究、科学论证、风险评估,强化决策执行、评估、监督。改进党的领导方式和执政方式,增强各级党组织政治功能和组织力。完善担当作为的激励机制,促进各级领导干部增强学习本领、政治领导本领、改革创新本领、科学发展本领、依法执政本领、群众工作本领、狠抓落实本领、驾驭风险本领,发扬斗争精神,增强斗争本领。

(六)完善全面从严治党制度。坚持党要管党、全面从严治党,增强忧患意识,不断推进党的自我革命,永葆党的先进性和纯洁性。贯彻新时代党的建设总要求,深化党的建设制度改革,坚持依规治党,建立健全以党的政治建设为统领,全面推进党的各方面建设的体制机制。坚持新时代党的组织路线,健全党管干部、选贤任能制度。规范党内政治生活,严明政治纪律和政治规矩,发展积极健康的党内政治文化,全面净化党内政治生态。完善和落实全面从严治党责任制度。坚决同一切影响党的先进性、弱化党的纯洁性的问题作斗争,大力纠治形式主义、官僚主义,不断增强党的创造力、凝聚力、战斗力，确保党始终成为中国特色社会主义事业的坚强领导核心。

三、坚持和完善人民当家作主制度体系，发展社会主义民主政治

我国是工人阶级领导的、以工农联盟为基础的人民民主专政的社会主义国家，国家的一切权力属于人民。必须坚持人民主体地位，坚定不移走中国特色社会主义政治发展道路，健全民主制度，丰富民主形式，拓宽民主渠道，依法实行民主选举、民主协商、民主决策、民主管理、民主监督，使各方面制度和国家治理更好体现人民意志、保障人民权益、激发人民创造，确保人民依法通过各种途径和形式管理国家事务，管理经济文化事业，管理社会事务。

（一）坚持和完善人民代表大会制度这一根本政治制度。人民行使国家权力的机关是全国人民代表大会和地方各级人民代表大会。支持和保证人民通过人民代表大会行使国家权力，保证各级人大都由民主选举产生、对人民负责、受人民监督，保证各级国家机关都由人大产生、对人大负责、受人大监督。支持和保证人大及其常委会依法行使职权，健全人大对“一府一委两院”监督制度。密切人大代表同人民群众的联系，健全代表联络机制，更好发挥人大代表作用。健全人大组织制度、选举制度和议事规则，完善论证、评估、评议、听证制度。适当增加基层人大代表数量。加强地方人大及其常委会建设。

（二）坚持和完善中国共产党领导的多党合作和政治协商制度。贯彻长期共存、互相监督、肝胆相照、荣辱与共的方针，加强中国特色社会主义政党制度建设，健全相互监督特别是中国共产党自觉接受监督、对重大决策部署贯彻落实情况实施专项监督等机制，完善民主党派中央直接向中共中央提出建议制度，完善支持民

主党派和无党派人士履行职能方法，展现我国新型政党制度优势。发挥人民政协作为政治组织和民主形式的效能，提高政治协商、民主监督、参政议政水平，更好凝聚共识。完善人民政协专门协商机构制度，丰富协商形式，健全协商规则，优化界别设置，健全发扬民主和增进团结相互贯通、建言资政和凝聚共识双向发力的程序机制。

坚持社会主义协商民主的独特优势，统筹推进政党协商、人大协商、政府协商、政协协商、人民团体协商、基层协商以及社会组织协商，构建程序合理、环节完整的协商民主体系，完善协商于决策之前和决策实施之中的落实机制，丰富有事好商量、众人的事情由众人商量的制度化实践。

（三）巩固和发展最广泛的爱国统一战线。坚持大统战工作格局，坚持一致性和多样性统一，完善照顾同盟者利益政策，做好民族工作和宗教工作，健全党外代表人士队伍建设制度，凝聚港澳同胞、台湾同胞、海外侨胞力量，谋求最大公约数，画出最大同心圆，促进政党关系、民族关系、宗教关系、阶层关系、海内外同胞关系和谐。

（四）坚持和完善民族区域自治制度。坚定不移走中国特色解决民族问题的正确道路，坚持各民族一律平等，坚持各民族共同团结奋斗、共同繁荣发展，保证民族自治地方依法行使自治权，保障少数民族合法权益，巩固和发展平等团结互助和谐的社会主义民族关系。坚持不懈开展马克思主义祖国观、民族观、文化观、历史观宣传教育，打牢中华民族共同体思想基础。全面深入持久开展民族团结进步创建，加强各民族交往交流交融。支持和帮助民族地区加快发展，不断提高各族群众生活水平。

（五）健全充满活力的基层群众自治制度。健全基层党组织领导的基层群众自治机制，在城乡社区治理、基层公共事务和公益事业中广泛实行群众自我管理、自我服务、自我教育、自我监督，拓宽人民群众反映意见和建议的渠道，着力推进基层直接民主制度化、规范化、程序化。全心全意依靠工人阶级，健全以职工代表大会为基本形式的企事业单位民主管理制度，探索企业职工参与管理的有效方式，保障职工群众的知情权、参与权、表达权、监督权，维护职工合法权益。

四、坚持和完善中国特色社会主义法治体系，提高党依法治国、依法执政能力

建设中国特色社会主义法治体系、建设社会主义法治国家是坚持和发展中国特色社会主义的内在要求。必须坚定不移走中国特色社会主义法治道路，全面推进依法治国，坚持依法治国、依法执政、依法行政共同推进，坚持法治国家、法治政府、法治社会一体建设，加快形成完备的法律规范体系、高效的法治实施体系、严密的法治监督体系、有力的法治保障体系，加快形成完善的党内法规体系，全面推进科学立法、严格执法、公正司法、全民守法，推进法治中国建设。

（一）健全保证宪法全面实施的体制机制。依法治国首先要坚持依宪治国，依法执政首先要坚持依宪执政。加强宪法实施和监督，落实宪法解释程序机制，推进合宪性审查工作，加强备案审查制度和能力建设，依法撤销和纠正违宪违法的规范性文件。坚持宪法法律至上，健全法律面前人人平等保障机制，维护国家法制统一、尊严、权威，一切违反宪法法律的行为都必须予以追究。

（二）完善立法体制机制。坚持科学立法、民主立法、依法立法，完善党委领导、人大主导、政府依托、各方参与的立法工作格局，立改废释并举，不断提高立法质量和效率。完善以宪法为核心的中国特色社会主义法律体系，加强重要领域立法，加快我国法域外适用的法律体系建设，以良法保障善治。

（三）健全社会公平正义法治保障制度。坚持法治建设为了人民、依靠人民，加强人权法治保障，保证人民依法享有广泛的权利和自由、承担应尽的义务，引导全体人民做社会主义法治的忠实崇尚者、自觉遵守者、坚定捍卫者。坚持有法必依、执法必严、违法必究，严格规范公正文明执法，规范执法自由裁量权，加大关系群众切身利益的重点领域执法力度。深化司法体制综合配套改革，完善审判制度、检察制度，全面落实司法责任制，完善律师制度，加强对司法活动的监督，确保司法公正高效权威，努力让人民群众在每一个司法案件中感受到公平正义。

（四）加强对法律实施的监督。保证行政权、监察权、审判权、检察权得到依法正确行使，保证公民、法人和其他组织合法权益得到切实保障，坚决排除对执法司法活动的干预。拓展公益诉讼案件范围。加大对严重违法行为处罚力度，实行惩罚性赔偿制度，严格刑事责任追究。加大全民普法工作力度，增强全民法治观念，完善公共法律服务体系，夯实依法治国群众基础。各级党和国家机关以及领导干部要带头尊法学法守法用法，提高运用法治思维和法治方式深化改革、推动发展、化解矛盾、维护稳定、应对风险的能力。

五、坚持和完善中国特色社会主义行政体制，构建职责明确、依法行政的政府治理体系

国家行政管理承担着按照党和国家决策部署推动经济社会发展、管理社会事务、服务人民群众的重大职责。必须坚持一切行政

机关为人民服务、对人民负责、受人民监督，创新行政方式，提高行政效能，建设人民满意的服务型政府。

(一)完善国家行政体制。以推进国家机构职能优化协同高效为着力点，优化行政决策、行政执行、行政组织、行政监督体制。健全部门协调配合机制，防止政出多门、政策效应相互抵消。深化行政执法体制改革，最大限度减少不必要的行政执法事项。进一步整合行政执法队伍，继续探索实行跨领域跨部门综合执法，推动执法重心下移，提高行政执法能力水平。落实行政执法责任制和责任追究制度。创新行政管理和服务方式，加快推进全国一体化政务服务平台建设，健全强有力的行政执行系统，提高政府执行力和公信力。

(二)优化政府职责体系。完善政府经济调节、市场监管、社会管理、公共服务、生态环境保护等职能，实行政府权责清单制度，厘清政府和市场、政府和社会关系。深入推进简政放权、放管结合、优化服务，深化行政审批制度改革，改善营商环境，激发各类市场主体活力。健全以国家发展规划为战略导向，以财政政策和货币政策为主要手段，就业、产业、投资、消费、区域等政策协同发力的宏观调控制度体系。完善国家重大发展战略和中长期经济社会发展规划制度。完善标准科学、规范透明、约束有力的预算制度。建设现代中央银行制度，完善基础货币投放机制，健全基准利率和市场化利率体系。严格市场监管、质量监管、安全监管，加强违法惩戒。完善公共服务体系，推进基本公共服务均等化、可及性。建立健全运用互联网、大数据、人工智能等技术手段进行行政管理的制度规则。推进数字政府建设，加强数据有序共享，依法保护个人信息。

(三)优化政府组织结构。推进机构、职能、权限、程序、责任法定化，使政府机构设置更加科学、职能更加优化、权责更加协同。严格机构编制管理，统筹利用行政管理资源，节约行政成本。优化行政区划设置，提高中心城市和城市群综合承载和资源优化配置能力，实行扁平化管理，形成高效率组织体系。

（四）健全充分发挥中央和地方两个积极性体制机制。理顺中央和地方权责关系，加强中央宏观事务管理，维护国家法制统一、政令统一、市场统一。适当加强中央在知识产权保护、养老保险、跨区域生态环境保护等方面事权，减少并规范中央和地方共同事权。赋予地方更多自主权，支持地方创造性开展工作。按照权责一致原则，规范垂直管理体制和地方分级管理体制。优化政府间事权和财权划分，建立权责清晰、财力协调、区域均衡的中央和地方财政关系，形成稳定的各级政府事权、支出责任和财力相适应的制度。构建从中央到地方权责清晰、运行顺畅、充满活力的工作体系。

六、坚持和完善社会主义基本经济制度，推动经济高质量发展

公有制为主体、多种所有制经济共同发展，按劳分配为主体、多种分配方式并存，社会主义市场经济体制等社会主义基本经济制度，既体现了社会主义制度优越性，又同我国社会主义初级阶段社会生产力发展水平相适应，是党和人民的伟大创造。必须坚持社会主义基本经济制度，充分发挥市场在资源配置中的决定性作用，更好发挥政府作用，全面贯彻新发展理念，坚持以供给侧结构性改革为主线，加快建设现代化经济体系。

（一）毫不动摇巩固和发展公有制经济，毫不动摇鼓励、支持、引导非公有制经济发展。探索公有制多种实现形式，推进国有经济布局优化和结构调整，发展混合所有制经济，增强国有经济竞争

力、创新力、控制力、影响力、抗风险能力，做强做优做大国有资本。深化国有企业改革，完善中国特色现代企业制度。形成以管资本为主的国有资产监管体制，有效发挥国有资本投资、运营公司功能作用。健全支持民营经济、外商投资企业发展的法治环境，完善构建亲清政商关系的政策体系，健全支持中小企业发展制度，促进非公有制经济健康发展和非公有制经济人士健康成长。营造各种所有制主体依法平等使用资源要素、公开公平公正参与竞争、同等受到法律保护的市场环境。深化农村集体产权制度改革，发展农村集体经济，完善农村基本经营制度。

（二）坚持按劳分配为主体、多种分配方式并存。坚持多劳多得，着重保护劳动所得，增加劳动者特别是一线劳动者劳动报酬，提高劳动报酬在初次分配中的比重。健全劳动、资本、土地、知识、技术、管理、数据等生产要素由市场评价贡献、按贡献决定报酬的机制。健全以税收、社会保障、转移支付等为主要手段的再分配调节机制，强化税收调节，完善直接税制度并逐步提高其比重。完善相关制度和政策，合理调节城乡、区域、不同群体间分配关系。重视发挥第三次分配作用，发展慈善等社会公益事业。鼓励勤劳致富，保护合法收入，增加低收入者收入，扩大中等收入群体，调节过高收入，清理规范隐性收入，取缔非法收入。

（三）加快完善社会主义市场经济体制。建设高标准市场体系，完善公平竞争制度，全面实施市场准入负面清单制度，改革生产许可制度，健全破产制度。强化竞争政策基础地位，落实公平竞争审查制度，加强和改进反垄断和反不正当竞争执法。健全以公平为原则的产权保护制度，建立知识产权侵权惩罚性赔偿制度，加强企业商业秘密保护。推进要素市场制度建设，实现要素价格市场决定、流动自主有序、配置高效公平。强化消费者权益保护，探索建立集体诉讼制度。加强资本市场基础制度建设，健全具有高度适应性、竞争力、普惠性的现代金融体系，有效防范化解金融风险。优化经济治理基础数据库。健全推动发展先进制造业、振兴实体经济的体制机制。实施乡村振兴战略，完善农业农村优先发展和保障国家粮食安全的制度政策，健全城乡融合发展体制机制。构建区域协调发展新机制，形成主体功能明显、优势互补、高质量发展的区域经济布局。

（四）完善科技创新体制机制。弘扬科学精神和工匠精神，加快建设创新型国家，强化国家战略科技力量，健全国家实验室体系，构建社会主义市场经济条件下关键核心技术攻关新型举国体制。加大基础研究投入，健全鼓励支持基础研究、原始创新的体制机制。建立以企业为主体、市场为导向、产学研深度融合的技术创新体系，支持大中小企业和各类主体融通创新，创新促进科技成果转化机制，积极发展新动能，强化标准引领，提升产业基础能力和产业链现代化水平。完善科技人才发现、培养、激励机制，健全符合科研规律的科技管理体制和政策体系，改进科技评价体系，健全科技伦理治理体制。

（五）建设更高水平开放型经济新体制。实施更大范围、更宽领域、更深层次的全面开放，推动制造业、服务业、农业扩大开放，保护外资合法权益，促进内外资企业公平竞争，拓展对外贸易多元化，稳步推进人民币国际化。健全外商投资准入前国民待遇加负面清单管理制度，推动规则、规制、管理、标准等制度型开放。健全促进对外投资政策和服务体系。加快自由贸易试验区、自由贸易港等对外开放高地建设。推动建立国际宏观经济政策协调机制。健全外商投资国家安全审查、反垄断审查、国家技术安全清单管理、不可靠实体清单等制度。完善涉外经贸法律和规则体系。

七、坚持和完善繁荣发展社会主义先进文化的制度，巩固全体人民团结奋斗的共同思想基础

发展社会主义先进文化、广泛凝聚人民精神力量，是国家治理体系和治理能力现代化的深厚支撑。必须坚定文化自信，牢牢把握社会主义先进文化前进方向，围绕举旗帜、聚民心、育新人、兴文化、展形象的使命任务，坚持为人民服务、为社会主义服务，坚持百花齐放、百家争鸣，坚持创造性转化、创新性发展，激发全民族文化创造活力，更好构筑中国精神、中国价值、中国力量。

（一）坚持马克思主义在意识形态领域指导地位的根本制度。全面贯彻落实习近平新时代中国特色社会主义思想，健全用党的创新理论武装全党、教育人民工作体系，完善党委（党组）理论学习中心组等各层级学习制度，建设和用好网络学习平台。深入实施马克思主义理论研究和建设工程，把坚持以马克思主义为指导全面落实到思想理论建设、哲学社会科学研究、教育教学各方面。加强和改进学校思想政治教育，建立全员、全程、全方位育人体制机制。落实意识形态工作责任制，注意区分政治原则问题、思想认识问题、学术观点问题，旗帜鲜明反对和抵制各种错误观点。

（二）坚持以社会主义核心价值观引领文化建设制度。推动理想信念教育常态化、制度化，弘扬民族精神和时代精神，加强党史、新中国史、改革开放史教育，加强爱国主义、集体主义、社会主义教育，实施公民道德建设工程，推进新时代文明实践中心建设。坚持依法治国和以德治国相结合，完善弘扬社会主义核心价值观的法律政策体系，把社会主义核心价值观要求融入法治建设和社会治理，体现到国民教育、精神文明创建、文化产品创作生产全过程。推进中华优秀传统文化传承发展工程。完善青少年理想信念教育齐抓共管机制。健全志愿服务体系。完善诚信建设长效机制，健全覆盖全社会的征信体系，加强失信惩戒。

（三）健全人民文化权益保障制度。坚持以人民为中心的工作导向，完善文化产品创作生产传播的引导激励机制，推出更多群众喜爱的文化精品。完善城乡公共文化服务体系，优化城乡文化资源配置，推动基层文化惠民工程扩大覆盖面、增强实效性，健全支持开展群众性文化活动机制，鼓励社会力量参与公共文化服务体系建设。

（四）完善坚持正确导向的舆论引导工作机制。坚持党管媒体原则，坚持团结稳定鼓劲、正面宣传为主，唱响主旋律、弘扬正能量。构建网上网下一体、内宣外宣联动的主流舆论格局，建立以内容建设为根本、先进技术为支撑、创新管理为保障的全媒体传播体系。改进和创新正面宣传，完善舆论监督制度，健全重大舆情和突发事件舆论引导机制。建立健全网络综合治理体系，加强和创新互联网内容建设，落实互联网企业信息管理主体责任，全面提高网络治理能力，营造清朗的网络空间。

（五）建立健全把社会效益放在首位、社会效益和经济效益相统一的文化创作生产体制机制。深化文化体制改革，加快完善遵循社会主义先进文化发展规律、体现社会主义市场经济要求、有利于激发文化创新创造活力的文化管理体制和生产经营机制。健全现代文化产业体系和市场体系，完善以高质量发展为导向的文化经济政策。完善文化企业履行社会责任制度，健全引导新型文化业态健康发展机制。完善文化和旅游融合发展体制机制。加强文艺创作引导，完善倡导讲品位讲格调讲责任、抵制低俗庸俗媚俗的工作机制。

八、坚持和完善统筹城乡的民生保障制度，满足人民日益增长的美好生活需要

增进人民福祉、促进人的全面发展是我们党立党为公、执政为民的本质要求。必须健全幼有所育、学有所教、劳有所得、病有所医、老有所养、住有所居、弱有所扶等方面国家基本公共服务制度体系，尽力而为，量力而行，注重加强普惠性、基础性、兜底性民生建设，保障群众基本生活。创新公共服务提供方式，鼓励支持社会力量兴办公益事业，满足人民多层次多样化需求，使改革发展成果更多更公平惠及全体人民。

（一）健全有利于更充分更高质量就业的促进机制。坚持就业是民生之本，实施就业优先政策，创造更多就业岗位。健全公共就业服务和终身职业技能培训制度，完善重点群体就业支持体系。建立促进创业带动就业、多渠道灵活就业机制，对就业困难人员实行托底帮扶。坚决防止和纠正就业歧视，营造公平就业制度环境。健全劳动关系协调机制，构建和谐劳动关系，促进广大劳动者实现体面劳动、全面发展。

（二）构建服务全民终身学习的教育体系。全面贯彻党的教育方针，坚持教育优先发展，聚焦办好人民满意的教育，完善立德树人体制机制，深化教育领域综合改革，加强师德师风建设，培养德智体美劳全面发展的社会主义建设者和接班人。推动城乡义务教育一体化发展，健全学前教育、特殊教育和普及高中阶段教育保障机制，完善职业技术教育、高等教育、继续教育统筹协调发展机制。支持和规范民办教育、合作办学。构建覆盖城乡的家庭教育指导服务体系。发挥网络教育和人工智能优势，创新教育和学习方式，加快发展面向每个人、适合每个人、更加开放灵活的教育体系，建

设学习型社会。

（三）完善覆盖全民的社会保障体系。坚持应保尽保原则，健全统筹城乡、可持续的基本养老保险制度、基本医疗保险制度，稳步提高保障水平。加快建立基本养老保险全国统筹制度。加快落实社保转移接续、异地就医结算制度，规范社保基金管理，发展商业保险。统筹完善社会救助、社会福利、慈善事业、优抚安置等制度。健全退役军人工作体系和保障制度。坚持和完善促进男女平等、妇女全面发展的制度机制。完善农村留守儿童和妇女、老年人关爱服务体系，健全残疾人帮扶制度。坚决打赢脱贫攻坚战，巩固脱贫攻坚成果，建立解决相对贫困的长效机制。加快建立多主体供给、多渠道保障、租购并举的住房制度。

（四）强化提高人民健康水平的制度保障。坚持关注生命全周期、健康全过程，完善国民健康政策，让广大人民群众享有公平可及、系统连续的健康服务。深化医药卫生体制改革，健全基本医疗卫生制度，提高公共卫生服务、医疗服务、医疗保障、药品供应保障水平。加快现代医院管理制度改革。坚持以基层为重点、预防为主、防治结合、中西医并重。加强公共卫生防疫和重大传染病防控，健全重特大疾病医疗保险和救助制度。优化生育政策，提高人口质量。积极应对人口老龄化，加快建设居家社区机构相协调、医养康养相结合的养老服务体系。聚焦增强人民体质，健全促进全民健身制度性举措。

九、坚持和完善共建共治共享的社会治理制度，保持社会稳定、维护国家安全

社会治理是国家治理的重要方面。必须加强和创新社会治理，完善党委领导、政府负责、民主协商、社会协同、公众参与、法治

保障、科技支撑的社会治理体系，建设人人有责、人人尽责、人人享有的社会治理共同体，确保人民安居乐业、社会安定有序，建设更高水平的平安中国。

（一）完善正确处理新形势下人民内部矛盾有效机制。坚持和发展新时代“枫桥经验”，畅通和规范群众诉求表达、利益协调、权益保障通道，完善信访制度，完善人民调解、行政调解、司法调解联动工作体系，健全社会心理服务体系和危机干预机制，完善社会矛盾纠纷多元预防调处化解综合机制，努力将矛盾化解在基层。

（二）完善社会治安防控体系。坚持专群结合、群防群治，提高社会治安立体化、法治化、专业化、智能化水平，形成问题联治、工作联动、平安联创的工作机制，提高预测预警预防各类风险能力，增强社会治安防控的整体性、协同性、精准性。

（三）健全公共安全体制机制。完善和落实安全生产责任和管理制度，建立公共安全隐患排查和安全预防控制体系。构建统一指挥、专常兼备、反应灵敏、上下联动的应急管理体制，优化国家应急管理能力体系建设，提高防灾减灾救灾能力。加强和改进食品药品安全监管制度，保障人民身体健康和生命安全。

（四）构建基层社会治理新格局。完善群众参与基层社会治理的制度化渠道。健全党组织领导的自治、法治、德治相结合的城乡基层治理体系，健全社区管理和服务机制，推行网格化管理和服务，发挥群团组织、社会组织作用，发挥行业协会商会自律功能，实现政府治理和社会调节、居民自治良性互动，夯实基层社会治理基础。加快推进市域社会治理现代化。推动社会治理和服务重心向基层下移，把更多资源下沉到基层，更好提供精准化、精细化服务。注重发挥家庭家教家风在基层社会治理中的重要作用。加强边疆治理，推进兴边富民。

（五）完善国家安全体系。坚持总体国家安全观，统筹发展和安全，坚持人民安全、政治安全、国家利益至上有机统一。以人民安全为宗旨，以政治安全为根本，以经济安全为基础，以军事、科技、文化、社会安全为保障，健全国家安全体系，增强国家安全能力。完善集中统一、高效权威的国家安全领导体制，健全国家安全法律制度体系。加强国家安全人民防线建设，增强全民国家安全意识，建立健全国家安全风险研判、防控协同、防范化解机制。提高防范抵御国家安全风险能力，高度警惕、坚决防范和严厉打击敌对势力渗透、破坏、颠覆、分裂活动。

十、坚持和完善生态文明制度体系，促进人与自然和谐共生

生态文明建设是关系中华民族永续发展的千年大计。必须践行绿水青山就是金山银山的理念，坚持节约资源和保护环境的基本国策，坚持节约优先、保护优先、自然恢复为主的方针，坚定走生产发展、生活富裕、生态良好的文明发展道路，建设美丽中国。

（一）实行最严格的生态环境保护制度。坚持人与自然和谐共生，坚守尊重自然、顺应自然、保护自然，健全源头预防、过程控制、损害赔偿、责任追究的生态环境保护体系。加快建立健全国土空间规划和用途统筹协调管控制度，统筹划定落实生态保护红线、永久基本农田、城镇开发边界等空间管控边界以及各类海域保护线，完善主体功能区制度。完善绿色生产和消费的法律制度和政策导向，发展绿色金融，推进市场导向的绿色技术创新，更加自觉地推动绿色循环低碳发展。构建以排污许可制为核心的固定污染源监管制度体系，完善污染防治区域联动机制和陆海统筹的生态环境治理体系。加强农业农村环境污染防治。完善生态环境保护法律体系和执法司法制度。

（二）全面建立资源高效利用制度。推进自然资源统一确权登记法治化、规范化、标准化、信息化，健全自然资源产权制度，落实资源有偿使用制度，实行资源总量管理和全面节约制度。健全资源节约集约循环利用政策体系。普遍实行垃圾分类和资源化利用制度。推进能源革命，构建清洁低碳、安全高效的能源体系。健全海洋资源开发保护制度。加快建立自然资源统一调查、评价、监测制度，健全自然资源监管体制。

（三）健全生态保护和修复制度。统筹山水林田湖草一体化保护和修复，加强森林、草原、河流、湖泊、湿地、海洋等自然生态保护。加强对重要生态系统的保护和永续利用，构建以国家公园为主体的自然保护地体系，健全国家公园保护制度。加强长江、黄河等大江大河生态保护和系统治理。开展大规模国土绿化行动，加快水土流失和荒漠化、石漠化综合治理，保护生物多样性，筑牢生态安全屏障。除国家重大项目外，全面禁止围填海。

（四）严明生态环境保护责任制度。建立生态文明建设目标评价考核制度，强化环境保护、自然资源管控、节能减排等约束性指标管理，严格落实企业主体责任和政府监管责任。开展领导干部自然资源资产离任审计。推进生态环境保护综合行政执法，落实中央生态环境保护督察制度。健全生态环境监测和评价制度，完善生态环境公益诉讼制度，落实生态补偿和生态环境损害赔偿制度，实行生态环境损害责任终身追究制。

十一、坚持和完善党对人民军队的绝对领导制度，确保人民军队忠实履行新时代使命任务

人民军队是中国特色社会主义的坚强柱石，党对人民军队的绝对领导是人民军队的建军之本、强军之魂。必须牢固确立习近

平强军思想在国防和军队建设中的指导地位，巩固和拓展深化国防和军队改革成果，构建中国特色社会主义军事政策制度体系，全面推进国防和军队现代化，确保实现党在新时代的强军目标，把人民军队全面建成世界一流军队，永葆人民军队的性质、宗旨、本色。

（一）坚持人民军队最高领导权和指挥权属于党中央。中央军委实行主席负责制是坚持党对人民军队绝对领导的根本实现形式。坚持全国武装力量由军委主席统一领导和指挥，完善贯彻军委主席负责制的体制机制，严格落实军委主席负责制各项制度规定。严明政治纪律和政治规矩，坚决维护党中央、中央军委权威，确保政令军令畅通。

（二）健全人民军队党的建设制度体系。全面贯彻政治建军各项要求，突出抓好军魂培育，发扬优良传统，传承红色基因，坚决抵制"军队非党化、非政治化"和"军队国家化"等错误政治观点。坚持党委制、政治委员制、政治机关制，坚持党委统一的集体领导下的首长分工负责制，坚持支部建在连上，完善党领导军队的组织体系。建设坚强有力的党组织和高素质专业化干部队伍，确保枪杆子永远掌握在忠于党的可靠的人手中。

（三）把党对人民军队的绝对领导贯彻到军队建设各领域全过程。贯彻新时代军事战略方针，坚持战斗力根本标准，建立健全基于联合、平战一体的军事力量运用政策制度体系，构建新时代军事战略体系，加强联合作战指挥体系和能力建设，调整完善战备制度，健全实战化军事训练制度，有效塑造态势、管控危机、遏制战争、打赢战争。坚持以战领建、抓建为战，建立健全聚焦打仗、激励创新、军民融合的军事力量建设政策制度体系，统筹解放军现役部队和预备役部队、武装警察部队、民兵建设，统筹军队各类人员制度安排，深化军官职业化制度、文职人员制度、兵役制度等改革，推动形成现代化战斗力生成模式，构建现代军事力量体系。建立健全精准高效、全面规范、刚性约束的军事管理政策制度体系，强化军委战略管理功能，加强中国特色军事法治建设，提高军队系统运行效能。加快军民融合深度发展步伐，构建一体化国家战略体系和能力。完善国防科技创新和武器装备建设制度。深化国防动员体制改革。加强全民国防教育。健全党政军警民合力强边固防工作机制。完善双拥工作和军民共建机制，加强军政军民团结。

十二、坚持和完善“一国两制”制度体系，推进祖国和平统一

“一国两制”是党领导人民实现祖国和平统一的一项重要制度，是中国特色社会主义的一个伟大创举。必须坚持“一国”是实行“两制”的前提和基础，“两制”从属和派生于“一国”并统一于“一国”之内。严格依照宪法和基本法对香港特别行政区、澳门特别行政区实行管治，坚定维护国家主权、安全、发展利益，维护香港、澳门长期繁荣稳定，绝不容忍任何挑战“一国两制”底线的行为，绝不容忍任何分裂国家的行为。

（一）全面准确贯彻“一国两制”、“港人治港”、“澳人治澳”、高度自治的方针。坚持依法治港治澳，维护宪法和基本法确定的宪制秩序，把坚持“一国”原则和尊重“两制”差异、维护中央对特别行政区全面管治权和保障特别行政区高度自治权、发挥祖国内地坚强后盾作用和提高特别行政区自身竞争力结合起来。完善特别行政区同宪法和基本法实施相关的制度和机制，坚持以爱国者为主体的“港人治港”、“澳人治澳”，提高特别行政区依法治理能力和水平。

（二）健全中央依照宪法和基本法对特别行政区行使全面管治权的制度。完善中央对特别行政区行政长官和主要官员的任免制

度和机制、全国人大常委会对基本法的解释制度，依法行使宪法和基本法赋予中央的各项权力。建立健全特别行政区维护国家安全的法律制度和执行机制，支持特别行政区强化执法力量。健全特别行政区行政长官对中央政府负责的制度，支持行政长官和特别行政区政府依法施政。完善香港、澳门融入国家发展大局、同内地优势互补、协同发展机制，推进粤港澳大湾区建设，支持香港、澳门发展经济、改善民生，着力解决影响社会稳定和长远发展的深层次矛盾和问题。加强对香港、澳门社会特别是公职人员和青少年的宪法和基本法教育、国情教育、中国历史和中华文化教育，增强香港、澳门同胞国家意识和爱国精神。坚决防范和遏制外部势力干预港澳事务和进行分裂、颠覆、渗透、破坏活动，确保香港、澳门长治久安。

（三）坚定推进祖国和平统一进程。解决台湾问题、实现祖国完全统一，是全体中华儿女共同愿望，是中华民族根本利益所在。推动两岸就和平发展达成制度性安排。完善促进两岸交流合作、深化两岸融合发展、保障台湾同胞福祉的制度安排和政策措施，团结广大台湾同胞共同反对“台独”、促进统一。在确保国家主权、安全、发展利益的前提下，和平统一后，台湾同胞的社会制度和生活方式将得到充分尊重，台湾同胞的私人财产、宗教信仰、合法权益将得到充分保障。

十三、坚持和完善独立自主的和平外交政策，推动构建人类命运共同体

推动党和国家事业发展需要和平国际环境和良好外部条件。必须统筹国内国际两个大局，高举和平、发展、合作、共赢旗帜，坚定不移维护国家主权、安全、发展利益，坚定不移维护世界和平、促进共同发展。

（一）健全党对外事工作领导体制机制。坚持外交大权在党中央，加强中国特色大国外交理论建设，全面贯彻党中央外交大政方针和战略部署。深入推进涉外体制机制建设，统筹协调党、人大、政府、政协、军队、地方、人民团体等的对外交往，加强党总揽全局、协调各方的对外工作大协同格局。加强涉外法治工作，建立涉外工作法务制度，加强国际法研究和运用，提高涉外工作法治化水平。

（二）完善全方位外交布局。坚定不移走和平发展道路，坚持在和平共处五项原则基础上全面发展同各国的友好合作，坚持国家不分大小、强弱、贫富一律平等，推动建设相互尊重、公平正义、合作共赢的新型国际关系，积极发展全球伙伴关系，维护全球战略稳定，反对一切形式的霸权主义和强权政治。坚持通过对话协商、以和平手段解决国际争端和热点难点问题，反对动辄使用武力或以武力相威胁。坚持奉行防御性的国防政策，永远不称霸，永远不搞扩张，永远做维护世界和平的坚定力量。

（三）推进合作共赢的开放体系建设。坚持互利共赢的开放战略，推动共建“一带一路”高质量发展，维护完善多边贸易体制，推动贸易和投资自由化便利化，推动构建面向全球的高标准自由贸易区网络，支持广大发展中国家提高自主发展能力，推动解决全球发展失衡、数字鸿沟等问题，推动建设开放型世界经济。健全对外开放安全保障体系。构建海外利益保护和风险预警防范体系，完善领事保护工作机制，维护海外同胞安全和正当权益，保障重大项目和人员机构安全。

（四）积极参与全球治理体系改革和建设。高举构建人类命运共同体旗帜，秉持共商共建共享的全球治理观，倡导多边主义和国际关系民主化，推动全球经济治理机制变革。推动在共同但有区别的责任、公平、各自能力等原则基础上开展应对气候变化国际合作。维护联合国在全球治理中的核心地位，支持上海合作组织、金砖国家、二十国集团等平台机制化建设，推动构建更加公正合理的国际治理体系。

十四、坚持和完善党和国家监督体系，强化对权力运行的制约和监督

党和国家监督体系是党在长期执政条件下实现自我净化、自我完善、自我革新、自我提高的重要制度保障。必须健全党统一领导、全面覆盖、权威高效的监督体系，增强监督严肃性、协同性、有效性，形成决策科学、执行坚决、监督有力的权力运行机制，确保党和人民赋予的权力始终用来为人民谋幸福。

（一）健全党和国家监督制度。完善党内监督体系，落实各级党组织监督责任，保障党员监督权利。重点加强对高级干部、各级主要领导干部的监督，完善领导班子内部监督制度，破解对“一把手”监督和同级监督难题。强化政治监督，加强对党的理论和路线方针政策以及重大决策部署贯彻落实情况的监督检查，完善巡视巡察整改、督察落实情况报告制度。深化纪检监察体制改革，加强上级纪委监委对下级纪委监委的领导，推进纪检监察工作规范化、法治化。完善派驻监督体制机制。推进纪律监督、监察监督、派驻监督、巡视监督统筹衔接，健全人大监督、民主监督、行政监督、司法监督、群众监督、舆论监督制度，发挥审计监督、统计监督职能作用。以党内监督为主导，推动各类监督有机贯通、相互协调。

（二）完善权力配置和运行制约机制。坚持权责法定，健全分事行权、分岗设权、分级授权、定期轮岗制度，明晰权力边界，规范

工作流程，强化权力制约。坚持权责透明，推动用权公开，完善党务、政务、司法和各领域办事公开制度，建立权力运行可查询、可追溯的反馈机制。坚持权责统一，盯紧权力运行各个环节，完善发现问题、纠正偏差、精准问责有效机制，压减权力设租寻租空间。

（三）构建一体推进不敢腐、不能腐、不想腐体制机制。坚定不移推进反腐败斗争，坚决查处政治问题和经济问题交织的腐败案件，坚决斩断"围猎"和甘于被"围猎"的利益链，坚决破除权钱交易的关系网。深化标本兼治，推动审批监管、执法司法、工程建设、资源开发、金融信贷、公共资源交易、公共财政支出等重点领域监督机制改革和制度建设，推进反腐败国家立法，促进反腐败国际合作，加强思想道德和党纪国法教育，巩固和发展反腐败斗争压倒性胜利。

十五、加强党对坚持和完善中国特色社会主义制度、推进国家治理体系和治理能力现代化的领导

坚持和完善中国特色社会主义制度、推进国家治理体系和治理能力现代化，是全党的一项重大战略任务。必须在党中央统一领导下进行，科学谋划、精心组织，远近结合、整体推进，确保本次全会所确定的各项目标任务全面落实到位。

制度的生命力在于执行。各级党委和政府以及各级领导干部要切实强化制度意识，带头维护制度权威，做制度执行的表率，带动全党全社会自觉尊崇制度、严格执行制度、坚决维护制度。健全权威高效的制度执行机制，加强对制度执行的监督，坚决杜绝做选择、搞变通、打折扣的现象。

加强制度理论研究和宣传教育，引导全党全社会充分认识中国特色社会主义制度的本质特征和优越性，坚定制度自信。教育引导广大干部群众认识到，中国特色社会主义制度和国家治理体系经过长期实践检验，来之不易，必须倍加珍惜；完善和发展我国国家制度和治理体系，必须坚持从国情出发、从实际出发，既把握长期形成的历史传承，又把握党和人民在我国国家制度建设和国家治理方面走过的道路、积累的经验、形成的原则，不能照抄照搬他国制度模式，既不走封闭僵化的老路，也不走改旗易帜的邪路，坚定不移走中国特色社会主义道路。

把提高治理能力作为新时代干部队伍建设的重大任务。通过加强思想淬炼、政治历练、实践锻炼、专业训练，推动广大干部严格按照制度履行职责、行使权力、开展工作，提高推进“五位一体”总体布局和“四个全面”战略布局等各项工作能力和水平。坚持党管干部原则，落实好干部标准，树立正确用人导向，把制度执行力和治理能力作为干部选拔任用、考核评价的重要依据。尊重知识、尊重人才，加快人才制度和政策创新，支持各类人才为推进国家治理体系和治理能力现代化贡献智慧和力量。

推进全面深化改革，既要保持中国特色社会主义制度和国家治理体系的稳定性和延续性，又要抓紧制定国家治理体系和治理能力现代化急需的制度、满足人民对美好生活新期待必备的制度，推动中国特色社会主义制度不断自我完善和发展、永葆生机活力。

全党全国各族人民要更加紧密地团结在以习近平同志为核心的党中央周围，坚定信心，保持定力，锐意进取，开拓创新，为坚持和完善中国特色社会主义制度、推进国家治理体系和治理能力现代化，实现“两个一百年”奋斗目标、实现中华民族伟大复兴的中国梦而努力奋斗！

附录二

中共中央国务院关于加强基层治理体系和治理能力现代化建设的意见*

（2021 年 4 月 28 日）

基层治理是国家治理的基石，统筹推进乡镇（街道）和城乡社区治理，是实现国家治理体系和治理能力现代化的基础工程。为深入贯彻党的十九大和十九届二中、三中、四中、五中全会精神，夯实国家治理根基，现就加强基层治理体系和治理能力现代化建设提出如下意见。

一、总体要求

（一）指导思想。以习近平新时代中国特色社会主义思想为指导，坚持和加强党的全面领导，坚持以人民为中心，以增进人民福祉为出发点和落脚点，以加强基层党组织建设、增强基层党组织政治功能和组织力为关键，以加强基层政权建设和健全基层群众自治制度为重点，以改革创新和制度建设、能力建设为抓手，建立健全基层治理体制机制，推动政府治理同社会调节、居民自治良性互动，提高基层治理社会化、法治化、智能化、专业化水平。

（二）工作原则。坚持党对基层治理的全面领导，把党的领导贯穿基层治理全过程、各方面。坚持全周期管理理念，强化系统治理、依法治理、综合治理、源头治理。坚持因地制宜，分类指导、分

* 《中共中央国务院关于加强基层治理体系和治理能力现代化建设的意见》，《人民日报》2021 年 7 月 12 日。

层推进、分步实施，向基层放权赋能，减轻基层负担。坚持共建共治共享，建设人人有责、人人尽责、人人享有的基层治理共同体。

（三）主要目标。力争用5年左右时间，建立起党组织统一领导、政府依法履责、各类组织积极协同、群众广泛参与，自治、法治、德治相结合的基层治理体系，健全常态化管理和应急管理动态衔接的基层治理机制，构建网格化管理、精细化服务、信息化支撑、开放共享的基层管理服务平台；党建引领基层治理机制全面完善，基层政权坚强有力，基层群众自治充满活力，基层公共服务精准高效，党的执政基础更加坚实，基层治理体系和治理能力现代化水平明显提高。在此基础上力争再用10年时间，基本实现基层治理体系和治理能力现代化，中国特色基层治理制度优势充分展现。

二、完善党全面领导基层治理制度

（一）加强党的基层组织建设，健全基层治理党的领导体制。把抓基层、打基础作为长远之计和固本之举，把基层党组织建设成为领导基层治理的坚强战斗堡垒，使党建引领基层治理的作用得到强化和巩固。加强乡镇（街道）、村（社区）党组织对基层各类组织和各项工作的统一领导，以提升组织力为重点，健全在基层治理中坚持和加强党的领导的有关制度，涉及基层治理重要事项、重大问题都要由党组织研究讨论后按程序决定。积极推行村（社区）党组织书记通过法定程序担任村（居）民委员会主任、村（社区）“两委”班子成员交叉任职。注重把党组织推荐的优秀人选通过一定程序明确为各类组织负责人，确保依法把党的领导和党的建设有关要求写入各类组织章程。创新党组织设置和活动方式，不断扩大党的组织覆盖和工作覆盖，持续整顿软弱涣散基层党组织。推动全面从严治党向基层延伸，加强日常监督，持续整治群众身边的不正之风和腐败问题。

（二）构建党委领导、党政统筹、简约高效的乡镇（街道）管理体制。深化基层机构改革，统筹党政机构设置、职能配置和编制资源，设置综合性内设机构。除党中央明确要求实行派驻体制的机构外，县直部门设在乡镇（街道）的机构原则上实行属地管理。继续实行派驻体制的，要纳入乡镇（街道）统一指挥协调。

（三）完善党建引领的社会参与制度。坚持党建带群建，更好履行组织、宣传、凝聚、服务群众职责。统筹基层党组织和群团组织资源配置，支持群团组织承担公共服务职能。培育扶持基层公益性、服务性、互助性社会组织。支持党组织健全、管理规范的社会组织优先承接政府转移职能和服务项目。搭建区域化党建平台，推行机关企事业单位与乡镇（街道）、村（社区）党组织联建共建，组织党员、干部下沉参与基层治理、有效服务群众。

三、加强基层政权治理能力建设

（一）增强乡镇（街道）行政执行能力。加强乡镇（街道）党（工）委对基层政权建设的领导。依法赋予乡镇（街道）综合管理权、统筹协调权和应急处置权，强化其对涉及本区域重大决策、重大规划、重大项目的参与权和建议权。根据本地实际情况，依法赋予乡镇（街道）行政执法权，整合现有执法力量和资源。推行乡镇（街道）行政执法公示制度，实行“双随机、一公开”监管模式。优化乡镇（街道）行政区划设置，确保管理服务有效覆盖常住人口。

（二）增强乡镇（街道）为民服务能力。市、县级政府要规范乡镇（街道）政务服务、公共服务、公共安全等事项，将直接面向群众、乡镇（街道）能够承接的服务事项依法下放。乡镇要围绕全面推进乡村振兴、巩固拓展脱贫攻坚成果等任务，做好农业产业发展、人居环境建设及留守儿童、留守妇女、留守老人关爱服务等工作。街道要做好市政市容管理、物业管理、流动人口服务管理、社会组织培育引导等工作。加强基层医疗卫生机构和乡村卫生健康人才队伍建设。优化乡镇(街道)政务服务流程,全面推进一窗式受理、一站式办理,加快推行市域通办,逐步推行跨区域办理。

(三)增强乡镇(街道)议事协商能力。完善基层民主协商制度,县级党委和政府围绕涉及群众切身利益的事项确定乡镇(街道)协商重点,由乡镇(街道)党(工)委主导开展议事协商,完善座谈会、听证会等协商方式,注重发挥人大代表、政协委员作用。探索建立社会公众列席乡镇(街道)有关会议制度。

(四)增强乡镇(街道)应急管理能力。强化乡镇(街道)属地责任和相应职权,构建多方参与的社会动员响应体系。健全基层应急管理组织体系,细化乡镇(街道)应急预案,做好风险研判、预警、应对等工作。建立统一指挥的应急管理队伍,加强应急物资储备保障。每年组织开展综合应急演练。市、县级政府要指导乡镇(街道)做好应急准备工作,强化应急状态下对乡镇(街道)人、财、物支持。

(五)增强乡镇(街道)平安建设能力。坚持和发展新时代"枫桥经验",加强乡镇(街道)综治中心规范化建设,发挥其整合社会治理资源、创新社会治理方式的平台作用。完善基层社会治安防控体系,健全防范涉黑涉恶长效机制。健全乡镇(街道)矛盾纠纷一站式、多元化解决机制和心理疏导服务机制。

四、健全基层群众自治制度

(一)加强村(居)民委员会规范化建设。坚持党组织领导基层群众性自治组织的制度,建立基层群众性自治组织法人备案制度,加强集体资产管理。规范撤销村民委员会改设社区居民委员会的条件和程序,合理确定村(社区)规模,不盲目求大。发挥村(居)民委员会下设的人民调解、治安保卫、公共卫生等委员会作用,村民委员会应设妇女和儿童工作等委员会,社区居民委员会可增设环境和物业管理等委员会,并做好相关工作。完善村(居)民委员会成员履职承诺和述职制度。

(二)健全村(居)民自治机制。强化党组织领导把关作用,规范村(居)民委员会换届选举,全面落实村(社区)"两委"班子成员资格联审机制,坚决防止政治上的两面人,受过刑事处罚、存在"村霸"和涉黑涉恶及涉及宗族恶势力等问题人员,非法宗教与邪教的组织者、实施者、参与者等进入村(社区)"两委"班子。在基层公共事务和公益事业中广泛实行群众自我管理、自我服务、自我教育、自我监督,拓宽群众反映意见和建议的渠道。聚焦群众关心的民生实事和重要事项,定期开展民主协商。完善党务、村(居)务、财务公开制度,及时公开权力事项,接受群众监督。强化基层纪检监察组织与村(居)务监督委员会的沟通协作、有效衔接,形成监督合力。

(三)增强村(社区)组织动员能力。健全村(社区)"两委"班子成员联系群众机制,经常性开展入户走访。加强群防群治、联防联治机制建设,完善应急预案。在应急状态下,由村(社区)"两委"统筹调配本区域各类资源和力量,组织开展应急工作。改进网格化管理服务,依托村(社区)统一划分综合网格,明确网格管理服务事项。

(四)优化村(社区)服务格局。市、县级政府要规范村(社区)公共服务和代办政务服务事项,由基层党组织主导整合资源为群众提供服务。推进城乡社区综合服务设施建设,依托其开展就业、养老、医疗、托幼等服务，加强对困难群体和特殊人群关爱照护，做好传染病、慢性病防控等工作。加强综合服务、兜底服务能力建设。完善支持社区服务业发展政策，采取项目示范等方式，实施政府购买社区服务，鼓励社区服务机构与市场主体、社会力量合作。开展“新时代新社区新生活”服务质量提升活动，推进社区服务标准化。

五、推进基层法治和德治建设

（一）推进基层治理法治建设。提升基层党员、干部法治素养，引导群众积极参与、依法支持和配合基层治理。完善基层公共法律服务体系，加强和规范村（居）法律顾问工作。乡镇（街道）指导村（社区）依法制定村规民约、居民公约，健全备案和履行机制，确保符合法律法规和公序良俗。

（二）加强思想道德建设。培育践行社会主义核心价值观，推动习近平新时代中国特色社会主义思想进社区、进农村、进家庭。健全村（社区）道德评议机制，开展道德模范评选表彰活动，注重发挥家庭家教家风在基层治理中的重要作用。组织开展科学常识、卫生防疫知识、应急知识普及和诚信宣传教育，深入开展爱国卫生运动，遏制各类陈规陋习，抵制封建迷信活动。

（三）发展公益慈善事业。完善社会力量参与基层治理激励政策，创新社区与社会组织、社会工作者、社区志愿者、社会慈善资源的联动机制，支持建立乡镇（街道）购买社会工作服务机制和设立社区基金会等协作载体，吸纳社会力量参加基层应急救援。完善基层志愿服务制度，大力开展邻里互助服务和互动交流活动，更好满足群众需求。

六、加强基层智慧治理能力建设

（一）做好规划建设。市、县级政府要将乡镇（街道）、村（社区）纳入信息化建设规划，统筹推进智慧城市、智慧社区基础设施、系统平台和应用终端建设，强化系统集成、数据融合和网络安全保障。健全基层智慧治理标准体系，推广智能感知等技术。

（二）整合数据资源。实施“互联网＋基层治理”行动，完善乡镇（街道）、村（社区）地理信息等基础数据，共建全国基层治理数据库，推动基层治理数据资源共享，根据需要向基层开放使用。完善乡镇（街道）与部门政务信息系统数据资源共享交换机制。推进村（社区）数据资源建设，实行村（社区）数据综合采集，实现一次采集、多方利用。

（三）拓展应用场景。加快全国一体化政务服务平台建设，推动各地政务服务平台向乡镇（街道）延伸，建设开发智慧社区信息系统和简便应用软件，提高基层治理数字化智能化水平，提升政策宣传、民情沟通、便民服务效能，让数据多跑路、群众少跑腿。充分考虑老年人习惯，推行适老化和无障碍信息服务，保留必要的线下办事服务渠道。

七、加强组织保障

（一）压实各级党委和政府责任。各级党委和政府要加强对基层治理的组织领导，完善议事协调机制，强化统筹协调，定期研究基层治理工作，整体谋划城乡社区建设、治理和服务，及时帮助基层解决困难和问题。加强对基层治理工作成效的评估，评估结果作为市、县级党政领导班子和领导干部考核，以及党委书记抓基层党建述职评议考核的重要内容。市、县级党委和政府要发挥一线指挥部作用，乡镇（街道）要提高抓落实能力。组织、政法、民政等部门要及时向党委和政府提出政策建议。

（二）改进基层考核评价。市、县级党委和政府要规范乡镇（街道）、村（社区）权责事项，并为权责事项以外委托工作提供相应支持。未经党委和政府统一部署，各职能部门不得将自身权责事项派交乡镇（街道）、村（社区）承担。完善考核评价体系和激励办法，加强对乡镇（街道）、村（社区）的综合考核，严格控制考核总量和频次。统筹规范面向基层的督查检查，清理规范工作台账、报表以及"一票否决"、签订责任状、出具证明事项、创建示范等项目，切实减轻基层负担。做好容错纠错工作，保护基层干部干事创业的积极性。

（三）保障基层治理投入。完善乡镇（街道）经费保障机制，进一步深化乡镇（街道）国库集中支付制度改革。编制城乡社区服务体系建设规划，将综合服务设施建设纳入国土空间规划，优化以党群服务中心为基本阵地的城乡社区综合服务设施布局。各省（自治区、直辖市）要明确乡镇（街道）、村（社区）的办公、服务、活动、应急等功能面积标准，按照有关规定采取盘活现有资源或新建等方式，支持建设完善基层阵地。

（四）加强基层治理队伍建设。充实基层治理骨干力量，加强基层党务工作者队伍建设。各级党委要专门制定培养规划，探索建立基层干部分级培训制度，建好用好城乡基层干部培训基地和在线培训平台，加强对基层治理人才的培养使用。推进编制资源向乡镇（街道）倾斜，鼓励从上往下跨层级调剂使用行政和事业编制。严格执行乡镇（街道）干部任期调整、最低服务年限等规定，落实乡镇机关事业单位工作人员乡镇工作补贴政策。建立健全村（社区）党组织书记后备人才库，实行村（社区）党组织书记县级党委组织部门备案管理。研究制定加强城乡社区工作者队伍建设政策措施，市、县级政府要综合考虑服务居民数量等因素制定社区工作者配备标准；健全社区工作者职业体系，建立岗位薪酬制度并完善动态调整机制，落实社会保险待遇，探索将专职网格员纳入社区工作者管理。加强城乡社区服务人才队伍建设，引导高校毕业生等从事社区工作。

（五）推进基层治理创新。加快基层治理研究基地和智库建设，加强中国特色社会主义基层治理理论研究。以市（地、州、盟）为单位开展基层治理示范工作，加强基层治理平台建设，鼓励基层治理改革创新。认真总结新冠肺炎疫情防控经验，补齐补足社区防控短板，切实巩固社区防控阵地。完善基层治理法律法规，适时修订《中华人民共和国城市居民委员会组织法》、《中华人民共和国村民委员会组织法》，研究制定社区服务条例。

（六）营造基层治理良好氛围。选树表彰基层治理先进典型，推动创建全国和谐社区。做好基层治理调查统计工作，建立基层治理群众满意度调查制度。组织开展基层治理专题宣传。

附录三

中共中央国务院关于加强和完善城乡社区治理的意见*

城乡社区是社会治理的基本单元。城乡社区治理事关党和国家大政方针贯彻落实，事关居民群众切身利益，事关城乡基层和谐稳定。为实现党领导下的政府治理和社会调节、居民自治良性互动，全面提升城乡社区治理法治化、科学化、精细化水平和组织化程度，促进城乡社区治理体系和治理能力现代化，现就加强和完善城乡社区治理提出以下意见。

一、总体要求

（一）指导思想。全面贯彻党的十八大和十八届三中、四中、五中、六中全会精神，坚持以邓小平理论、“三个代表”重要思想、科学发展观为指导，深入贯彻习近平总书记系列重要讲话精神和治国理政新理念新思想新战略，紧紧围绕统筹推进“五位一体”总体布局和协调推进“四个全面”战略布局，坚持以基层党组织建设为关键、政府治理为主导、居民需求为导向、改革创新为动力，健全体系、整合资源、增强能力，完善城乡社区治理体制，努力把城乡社区建设成为和谐有序、绿色文明、创新包容、共建共享的幸福家园，为实现“两个一百年”奋斗目标和中华民族伟大复兴的中国梦提供可靠保证。

---

* 《中共中央国务院关于加强和完善城乡社区治理的意见》，《人民日报》2017年6月13日。

（二）基本原则

——坚持党的领导，固本强基。加强党对城乡社区治理工作的领导，推进城乡社区基层党组织建设，切实发挥基层党组织领导核心作用，带领群众坚定不移贯彻党的理论和路线方针政策，确保城乡社区治理始终保持正确政治方向。

——坚持以人为本，服务居民。坚持以人民为中心的发展思想，把服务居民、造福居民作为城乡社区治理的出发点和落脚点，坚持依靠居民、依法有序组织居民群众参与社区治理，实现人人参与、人人尽力、人人共享。

——坚持改革创新，依法治理。强化问题导向和底线思维，积极推进城乡社区治理理论创新、实践创新、制度创新。弘扬社会主义法治精神，坚持运用法治思维和法治方式推进改革，建立惩恶扬善长效机制，破解城乡社区治理难题。

——坚持城乡统筹，协调发展。适应城乡发展一体化和基本公共服务均等化要求，促进公共资源在城乡间均衡配置。统筹谋划城乡社区治理工作，注重以城带乡、以乡促城、优势互补、共同提高，促进城乡社区治理协调发展。

——坚持因地制宜，突出特色。推动各地立足自身资源禀赋、基础条件、人文特色等实际，确定加强和完善城乡社区治理的发展思路和推进策略，实现顶层设计和基层实践有机结合，加快形成既有共性又有特色的城乡社区治理模式。

（三）总体目标。到 2020 年，基本形成基层党组织领导、基层政府主导的多方参与、共同治理的城乡社区治理体系，城乡社区治理体制更加完善，城乡社区治理能力显著提升，城乡社区公共服务、公共管理、公共安全得到有效保障。再过 5 到 10 年，城乡社区治理体制更加成熟定型，城乡社区治理能力更为精准全面，为夯实党的执政根基、巩固基层政权提供有力支撑，为推进国家治理体系和治理能力现代化奠定坚实基础。

二、健全完善城乡社区治理体系

（一）充分发挥基层党组织领导核心作用。把加强基层党的建设、巩固党的执政基础作为贯穿社会治理和基层建设的主线，以改革创新精神探索加强基层党的建设引领社会治理的路径。加强和改进街道（乡镇）、城乡社区党组织对社区各类组织和各项工作的领导，确保党的路线方针政策在城乡社区全面贯彻落实。推动管理和服务力量下沉，引导基层党组织强化政治功能，聚焦主业主责，推动街道（乡镇）党（工）委把工作重心转移到基层党组织建设上来，转移到做好公共服务、公共管理、公共安全工作上来，转移到为经济社会发展提供良好公共环境上来。加强社区服务型党组织建设，着力提升服务能力和水平，更好地服务改革、服务发展、服务民生、服务群众、服务党员。继续推进街道（乡镇）、城乡社区与驻社区单位共建互补，深入拓展区域化党建。扩大城市新兴领域党建工作覆盖，推进商务楼宇、各类园区、商圈市场、网络媒体等的党建覆盖。健全社区党组织领导基层群众性自治组织开展工作的相关制度，依法组织居民开展自治，及时帮助解决基层群众自治中存在的困难和问题。加强城乡社区党风廉政建设，推动全面从严治党向城乡社区延伸，切实解决居民群众身边的腐败问题。

（二）有效发挥基层政府主导作用。各省（自治区、直辖市）按照条块结合、以块为主的原则，制定区县职能部门、街道办事处（乡镇政府）在社区治理方面的权责清单；依法厘清街道办事处（乡镇政府）和基层群众性自治组织权责边界，明确基层群众性自治组织承担的社区工作事项清单以及协助政府的社区工作事项清单；上述社区工作事项之外的其他事项，街道办事处（乡镇政府）可通过向基层群众性自治组织等购买服务方式提供。建立街道办事处（乡镇政府）和基层群众性自治组织履职履约双向评价机制。基层政府要切实履行城乡社区治理主导职责，加强对城乡社区治理的政策支持、财力物力保障和能力建设指导，加强对基层群众性自治组织建设的指导规范，不断提高依法指导城乡社区治理的能力和水平。

（三）注重发挥基层群众性自治组织基础作用。进一步加强基层群众性自治组织规范化建设，合理确定其管辖范围和规模。促进基层群众自治与网格化服务管理有效衔接。加快工矿企业所在地、国有农（林）场、城市新建住宅区、流动人口聚居地的社区居民委员会组建工作。完善城乡社区民主选举制度，进一步规范民主选举程序，通过依法选举稳步提高城市社区居民委员会成员中本社区居民比例，切实保障外出务工农民民主选举权利。进一步增强基层群众性自治组织开展社区协商、服务社区居民的能力。建立健全居务监督委员会，推进居务公开和民主管理。充分发挥自治章程、村规民约、居民公约在城乡社区治理中的积极作用，弘扬公序良俗，促进法治、德治、自治有机融合。

（四）统筹发挥社会力量协同作用。制定完善孵化培育、人才引进、资金支持等扶持政策，落实税费优惠政策，大力发展在城乡社区开展纠纷调解、健康养老、教育培训、公益慈善、防灾减灾、文体娱乐、邻里互助、居民融入及农村生产技术服务等活动的社区社会组织和其他社会组织。推进社区、社会组织、社会工作“三社联动”，完善社区组织发现居民需求、统筹设计服务项目、支持社会组织承接、引导专业社会工作团队参与的工作体系。鼓励和支持建立社区老年协会，搭建老年人参与社区治理的平台。增强农村集体经济组织支持农村社区建设能力。积极引导驻社区机关企事业单位、其他社会力量和市场主体参与社区治理。

三、不断提升城乡社区治理水平

(一)增强社区居民参与能力。提高社区居民议事协商能力,凡涉及城乡社区公共利益的重大决策事项、关乎居民群众切身利益的实际困难问题和矛盾纠纷,原则上由社区党组织、基层群众性自治组织牵头,组织居民群众协商解决。支持和帮助居民群众养成协商意识、掌握协商方法、提高协商能力,推动形成既有民主又有集中、既尊重多数人意愿又保护少数人合法权益的城乡社区协商机制。探索将居民群众参与社区治理、维护公共利益情况纳入社会信用体系。推动学校普及社区知识,参与社区治理。拓展流动人口有序参与居住地社区治理渠道,丰富流动人口社区生活,促进流动人口社区融入。

(二)提高社区服务供给能力。加快城乡社区公共服务体系建设,健全城乡社区服务机构,编制城乡社区公共服务指导目录,做好与城乡社区居民利益密切相关的劳动就业、社会保障、卫生计生、教育事业、社会服务、住房保障、文化体育、公共安全、公共法律服务、调解仲裁等公共服务事项。着力增加农村社区公共服务供给,促进城乡社区服务项目、标准相衔接,逐步实现均等化。将城乡社区服务纳入政府购买服务指导性目录,完善政府购买服务政策措施,按照有关规定选择承接主体。创新城乡社区公共服务供给方式,推行首问负责、一窗受理、全程代办、服务承诺等制度。提升城乡社区医疗卫生服务能力和水平,更好满足居民群众基本医疗卫生服务需求。探索建立社区公共空间综合利用机制,合理规划建设文化、体育、商业、物流等自助服务设施。积极开展以生产互助、养老互助、救济互助等为主要形式的农村社区互助活动。鼓励和引导各类市场主体参与社区服务业，支持供销合作社经营服务网点向城乡社区延伸。

（三）强化社区文化引领能力。以培育和践行社会主义核心价值观为根本，大力弘扬中华优秀传统文化，培育心口相传的城乡社区精神，增强居民群众的社区认同感、归属感、责任感和荣誉感。将社会主义核心价值观融入居民公约、村规民约，内化为居民群众的道德情感，外化为服务社会的自觉行动。重视发挥道德教化作用，建立健全社区道德评议机制，发现和宣传社区道德模范、好人好事，大力褒奖善行义举，用身边事教育身边人，引导社区居民崇德向善。组织居民群众开展文明家庭创建活动，发展社区志愿服务，倡导移风易俗，形成与邻为善、以邻为伴、守望相助的良好社区氛围。不断加强民族团结，建立各民族相互嵌入式的社会结构和社区环境，创建民族团结进步示范社区。加强城乡社区公共文化服务体系建设，提升公共文化服务水平，因地制宜设置村史陈列、非物质文化遗产等特色文化展示设施，突出乡土特色、民族特色。积极发展社区教育，建立健全城乡一体的社区教育网络，推进学习型社区建设。

（四）增强社区依法办事能力。进一步加快城乡社区治理法治建设步伐，加快修订《中华人民共和国城市居民委员会组织法》，贯彻落实《中华人民共和国村民委员会组织法》，研究制定社区治理相关行政法规。有立法权的地方要结合当地实际，出台城乡社区治理地方性法规和地方政府规章。推进法治社区建设，发挥警官、法官、检察官、律师、公证员、基层法律服务工作者作用，深入开展法治宣传教育和法律进社区活动，推进覆盖城乡居民的公共法律服务体系建设。

(五)提升社区矛盾预防化解能力。完善利益表达机制,建立党代会代表、人大代表、政协委员联系社区制度,完善党员干部直接联系群众制度,引导群众理性合法表达利益诉求。完善心理疏导机制,依托社会工作服务机构等专业社会组织,加强对城乡社区社会救助对象、建档立卡贫困人口、困境儿童、精神障碍患者、社区服刑人员、刑满释放人员和留守儿童、妇女、老人等群体的人文关怀、精神慰藉和心理健康服务,重点加强老少边穷地区农村社区相关机制建设。完善矛盾纠纷调处机制,健全城乡社区人民调解组织网络,引导人民调解员、基层法律服务工作者、农村土地承包仲裁员、社会工作者、心理咨询师等专业队伍,在物业纠纷、农村土地承包经营纠纷、家事纠纷、邻里纠纷调解和信访化解等领域发挥积极作用。推进平安社区建设,依托社区综治中心,拓展网格化服务管理,加强城乡社区治安防控网建设,深化城乡社区警务战略,全面提高社区治安综合治理水平,防范打击黑恶势力扰乱基层治理。

(六)增强社区信息化应用能力。提高城乡社区信息基础设施和技术装备水平,加强一体化社区信息服务站、社区信息亭、社区信息服务自助终端等公益性信息服务设施建设。依托"互联网+政务服务"相关重点工程,加快城乡社区公共服务综合信息平台建设,实现一号申请、一窗受理、一网通办,强化"一门式"服务模式的社区应用。实施"互联网+社区"行动计划,加快互联网与社区治理和服务体系的深度融合,运用社区论坛、微博、微信、移动客户端等新媒体,引导社区居民密切日常交往、参与公共事务、开展协商活动、组织邻里互助,探索网络化社区治理和服务新模式。发展社区电子商务。按照分级分类推进新型智慧城市建设要求,务实推进智慧社区信息系统建设,积极开发智慧社区移动客户端,实现服务项目、资源和信息的多平台交互和多终端同步。加强农村社区信息化建设,结合信息进村入户和电子商务进农村综合示范,积极发展农产品销售等农民致富服务项目,积极实施“网络扶贫行动计划”,推动扶贫开发兜底政策落地。

四、着力补齐城乡社区治理短板

(一)改善社区人居环境。完善城乡社区基础设施,建立健全农村社区基础设施和公用设施的投资、建设、运行、管护和综合利用机制。加快城镇棚户区、城中村和危房改造。加强城乡社区环境综合治理,做好城市社区绿化美化净化、垃圾分类处理、噪声污染治理、水资源再生利用等工作,着力解决农村社区垃圾收集、污水排放、秸秆焚烧以及散埋乱葬等问题,广泛发动居民群众和驻社区机关企事业单位参与环保活动,建设资源节约型、环境友好型社区。推进健康城市和健康村镇建设。强化社区风险防范预案管理,加强社区应急避难场所建设,开展社区防灾减灾科普宣传教育,有序组织开展社区应对突发事件应急演练,提高对自然灾害、事故灾难、公共卫生事件、社会安全事件的预防和处置能力。加强消防宣传和消防治理,提高火灾事故防范和处置能力,推进消防安全社区建设。

(二)加快社区综合服务设施建设。将城乡社区综合服务设施建设纳入当地国民经济和社会发展规划、城乡规划、土地利用规划等,按照每百户居民拥有综合服务设施面积不低于30平方米的标准,以新建、改造、购买、项目配套和整合共享等形式,逐步实现城乡社区综合服务设施全覆盖。加快贫困地区农村社区综合服务设施建设,率先推动易地搬迁安置区综合服务设施建设全覆盖。落实不动产统一登记制度,做好政府投资建设的城乡社区综合服务设施不动产登记服务工作。除国家另有规定外,所有以社区居民为对象的公共服务、志愿服务、专业社会工作服务，原则上在城乡社区综合服务设施中提供。创新城乡社区综合服务设施运营机制，通过居民群众协商管理、委托社会组织运营等方式，提高城乡社区综合服务设施利用率。落实城乡社区综合服务设施供暖、水电、燃气价格优惠政策。

（三）优化社区资源配置。组织开展城乡社区规划编制试点，落实城市总体规划要求，加强与控制性详细规划、村庄规划衔接；发挥社区规划专业人才作用，广泛吸纳居民群众参与，科学确定社区发展项目、建设任务和资源需求。探索建立基层政府面向城乡社区的治理资源统筹机制，推动人财物和责权利对称下沉到城乡社区，增强城乡社区统筹使用人财物等资源的自主权。探索基层政府组织社区居民在社区资源配置公共政策决策和执行过程中，有序参与听证、开展民主评议的机制。建立机关企事业单位履行社区治理责任评价体系，推动机关企事业单位积极参与城乡社区服务、环境治理、社区治安综合治理等活动，面向城乡社区开放文化、教育、体育等活动设施。注重运用市场机制优化社区资源配置。

（四）推进社区减负增效。依据社区工作事项清单建立社区工作事项准入制度，应当由基层政府履行的法定职责，不得要求基层群众性自治组织承担，不得将基层群众性自治组织作为行政执法、拆迁拆违、环境整治、城市管理、招商引资等事项的责任主体；依法需要基层群众性自治组织协助的工作事项，应当为其提供经费和必要工作条件。进一步清理规范基层政府各职能部门在社区设立的工作机构和加挂的各种牌子，精简社区会议和工作台账，全面清理基层政府各职能部门要求基层群众性自治组织出具的各类证明。实行基层政府统一对社区工作进行综合考核评比，各职能部门不再单独组织考核评比活动，取消对社区工作的“一票否决”事项。

（五）改进社区物业服务管理。加强社区党组织、社区居民委员会对业主委员会和物业服务企业的指导和监督，建立健全社区党组织、社区居民委员会、业主委员会和物业服务企业议事协调机制。探索在社区居民委员会下设环境和物业管理委员会，督促业主委员会和物业服务企业履行职责。探索完善业主委员会的职能，依法保护业主的合法权益。探索符合条件的社区居民委员会成员通过法定程序兼任业主委员会成员。探索在无物业管理的老旧小区依托社区居民委员会实行自治管理。有条件的地方应规范农村社区物业管理，研究制定物业管理费管理办法；探索在农村社区选聘物业服务企业，提供社区物业服务。探索建立社区微型消防站或志愿消防队。

五、强化组织保障

（一）完善领导体制和工作机制。各级党委和政府要把城乡社区治理工作纳入重要议事日程，完善党委和政府统一领导，有关部门和群团组织密切配合，社会力量广泛参与的城乡社区治理工作格局。完善中央层面城乡社区治理工作协调机制，地方各级党委和政府要建立健全相应工作机制，抓好统筹指导、组织协调、资源整合和督促检查。各省（自治区、直辖市）党委和政府要建立研究决定城乡社区治理工作重大事项制度，定期研究城乡社区治理工作。市县党委书记要认真履行第一责任人职责，街道党工委书记、乡镇党委书记要履行好直接责任人职责。要把城乡社区治理工作纳入地方党政领导班子和领导干部政绩考核指标体系，纳入市县乡党委书记抓基层党建工作述职评议考核。逐步建立以社区居民满意度为主要衡量标准的社区治理评价体系和评价结果公开机制。

（二）加大资金投入力度。加大财政保障力度，统筹使用各级各部门投入城乡社区的符合条件的相关资金，提高资金使用效率，重点支持做好城乡社区治理各项工作。老少边穷地区应根据当地发展水平，统筹中央财政一般性转移支付等现有资金渠道，支持做好城乡社区建设工作。不断拓宽城乡社区治理资金筹集渠道，鼓励通过慈善捐赠、设立社区基金会等方式，引导社会资金投向城乡社区治理领域。创新城乡社区治理资金使用机制，有序引导居民群众参与确定资金使用方向和服务项目，全过程监督服务项目实施和资金使用。

（三）加强社区工作者队伍建设。将社区工作者队伍建设纳入国家和地方人才发展规划，地方要结合实际制定社区工作者队伍发展专项规划和社区工作者管理办法，把城乡社区党组织、基层群众性自治组织成员以及其他社区专职工作人员纳入社区工作者队伍统筹管理，建设一支素质优良的专业化社区工作者队伍。加强城乡社区党组织带头人队伍建设，选优配强社区党组织书记，加大从社区党组织书记中招录公务员和事业编制人员力度，注重把优秀社区党组织书记选拔到街道（乡镇）领导岗位，推动符合条件的社区党组织书记或班子成员通过依法选举担任基层群众性自治组织负责人或成员。社区专职工作人员由基层政府职能部门根据工作需要设岗招聘，街道办事处（乡镇政府）统一管理，社区组织统筹使用。加强对社区工作者的教育培训，提高其依法办事、执行政策和服务居民能力，支持其参加社会工作职业资格评价和学历教育等，对获得社会工作职业资格的给予职业津贴。加强社区工作者作风建设，建立群众满意度占主要权重的社区工作者评价机制，探索建立容错纠错机制和奖惩机制，调动社区工作者实干创业、改革创新热情。

（四）完善政策标准体系和激励宣传机制。加强城乡社区治理工作理论政策研究，做好城乡社区发展规划编制工作，制定“三社联动”机制建设、政府购买城乡社区服务等相关配套政策。加快建立城乡社区治理标准体系，研究制定城乡社区组织、社区服务、社区信息化建设等方面基础通用标准、管理服务标准和设施设备配置标准。及时总结推广城乡社区治理先进经验，积极开展城市和谐社区建设、农村幸福社区建设示范创建活动和城乡社区结对共建活动，大力表彰先进城乡社区组织和优秀城乡社区工作者。充分发挥报刊、广播、电视等新闻媒体和网络新媒体作用，广泛宣传城乡社区治理创新做法和突出成效，营造全社会关心、支持、参与城乡社区治理的良好氛围。

各省（自治区、直辖市）要按照本意见精神，结合实际制定加强城乡社区治理工作的具体实施意见。各有关部门要根据本意见要求和职责分工，制定贯彻落实的具体措施。

附录四

国务院办公厅关于印发“十四五”城乡社区服务体系建设规划的通知*

国办发〔2021〕56号

各省、自治区、直辖市人民政府，国务院各部委、各直属机构：

《“十四五”城乡社区服务体系建设规划》已经国务院同意，现印发给你们，请认真贯彻执行。

国务院办公厅

2021年12月27日

“十四五”城乡社区服务体系建设规划

社区服务关系民生、连着民心，不断强化社区为民、便民、安民功能，是落实以人民为中心发展思想、践行党的群众路线、推进基层治理现代化建设的必然要求。为贯彻落实党中央、国务院决策部署，夯实基层基础，让人民生活更加美好，依据《中华人民共和国国民经济和社会发展第十四个五年规划和2035年远景目标纲要》，编制本规划。

一、谱写城乡社区服务体系建设新篇章

城乡社区服务体系，是指党委统一领导、政府依法履责、社会

* 《国务院办公厅关于印发“十四五”城乡社区服务体系建设规划的通知》，《中华人民共和国国务院公报》2022年第5号。

多方参与，以村（社区）为基本单元，以村（社区）居民、驻区单位为对象，以各类社区服务设施为依托，以满足村（社区）居民生活需求、提高生活品质为目标，以公共服务、便民利民服务、志愿服务为主要内容的服务网络和运行机制。

（一）发展环境。

“十三五”时期是全面建成小康社会决胜阶段。以习近平同志为核心的党中央坚持以人民为中心，着力加强基层基础工作，推动社会治理重心向基层下移，城乡社区服务体系建设取得积极进展。党领导社区服务能力不断加强，村（社区）党组织书记和主任“一肩挑”比例逐步提高，党建引领社区服务体系建设的体制机制逐步完善。服务设施不断完善，以党群服务中心为基本阵地的城乡社区综合服务设施建设加快推进，城市社区综合服务设施实现全覆盖，农村社区综合服务设施覆盖率达到65.7％。服务供给不断扩大，城乡社区普遍能够提供基本公共服务办理、代办等服务，便民利民服务办理更加便捷，志愿服务蓬勃发展。服务人才队伍不断壮大，截至2020年底，全国社区工作者433.8万人，村（居）民委员会班子成员277.6万人，社会工作专业人才157.3万人。服务信息化建设不断加强，“互联网＋社区政务服务”、“互联网＋社区商业服务”加速推进，全国50.9万个村民委员会、11.3万个居民委员会初步实现信息集中汇聚、统一管理、动态更新。这些成就，标志着我国城乡社区服务体系建设向新发展阶段迈进，服务品质不断提高，人民群众获得感、幸福感、安全感不断增强，为“十四五”城乡社区服务体系建设高质量发展奠定了坚实基础。

“十四五”时期是我国全面建成小康社会、实现第一个百年奋斗目标之后，乘势而上开启全面建设社会主义现代化国家新征程、向第二个百年奋斗目标进军的第一个五年。我国已转向高质量发展阶段，经济社会发展持续向好，科技支撑更加有力，城乡融合更加深入，社区服务业发展前景广阔，城乡社区服务体系建设高质量发展具有许多优势和条件。同时，面对“十四五”时期经济社会发展新形势、人民群众新期待、基层治理新任务，我国城乡社区服务发展不平衡不充分问题仍然突出，党建引领社区服务体系建设还不健全，政府、市场、社会多方参与格局还不完善，信息化基础设施和技术应用还比较薄弱，社区工作者就业吸引力、岗位认同感、队伍稳定性有待提升。必须牢牢把握我国发展重要战略机遇期，以更高的站位、更大的决心、更实的举措，奋力谱写城乡社区服务体系建设新篇章。

（二）战略导向。

加强城乡社区服务体系建设，是立足新发展阶段，不断夯实国家治理体系和治理能力基础的重大举措，是贯彻新发展理念，不断满足人民群众对更高生活品质新期待的重要途径，是进一步扩大内需、促进就业、拉动消费，不断推动构建新发展格局的重要抓手。必须围绕中心、服务大局，优先发展社区就业、养老、托育服务，大力发展社区服务业。必须走共同富裕道路，保障特殊困难群体平等享受有关基本公共服务，彰显公平正义。必须强化问题导向，补齐社区应急管理、风险防控、医疗卫生、社会心理服务等方面短板弱项。必须深化改革创新，充分运用数字技术为社区赋能减负，提升服务品质和效能。

（三）指导思想。

以习近平新时代中国特色社会主义思想为指导，全面贯彻党的十九大和十九届历次全会精神，坚持和加强党的全面领导，坚持以人民为中心，以增进人民福祉为出发点和落脚点，以强化为民、便民、安民功能为重点，以不断满足人民高品质生活需求为目标，加快完善党建引领社区服务体系建设，增加服务供给，补齐服务短板，创新服务机制，为推进基层治理体系和治理能力现代化建设奠定坚实基础，让人民生活更加美好，让基层更加和谐稳定，让党的执政基础更加稳固。

(四)基本原则。

一是坚持党的全面领导。坚持将党的领导贯穿于城乡社区服务体系建设的全过程各方面，促进提升基层党组织组织力，发挥党员服务群众带头示范作用，厚植党的执政基础。

二是坚持以人民为中心。坚持人民主体地位，回应群众新期待新需求，推动创造就业岗位，带动投资，不断改善人民生活品质，努力做到群众有需求、社区有服务。

三是坚持共建共治共享。充分调动社会组织、社会工作者、志愿者和慈善资源等社会力量，引导市场力量，更好发挥政府作用，构建多方参与格局，让全体人民共享发展成果。

四是坚持城乡统筹。科学把握城乡发展差异，尽力而为、量力而行，推进社区服务制度城乡衔接、要素共享、互通互融，推动社区服务机制城乡联动、基础设施城乡衔接、基本公共服务城乡统筹。

五是坚持分类指导。坚持因地制宜，突出问题导向，把握政府、市场、社会不同定位，区分不同地区、不同类型社区特点，重点突破、分层推进、分类实施，全方位提升社区服务水平。

(五)主要目标。

到 2025 年末，党建引领社区服务体系建设更加完善，服务主体和服务业态更加丰富，线上线下服务机制更加融合，精准化、精细化、智能化水平持续提升，社区吸纳就业能力不断增强，基本公共服务均等化水平明显提升，人民群众操心事、烦心事、揪心事更好解决，获得感、幸福感、安全感不断增强。

专栏1 “十四五”城乡社区服务体系建设主要指标

序号	指　标	2020年基期值	2025年目标值	指标属性
1	农村社区综合服务设施覆盖率	65.7%	80%	预期性
2	城市社区综合服务设施覆盖率	100%	100%	预期性
3	社区商业和综合服务设施面积占社区总建筑面积的比例	—	≥10%	预期性
4	每百户居民拥有社区综合服务设施面积	29.8平方米	≥30平方米	预期性
5	居民活动区域面积占社区综合服务设施总建筑面积比例	—	≥60%	预期性
6	城市社区政务通用自助服务覆盖率	—	100%	预期性
7	每万城镇常住人口拥有社区工作者	15人	18人	预期性

二、完善城乡社区服务格局

（六）健全党建引领机制。

压实乡镇（街道）党（工）委责任，建立健全街道党工委牵头、驻区单位党组织负责人参加的社区党建工作联席会议制度，加强党对城乡社区服务体系建设的全面领导。全面健全村（社区）党组织引领，基层群众性自治组织主导，村（社区）居民为主体，群团组织、社区社会组织、社会工作者和驻区单位共同参与、协同开展社区服务的体制机制。全面落实党领导下的城乡社区协商制度，围绕群众关心的服务事项广泛开展议事协商。全面加强党建引领社区服务体系建设，扎实做好服务群众、教育群众、凝聚人心工作，组织引领群众听党话、跟党走。全面落实在职党员到社区报到为群众服务制度机制，推动党政机关、企事业单位到村（社区）开展服务。推动有物业服务的社区建立健全党建引领下的社区居民委员会、业主委员会、物业服务企业协调运行机制，强化社区党组织领导能力、居民委员会指导能力、物业服务企业服务能力。健全党建引领社区社会组织工作机制，乡镇（街道）党（工）委和村（社区）党组织加强对社区社会组织参与社区服务的领导。

（七）完善多方参与格局。

强化政府在基本公共服务供给保障中的主体地位，优化村（社区）服务功能布局，促进服务资源高效配置和有效辐射。发挥村（社区）党组织、基层群众性自治组织作用，支持群团组织积极参与社区服务。健全社会力量参与社区服务激励政策，组织实施社会力量参与社区服务行动，推动社区与社会组织、社会工作者、社区志愿者、社区公益慈善资源联动开展服务。支持引导驻区单位向社区居民开放停车场地、文化体育设施、会议活动场地等资源。支持社区服务企业发展，积极引导市场主体进入社区服务领域，鼓励开展连锁经营。

专栏2　社会力量参与社区服务行动
1. 培育发展社区社会组织专项行动。实施一批项目计划，开展系列主题活动，培育一批品牌社区社会组织和品牌活动项目，引导服务性、公益性、互助性社区社会组织广泛参与社区服务。 2. 社区志愿服务行动。依托社区综合服务设施建立志愿服务站点，搭建志愿服务组织（者）、服务对象和服务项目对接平台，以困难群体和特殊人群为重点广泛开展志愿服务，大力开展邻里互助服务和互动交流活动。 3. 社区社会工作服务行动。在乡镇（街道）设置面向村（社区）服务的社会工作站，依托社区综合服务设施建立社会工作室，开展社会工作专业服务。

三、增加城乡社区服务供给

（八）强化为民服务功能。

聚焦幼有所育、学有所教、病有所医、老有所养、弱有所扶和文体服务有保障，推动基本公共服务资源向村（社区）下沉。重点强化社区养老、托育、助残服务供给，做好对困难群体和特殊人群关爱照护，推动社区与居家养老服务协同发展。着力提升基层卫生、医疗保障服务能力，做好传染病、慢性病防控和儿童保健等工作，推进健康社区和村（居）民委员会下属公共卫生委员会建设。加强基层公共就业服务，在有条件的村（社区）设立就业创业空间，重点为村（社区）居民中的失业人员、就业困难人员、高校毕业生、退役军人、农村转移劳动力、残疾人等群体提供服务。大力发展社区教育，助力构建终身学习体系。扩大文化、体育、科普等公共服务供给。加强婚姻家庭文化服务。适应农村经济社会发展，增加行政村和较大自然村基本公共服务供给，提升邮政、金融、电信、供销、广播电视等公共事业服务水平。重点加强脱贫村和易地扶贫搬迁集中安置社区的教育、卫生、就业、社保、养老、社会救助、未成年人保护、环境保护等公共服务资源配置。

（九）强化便民服务功能。

全面推进城市一刻钟便民生活圈建设，加快推进农村生活服务便利化。引导市场、社会力量发展社区托育、养老等服务业态。推动物流配送、快递、再生资源回收网点设施辐射符合条件的村（社区），鼓励发展社区物业、维修、家政、餐饮、零售、美容美发等生活性服务业，支持相关企业在村（社区）设置服务网点，满足居民多样化需求。鼓励有条件的地方引进专业化物业服务，建立健全业主和物业服务企业双向选择机制。完善城市居民委员会组织体系，指导和监督业主委员会、物业服务企业依法履行职责。依托村级综合服务设施、供销合作社等强化农村地区农产品收购、农资供应等服务供给。

(十)强化安民服务功能。

深化城乡社区警务战略，加强村(居)民委员会下属治安保卫委员会建设，健全完善群防群治、联防联治机制，提升村(社区)平安建设能力水平。加强村(社区)人员密集场所安全管理，开展安全教育培训和交通安全宣传劝导，做好用气、用电、用火以及地震、洪灾等防灾监测、预警发布和应急避险安全防护工作，对噪声扰民行为及时劝阻、调解。完善村(社区)应急组织体系和工作预案，强化应急和风险防范物资储备保障，健全应急广播体系，拓展突发事件预警信息发布渠道。加强村(社区)应急避难场所建设，健全完善微型消防站(点)，引导社会应急力量有序参与应急处置。巩固充实村(居)民委员会下属人民调解委员会，完善矛盾纠纷多元化解机制，推动村(社区)普法宣传、人民调解、法律援助、公证等法律服务全覆盖。加强村(社区)反邪教工作能力建设。强化社区矫正、社区戒毒社区康复、刑满释放人员帮扶和精神障碍社区康复服务，为遭受家庭暴力的居民提供应急庇护救助服务。建立健全发现报告和家庭监护监督制度，加强村(社区)未成年人保护工作。支持各类专业组织、机构在村(社区)开展社会心理服务，完善疏导机制，强化精神慰藉、心理疏导、关系调适、社会融入等服务。推进建设各民族相互嵌入式的社会结构和社区环境，铸牢中华民族共同体意识。

专栏3　新时代新社区新生活服务质量提升行动
1. 社区固本强基行动。健全党组织领导、基层群众性自治组织为基础的村（社区）组织体系，推动机关和企事业单位党组织、在职党员到社区报到全覆盖，组织党员参加以服务群众为主要内容的“设岗定责”活动。 2. 社区养老服务行动。支持一批县（市、区、旗）建设连锁化运营、标准化管理的示范性社区居家养老服务网络，提供失能护理、日间照料以及助餐助浴助洁助医助行等服务。特殊困难老年人月探访率达到100%。建成一批示范性城乡老年友好型社区，更好地满足老年人多方面的需要。 3. 社区未成年人关爱行动。推进乡镇（街道）未成年人保护工作站、儿童友好社区建设，依托社区综合服务设施拓展社区托育服务功能。推动在社区普遍建立青年之家和校外实践教育场所，开展学龄儿童课后托管和寒暑假集中看护服务，在村（社区）推广建立家长学校或家庭教育服务站点。 4. 社区助残服务行动。开展社区残疾人康复，做好家庭医生签约、康复训练、辅助器具适配、支持性服务等。为重度残疾人提供日间照料、居家服务等多种形式的托养和照护服务。结合智慧城市、乡村建设行动等，同步推进社区无障碍环境建设和改造。实现村（社区）残疾人协会全覆盖。 5. 社区就业服务行动。依托社区综合服务设施，加强基层公共就业服务，重点为村（社区）居民中的失业人员、就业困难人员、高校毕业生、退役军人、农村转移劳动力、残疾人等群体提供服务。 6. 社区卫生服务行动。深化推进“优质服务基层行”，持续提升基层医疗卫生机构服务能力，拓展医养结合服务。推进社区医院建设工作，科学规划布局，结合群众需求，突出服务特色。 7. 社区教育行动。创新发展社区教育，推动开展学习型社区、学习型家庭等各类学习型组织创建活动，统筹村（社区）教育协调发展，优先扩大老年教育资源供给。 8. 社区文化服务行动。引导各类文化资源向城乡基层倾斜，村（社区）普遍建立综合性文化服务中心。 9. 社区体育服务行动。整合社区体育服务资源统筹建设全民健身场地设施，推动学校体育设施向社区居民开放，实现社区15分钟健身圈全覆盖。 10. 社区科普服务行动。依托社区综合服务设施、社区图书馆等拓展科普服务功能、开展科普活动，支持社区科普设施流动巡回服务，加大流动科技馆、科普大篷车进村（社区）服务力度。 11. 平安社区建设行动。加强社区警务工作保障，推进警务室与村（社区）“两委”同址办公，配齐必要装备设施，开展平安社区（村）建设活动。 12. 法律服务社区行动。推进村（社区）法律顾问工作全面升级，引导社会力量参与公共法律服务，发展壮大法律服务志愿者队伍，加强村（社区）人民调解员队伍建设，进一步深化普法宣传教育、法律援助和人民调解工作。 13. 社区应急服务行动。整合社区公园、广场等场馆服务资源，改造或完善社区应急避难场所，推进应急信息化建设，完善应急广播体系，定期开展应急避险知识宣传和应急避难演练活动。全国所有村（社区）均设置1名灾害信息员。 14. 社区共建共治共享行动。全面落实村（社区）协商制度，建立居民需求、服务资源、民生项目“三项清单”工作制度，实现资源与需求有效对接、治理成果共享。

四、提升城乡社区服务效能

（十一）优化服务设施布局。

将综合服务设施建设纳入国土空间规划，推进新建社区综合服务设施标准化规范化建设，确保新建社区商业和综合服务设施面积达标。实施城乡社区综合服务设施补短板工程，鼓励通过换购、划拨、租借等方式，统筹利用社区各类存量房屋资源增设服务设施。有条件的地方可通过租赁住宅楼底层商业用房等其他符合条件的房屋开展社区服务。鼓励有条件的地方开展城市社区综合服务体建设，促进便民利民服务集聚集群发展、项目化系统化供给。建设智能快件箱（信包箱）和邮政快递末端综合服务站等配套设施。实施村级综合服务设施提升工程，完善村级综合服务设施网络，推进标准化建设。统筹利用益农信息社等村级服务站点，增强村级综合服务功能。加快建设易地扶贫搬迁集中安置社区综合服务设施，确保 2025 年实现综合服务设施全覆盖。按照老年人、未成年人、残疾人优先的原则，优化社区综合服务设施空间布局，促进各类服务设施功能差异互补、内容衔接配套。推动社区卫生服务中心与社区养老服务机构毗邻建设，推进社区设施适老化、适儿化改造和无障碍建设。精简整合办公空间推行开放式办公，增加居民活动区域面积。农村要合理规划群众举办红白喜事等活动的公共场所，统筹考虑布局公益性安葬服务设施。

专栏4　城乡社区综合服务设施补短板工程
1. 村级综合服务设施提升工程。坚持农业农村优先发展，结合实施乡村建设行动，统筹利用现有资金渠道，整合利用村级组织活动场所等现有设施和场地，加快补齐农村社区综合服务设施短板，提升农村基础设施和公共服务水平。 2. 易地扶贫搬迁集中安置社区综合服务设施补短板工程。巩固拓展脱贫攻坚成果，统筹用好现有资金渠道，支持易地扶贫搬迁集中安置社区扩建、新建综合服务设施，基本满足服务群众需要。 3. 完善城镇老旧小区社区服务设施。完善城市宜居宜业功能，因地制宜补齐城镇老旧小区社区服务设施短板，提升设施综合利用和社区服务水平。

(十二)创新服务机制。

完善服务统筹机制,以县(市、区、旗)为单位统筹用好各项支持社区的政策,以及面向社区的服务资金、资源、项目等,以村(社区)党组织为主渠道落实。发挥基层群众性自治组织作用,增强综合服务能力。全面推行"一窗"受理和"一站"办理,实现政务代办服务村(社区)全覆盖。完善即时响应机制,推广接诉即办等基层经验,社区服务设施开放和服务时间一般不少于每天 8 小时,群众关切项目应开展 24 小时线上服务,保留必要线下办事服务渠道,及时响应居民需求。完善政府购买服务机制,明确购买服务项目立项、经费预算、信息发布、项目管理、绩效评估等长效配套措施,鼓励基层群众性自治组织、社会组织承接政府购买服务事项,广泛参与社区服务。完善服务评价机制,健全群众满意度调查评估制度,实现组织开展社区服务群众满意度调查覆盖所有村(社区)。推广社区服务"好差评"评价激励制度,普遍建立精准匹配村(社区)居民需求的评价机制。完善村(居)民自我服务机制,加强基层群众性自治组织规范化建设,引导村(居)民广泛参与社区服务,增强自治能力,提高自我服务水平。

五、加快社区服务数字化建设

(十三)提高数字化政务服务效能。

充分发挥全国一体化政务服务平台作用,推动"互联网+政务服务"向乡镇(街道)、村(社区)延伸覆盖。加快部署政务通用自助服务一体机,完善村(社区)政务自助便民服务网络布局。实施"互联网+基层治理"行动,完善乡镇(街道)、村(社区)地理信息等基础数据,根据服务群众需要,依法依规向村(社区)开放数据资源,发挥村(社区)信息为民服务实效。充分依托已有设施,鼓励多方参与建设开发智慧社区信息系统和简便应用软件，增加政务服务事项网上受理、办理数量和种类。充分考虑老年人、残疾人习惯和特点，推动互联网应用适老化及无障碍改造。推动政务服务平台、社区感知设施、家庭终端和城乡安全风险监测预警系统建设及互联互通，发展实时监测、智能预警、应急救援救护和智慧养老等社区惠民服务应用。深化全国基层政权建设和社区治理信息系统、中国智慧社区服务网推广应用，拓展社区服务功能，组织开展在线服务评价工作。

（十四）构筑美好数字服务新场景。

开发社区协商议事、政务服务办理、养老、家政、卫生、托育等网上服务项目应用，推动社区物业设备设施、安防等智能化改造升级。集约建设智慧社区信息系统，开发智慧社区移动应用服务，加速线上线下融合。推进数字社区服务圈、智慧家庭建设，促进社区家庭联动智慧服务生活圈发展。大力发展社区电子商务，探索推动无人物流配送进社区。推动“互联网＋”与社区服务的深度融合，逐步构建服务便捷、管理精细、设施智能、环境宜居、私密安全的智慧社区。以县（市、区、旗）为单位，支持利用互联网、物联网、区块链等现代信息技术，深入组织开展智慧社区、现代社区服务体系试点建设，高效匹配社区全生活链供需，扩大多层次便利化社会服务供给。鼓励社会资本投资建设智慧社区，运用第五代移动通信（5G）、物联网等现代信息技术推进智慧社区信息基础设施建设。

专栏5　社区服务数字化建设试点行动
1.“互联网＋基层治理”行动。把握数字化新机遇，综合利用乡镇（街道）、村（社区）地理信息、人口、资源环境、社会经济、民生保障等数据资源，集约建设开发智慧社区信息系统和简便应用软件，推动基层治理数据资源共享，全面提升社区治理服务智能化水平。全国未通宽带行政村动态清零，实现全国80%行政村通5G网络。 2. 智慧社区试点建设。推进社区服务数字化应用场景建设，确定一批智慧社区建设试点单位，推动政务服务平台、社区感知设施和家庭终端联通，发展智能预警、应急救援救护和智慧养老等社区惠民服务，建立无人物流配送系统。 3. 现代社区服务体系试点建设。丰富数字生活体验，确定一批现代社区服务体系建设试点单位，运用现代信息技术改造社区设施、环境和文化，推动购物消费、居家生活、旅游休闲、交通出行等各类场景数字化，构建融空间、情感、价值于一体的现代社区服务形态。

六、加强城乡社区服务人才队伍建设

（十五）选优配强社区工作者队伍。

组织实施社区人才队伍建设行动。规范村（居）民委员会换届选举，全面落实村（社区）“两委”班子成员资格联审机制。建立健全村（社区）党组织书记后备人才库，依法选优配强村（社区）“两委”班子成员。综合考虑服务居民数量等因素，合理确定社区工作者配备标准。通过选派、聘用、招考等方式，选拔优秀人才充实社区工作者队伍。健全社区工作者职业体系，建立岗位薪酬制度并完善动态调整和职业成长机制，按规定参加社会保险并享受相应待遇。鼓励高校毕业生、退役军人到村（社区）就业创业。

（十六）加强社区服务教育培训。

加强社区服务人才培训管理，建立健全社区工作者能力指标体系，健全完善分级培训制度，用好现有培训基地和在线培训平台。依托各级各类干部网络培训平台开放共享社区服务精品课程，推动优质网络培训资源直达村（社区）。鼓励有条件的院校开展社区服务相关人才培养和社区工作者能力提升培训，强化社区服务人才供给。加强对社区工作者的民族、宗教政策法规培训，不断促进民族团结，铸牢中华民族共同体意识。加快培育发展社区社会工作专业人才、社区志愿者，加强社会组织人才建设。结合农民工自身特点开展职业技能培训，引导农民工从事社区服务业。

专栏6　社区人才队伍建设行动
1. 新时代社区工作者主题培训行动。灵活采取多种形式，综合运用各种方式方法，将城乡社区工作者轮训一遍，并推进实施后续培训，依托全国基层政权建设和社区治理信息系统建立健全社区工作者培训监测机制。 2. 社区志愿者队伍建设行动。依托全国志愿服务信息系统，为有意愿、能胜任志愿服务的社区居民进行登记注册，鼓励社区建立各类志愿服务队伍。 3. 社会工作专业人才队伍建设行动。全面推动乡镇（街道）社会工作站建设，引进、培育社会工作专业人才，将社会工作理论与方法纳入城乡社区工作培训应知应会内容，鼓励城乡社区工作者学习掌握社会工作专业技能，参加全国社会工作者职业资格评价。

七、组织保障

（十七）组织领导。

地方各级人民政府要强化主体责任，将本规划主要任务指标作为民生项目，列入议事日程，定期研究、谋划和推动。省级人民政府要健全规划实施机制，市、县级人民政府要做好资金统筹、推进实施等工作，乡镇（街道）要做好具体落实工作。建立健全民政、发展改革部门牵头的规划实施推进机制，制订规划实施年度任务清单和工作台账，跟踪和督促各项任务落实。各地区要依照本规划，结合当地实际研究制定本地区“十四五”城乡社区服务体系建设规划或方案，明确目标任务，细化政策措施，推进规划落实。

（十八）政策保障。

按规定落实经费保障，确保村（社区）组织有钱为民办事，确保管理服务有效覆盖常住人口。统筹利用现有资金渠道，支持社区服务项目和设施建设。鼓励通过慈善捐赠等方式，引导社会资金投向城乡社区治理领域。切实保障社区综合服务设施建设用地，优先用于社区养老、托育、助残、未成年人保护等服务。落实城乡社区服务税收、公用事业收费、用工保险和社会组织登记等优惠政策。社区服务网点的水、电、气、热执行居民生活类价格。

(十九)法治支撑。

推动修订并贯彻实施《中华人民共和国村民委员会组织法》、《中华人民共和国城市居民委员会组织法》等法律法规。制定实施农村社区服务站建设标准,强化村级综合服务功能。完善社区公共服务目录及准入制度,全面规范、清理村(居)民委员会出具证明事项,推动为村(社区)减负增效,让社区工作者有更多时间服务群众。研究制定社区服务法规政策、社区服务质量综合评价体系及认证办法,完善村(社区)志愿服务、社会工作专业服务制度。探索建立养老、托育、家政、物业等领域社区服务信用管理体系。推进社区服务标准化建设,鼓励制定社区服务标准,研究制定智慧社区建设标准,加强数据安全管理和居民隐私保护。加强村(社区)服务档案建设,提高档案管理信息化水平。

(二十)考核评估。

本规划实施情况纳入地方各级人民政府目标责任考核内容,作为改进政府工作的重要依据。发挥城乡社区治理议事协调机构(机制)作用,强化部门统筹协调。各级民政部门要定期组织开展评估,做好跟踪指导和分析研判等工作,及时向本级政府报告情况。坚持试点引路、以点带面、有序推进,总结推广各地规划实施好经验好做法。民政部、国家发展改革委牵头,会同有关部门建立健全规划实施监测机制,定期组织开展综合评估和专项评估,重大事项及时向国务院报告。

附录五

中共中央组织部　中共中央政法委员会 民政部　住房城乡建设部印发 《关于深化城市基层党建引领基层治理的若干措施(试行)》的通知

各省、自治区、直辖市党委组织部、政法委,政府民政厅(局)、住房城乡建设厅(局),新疆生产建设兵团党委组织部、政法委、民政局、住房城乡建设局:

现将《关于深化城市基层党建引领基层治理的若干措施(试行)》印发给你们,请结合实际认真贯彻执行。

中共中央组织部
中共中央政法委员会
民政部
住房城乡建设部
2022 年 1 月 29 日

关于深化城市基层党建引领基层治理的若干措施(试行)

近年来,各地以习近平新时代中国特色社会主义思想为指导,认真落实党中央关于加强城市基层党建工作的各项部署要求,城市基层党建引领基层治理水平明显提升。站在新的起点,为深入贯彻《中共中央、国务院关于加强基层治理体系和治理能力现代化建设的意见》精神，总结运用疫情防控斗争经验，进一步加强党的全面领导、有效整合各方力量，着力破解制约基层治理效能提升的突出问题，现就深化城市基层党建引领基层治理提出如下措施。

一、加强党建引领网格管理，提升社区精细化治理、精准化服务水平

1.合理设置社区网格。一般以居民小组或住宅小区、若干楼院为单元划分社区网格，每个网格原则上覆盖300～500户。把社区内的党建和政法综治、民政、城管、信访、市场监管、卫生健康、应急管理等各类网格统一整合成“一张网”。网格整合后各职能部门不再另行单独划定网格，确需依托网格开展的业务工作，纳入社区已有网格管理。商务楼宇、商圈市场等根据实际情况可单独划定网格。

2.建强社区网格党组织。原则上一个网格设立1个党支部或党小组。社区网格党支部书记、党小组组长由社区党组织成员或社区党员骨干担任，并兼任网格长。鼓励支持离退休干部党员参与社区网格党组织建设。一个网格应配备1名专职网格员，统一纳入社区工作者队伍管理。商务楼宇、商圈市场网格党组织书记一般由街道党(工)委选派党员干部担任，注重把业主单位、楼宇物业、重点企业党员负责人经组织程序选进网格党组织班子。

3.完善社区网格运行机制。坚持和发展新时代“枫桥经验”，建立健全信息收集、问题发现、任务分办、协同处置、结果反馈工作机制，做到民有所呼、我有所应。专职网格员要开展日常巡查走访，了解掌握社情民意，及时处理矛盾问题。对网格排查上报事项，社区做好梳理汇总，街道根据问题性质和管理权限“吹哨派单”，相关职能部门主动承接、限时办理并反馈。推动基层行政执法力量下沉网格，引导各类企业、社会组织、志愿者队伍参与网格管理和服务。市、区领导班子成员要直接联系社区，街道领导班子成员要直接联系网格。

二、加强社区工作者职业体系建设，壮大城市基层党建和基层治理骨干力量

4.严格社区工作者选聘标准和程序。社区工作者主要包括社区党组织成员、社区居民委员会成员中的专职人员和在社区从事党建、治理、服务工作的全日制专职工作人员，配置标准为每万城镇常住人口不少于18人。根据就近就便、职住兼顾原则，一般由县(市、区、旗)统一组织选聘，由所属街道集中管理、所在社区分配使用。建立健全社区党组织书记后备人才库，实行社区党组织书记县级党委组织部门备案管理。

5.完善社区工作者激励保障制度。社区工作岗位一般设立社区正职、社区副职、工作人员等类别，每类岗位依据岗位职责、工作年限、专业水平、学历层次等因素划分若干等级。岗位等级序列以市为单位设置，并建立省内互认机制。社区工作者薪酬标准不低于上年度当地全口径城镇单位就业人员平均工资水平，按照国家有关规定落实基本养老、基本医疗等社会保险及住房公积金。对连续任职满两届、表现优秀的社区党组织书记，可按规定程序解决事业人员身份，特别优秀的可通过择优调任、换届选举等选拔进街道(乡镇)班子。

6.加强社区工作者培养锻炼。区级以上党委组织部门会同民政等有关部门对社区党组织书记、社区居民委员会主任进行履职培训，街道党(工)委统筹组织其他社区工作者岗位培训。突出实战实训，设立社区实训基地，推行“导师帮带制”。鼓励社区工作者参加全国社会工作者职业资格评价。

三、加强党群服务中心建设，夯实城市基层党建和基层治理实体支撑

7.构建布局合理、覆盖广泛的党群服务中心体系。把街道社区党群服务中心纳入城市公益性服务设施建设规划，在新建社区和老旧街区、老旧小区、老旧厂区、城中村改造等工作中统筹考虑。按照“15 分钟服务圈”要求科学选址、合理布局，尽量把党群服务中心建在人流密集、交通便利的位置。街道党群服务中心面积一般不小于 1000 平方米，社区党群服务中心面积力争达到每百户 30 平方米以上，优化以党群服务中心为基本阵地的社区综合服务设施布局。推动商务楼宇、商圈市场和较大企业因地制宜建设开放共享的区域性党群服务中心。有条件的地方可在市、区层面依托政务服务场所建立党群服务中心，根据居民需求在社区网格设立党群服务站点。

8.提升党群服务中心综合使用效率。整合党建、治理、服务多种功能，合理划分政务服务、党群活动、综合治理、协商议事、文体康养等功能区域，避免建成单纯宣示性、展示性场所。有条件的地方可设立老年食堂、青年创客空间、老党员工作室等特色服务场所。积极培育引进社会组织开展专业化服务。统筹整合相关部门在街道社区设立的各类活动阵地，推动场所设施共用、力量资源共享。

9.提升信息集成和智慧治理水平。统筹推进智慧城市、智慧社区建设，整合现有党的建设、综合治理、社区治理、数字城管等各系统信息资源，建设一体化信息系统和综合指挥平台，推动基层治理数字化智能化，做好网上群众工作。加强党群服务中心便民服务信息网络建设，完善自助服务设施，让数据多跑路、群众少跑腿。

四、强化社区物业党建联建，以高质量物业服务推进美好家园建设

10.推进物业服务和物业服务企业党建全覆盖。注重以市场化方式为主渠道，不断扩大物业服务覆盖范围。对无物业小区，采取引入国有物业服务企业提供基本物业服务、社区“两委”组织居民自我管理等方式，实现物业服务兜底。推动符合条件的物业服务企业及时建立党组织，暂不具备组建条件的，通过选派党建指导员、引导企业招聘党员员工等方式加强党的工作覆盖。依托各级住房城乡建设部门及物业行业协会建立物业行业党组织。物业服务企业党组织接受物业服务项目所在社区党组织领导，同时接受物业行业党组织指导。对党建强、服务好、群众满意度高的物业服务企业，在物业服务项目招投标和物业服务企业评先评优时予以优先考虑，支持以政府购买服务等形式承接有关政务服务和公共服务。

11.强化党组织对业主委员会的指导。街道社区党组织要在业主委员会组建和换届过程中加强人选把关，提高业主委员会成员中党员比例，推动符合条件的业主委员会设立党支部或党小组。业主委员会根据业主大会授权决定大额维修资金使用、小区公共收益支出、公共设施完善等事项前，应主动向社区“两委”报告。对未成立业主委员会的，可探索由社区“两委”指导组建物业管理委员会，临时代行业主委员会部分职责。

12.建立社区物业党建联建和协调共治机制。推动符合条件的社区“两委”成员通过法定程序兼任业主委员会成员，鼓励业主委员会和物业服务企业党员负责人担任社区党组织兼职委员，健全完善党建引领下的社区居民委员会、业主委员会、物业服务企业协调运行机制，组织社区居民有序参与，做到决策共谋、发展共建、建设共管、效果共评、成果共享，共同建设美好家园。健全街道党(工)委统一协调，相关部门联动执法，协同解决物业管理问题的工作机制。街道党(工)委要根据日常了解掌握的情况，对辖区物业服务企业提出评价意见，作为住房城乡建设部门评价企业信用的重要内容记入信用档案。

五、压实街道社区(园区)属地管理责任，把新就业群体纳入城市基层党建格局

13.健全快递物流、外卖配送、网约出行等企业党组织。以头部企业为重点，推动党组织应建尽建，加强企业分支机构、业务板块、分拨中心、仓储基地、基层网点党组织建设，选优配强党组织书记，加强对党员特别是流动党员的教育管理。推动快递物流、外卖配送企业与街道社区(园区)党建联建。对未建立党组织的企业，引导党员就近就便参加驻点、包片街道社区(园区)党组织活动。推动相关行业协会商会建立健全党组织，依托行业协会商会加强会员企业党建工作。

14.推动快递员、外卖送餐员、网约车司机等新就业群体融入基层治理。街道社区(园区)党组织要及时掌握辖区内快递网点、外卖配送站的分布情况，整合利用闲置用房、地下空间、架空层等资源，帮助快递网点解决配送场地、临时宿舍等实际困难。推动快递员、外卖送餐员到党群服务中心报到备案，参加社区志愿服务，推动党群服务中心、银行网点服务设施向新就业群体开放。发挥新就业群体在城市基层治理中的重要作用，引导他们积极参与疫情防控、平安建设、文明创建等工作。

六、因地制宜精准施策，着力提升村改社区、易地扶贫搬迁集中安置社区等区域治理水平

15.规范村改社区工作。对处于城镇开发边界内的城中村和城乡结合部，有序抓好从农村到城市的转改衔接。按照“先改制、后改居”原则，规范撤销村民委员会改设社区居民委员会的条件和程序，严格建制调整工作方案报审，明确村级集体资产改制办法，妥善处理债权债务，实现居企分开。及时组建村改社区党组织、社区居民委员会，配齐配强社区工作人员，推动党组织把工作重心由抓经济、抓发展向抓治理、抓服务转变，实现社区党建、管理和服务对原村民和外来居民全覆盖，加强居民间的交流融合。对外来流动人员多、矛盾积压深、环境脏乱差的村改社区，要选派机关和企事业单位干部担任第一书记，开展专项整治。

16.推动易地扶贫搬迁集中安置社区完善治理架构、增强治理能力。根据各类搬迁群众情况，统筹考虑各方利益诉求，及时建立安置社区党组织、居民委员会和其他经济社会组织，完善工作协调运行机制。选派迁入地党政机关干部担任第一书记，组建驻社区工作队，帮助安置社区培养骨干力量，提升工作水平。加强安置社区党群服务中心建设，完善公共服务和便民利民服务设施，健全老人、妇女、儿童关爱服务体系，做好产业培育和就业帮扶工作，确保搬迁群众搬得出、稳得住、能致富。加强社区文化建设，整治社区环境，推进移风易俗，增强搬迁群众对安置社区的认同感、归属感。

七、广泛开展干部下派、到社区报到工作，推动机关和企事业单位在职党员参与社区治理常态化

17.建立健全干部下派工作机制。面对重大公共卫生事件、重

大自然灾害等突发事件，各级党委及时抽调机关和企事业单位党员干部下沉基层、充实一线工作力量。街道社区党组织要通过组建党员突击队、设立党员先锋岗等，组织下派干部冲锋在前。下派干部要自觉接受街道社区党组织统一指挥，主动承担艰巨任务。派出单位党组织要对下派干部践岗履职、纪律作风等情况进行综合评价，并强化结果运用。积极推动各级机关和企事业单位选派干部到社区挂职或任职。

18.深化拓展在职党员到社区报到工作。市、区两级机关和企事业单位党组织要结合干部下派工作，常态化组织在职党员到社区报到为群众服务。街道社区党组织要发挥在职党员模范带头作用，动员各类志愿者、社区热心群众，组建政策宣讲、法律援助、健康义诊、扶贫帮困、助老助残等服务团队，为群众提供组团式、专业化服务。在党群服务中心设置贴合群众需求的志愿服务岗位，为在职党员发挥作用提供更多平台。推行“群众点单、社区派单、党员接单”模式，组织在职党员认领“微心愿”，力所能及为群众解决实际困难。

八、健全城市基层党建引领基层治理领导体制机制，构建统一领导、各方协同、有序推进的工作格局

19.建立组织领导和议事协调机制。中央组织部、民政部会同中央政法委、住房城乡建设部等部门建立基层党建引领基层治理协调机制，抓好总体谋划、加强工作协同、形成整体合力。省、市、县逐级建立基层党建引领基层治理领导协调机制，由党委和政府有关负责同志担任组长、副组长，相关职能部门作为成员单位，定期召开全体成员会议，根据需要召开专题会议，研究重大政策、部署重大工作、督办重大任务。可根据基层治理工作实际需要，探索设立若干专项工作组，细化任务分工，强化分类指导。组织部门要聚焦职能职责，在党建引领基层治理中发挥牵头抓总作用，依托内设机构做好日常沟通协调工作。

20.发挥基层治理有关方面作用。坚持党建带群建，支持群团组织承担公共服务职能，做好化解矛盾纠纷、帮扶困难群众等工作。培育扶持基层所需的公益性、服务性、互助性社会组织，使其成为推动治理重要力量。畅通和规范市场主体、新社会阶层、社会工作者和志愿者等参与基层治理途径，构建人人有责、人人尽责、人人享有的基层治理共同体，实现共建共治共享。

后记

《基层治理基本知识》,是面向党政干部轮训培训需要,并兼顾高校教育及科研所需的开拓性教材。作为对基层治理领域相关知识的系统梳理与深度提炼,此教材的编写无疑面临着很大挑战:既要系统概括基层治理现有基本理论,又要昭示基层治理理论未来发展趋势;既要细致描绘出当前我国基层治理实践的前沿探索,又要深度剖析基层治理实践创新背后的理论机理。正是在对理论与实践、理想与现实之间的复杂碰撞研究中,我们深刻认识到了习近平总书记关于基层治理系列重要论述的高瞻远瞩,更加深刻领悟了党中央、国务院高度重视加强基层治理体系和治理能力现代化建设的重大意义。不懈推进基层治理现代化,将是一场凝心聚力、共谋发展的伟大事业!从这个角度来看,对基层治理理论和实践展开深入研究和系统分析,既是时代所需,更是党校(行政学院)系统学习研究宣传贯彻习近平新时代中国特色社会主义思想、推进党的思想理论建设的职责所在。

本教材获得中共山东省委党校(山东行政学院)重大攻关创新项目的资助,是集体合作研究的成果。中共山东省委党校(山东行政学院)公共管理教研部王格芳教授和郭振宗教授负责全书的整体框架设计,山东大学王佃利教授、山东师范大学李松玉教授等专家提供了诸多富有启发性的意见和建议,中共山东省委党校(山东行政学院)公共管理教研部王格芳、郭振宗、郭太龙、于棋负责统稿和校对完善。各章撰稿作者分别是:第一章,郭太龙;第二章,刘宇;第三章,杜良之;第四章,郭太永;第五章,冀翠萍;第六章,张登国;第七章,王非;第八章,张帅;第九章,孙丽;第十章,宋琳;第十一章,王格芳、于棋;第十二章,肖梅;第十三章,朱晓静;第十四章,郭振宗;第十五章,孙海云。

此教材既是团队的集体智慧结晶,更是中国之治下基层治理理论创新和生动实践的集成缩影。当然,相较于丰富的基层治理理论和实践创新,本教材因篇幅有限,难免挂一漏万,但跬步千里之途,希望本教材所作的努力能为中国基层治理的伟大图景贡献微薄描绘之力。

基层善治之花,正在且必将永远在中国之治的沃土中盛开!

编　者

2022 年 10 月